북한 문학의 지형도

－대표 작가와 대표작으로 본 북한 문학의 어제와 오늘－

이화통일학연구총서

북한 문학의 지형도

-대표 작가와 대표작으로 본 북한 문학의 어제와 오늘-

이화여자대학교 통일학연구원 편

이화여자대학교출판부

서문

언어와 문학의 소통을 바라며

2008년은 대한민국 정부가 수립된 지 60년이 되는 해다. 동시에 북한 정부 수립도 60년이 되는 해이기도 하다. 광복의 기쁨을 채 누리기도 전에 남북이 분단되어 서로 다른 체제와 서로 다른 이념에 기초한 제도를 구축해 각각의 정부를 수립한 지도 한 갑자가 되었다.

남북이 분단으로 지나온 60년의 세월은 결코 짧은 시간이 아니었다. 강산이 바뀌어도 여러 번 바뀌었고, 세대가 흘러도 여러 세대가 흐른 시간이다. 시간은 결코 아무런 의미 없이 흘러가지는 않는다. 시간은 필연적으로 변화를 동반한다. 남북 역시 60년의 시간 동안 많은 변화를 겪으면서 남은 남대로 북은 북대로 변화되어 왔다. 그러나 이러한 변화는 남북 사이의 별다른 소통 없이 이루어졌다. 그 결과 남북은 많은 것을 잃어버렸다.

남북 분단의 상징이 철조망에서 콘크리트로 바뀌었듯이 남북의 분단은 전쟁을 거치고 군사적 긴장 속에서 견고한 분단 체제로 자리잡았다. 분단의 상처와 고통은 정신적 생채기로 남아 지금도 서로에 대해 날카로운 발톱을 드러내기를 주저하지 않는다. 남북이 화해와 협력의 필요성을 잃어버린 것은 아닌지 모르겠다.

정치 체제, 경제 체제는 물론이거니와 언어와 생활 풍습도 적지 않게 달라졌다. 남북은 서로의 변화를 이해하기보다는 정치적 맥락에서 유리한 방식으로 이용하기에 급급했다. 비판은 왜곡을 낳았고, 그 왜곡은 그릇된 상을 만들어 갔다. 이렇게 만들어진 상으로 바라보는 상대가 온전하게 보일 수 없다. 우리가 느끼는 남북 사이의 이질감은 서로에 대한 이해나 소통 없이 지나온 남북 관계를 돌아보면 당연한 결과라고 할 수 있다.

다행히 1980년대 이후 우리 사회의 민주화와 경제 성장, 그리고 대립적 냉전 체제가 해체되면서 북한에 대한 인식도 크게 달라졌다. 우리 사회 전반에 걸쳐 열풍처럼 일었던 '북한 바로 알기 운동'이 있었고, 남북의 경제적 격차가 확인되면서 경쟁적 대립 의식에서 화해와 협력에 대한 공감대가 형성되었다. 북한 연구가 시작되었고, 금기시되었던 작가, 예술인들의 이름과 작품도 다시 거론되기 시작했다. 이러한 변화는 북한에 대한 불필요한 오해와 편견을 불식시키는 데 크게 일조했다. '북한 사회 바로 알기'라는 말이 의미하듯 분단 이후 부족했던 북녘 사회에 대한 돌아보기가 시작된 것이다.

그러나 북한 연구가 전반적으로 시작되었음에도 불구하고 북한 연구는 생각만큼 활성화되지는 못했다. 북한 연구가 제도권 안으로 수용되었다고 해도 충분한 연구 여건이 조성된 것은 아니었기 때문이다. 그 동안 일부 운동권을 중심으로 은밀히 유통되었던 것들이 공론화되는 수준에서 크게 나아가지 못했다. 현실적으로 북한 연구는 사회적 열풍에 편승한 호기심 차원을 크게 넘어서지 못했다.

사회적 관심도 크게 지속되지 못했다. 정치사적으로 사회주의의 거대한 시도는 실패한 것으로 판정받았고, 동구 사회주의의 몰락과 구 소련 연방의 해체는 급속한 탈이념화로 이어지면서 사회주의 자체에 대한 관심이 축소되었다. 그 결과 세계사적으로 냉전 구도는 해체되었다고 해도 한반도에서는 여전히 냉전 구도가 온전히 남아 있고, 현실적으로 많은 고통과 상처를 주고 있음에도 불구하고 남북의 분단과 이질화는 현실을 떠난 문제로 인식되었다.

1990년대 북한이 겪은 '고난의 행군'을 지켜보면서 우리 사회가 고민한 것은 북한 체제의 붕괴에 대한 문제였다. 북한은 과연 어떤 형태로 몰락할 것이며, 우리는 또 어떻게 북한의 몰락에 대비해야 할 것인가 하는 것이 연구의 화두였다. 세계사적으로 진행된 사회주의 체제의 붕괴를 경험하고, 남북의 현격한 경제적 차이를 확인한 이상 이러한 논의는 의심의 여지가 없었다.

금방이라도 침몰할 것 같은 북한이 '고난의 행군'을 극복하면서 많은 관심은 북한 체제의 내구성 문제로 옮겨졌다. 과연 '무엇이 이처럼 쉽게 몰락할 것 같은 북한을 지탱할 수 있게 해 주었을까'를 논의하면서 동시에 '붕괴되지 않을 북한을 대상으로 우리는 어떤 관계를 유지하며, 한반도 문제를 어떻게 풀어나갈 것인가'를 고민하게 되었다.

남북의 교류와 협력의 필요성이 다시 논의되기 시작한 데에는 경제적 영향도 컸다. 경제 발전을 자신했던 남한에 닥친 IMF는 우리 사회의 새로운 발전 동력의 필요성을 인식시켰고, 중국으로 진출했던 많은 기업들이 고전하면서 남북 경협에 대한 현실적 필요성이 제기되었던 것이다.

여기에 남북 사이에 굳게 닫혔던 장벽이 열리고 남에서 북을 직접 경험하는 사람들이 늘어나면서 영원히 불가능할 것 같은 남북 화해와 협력의 단초들이 마련되었다. 남북 사이에 대화의 물꼬가 트이고, 교류가 확대되면서 북한, 통일에 대한 관심을 다시 현실 문제로 인식하게 되었다. 한반도의 평화와 발전을 위한 협력의 필요성은 '북한을 어떻게 이길 것인가'에서 '한반도의 평화를 어떻게 이루어 갈 것인가'에 대한 논의로 옮겨졌다.

이제 북한 연구, 통일 연구는 남북 화해와 협력의 필요성에 대한 논의에서 발전해 구체적으로 어떻게 풀어나갈 것인가에 대한 방법론으로 옮겨지고 있다. 남북의 화해와 협력이 필요한 것은 한반도에 안정적인 평화 체제를 구축하고, 상호 협력적 경제 발전을 이룩하며, 냉전 체제의 잔재 청산과 민족적 동질성 회복을 통해서 우리의 삶을 풍요롭게 하기 때문이다.

이를 위해서 해야 할 일은 먼저 북한을 바로 아는 것이다. 북한을 바로 안다는 것은 정치적 목적이나 이해를 떠나 현실 그 자체를 이해한다는 것을 의미한다. 정치, 경제적으로 북한을 이해하는 것은 북한에 대한 이해를 바탕으로 우리가 목표로 하는 정책적 목표를 달성하는 데 필요하기 때문이며, 사회문화적으로 북한을 이해하는 것은 북한 사회 현실에 대한 진단을 통해 문화적 동질성을 모색하기 위해서다. 이런 점에서 1980년대 우리 사회에서 일었던 '북한 사회 바로 알기'는 어느 특정한 시기의 사회적 운동이나 관심의 문제가 아니라 남북 관계가 지속하는 한에서 북한 연구, 통일 연구의 영원한 과제이며 방향이라고 할 수 있다.

우리는 북한 사회에 대해서 얼마나 이해하고 있을까? 남북 관계 변화와 발전에 힘입어 북한 연구의 분야가 다양해지고, 논의가 깊어진 것은 사실이다. 그러나 북한을 이해하는 데는 아직 적지 않은 한계가 있다. 많은 연구가 정치, 군사, 경제 분야에 집중되고 있다. 북한 사회에 대한 총체적인 이해와 연구의 심화를 위해서는 각론화된 연구가 필요한 상황이다.

이러한 상황은 북한 문학 연구에서도 예외는 아니다. 북한 문학에 대한 실증적인 연구가 진행된 1990년대 이후 가시적인 성과를 이루었지만 심화된 각론의 연구로 확대되지는 못했다. 북한 문학 연구의 지속적인 필요성에도 불구하고 예전에 비해서 많이 위축되었다. 사회적으로는 남북 작가대회도 열렸고, 작가대회에서 합의한 대로 남북 작가들이 참여한 『통일문학』이라는 잡지도 나왔고, 『겨레말 큰사전』 사업도 진행되고 있지만 정작 북한 연구 현장은 열정적인 몇몇 연구자들에 의해 유지되고 있는 것이 현실이다.

이런 점에서 이화여자대학교 통일학연구원에서 기획한 이 책『북한 문학의 지형도』는 북한 문학의 차원을 넘어 북한 연구 전반에 걸쳐 의미하는 바가 결코 간단치 않다고 생각한다.

무엇보다 이 책은 본격적인 북한 작가 연구의 출발이 된 연구라는 의미가 크다. 그 동안 북한 작가 연구는 이기영이나 한설야 등으로 대표되는 소위 '월북 작가' 연구가 대부분이었다. 북한 문학 연구가 시작된 이후에도 북한 문학 연구의 대상이 된 것은 1970년대 이전에 머물러 있었다. 주체 사상이 본격화된 이후의 북한 문학 연구는 통일 문학에 대한 소박한 바람이나 방향 제시에서 그치곤 했다.

그러나 북한 문학 연구는 과거뿐만 아니라 현재도 중요한 문제다. 최근 10여년 간 북한 사회는 사회 전반에 걸쳐 큰 변화를 겪고 있다. 최근 일어나고 있는 변화, 현재 진행되고 있는 현실을 반영하는 것이 북한 연구의 깊이를 더하는 작업이 될 것이라고 생각한다. 이런 점에서 광복 이후 북한을 대표하는 작가를 엄선하고 분석했다는 점에서 북한 문학의 지형을 살필 수 있는 성과라고 할 수 있다.

이번에 분석 대상이 된 김사량, 박태원, 천세봉, 김병훈, 오영재, 홍석중, 한웅빈, 최학수, 남대현, 백남룡, 리원우, 김세륜 등 12명은 광복 이후 북한을 대표하는 작가들이라고 한다. 언론을 통해 귀에 익은 이름도 있고, 낯선 이름도 있다. 북한 문학 작품을 놓고 숱한 논의를 통해서 의미있는 작가를 발굴하고 분석하기까지 연구자들의 노력도 남달랐다는 것을 잘 알고 있다.

통일학연구원에서 매달 진행된 연구 모임의 자리에 옵서버 자격으로 참여한 적이 있었다. 나는 그 자리에서 이들을 한 자리에 모이게 하고, 쉽지 않은 상황에서도 연구를 지속할 수 있는 힘이 남북한의 언어와 문학의 통일을 바라는 소박한 마음이라는 것을 알게 되었다. 유임하 교수가 '에필로그'에서 밝혔듯이 연구 모임을 마련하고, 각자의 관심을 하나로 모으고, 집필에 이르기까지 과정은 하루아침에 이루어진 것이 아니었음을 확인할 수 있었다.

작가 연구에 참여한 유임하, 임옥규, 김은정, 노귀남, 이상숙, 오태호, 전영선, 김성수, 고인환, 이재복, 이명자 선생님과 최근 북한 문학의 변화를 짚은 오창은 박사께 감사를 전한다. 아울러 집필에 참여하지 않았지만 모임을 통해 연구 방향을 함께 고민한 김재용 교수를 비롯한 숨은 연구자들이 있다. 모든 연구자들의 열정과 노고가 빛을 보기를 바라면서 진심으로 감사드린다.

아울러 학술적 가치를 높이 평가해 주고 기꺼이 출판을 맡아 준 이화여자대학교출판부와 수고하신 여러분들께 감사드린다.

2008년 6월

이화여자대학교 통일학연구원

원장 최대석

| 차례 |

총론

'북한 문학'이 변하고 있다

오창은

분단 이후, 북한 사회에 대한 호기심이 1980년대 후반만큼 강렬했던 때가 있었을까. 대학생들은 자발적으로 북한 사진전을 개최했고, 북한 소설을 읽고 세미나를 했으며, 대대적인 북한 영화 상영을 기획하기도 했다. 이를 일컬어 '북한 바로 알기 운동'이라고 했다. 공안 당국의 살벌한 대응도 만만치 않았다. 경찰과 안기부는 대학가 주변 서점들을 무자비하게 압수 수색했고, 지금은 잊혀진 대동 · 백두 · 힘 · 살림터 등의 출판사 관계자들을 가차없이 구속했다. '국가보안법의 철퇴'는 가령 연구자가 북한 책을 소지하고 있다 하더라도 예외일 수 없었다. 그 때 대학가에서 '국보'는 '숭례문 · 석굴암 · 금동미륵보살반가상' 등을 지칭하는 것이 아니라, '국가보안법 위반으로 구속된 학생'을 지칭하는 용어였다.

아이러니하게도 '북한 바로 알기 운동'은 북한 사회가 간절히 외부의 도움을 기다리던 시기에 차갑게 냉각되었다. 김일성 주석의 사망에 이은 자연재해로 북한 사회는 피폐해져 갔고, 미국의 경제 봉쇄 또한 가혹하게 지속되었다. 북한 사회는 이 때를 '고난의 행군 시기'라고 지칭한다. 1990년대 중후반, 남녘에 살고 있는 대부분의 사람들은 '인민을 굶겨 죽이는 정권'은 '붕괴되어야 마땅하다'고 외치곤 했다. 방송국 기자들이 중국 옌볜(延邊)에서 촬영한 '꽃제비'들의 모습은 연민이면서 분노였다. 북한 사회는 더 이상 바로 알기의 대상이 아니라, 알 가치도 없는 버림받은 체제로 간주되었다. '북한'에 대한 금기는 존재하지 않게 되었고, 자발적인 경멸과 냉소만이 남한 사회에 팽배해져 갔다.

돌이켜보면, 북한 사회가 '고난의 행군'이 끝났다고 조심스럽게 이야기할 즈음에 남한 사회에 '환란'이 불어닥쳤다. IMF 구제금융으로 일컬어지던 이 시기에 가장들은 '나이먹은 꽃제비'가 되어 서울역 · 부산역 주변을 배회했고, 고난에 처한 가족들이 '동반 자살'을 감행하는 뼈저린 현실이 도래했다. 살아 있으되 살아 있지 않은 것처럼 간주되던 '신용불량자'들도 급격히 늘어났다. 하지만, 남녘에서 '국민을 자살로 내모는 체제는 붕괴되어야 마땅하다'는 외침은 들리지 않았다. 금모으기 운동이 전개되었고, 노사 화합이 강조되었으며, 오히려 체제가 강고해지는 경향성을 띠었다.

자신의 아픔에 대해서는 무감각해진 채, 남의 아픔만을 과장하는 사회는 경멸받아 마땅하다. 혹시 남한 사회가 그러했던 것은 아니었을까. 북한 사회에 대한 이해는 남한 사회를 냉정하게 되짚어 볼 수 있을 때에야 가능해진다. '고난의 행군'과 'IMF 구제금융'은 남과 북이 동시에 성찰해야 할 역사적 사건이다. 역사적 감각의 힘이었을까, 남과 북이 '험난한 시기'를 거친 이후에야 비로소 대화의 창구를 열었으니 말이다. 커다란 고난을 겪고나면, 삶을 바라보는 시야가 넓어지는 혜안(慧眼)의 경지에 이르곤 한다. 남과 북이 겪은 고난은 상대방의 체제에 대해 좀더 유연해질 수 있는 여유를 제공한 것처럼 보인다. 체제 밖을 상상하지 못하면 경계를 넘어설 수 없다. 남과 북이 서로의 바깥을 가늠할 수 있을 때, 자신의 곁자리를 내줄 수 있는 것이다. 바로 그 자리에 '6 · 15 남북 공동선언'이 자리잡았다. 아직도 남과 북을 포함한 주변국은 '핵 위기'로부터 자유롭지는 못하지만, '6 · 15 남북공동선언'은 남북 관계의 이정표 역할을 하기에 충분하다.

6 · 15 남북공동선언의 제2항은 "남과 북은 나라의 통일을 위한 남측의 연합제 안과 북측의 낮은 단계의 연방제 안이 서로 공통성이 있다"고 인정했다. 이른바 '낮은 단계 연방제 통일'에 대한 합의는 그것 자체로 소중하다. 차이를 말하면서도 공통의 지향을 말할 수 있기 위해 얼마나 많은 시간이 걸렸던가. '인도적 교류'와 '경제 협력' 등을 규정한 '6 · 15 남북공동선언'에 대해 북녘의 한 시인은 다음과 같이 읊었다.

> 그것은 보통 문서가 아니다
> 오호, 그 한 장의 종이에 실려진
> 55년의 그 고통, 그 아픔을 아는가
> 그 한 장의 종이에 담겨진
> 7천만의 통일 숙망, 그 피어린 무게
> 세상은 과연 아는가
>
> 이제 그것은 통일의 정치적 좌표
> 제도도 정견도 따로 없는 민족 공유의 것
> 온 인민적 신뢰의 담보이거니
> 오, 북남공동선언! 너는 되었구나
> 이 민족의 통일 차표, 우리의 통일 심장이![1]

1 리호근, 「북남공동선언」, 『통일 차표 팝니다』(문학예술출판사, 2005).

북한 시 특유의 낭만적 격정이 배어 있는 시다. 그래서 다소 과장되게 느껴지기도 한다. 리호근 시인이 읊었듯이 남북 관계가 급진전을 이뤄 '통일 열차'가 곧바로 내달린 것은 아니었다. 하지만, '6 · 15 남북공동선언 문서는 그냥 보통 문서가 아니'었던 것은 분명하다. '6 · 15 남북공동선언'은 정치적 합의였지만, 그 효과는 단지 정치와 경제의 영역에서만 머물지는 않는다. '인민적 신뢰' 회복의 길을 위해서는 이제부터 문화적 통합의 길을 적극적으로 모색할 필요가 있다.

'6 · 15 이후 북한 문학의 변화'는 새롭게 조성된 정치적 환경 속에서 '남북의 인민적 신뢰 회복'이 어떤 방향으로 나아가야 할지를 가늠할 수 있도록 해 준다. 사실, 6 · 15 남북공동선언 이후 남한 문학에서는 이렇다 할 문학적 경향의 변화를 찾아보기 힘들다. 지금은 문학평론가이자 '6 · 15 남북공동선언 실천 남측위원회' 위원장인 백낙청 교수가 '6 · 15 시대의 문학'이라는 담론을 지속적으로 제기하고 있을 뿐이다. 남한 문학 진영의 일부에서는 '6 · 15 시대와 문학'을 이야기하는 것은 단지 "거대 담론으로 문학을 규율하려 한다"(이광호)라는 신경질적인 비난을 토해내고 있기도 하다. 창작 영역에서의 실질적인 변화도 미미하다. 정도상(「함흥 · 2001 · 안개」 등)과 전성태(「강을 건너는 사람들」 등)만이 남북 문제 / 탈북 문제 등에 대한 진지한 소설적 접근을 시도하고 있을 뿐이다.

반면, 북한 문학은 6 · 15 시대의 영향을 직접적으로 받고 있으며, 구체적인 작품의 흐름에도 분명한 변화를 보이고 있다. 물론, 큰 틀에서 북한 문학은 여전히 '주체 문학'과 '선군 문학'의 자장 안에 있다. 그렇다고 북한 문학 내부의 변화가 무의미한 것으로 간주될 수는 없다. 주변의 변화는 중심을 진동시키며, 새로운 중심의 구성으로 나아갈 가능성을 지니고 있기 때문이다.

'6 · 15 남북공동선언' 이후 눈에 띄는 북한 문학의 변화는 '비전향 장기수를 형상화한 소설'이 급증하고 있다는 점이다. 1993년에 이인모 노인의 송환 이후, 북한 문학은 통일 문제와 비전향 장기수 문제를 함께 다루는 소설과 영화를 발표해 왔다. 하지만, 2000년 9월 63명의 비전향 장기수가 북송되면서 이를 소재로 한 소설이 양적으로 급증했다. 실제로 북한 당국은 비전향 장기수들에게 4·15문학창작단 소속 작가들을 배치해 그들의 삶을 문학 작품화하는 정책적 사업을 벌이고 있기도 하다. 그런데도 '비전향 장기수' 소설을 주목하게 되는 것은 남대현의 『통일련가』(문학예술출판사, 2003) 때문이다. 『청춘송가』로 남한에도 잘 알려진 남대현이 비전향 장기수인 고광일 씨를 직접 취재해 창작한 실화 소설이 『통일련가』다. 이 소설에서 주목할 부분은 남대현이 남녘의 낯선 현실을 적극적으로 이해하려는 태도를 보이고 있다는 점이다. 이전의 소설이 북한의 체제 우월성을 강조했다는 사실에 비춰볼 때, 『통일련가』에 나타난 태도의 변화는 '6·15 남북공동선언'의 한 효과라고 할 수 있다.

이제 북한의 작가들은 남한 사회나 독자를 의식하면서 글을 쓰고 있다. 그 중심에 북한 작가인 홍석중의 『황진이』(문학예술출판사, 2002)가 자리하고 있다. 『황진이』는 2004년 북한의 원본이 남한에 수입되어 배포되면서 독자들로부터 긍정적인 평가를 받았고, 급기야는 제19회 만해문학상 수상자로 홍석중이 선정되기에 이르렀다. 이는 북한 작가의 작품도 남한 독자들에게 대중적으로 읽힐 수 있다는 중요한 사례로 기억된다. 홍석중의 『황진이』 이후 김호성의 『주몽』이 남한에서 출판되었고, 김혜성의 『군바바』가 출간되었다. 이들 소설이 대부분 역사 소설이라는 점도 눈길을 끈다. 『황진이』 등은 남과 북이 분단되기 이전에 공유했던 공통의 역사를 소설 속에서 재확인하게 해 준다. 넓은 의미의 문화적 통합에 문학이 어떤 식으로 기여할 수 있는가를 보여 주는 예인 것이다.

북한 문학 내부의 변화도 미세하지만 분명히 드러난다. 북한 문학 내에서 신예 작가군이 부상하고 있기 때문이다. 그 중 변창률의 작품 활동이 단연 돋보인다. 이 작가는 북한 농촌의 현장을 섬세한 심리 묘사와 내부의 갈등 형상화를 통해 긴장감 넘치게 서사화하고 있다. 북한 농촌의 실상을 핍진하게 그리고 있는 이 작가는 리얼리즘의 진면목을 과감하게 보여 준다. 변창률의 소설을 읽다보면, 1930년대 일제 강점기 하의 리얼리즘 소설의 성취를 보는 듯한 느낌을 줄 정도다. 그는 현재 「밑천」, 「듣고 싶은 목소리」, 「한 분조장의 수기」, 「영근 이삭」 등 단편 소설을 지속적으로 발표하고 있다.

이렇듯 북한 문학이 다양화되면서, 그 품을 넓히고 있는 징후는 곳곳에서 확인된다. 세대 간의 갈등과 화합을 그리는 작품이 증가하는 양상을 보이는가 하면, 과학을 소재로 한 소설이 『조선문학』 등에 빈번히 발표되고 있다. 무엇보다 북한 문학사가 예전과는 달리 적극적으로 일제 강점기 카프 문학을 포함하려 한다거나, 현진건의 단편 소설을 재평가하려는 노력을 보이고 있는 점도 눈에 띈다.

이러한 북한 문학 내부의 변화는 조심스러우면서도 더딘 것이 사실이다. 하지만, 6 · 15 공동선언 이후 북한 문학은 정치 이념을 반영하면서도 독자적인 용트림을 하려는 징후를 곳곳에서 드러내고 있다. 그것이 문학 예술의 자율성을 반증하는 것인지, 아니면 북한 내부의 변화가 문학 현실에 반영된 것인지는 쉽게 가늠할 수 없다. 다만, 2000년 '6 · 15 남북공동선언'의 자장 안에서 이들 변화가 촉발되고 있다는 사실만은 분명하다.

김사량론: 「칠현금」

인민 문학으로의 모색과 전회

유임하

1. 김사량의 문학에 대한 세 개의 관점

김사량(1914~1950, 본명 시창)의 문학적 삶은 일제 식민지 시대와 남북한의 문학에 걸쳐 있다.[1] 그는 평양고보 재학 시절 졸업을 몇 달 앞두고 동맹 휴교 사건으로 퇴학당한 후 일본으로 밀항해 1932년 도쿄(東京) 제국대학 독문과에 입학했으며, 대학 재학 시절 일본인 문우들과 결성한 동인으로 활동하며 동인지(『제방』 12호, 1936. 9)에 「토성랑」을 발표하면서 작가로서의 행보를 시작했다. 단편 「빛 속에」(일문, 『문예수도』,

1 김사량의 문학적 생애에 관해서는 안우식, 심원섭 옮김, 『김사량평전』(문학과지성사, 2000)이 있고, 해방 이후 북한에서의 김사량의 행적에 대한 가장 최근의 논의는 호테이 토시히로(布袋敏博)의 「解放後の金史良覺書」(『靑丘學術論集』 19輯, 東京: 韓國文化硏究振興財團, 2001)가 있다. 호테이 토시히로는 안우식의 평전에서 미진했던 연안 탈출 이후부터 종군 뒤 그의 죽음에 이르는 기간 동안 김사량의 문학적 삶을 실증적으로 재구성했다. 그러나 김철의 경우 안우식의 작업을 민족주의적 저항의 논리에서만 파악하는 것으로 보고 김사량의 생애를 비판적으로 보는 입장에 서 있다. 김철, 「두 개의 거울: 민족 담론의 자화상 그리기」, 『상허학보』 17집(상허학회, 2006) 참조.

1939.10.)가 아쿠타가와(芥川) 상 후보작에 올라 일본 문단과 식민지 조선 문단에서도 주목받기 시작한다. 그가 일본어로 쓴 작품으로 일본 문단에 데뷔했다고 하나, 그 작품 세계는 식민지의 현실에 고심하는 세계를 추구했다. 그는 1940년대 초반 급속하게 전시 체제로 돌입하는 식민지 상황에서 작품 활동을 했다.[2] 1945년 2월 국민총력 조선연맹 병사후원부의 제안에 따라 '재지(在支) 조선 출신 학도병 위문단'의 일원으로 중국에 파견되었던 그는, 위문단 임무를 마친 뒤 베이징(北京)에 잔류했다가 그해 5월 옌안(延安) 지구로 탈출했다.[3] 해방을 맞은 뒤에는 서울을 거쳐 고향인 평양으로 귀향해서 북한의 정권 수립기에 적극적으로 참여했고 6·25전쟁 발발과 함께 1차 종군 때 지원하여 종군 작가로서 여러 편의 「종군기」를 쓰기도 했다. 인천상륙작전으로 전세가 역전된 1950년 10월 원주 부근에서 인민군 1차 후퇴 행렬에서 낙오하여 병사한 것으로 알려져 있다.[4]

이러한 생애가 보여 주듯이 김사량은 남북한 문학과 재일 조선인 문학에 걸쳐 있는 대단히 문제적인 작가다. 그의 문학은 재일 조선인이 가진 식민주의적 정체성 문제를 다루었을 뿐만 아니라 재일 조선인의 현실에 주목하며 재일 조선인 문학의 기원을 이루며 일본 프롤레타리아 문학에서도 거론되어 온 독특한 지위를 가지고 있다.[5]

남한에서 김사량의 문학에 대한 관심은 일제말 조선어와 일본어를 함

2 1940년 『조광』에 한글로 연재한 장편 『낙조』(1942. 1까지 연재), 「천마」(일문, 『문예춘추』, 1940. 6), 「기자림」(일문, 『문예수도』, 1940. 6), 「무성한 풀숲」(일문, 『문예』, 1940. 7), 평론 「조선문화통신」(일문, 『현지보고』, 1940. 9) 등을 발표했고, 「유치장에서 만난 사나이」(『문장』, 1941. 2), 「지기미」(『삼천리』, 1941. 4), 「물오리섬」(일문, 『국민문학』, 1942. 2) 등의 대표작을 발표했다.

3 안우식의 앞의 책과 연보 참조.

4 북한에서 김사량의 최후에 관한 언급은 방철림의 글 「작가 김사량과 그의 창작」(『천리마』, 1994. 1)에 나타나 있다. 이 글에 따르면 김사량은 인민군 1차 후퇴 도중 심장병으로 낙오하여 남한강 일대에서 종군수첩을 작가동맹에 전달해 줄 것을 부탁하고 인민유격대에 들어가 입원 병동에서 출판 사업을 수행하다가 토벌대에 발각되자 수류탄으로 자폭한 것으로 기록되어 있다(같은 글, 141-142쪽 참조)

5 일본 문학계의 김사량 문학의 연구 동향은 추석민, 『김사량 문학의 연구』(제이앤씨, 2001) 참조.

께 구사하는 소위 '이중 언어의 글쓰기'와 일제 식민 체제에 저항하는 민족주의적 경향으로 모아진다.[6] 그의 문학이 중일전쟁 발발 이후 급격하게 파시즘 체제로 돌입하는 1939년경부터 시작되어 강고한 일제 파시즘의 테두리 안에서 내선일체의 이념적 현실과 길항하는 모습은 작품 전반에서 산견되는 점이다. 김사량의 출세작 「빛 속에」도 예외가 아니다. 이 작품은 "열악한 사회 환경에 놓인 조선인이 조선인 자체로 일본인과 대등한 존재"[7]라는 자신만의 해석을 통해 괴로워하는 조선인상을 형상화해 놓았다.

또한, 「토성랑」은 평양의 하층민들이 사는 주변지를 소재로 그들의 참혹한 빈궁상이 동척(東拓)과 같은 제국 일본의 경제적 침탈에서 비롯된 것임을 반영한 작품이다. 일본어 창작만이 허용되는 식민지 말기의 현실에서 조선어와 식민국의 모어인 일어에 구애됨 없이 민족의 현실을 심도 있게 다루었다는 것은 그의 문학이 가진 특장의 하나다. 그는 일제 식민지가 초래한 '이중 언어의 글쓰기'로 민족의 현실을 포착하는 치열한 의식을 내장하고 있었다. 바로 이러한 측면이야말로 김사량을 친일과 반일의 이분법적 구도 안에 가둘 수 없는 예외적 존재로 부각시킨다. 조선어로 사유하면서도 일본어로 글쓰는 가운데 빚어지는 혼종성과 잉여의 부분들은 식민지 시기의 작가 모두가 처한 문화적 위치를 대변할 뿐만 아니라 한반도를 벗어나 항일 무장 투쟁이 전개되는 중국으로 건너간 그의 결행은 낭만적인 열정의 소산이었다고 할 것이다.

북한에서는 사회주의 건설기에 활약한 '양심적인 민족주의자'로 평가되고 있다. 해방 직후 잠시 서울에 머물던 김사량은 태항산 시절 창작했

6 김사량의 저항과 이중 언어의 글쓰기에 관해서는 정백수, 『식민지 체험과 이중 언어 문학』(아세아문화사, 2000); 김윤식, 「일제 말기 한국 작가의 일본어 글쓰기론」(서울대출판부, 2003); 김재용, 『협력과 저항』(소명출판, 2004)을 참조할 것.

7 하야시 고지, 「고립된 언어와 죽음」, 김환기 편역, 『재일 디아스포라 문학』(새미, 2006), 541쪽.

던 희곡 『호접』을 상연했고 1946년 2월 평양으로 귀환하여 줄곧 평양에 머물며 북한의 초기 문단에서 주도적인 역할을 담당하기도 했다. 그러나 그의 문학은 북한에서 출신 성분과 작품 성향의 자연주의적 수법 때문에 그다지 높이 평가되지 못했다. 더구나 그는 1950년대 중반에 작품집이 발간되기도 했으나 줄곧 방치되었다가 1980년대 중반부터 재평가되기 시작한다. 가령, 단편 「빛 속에」의 경우 "민족적 멸시와 무권리 속에서 허덕이면서 그 속에서 헤여나 보려고 모대기는 주인공 '나'의 고민을 통하여 민족의 생의 빛을 갈망하는 작가 자신의 사상 정신 세계를 보여 주고 있다"[8]라고 평가하면서, 「토성랑」을 비롯한 해방 이전 김사량의 문학 전반을 식민지의 억압과 침탈에 저항한 모습으로 부각시키고 있는 것이다. 이러한 변화를 두고 북한 문학사에서는 김일성과 김정일의 배려에 따른 것이었다고 기술하고 있다.

이렇게, 김사량에 대한 연구는 남한의 경우 식민지 시기에 한정되어 이중 언어의 글쓰기와 관련해서 다루어지는 반면, 북한에서는 그의 문학 활동을 김일성의 지도와 배려로 작품 활동을 한 것으로 그려내는 형편임을 알 수 있다. 남한에서는 해방 이후 그가 재북 작가로서 북한 정권에 동조했다는 점 때문에, 북한에서는 민족주의자이자 부르주아 인텔리라는 껄끄러움 때문에 그의 문학을 활발하게 거론하지 못했던 셈이다. 그러한 점에서 김사량의 문학은 남북을 아우르는 관점에서 논의될 여지가 충분하다.

이 글은 김사량의 문학이 북한의 문학사에서 어떤 절차를 통해 '양심적 민족주의자인 인텔리 작가'로 재정의되고 다시 거론되기에 이르렀는지의 문제와, 대표작의 하나인 「칠현금」에 담긴 김사량의 작가적 소명과 문학적 과제의 함의를 살펴보고자 한다.

8 『문학대사전』 1권(평양: 사회과학원, 1999), 231쪽.

2. 북한에서 재발견된 김사량의 문학

해방 이후 김사량이 평양으로 귀향해서 북한의 문학에 투신한 경로를 두고 북한에서는 김일성과의 접견과 배려로 많은 사업과 활발한 활동을 전개했다고 서술하고 있다. 그는 북한에서 북조선예술총련맹 집행위원, 국제문화국장, 평남도예술련맹 위원장의 직책을 맡았다.[9]

북한에서의 왕성한 활동에도 불구하고, 안우식은 북한에서 김사량의 문학적 활동이 가진 함의를 다른 방식으로 해석하고 있다. 우선 그는 김사량의 문학이 당대에 높게 평가되지 못했다는 점에 주목한다. 사실 해방 직후 북한 문학에서 김사량의 작품에 대한 평가는 대단히 제한적이다.[10] 이 같은 현상을 두고 안우식은 김사량이 중산층 이상의 출신 성분이었다는 점, 처가도 고무 공장을 경영한 상공인 가정이었다는 점, 민족주의자일지언정 공산주의자가 아니었다는 점을 여러 증언을 들어 설명한 뒤, 만약 종군 뒤에 생존했더라도 정치적 생명이 연안파와의 연관 때문에 끝났을 것이라는 점을 부언하고 있다. 연안파의 김학철이 그와 각별한 교분이 있었고 전쟁 직전 김학철이 중국으로 망명한 것도 안우식이 근거로 삼는 대목이다.[11] 북한에서 그의 작품집이 1955년 간행된 것

9 "1945년 11월 김사량은 위대한 수령 김일성 동지를 몸 가까이 만나 뵈옵는 크나큰 영광을 지니게 되었다. 경애하는 수령님께서는 그가 걸어온 우여곡절에 찬 지난 날의 행로를 다 들으시고 그에게 일제의 식민지 탄압 속에서도 량심과 지조를 지킨 애국적 인테리라는 높은 치하를 주시였다. 그 후에도 김사량은 1946년 봄과 1947년 1월, 4월, 1948년 5월에 경애하는 수령님의 부르심을 받고 거듭되는 뜨거운 사랑과 배려, 강령적 교시를 접하게 되었다"(앞의 책, 같은 쪽).

10 안함광의 「북조선 창작계의 동향」(1947)에서는 김사량의 단편 「차돌이의 기차」와 희곡 『호접』을 재치 있는 문장과 재미를 주지만 관념적인 수준에 그친 것으로 평가하고 있다. 안함광, 『민족과 문학』 안함광평론선집 3권(박이정, 1998), 275-277쪽 참조. 또한 한효는 「보다 높은 성과를 향하여」(『문학예술』, 1950. 1.)에서 김사량의 「칠현금」을 "낡은 시대의 비참한 희생자인 병신 작가에게로 쏠리고 있다"고 지적하면서 "자연주의 수법을 완전히 버리지 못하고 있다는 증좌"라고 부정적으로 비판한다(이선영 외 공편, 『현대문학비평자료집(이북편)』 1권, 태학사, 1993, 447-448쪽). 특히 김사량의 문학 전반에 대한 한효의 부정적인 태도는 그의 출신 성분과 관련이 깊어 보인다.

11 안우식, 심원섭 옮김, 『김사량평전』(문학과지성사, 2000), 9-10쪽 참조.

도 김사량의 문우였던 김달수에 의해 발간된 『김사량선집』(도쿄: 이론사, 1954)의 사실에 자극받은 것으로 본다.

안우식의 주장이 설득력 있는 것으로 여겨지는 것은 『북한문예대사전』에 수록된 내용에서도 간접적으로 확인된다. 사전의 내용에 따르면 1954년 5월 어느 날 김일성 주석이 김사량에 대한 보고를 듣고나서 "량심적이며 신념이 있는 사람"[12]이었다는 믿음을 얻은 뒤 그 배려로 김사량의 작품집이 간행되었다고 밝히고 있다.[13] 김일성에게 제출된 김사량의 보고란, 그가 북한 문인들의 1차 종군에서 자원해 다수의 「종군기」를 썼다는 점만으로 그치지 않았던 것으로 보인다. 그 보고란 김사량의 종군과 죽음이 일본에 알려진 이후 간행된 김사량의 작품집들에 관련된 동향과 직접 관련된 것으로 추측된다.

안우식에 따르면 김일성의 배려가 1953년 일본의 『중앙공론』 추계 특집호에 김달수의 번역으로 종군기 중의 하나인 「바다가 보인다」가 게재되었고, 이어서 『김사량선집』(김달수 편, 도쿄: 이론사, 1954)이 간행된 점이 북한의 정치적 고려에 따라 그의 작품집 간행으로 이어진 것이라고 설명하고 있다. 연안파나 소련파의 정치적인 숙청[14]과는 다른 맥락을 가진 김사량에 대한 김일성의 배려란 북한 문학 내부에서 이루어진 결정은 아닌 것으로 보인다. 그의 작품집 발간으로 이어진 김일성의 배려는 김사량의 종군과 죽음이 정치적으로 해가 될 것이 없다는 판단 이외

12 『문학대사전』 1권, 232쪽.

13 그 내용은 다음과 같다. "비록 그는 일제 시기에 고등 교육을 받았으나 민족적 량심을 지니고 문필 활동을 한 진보적 인테리의 한 사람이며 해방 후 위대한 수령님을 민족의 태양으로 높이 우러르며 열렬히 칭송한 재능 있는 작가였으며 조국 해방전쟁 시기 종군 작가로 적극적으로 활동하다가 전사한 혁명적인 작가라는 믿음을 표시하시고 크나큰 배려를 돌려 주시였다"(앞의 책, 같은 곳).

14 연안파와 소련파의 숙청은 1956년 8월 소위 종파 사건에 의해서다. 이 사건은 북한 사회에 김일성 유일 체제를 등장시켜 급속하게 경직화되는 계기로 작용했다(이종석, 『새로 쓴 현대 북한의 이해』, 역사비평사, 2000, 74-79쪽 참조). 김사량은 정치적으로는 연안파에 가까웠으나 한 증언에 따르면, 조기천, 정률, 기석복 등 소위 '소련파' 문인들의 후원을 받은 것으로 알려져 있다. 현수, 『적치 6년의 북한 문단』(국민사상지도원, 1952), 85쪽.

에도 재일 조선인 문단과 일본 문단에서 김사량의 문학이 계속 거론되었던 현실을 감안해서 내려진 조치로 보인다.[15] 이것이야말로 그의 문학적 생애를 조감하는 북한의 여러 저작들, 문학사, 사전류 등에서 거론하는 '양심적인 민족주의 인텔리'라고 붙인 꼬리표의 본뜻이기도 하다. '김일성의 배려'로 『김사량선집』(평양: 국립출판사, 1955)이 평양에서 발간되는 시점을 전후로 하여 북한에서는 그의 종군기 『바다가 보인다』(평양: 문예출판사, 1952), 단편 「남에서 온 편지」를 수록한 공동 작품집 『개선』(한설야 외, 평양: 작가동맹출판사, 1955) 등이 간행되었다. 그럼에도 불구하고, 김사량의 문학은 과문한 탓인지는 모르나 1950년대 중반 이후부터 1980년대 중반까지는 거의 거론되지 못했다. 저간의 사정으로 미루어볼 때 50년대 북한 문학에서 김사량의 작품집 발간은 중국과 일본에 전파된 그의 문학 동향과 밀접한 관련이 있어 보인다.

그러다가 1980년대 중반 '김정일의 배려'로 김사량의 문학이 호출되기 시작한다. 김정일의 배려는 김일성과는 몇 가지 점에서 다르다. 우선, 김일성이 김사량에 대한 보고를 받은 것과는 달리, 김정일의 경우 그의 창작 활동을 요해한 뒤 작품집을 간행하는 배려를 받았다는 점이다. 김사량에 대한 '창작 활동 요해'는 그의 문학적 삶과 작품 세계 전반에 대한 검토와 해석의 절차를 거쳤음을 시사해 준다. 리명호가 편집한 『김사량작품집』(평양: 문예출판사, 1987)[16]이 간행되는 시점을 전후해서 김사

15 김사량이라는 존재는 재일 조선인 문단에서 장혁주와 함께 기원의 하나를 이룬다. 특히 김사량은 장혁주의 친일 소설에 맞서 「천마」를 발표한 바 있고, 그의 문학을 이해하는 재일 조선인과 일본인 문우들이 있었다. 그런 위상은 전쟁 직후 속속 발표한 종군기가 중국어나 일본어로 번역되어 일본 문단에 전파되었던 점, 그의 죽음 후 일본 문우들의 회상과 논의, 작품집의 발간 등이 있었던 점 등으로 미루어 짐작할 수 있다. 상세한 논의는 안우식, 앞의 책, 333-349쪽, 호테이 토시히로가 정리한 옌안(延安) 탈출 이후부터 그의 죽음에 이르는 시기 동안을 정리한 연보(그의 논문, 204-208쪽)를 참조할 것.

16 『문학대사전』 1권, 232쪽. 안우식에 따르면 리명호가 편집한 1987년판 『김사량작품집』도 1970년대에 나온 암파신서판을 그대로 번역해 옮긴 것이나 다름없을 만큼, 수록 작품의 편재가 장형준의 해설을 제외하고는 거의 동일하다는 지적이 있다(안우식, 같은 책, 12쪽).

량의 문학에 대한 논의가 등장하기 시작한다. 은종섭의 「위대한 령도따라 우리 소설 문학이 걸어온 영광의 40년」(『조선문학』, 1985. 6)에 김사량의 문학이 거론되었고, 리일복의 「실화 문학의 빛나는 삶」(『조선문학』, 1986. 1~3)에서 『노마만리』와 「종군기」를 중심으로 그의 문학이 재평가되고 있다. 이 두 편의 글은 김사량에 대한 단순한 거론을 넘어 기행문과 종군기를 중심으로 평가되는 양상을 보여 주는 사례다. 이러한 요해 과정을 거쳐 마련된 글이 장형준의 「작가 김사량의 생애와 문학」이며, 『조선문학사』 11권(김선려 · 리근실 · 정명옥, 평양: 과학백과종합출판사, 1994)에서는 그의 종군기를 중심으로 문학적 성과가 기술되기에 이른다.

다시 호명된 김사량에 대한 북한 문학의 기술 내용에서 두드러진 특징은 김일성의 영향 관계를 부각시키고 있다는 점이다. 그의 출신 배경과 작가로서의 특색은 "평양에서 자그마한 주물 공장을 경영하는 가정에서 태어나 민족적 량심을 가진 재능 있는 작가로 자라나 애국적인 문필 활동을 한 진보적인 식민지 인테리의 한 사람"[17]이라고 정의되고 있다. 그러나 그의 삶은 김일성의 항일혁명 전통과 연계시켜 설명하는데, 광주학생 의거에 항의하며 참가한 김사량의 시위 경력이나 동맹 휴학으로 인해 졸업을 몇 달 앞둔 시기에 평양고보를 퇴학당한 일 모두가 "김일성이 1928년 영도한 인민의 반일 기운에 크게 고무된 것" 으로 기술하고 있다. 또한 김사량이 일본에 건너가 고등 학교와 대학을 다니는 기간 동안 "인민에 대한 사랑과 일제에 대한 반항 의식이 불타고 있었다" (2쪽)라고 표현되어 있다. 대표작의 하나인 「빛 속에」를 언급하면서도 정작 아쿠타가와 상 후보작에 오른 사실은 누락시키고 있다. 또한 이 작품에 대해서는 '조선인 여성과 그의 남편 야마다, 아들 하루오' 의 관계를 "유지될 수

17 장형준, 「작가 김사량과 그의 문학」, 리명호 편, 『김사량작품집』(평양: 국립출판사, 1987), 1쪽.

없는 부부 관계를 인위적으로 꾸며 놓고 서로 헤어져야 할 사랑을 헤어지지 않도록 그린 것은 생활의 론리와 어긋나는 것”(7쪽)이라고 비판하지만 다른 한편으로는 “일제의 조선인 멸시 사상을 부정하고 조선의 민족성을 긍정하고 있”(6쪽)는 작품으로 평가하고 있다. 또한 일제 말기 김사량의 문학적 삶을 개관하면서 일제의 탄압 속에 패망 직전에 쓴 ‘친일적인’ 글들이 “위장임에도 불구하고 그에게는 명백한 오점”이라는 사실을 적시하고나서,[18] 1945년 태항산으로 탈출한 시점에 “그는 이 때 비로소 전설적 영웅이시며 백전백승의 강철의 령장이신 김일성 장군님께서 민족의 위대한 빛을 찾았”(9쪽)으며 장편 기행문 『노마만리』에서 “김일성 장군님을 민족의 태양으로 높이 우러르고 김일성 장군의 부대를 ‘태양부대’라고 불렀다”(10쪽)라고 기술하고 있다.[19]

김일성과 연계시켜 가필하고 왜곡시킨 김사량의 문학적 삶은 주로 김정일의 작품 요해 과정에서 집중적으로 분식된 것으로 보인다. 해방 이후 북한에서 활동한 김사량의 이력 전반이 모두 이렇게 김일성과 김정일의 지도와 배려에 의한 것으로 재구성되고 있다. 왜곡의 또 다른 사례로는 김사량이 여러 차례 김일성과 친견하고 그의 지도를 받았다는 것, 그리고 조선로동당에 입당한 ‘당적 작가’라는 것 등을 거론해 볼 만하다.

김일성의 김사량을 비롯한 평양 거주 문인들과의 만남은 1945년 11월부터 1946년 봄에 걸쳐 이루어졌다. 그러나 이러한 과정은 김사량이 김

18 안우식은 김사량이 1935년 5월 식민 통치 권력에 의해 카프가 해산되고 그 역시 투옥의 위험에 빠지게 되자 사상 전향을 한 것으로 본다(안우식, 같은 책, 33쪽). 김달수는 김사량의 『바다의 노래』 같은 선전 소설을 쓴 뒤 조선군 보도반원이 되어 ‘황군 위문’이라는 명목으로 조선반도를 벗어나 중국으로 건너가기 위한 사상적 위장술로 간주하고 있다. 김달수, 「김사량, 그 인간과 작품」, 안우식, 앞의 책, 24쪽 재인용.

19 1955년에 간행된 『김사량선집』에 수록된 『노마만리』에서는 “김일성 부대가 우리의 조국을 두루 비치는 태양계라면 이네들 수많은 빨치산은 정녕 이를 둘러싼 위성인 것이다.” (『김사량선집』, 67쪽)라는 구절이 있으나 이는 훗날 첨가한 것으로 보인다. 이미 김일성 부대는 소규모로 산개하는 전략을 감행하다가 1942년 이후에는 시베리아로 건너갔기 때문이다. 이에 관해서는 와다 하루키, 이종석 옮김, 『김일성과 만주항일전쟁』(창작과비평사, 1992) 참조.

일성의 지도와 교시를 받든 것이라기보다는 김일성이 정계에 입문하는 과정에서 자신의 취약했던 기반을 넓히고자 평양 거주 지식인들과 의례적으로 접견했던 사실 이상의 의미를 갖지는 않는다.[20] 김사량의 '공산당 입당'도 확인되지 않기는 마찬가지다. 안우식은 여러 증언을 들어 김사량을 '공산주의자'가 될 수 없는 인물이라고 보았다.[21] 해방기의 김사량은 상공인 집안 출신으로서 토지개혁(1946. 3)과 산업국유화 조치(1946. 9)를 비롯한, 북한 사회에서 시행된 일련의 급진적인 조치 때문에 많은 시련과 좌절을 겪었을 것으로 보인다. 실제로 그의 계급 성분이나 경험 체계, 식민지 현실의 부정성에 주목해 온 그의 문학적 정체성으로 미루어 보면, 그가 왜 북한 문단에서 높은 평가를 받을 수 없었는지 자명하다.[22] 그의 모친은 미국에 유학한 인텔리 여성으로 평양과 만주 지역까지 여러 곳에 백화점을 운영했고 처가(妻家) 또한 유수한 상공인 집안이었기 때문이다.

그럼에도 불구하고, 김사량의 문학적 삶은 항일 무장 투쟁의 현장에서 고취된 민족 해방의 낭만적 열정으로 돌파하며 건국의 시대적 과업에 적응하고자 했던 것을 부정하기는 어렵다.[23] 해방 직후부터 그는 단편 「소년 고수」(1946)를 비롯해서 「마식령」, 「차돌이의 기차」를 창작했고, 보천보전투를 지휘한 김일성의 풍모를 묘사한 장막 희곡 『뇌성』(1946)을 만들어 공연했으며, 희곡 『지열』, 시극 『무쇠의 군악』(1949) 등을 창작했다. 이 밖에도 그는 「남에서 온 편지」(1948), 「칠현금」(1949), 「대오는 태양을 향하여」(1950) 등 여러 편의 종군기를 썼다. 김사량이 자신의

20 오영진 역시 김일성과 접견하는 과정을 거친 다음 그와의 만남이 의례적인 접견이었음을 증언하고 있다. 오영진, 「소군정하의 북한」(중앙문화사, 1951 / 국토통일원, 1983), 90-118쪽 참조.

21 안우식은 김사량의 조카 김정섭과 중학교 시절 동급생이었던 어떤 독자의 글을 소개하며 김사량이 '반동 분자로 지목될 행동을 곧잘 취했다'고 전해진다. 안우식, 같은 책, 9-10쪽 참조.

22 이는 안함광이나 한효의 비판적 태도에서 보게 되는 맥락과도 상통한다. 각주 9) 참조.

23 안우식, 같은 책, 339-340쪽 참조.

출신 성분과 관련된 가산 몰수와 같은 어려움을 딛고 북한 초기 문단에 기여한 것은 바로 이런 창작 활동에 있다. 실제로, 그의 해방기 작품들은 북한 체제의 성립과 김일성의 등장에 대한 기대, 새로운 시대에 대한 깊은 관심을 피력하며 민족 해방의 열망을 담아내는 일관된 흐름을 보여주기 때문이다.[24]

3. 식민지의 시대적 트라우마와 인민 문학으로의 전회를 위한 모색: 「칠현금」

「칠현금」은 정치적 맥락보다도 건국의 활력을 담아 노동자 작가 지망생의 정신적 · 육체적 상처를 치유하는 의례의 과정을 담은 중편이다. 작품이 발표되었을 때만 해도 앞서 거론한 바와 같이 "부정적이고 자연주의적 수법에서 벗어나지 못한 증좌"라고 한효의 비판을 받았으나,[25] 해제를 쓴 장형준은 「칠현금」을 가리켜 "김사량의 해방 후 소설 문학에서 가장 주목을 끄는 작품"[26]이라고 언급하고 있다. 시대를 달리하여 이루어진 평가에서 확인되는 편차는 적어도 1980년대 중반까지 그의 작품이 거론되지 못한 저간의 사정과 비교해 보면 격세지감에 가까운 변화다. 그러나 「칠현금」이 갖는 미덕은 따로 있어 보인다. 여기에는 북한 문학계에서 거론한 바와 같이 폐인이었던 노동자를 재생의 길로 이끄는

24 『노마만리』에서 「종군기」에 이르는 김사량의 문학 세계에 관해서는 유임하, 「사회주의적 근대 기획과 조국 해방의 담론」, 『근대문학연구』 2집(한국근대문학회, 2001) 하반기를 참조할 것.

25 각주 9) 참조.

26 장형준, 앞의 책, 13쪽. 또한 이 작품은 "'폐인이 되였던 한 인간이 재생의 노래인 동시에 인간 정신의 기사인 작가이 숭고한 사업에 대한 묘사"를 통해서 "인간을 다면적으로 그리며 그의 내면세계를 깊이 있게 파고드는 작가의 재능을 보는 동시에 S의 형상에서 들끓는 현실 속에 들어가 로동 계급의 고상한 사상과 기풍을 배우며 문학의 새싹들을 키워내는 당적 작가의 슬기로운 모습"(16쪽)을 보여 주었다고 평가된다.

일당백의 구호를 새긴 동상

작가의 노력으로만 그치지 않는, 김사량 특유의 섬세한 미감과 체취가 담겨 있기 때문이다. 그뿐만 아니라 자신의 출신 성분에 대한 한계를 타개하고 새로운 시대의 활력을 담아내려는 내면적 결의가 반영된 자전성(自傳性)에 의해서 돋보이는 것도 작품의 특색이다.

「칠현금」은 국영제철소에 파견되어 노동자들의 문화적 품성을 지도하는 작가의 시선으로 일제 때 불구가 되어버린 전기공 출신의 작가 지망생에게 갱생의 삶으로 인도하는 내용으로 이루어져 있다. 윤남주를 돕는 작가 S는 현지 파견에 나섰다가 노동자의 문화 소양을 지도하는 임무를 띤 인물이다.[27] 그는 현지 지도가 "새 시대를 맞이한 새나라 작가로서의 새로운 삶의 길을 찾으려는 S 자신의 자기 요구"(25쪽)에 부합되는 것이라고 생각한다. 노동자들의 응모 작품을 접하면서, 그는 "그 소재가 공장의 실생활과 로동자의 생동한 감정에 토대를 둔 적절한 내용"(24쪽)이라는 점에 새삼 놀라며, 노동자들의 작품에서 새로운 문예적 싹을 발견하고 키워 내겠다는 작가로서의 결의를 다진다. 생활 현장에 대한 반응과 가능성 있는 작가의 싹을 찾아내려는 그의 의지는 건국의 활기찬 현실에서 작가에게 부여된 시대적 과업이 무

27 실제로 김사량은 1949년 황해도 송림제철소에 현지 파견되어 약 반 년간을 보내며 「칠현금」을 창작해 6월에 『문학예술』에 게재했다.

엇인지를 고심하는 김사량의 내면을 엿볼 수 있게 해 준다.

윤남주는 6년간이나 병원에서 누워 지낸 불구 환자다. 그는 "왜놈들이 며칠 안으로 죽을 거라고 손 한번 대지 않고 그냥 내버려두었기 때문에"(29쪽) 폐인이 되어 버린 존재다. 이를테면 그는 식민 체제가 그 신체까지도 파괴해 버린 상처를 드러내는 역사의 증인에 해당한다. 그는 때때로 자신이 쓴 동화가 방송되는 것에 위로받으며 소설을 열심히 습작하는 작가 지망생이다. 신체적 불구와 생활 감각의 결여에도 불구하고, 작가로서의 새로운 출발을 열망하는 윤남주에게 S가 관심을 보이는 것은 북한 체제에 걸맞은 문학 창작의 길이란 무엇인지를 고심하는 김사량 자신의 모색과 무관해 보이지 않는다. 병실에 찾아간 S는 상상보다 위중한 환자의 상태를 보고 놀라지만 소설을 쓰려는 그의 의지에 감화된다. 하지만 윤남주는 자신을 "제철소의 하나의 쓰지 못할 녹쓸은 나사못"(36쪽)이라 여기며 비관적이며 새로운 시대에 대한 감격과 자신의 감정을 반영할 만한 의욕을 발휘하지 못하고 있는 게 병증이라면 병증이다. 그의 소설에서 발견되는 추상성은 새로운 현실에 화답하려는 자신의 감정과 비관적인 처지에 대한 비관, 곧 정신적 불구성과 관련된 것이다.

자신을 "산송장"(37쪽)으로 여기는 윤남주의 불구적 삶보다 더욱 문제인 것은 정신의 불구 상태에 놓여 있다는 점이다. 정신적 불구성이야말로 병상에 누워서도 소설쓰기에 진력하는 윤남주 자신에게 가장 큰 장애인 셈이다. S의 위로와 격려는 작가의 열정을 품고 있던 윤남주에게 새로운 세계로 인도한다. 요컨대 윤남주에게는 자신의 열악한 조건이 문제가 아니라 노동자 문학가로서의 빛나는 사례가 이미 소련에도 있다는 것, 그들이 경험을 바탕으로 혹독한 시련을 이겨내는 역사를 작품으로 담아내는 길이 있다는 것 등이다. 남주에게 제시되는 노동자 작가의 길은 육체적 · 정신적 불구성을 극복하는 통로라는 것은, S가 들려 준 소련의 노동자 작가 "아브덴꼬"가 그려낸 비참하고도 불우한 광부 일가에 관한 이야기와 극심한 육체적 불구를 이겨내며 『강철은 어떻게 단련되는가』를 쓴 오스트로프스키의 삶에서 잘 드러난다(37쪽).[28]

윤남주의 비관은 김사량 자신의 계급 성분에서 오는 한계와 소시민으로서의 삶에 대한 청산이 박약했다는 고백과도 통한다. 김사량은 1946년 11월에 행한 한 대담에서 8·15 이전까지 자신의 작품 세계가 부정적이었으나 그 후는 모두 긍정적이라는 것, 그렇기 때문에 새로운 형식과 내용을 쟁취하겠다는 결의를 다지지만 여전히 국가 체제에 부응하지 못한 상태에 있음을 자각하고 있었다. 그는 이 대담에서 "왜 인민의 예술을 창조하지 못하느냐 하면 아직 사상적으로 생활적으로 완전히 무장되지 못했다는 것을 자각하지 않을 수 없습니다. 또 우리 생활이 민중과 유리되여 있었고 사회 생활과 유리되여 있었기 때문"이라고 고백하면서 "여하튼 우리 작가는 좀더 현지 생활을 체험하면서 사상적으로 무장함으로써만 새로운 인민의 예술을 창조할 수 있고 진정으로 인민에 복무하는 예술가가 된다"라는 결의를 피력하고 있다.[29]

이 같은 결의에도 불구하고, 김사량의 문학적 정체성으로는 북한 체제 안에서 자신만의 개성 있는 창작의 꽃을 피우기는 대단히 어려웠을 것이다. 그는 안우식의 표현처럼 "낭만적 열정"[30]으로 새로운 시대의 과업에 부응하며 문학적 위기를 돌파하고자 했을 것이다. 그러한 점에서 「칠현금」은 여러 모로 음미해 볼 부분이 많다. 그 중 하나는 자전적인 인물을 내세워 작가로서의 소임과 노동자의 현실과 대면하며 감격해 하는 장면과 국가의 활력 속에 새삼 작가로서의 소명과 과업을 느끼게 되는 모습을 전면에 배치한 듯한 인상이 강하다. 이는 앞서 소개한 김사량 자

28 「칠현금」이 오스트로프스키의 『강철은 어떻게 단련되었는가』를 읽은 뒤 그 감동을 반영한 것이라는 견해도 유력해 보인다. 김사량은 1949년 『조선신문』 1월 7일자에 「느 오쓰뜨롭스끼의 '강철은 어떻게 단련되었는가'를 읽고」라는 독후감을 발표했다. 호테이 토시히로, 같은 논문, 171쪽.

29 『문화전선』 2집(1946. 11), 70쪽. 호테이 토시히로, 같은 논문, 197쪽 재인용.

30 안우식, 같은 책.

신의 결의에 부합하는 대목이다. 불구자인 남주에게 투영한 작가의 의도는 자신을 포함해서 노동자들이 식민지 시대에 입은 정신적·육체적 상처라는 것을 한 사람에게 집중시키면서 자신이 떠맡아야 할 작가로서의 소명과 역할을 부각시키는 모습으로 나타나고 있는 것이다.

노동자의 시낭송에서 "그들의 기쁨과 자랑"을 발견하고 "조국 인민들의 새 힘"과 "기름내가 풍기며 열정에 넘치는 글줄"을 느끼는 한편, "이를 새로 피어오르는 인민 예술의 꽃망울"(68쪽)로 여기며 "행복감"(이상 68쪽) 속에 떠올리는 인물은 윤남주다. 남주가 가진 풍부한 감정과 천부적 재능, 그가 6년 세월을 병원 침상에서 쇠진해 가는 상태의 대비 안에는 김사량이 모색하는 문학적 방향이 자연스럽게 연상된다. 윤남주의 6년 전 상처가 김사량이 식민지 시대에 입은 상처와 자연스럽게 겹쳐지기 때문이다. 그는 1943년 장편 『태백산맥』을 연재하기 시작했고 8월 28일 국민총력 조선련맹의 지시로 해군 견학단의 일원으로 진해경비부, 사세이호 해병단과 해군병학교, 오오다케 해군 잠수학교, 해군성, 쓰치우라(土浦) 해군항공대 등지에 파견되었고 일제에 울분을 토로하지만 르포 「해군행」을 『매일신보』(10.10~23)에 발표하고 그 해 12월부터 1944년 10월 초순까지 총 193회에 걸쳐 『바다에의 노래』를 『매일신보』에 연재했다.[31] 1941년 태평양전쟁이 발발하기 직전인 12월에 사상범 예비구금법에 의해 가마쿠라(鎌倉) 경찰서에 구금되기도 했던 그가 이 같은 친체제적인 글을 쓰고 장편을 연재한 과오는 훗날 친일의 위장술이었다는 면죄부에도 불구하고 하나의 상흔으로 자리잡는다.

윤남주의 상처만큼 김사량에게도 1943년의 과오는 그가 입은 식민지의 상처였던 것이다. 1945년 2월 그는 '국민총력 조선련맹 병사후원부'로부터 '재지 조선 출신 학도병 위문단' 단원으로 파견되었다가 베이징(北京)

31 안우식, 같은 책, 360-361쪽 참조.

에 잔류하며 그 해 5월 태항산 빨치산 산채로 탈출하는 결행을 했지만 그 상처는 치유되지 않는다. 이런 점에서 작가로서는 치유될 수 없는 친일이라는 과오는 윤남주의 정신적 · 육체적 상처로 변형되어 나타난 것이라고 할 수 있을 것이다. 윤남주의 노동자라는 계급성 또한 김사량에게는 식민지의 수탈과 억압에 직접 관련된 생활 감각의 부재라는 약점으로 지적받을 수 있다. 그러한 내면의 정황이 새로운 시대에 적응하려는 노력이 윤남주의 모습으로 나타난 것이었다고 해도 지나친 표현이 아니다.

현지 지도에 나선 작가 S가 작가 지망생인 불구의 노동자를 통해서 자신의 문학이 처한 상황을 타개하는 모습은 작가로서의 소명을 부각시키는 한편, 정치와 문학의 접점을 만들어 나간다. S는 윤남주에게 『강철은 어떻게 단련되었는가』를 선물하면서 작가의 꿈을 포기하지 않고 정신의 불구를 벗어나 작가의 삶을 살아가도록 기원하고 있다. 이는 '줄기차게 뻗어오르는 조국 인민의 새 힘'을 믿기 때문이기도 하지만 식민지의 상처를 딛고 일어서는 전진하는 공동체의 역사에 동참하기를 염원하기 때문이기도 하다. S가 윤남주를 인도하려는 것은 그의 문학적 삶이고, 그것은 더군다나 새 시대가 필요로 하는 작가의 역할이다. 그리고 이 같은 작가의 역할은 윤남주에게 육체적 불구성과는 다른 정신적 불구성을 치유하는 묘약으로 작용한다.

여기에서 발견되는 것은 활력으로 가득한 북한 사회에서 찾아낸 가능성에 대한 김사량의 낭만적 열정이다. S의 발언처럼, 사회 변화의 새로움을 반영하는 것이 소설의 과제라면 "역시 작가란 자신이 제일 잘 알고 깊이 느낀 일을 제일 잘 쓰게 마련"(35쪽)이라는 이치에 대한 발견으로 이어진다. 체험의 토대 위에서 쓰여진 것만이 참된 소설의 성취를 이룰 수 있다는 이 같은 발언이야말로 김사량 자신이 지향한 과제이기도 했던 것이다. "하루바삐 자리잡고 앉아 작품 창조의 길을 개척하는 한편 청신하고도 기운찬 로동 예술가들의 싹을 발견하고 키워내리라……"

(25쪽)는 S의 내면적 결의는 결국 윤남주에게만 해당하는 문제가 아니라 S 자신에게도 적용되는 문제였던 것이다.

윤남주와 작가 S의 관계가 정신의 치유를 통한 작가로의 재생에 초점이 맞추어져 있다면, 지난 6년간 병원에서 윤남주를 간호하는 명랑하고도 귀여운 처녀 신 간호사는 또한 윤남주의 상처입은 경과를 곁에서 지켜본 역사의 증인이자 조력자다. 보호 시설이나 안전 장치도 없어서 죽음을 목에 건 무쇠 감옥이었던 제철소에서 부상을 입은 윤남주는 "왜놈들이 며칠 안으로 죽을 거라고 손 한번 대지 않고 그냥 내버려두었기 때문에" (29쪽) 폐인이 되고 만다. 그런 윤남주를 보살피기 위해 그녀는 자원해서 간호사를 직업으로 선택한다. 식민지 기간 동안 그녀는 간호조무사로 근무하며 파괴된 육체로 하루하루를 절망으로 지내는 윤남주를 안타까워하며 간호하다가, 해방을 맞은 다음 간호사가 되어서도 그의 곁을 떠나지 않는다. 이를테면 그녀는 윤남주의 문학적 재능을 S에게 전달하는 매개자이자 조력자인 셈이다. 신 간호사의 표현에 따르면 윤남주는 "병원의 청신경" (29쪽)이자 "병원에서 가장 자랑하는 귀중한 문화 인재" (31쪽)다. 방송에서 흘러나오는 동화의 명랑함과 씩씩함, 벽신문에 실린 풍부하고도 다채로운 원고 대부분이 윤남주의 손으로 쓰여진 것임을 전하고 있다. 신 간호사는 윤남주를 간호하며 그의 재능을 아끼며 간호자와 환자의 관계를 넘어 그의 재생을 돕는 동반자로 발전한다.

또 하나의 거대한 조력자는 병원으로 재현된 국가라고 말할 수 있다. 병원은 단순히 불구의 노동자 환자를 수용한 시설에 그치지 않고 윤남주를 극진하게 배려하는 의료 기관일 뿐만 아니라 인간애로 가득한 의료인들로 북적대는, 활력으로 가득한 국가의 또 다른 재현 공간이다. 병원에 가득한 배려와 헌신은 "생산 계획 초과 달성과 기간 단축운동의 최후 돌격기에 들어간 공장 전체" (24쪽)의 활력과 대비되면서 새로운 시대를 건설하는 주재자로서 "우람차고도 감동적인 면모와 인상" (24쪽)을 재현하고 있는 것이다. 반면, "제철소 전경을 눈앞에 바라보이는 언덕 우의 아늑한 곳"(28쪽)에 자리잡고 있는 병원은 윤남주와 같은 육체적 불구성을 치유함으로써 새로운 시대에 걸맞은 인간을 탄생시키기 위한 의술로 무장한 인간애 가득한 존재들의 집합소다. 더 나아가 북한 사회의 활력을 바라보는 위치에 있는 이 인접성이야말로 국가의 활력과 맞물려 있는 공간임을 잘 알려 준다.

병원에 새로 부임한 외과 과장은 최신 의학 기술을 연구하는 열정과 노력으로 척수 부상자를 살려낸 다음, 윤남주의 불구를 치유하기 위한 새로운 과제를 떠안는다. 그는 소련에서 파견 나온 소련인 적십자병원장의 도움을 받아 윤남주의 육체를 치유하는 행로를 밟는다. 식민지의 상처로 불구가 된 노동자 환자를 치유하기 위해서 북한의 의료진과, 인류애와 선진 의술을 갖춘 소련 의사의 헌신적인 노력이 더해지는 것이다. 윤남주의 수술에는 억압과 수탈의 식민지 시대에 가해진 육체의 손상을 치유하려는 국가의 배려만이 아니라 사회주의 선진국 소련의 원조도 부가되어 있는 것이다. 윤남주의 손상된 신체는 식민 체제의 억압과 폭력이 개입한 것이므로 그 수술은 마땅히 회복 가능한 미래를 열어젖히는 계기가 된다. 그리고 이 같은 육체적 삶의 재생에 걸맞게, 윤남주는 작가로서의 새로운 삶을 살아가게 된다. S는 재생의 길을 보장하는 새로운 시대에 대해 다음과 같이 감격해 한다.

> 옛날에는 모멸과 학대와 굶주림 속에 자취도 없이 살아오던 생명들 하나하나가 이처럼 소중히 취급되는 인민 조국의 고마움, 우리는 얼마나 은혜롭고도 행복스러운 세상을 새 나라에서 살고 있는 것인가! 혹시 또 남주의 신상에 새로운 운명의 날개가 펼쳐지게 될지도 모른다. S는 혼자 소리처럼 "녹쓸은 나사못은 어떻게 재생되는가?" 이렇게 중얼거리며 웃었다.(64쪽)

S는 병원의 노력이 수술의 성공 여부와는 관계 없이 식민지의 과거에 참람할 만큼 감내해야만 했던 고통스러운 시대와는 다른 세상에서 살아가는 행복감을 만끽한다. 생명 하나하나에 이르기까지 소중하게 다루는 '인민 조국의 고마움'에 감읍하고 있는 것이다. 모멸과 학대와 굶주림 속에 살아온 생명 하나하나가 소중하게 보살핌을 받고 새로운 세상에서 살아갈 수 있도록 변화된 국가의 이미지는 말 그대로 '치유자'인 셈이다. 식민지의 고난으로 상처받은 이 노동자 환자를 새 시대의 밝은 세상으로 인도하는 치유자의 이미지야말로 김사량 자신이 염원했던 근대 국가의 이상을 반영한 모습이었을 것이다. 윤남주의 재생에 거는 S의 기대는 그러나 정신적 재생과 육체적 재생의 길을 틔우지만 그 역시 여전히 미래의 가능성으로 남아 있다.

S는 윤남주의 방송용 동화 원고를 접하고나서 "뼈를 깎아내는 듯한 고심 속에서 붓대를 들고 싸우는 불쌍한 환자가 비범하기도 한 동화 작가임을 발견"(64쪽)하는 기쁨을 누린다. 윤남주의 원고에는 자신의 저주스러운 운명에 맞서는 건강한 아름다움과 어른들의 세계로까지 육박하는 건전한 감정과 사상과 입김이 숨쉬고 있었던 것이다. S는 그의 원고를 문자화하는 방책을 찾는 한편, 동맹에 돌아와 아동문학분과위원회에 의견서를 제출하기에 이른다.

여기에서 인상적인 대목이 펼쳐진다. 그것은 작가동맹 가입 서류를 작성하면서 회상되는 윤남주의 과거다. 회상을 통해서 그는 자신이 산송장에서 소망과 좌절을 거듭하며 일구어지는 재생의 빛나는 행로를 걸어온 모습을 S에게 보여 준다. 그는 자신이 불구가 되었을 때보다도 더 절망에 빠진 것이 "살고 싶었던 것"(75쪽) 때문이었으며, "새로운 태양 아래 새로운 욕망은 언제든지 저도 다시 일어나 남같이 싸울 수 있을지도 모른다는 덧없는 공상과 희망"(76쪽)을 품게 되었노라고 고백한다. 해방은 그에게 온 감격이기도 했지만 미래에 대한 적응을 요구하는 불안과 좌절을 낳은 사건이기도 했던 것이다. 신 간호원의 격려 속에, 윤남주는 제철소의 기능공들과 토론하고 의견을 내기도 하며 전기 공장과 발전소의 생산 투쟁에 동참했다가 또다시 절망에 빠진다. 그것은 생산 기술의 발전과 함께 그 자신의 기술 경험이 쓸모가 없어졌기 때문이다.

윤남주의 이러한 초상은 사실 해방 이후 작가로서 절망에 빠진 김사량의 내면을 짐작할 수 있게 해 준다. 윤남주의 회상에서 드러나는 것처럼, 식민지의 상처를 딛고 새로운 기적을 찾아나선 김사량을 고양시킨 것은 그의 그것처럼 끝없는 열정과 의지였던 셈이다. 그러나 새로운 세상에서 살고 싶었던 그 욕망에 비해 자신에게 허용된 세상은 끝없는 적응을 요구하는 새로운 과제를 안게 되는 것이다. 윤남주가 절망 끝에 라디오에 귀 기울이며 정치와 경제, 문화 각 방면의 무한한 지식과 교양을 쌓아가는 모습 안에는 김사량 스스로 자신의 출신 성분과 계급적 한계를 넘어서려는 발화되지 않고 보이지 않는 안간힘이 내포되어 있다. 라디오가 윤남주에게 8 · 15해방을 알려 준 도구였다면, 김사량에게 해방은 근대 민족 국가의 출발을 알린 복음이었을 것이다. 그러나 해방 후 윤남주의 새로운 절망처럼 김사량 역시 전진하는 새로운 변화에 좌절한 미세한 징후가 어른거린다.

윤남주는 "자신의 육체적 불구가 허구의 공상 속에서 간신히 숨쉬고 있어서 고민과 절망을 피하지 않고 이를 돌파함으로써만 새로운 자기를 찾을 수 있다"는 점을 깨닫는다. 윤남주의 각성은 자신을 되찾고 새로운 세상에서 자신의 소명을 찾아나가는 노력으로 나타난다. 그에게는 신 간호원의 헌신적인 배려조차 남녀 간의 사랑이 아니라 "인민 조국의 뜨거운 손길의 하나의 상징적 표현"이라고 여긴다. 윤남주의 아름답고 건실한 회상에서 S는 다시 한 번 감동한다. 작품의 말미에서 작가동맹으로부터 윤남주의 동화가 높이 평가받아 그에게 동맹 후보 작가로 승인받고 S가 그에게 맹원증을 전달하는 일련의 과정이나 윤남주의 수술이 성공적으로 이루어져서 그가 몇 번의 수술과 재활을 거치면 먼 훗날 육체의 불구성이 치유될 가능성을 갖는다는 희망적인 사연은 그다지 중요하지 않다. 더 중요한 것은 작품의 메시지가 윤남주의 육체적 재생과 함께 정신적으로 일그러진 척추가 재생되었다는 것이다.

윤남주의 정신적 재생은 작가로서의 소명으로 나타난다. 그는 하이네의 "칠현금을, 칠현금을 다오. 싸움의 노래를 부르려니……"라는 시구에 자신의 작가적 소명을 투사한다. 투박한 노동자의 손에 쥐어진 칠현금처럼 그는 "제철소가 울려내는 위대한 교향악에"(85쪽) '자신의 노래'를 맞추겠다는 결의를 S에게 내비치는 것이다. 윤남주의 이러한 작가적 소명 의식과 결의에는 김사량 특유의 낭만적 열정이 엿보인다. 그러나 그 결의는 새 시대에 대한 문학적 분투를 다짐하는 것일 뿐 여전히 어떤 가능성으로만 남아 있다. 윤남주가 불굴의 투혼으로 정신적 재생을 성취했으나 작가로서 새로운 시대에 걸맞은 역할에 대한 성과를 미래의 가능성으로 남겨놓은 것처럼.

4. 결어: 김사량 문학과 「칠현금」의 위상

지금까지 이 글은 김사량의 문학이 재일 조선인 연구자들에 의해 조명된 이후 남북한에서 새롭게 거론되는 현상에 착안하여, 그의 문학에 대한 남북한, 재일 조선인의 시각 등 세 개의 관점이 상존하는 현재성에 근거하여 북한 문학에서는 김사량의 문학적 삶을 어떻게 기술했는지를 살펴보았다.

북한에서 김사량은 1950년대 중반까지만 해도 부르주아 출신이라는 그의 계급적 성분 때문에 매우 비판적으로 거론되어 왔으나 작품집이 발간되는 예외성을 가지고 있다. 또한 1980년대 중반 그에 대한 문학적 재평가가 이루어지면서 그의 문학이 호명되고 있음을 발견하게 된다. 그러나 그의 문학적 삶은 김일성의 영도에 영향을 받은 것으로 왜곡된 채 재구성되고 있다. 흥미로운 것은 일본에서 재일 조선인 문학계를 중심으로 지속적인 평가와 작품집 발간이 이루어지면서 북한에서의 재평가를 촉발시킨 연계고리가 확인된다. 이 글에서는 이렇게 호명된 김사량의 문학적 삶을 '양심적 인텔리'라는 정치적 약호로 설정한 맥락 안에 부각시킨 김일성의 지도와 김정일의 배려와는 달리 「칠현금」에 담긴 자전성을 근거로 내면적 정황을 살펴보고자 했고, 그 결과 이 글은 '새 시대에 부응하려는 작가로서의 소명과 사회주의 국가에 부응하는 문학적 과제의 부조화'를 확인하게 되었다. 북한에서 재평가한 김사량 문학은 기행문 『노마만리』와 「종군기」가 중심을 이루고 있으나 작품의 요해를 거쳐 해방기의 대표작으로 꼽은 작품은 「칠현금」이었기 때문이다.

「칠현금」은 1980년대 중반 북한에서 새롭게 평가되고 있으나 그 안에는 김사량 자신이 식민지 시대에 겪은 트라우마를 기반으로 해방 이후 북한 사회에서 요구하는 문학적 현실에 적응하기 위한 고심을 반영한 작품으로 판단된다. 김사량의 이 같은 고심은 북한의 '사회주의 건설기'의 소설에서는 드물게도 섬세한 미감으로 국가의 활력을 포착하면서 노동자 출신 계급의 정신적 · 육체적 불구성을 치유하며 작가로서의 새로운 출발을 알리는 미래를 제시하는 인상적인 장면을 재현해 놓고 있다. 이는 새로운 시대를 맞이한 상황 속에 놓인 김사량 자신과도 결부된 문제였다. 그는 이 작품에서 새 시대에 대한 적응과 변화를 다짐하며 육체적 · 정신적 불구성을 지닌 노동자 윤남주를 통해서 작가로서의 새로운 출발을 알리는, 미래의 가능성으로 봉합한 자전적인 서사를 만들어 놓았다. 「칠현금」에서 두드러지는 작가적 소명이란 낭만적 열정을 추스리는 한편 자신의 계급적 한계를 타개하기 위한 모색을 노동자의 현실에서 찾고 새로운 시대에 투신하려는 결의였던 것이다.

김사량의 문학이 북한 문학에서 '양심적 인텔리 작가'로 호명된 것을 면밀히 따져보면, 이 같은 현상이 비록 정치적 맥락에서 비롯된 것이기는 하나 민족 문학의 전통을 수용하려는 태도의 변화로 읽힌다는 점에서 주목해 볼 만하다. 그런 맥락에서 김사량의 문학은 적어도 남북한 문학에서 '민족 문학'의 전통을 공유할 수 있는 시사점을 제공받을 수 있는 사례의 하나라는 점에서 현재적 가치를 가진 셈이다.

:: 참고 문헌

ㅁ 1차 자료

김사량, 김재용 편주, 『노마만리』, 실천문학사, 2002.

김사량, 이상경 편, 『노마만리』, 동광출판사, 1989.

김선려 · 리근실, 『조선문학사』 11권, 평양: 과학백과종합출판사, 1994.

리명호 편, 『김사량작품집』, 평양: 문예출판사, 1987.

장형준, 「작가 김사량의 생애와 문학」, 리명호 편, 『김사량작품집』, 평양: 국립출판사, 1987.

사회과학원, 『문학대사전』 1권, 평양: 사회과학원, 1999.

안우식, 심원섭 옮김, 『김사량평전』, 문학과지성사, 2000.

안함광, 『민족과 문학』, 안함광평론선집 3권, 박이정, 1998.

오영진, 「소군정하의 북한」, 중앙문화사, 1951(국토통일원, 1983 프린트본).

이상경 편, 『노마만리』, 동광출판사, 1989.

한효, 「보다 높은 성과를 향하여」(『문학예술』, 1950.1.), 이선영 외 공편, 『현대문학비평자료집(이북 편)』 1권, 태학사, 1993.

현수(박남수), 『적치 6년의 북한 문단』, 국민사상지도원, 1952.

방철림, 「작가 김사량과 그의 창작」, 『천리마』, 1994.1.

ㅁ 2차 자료

김윤식, 「일제 말기 한국 작가의 일본어 글쓰기론」, 서울대출판부, 2003.
김재용, 『협력과 저항』, 소명출판, 2004.
김철, 「'두 개의 거울: 민족 담론의 자화상 그리기」, 『상허학보』 17집, 상허학회, 2006.
김환기, 「재일 코리언 문학의 계보」, 김환기 편, 『재일 디아스포라 문학』, 새미, 2006.
와다 하루키(和田春樹), 이종석 역, 『김일성과 만주항일전쟁』, 창작과비평사, 1992.
유임하, 「사회주의적 근대 기획과 조국 해방의 담론: 해방 전후 김사량의 문학적 도정」, 『근대문학연구』 2호, 근대문학회, 2001.
이종석, 『새로 쓴 현대 북한의 이해』, 역사비평사, 2000.
추석민, 『김사량 문학의 연구』, 제이앤씨, 2001.
하야시 고지(林浩治), 「고립된 언어와 죽음」, 김환기 편, 『재일 디아스포라 문학』, 새미, 2006.
호테이 토시히로(布袋敏博), 「解放後の金史良覺書」, 『청구학술논집』 19집, 도쿄: 한국문화연구진흥재단, 2001.

박태원론: 『갑오농민전쟁』

민중의 역사와 그 소설화

임옥규

1. 박태원의 삶

박태원(1909~1986)의 삶과 문학은 우리 민족의 비극적인 역사와 문학의 궤적을 반영하고 있다. 월북 문인에 대한 해금 조치가 단행된 1988년 이후, 남한에서는 박태원 문학에 대한 문학사적 논의가 활발해졌다. 박태원은 1930년대에 문단의 사회주의와 민족주의의 반대선상에 서서 모더니즘 문학을 전개했다. 무엇보다 일본 유학을 다녀와서 갑바머리와 뿔테 안경으로 스타일을 자랑하던 '모던 보이'였던 박태원은 한국 모더니즘 문학에 막대한 영향을 끼쳤다. 박태원은 이태준 · 정지용 · 김기림 · 이상 · 이효석 등과 함께 구인회(九人會)를 결성(1933)해 활동하면서 문체와 표현 기교면에서 과감한 실험을 보였으며 당시의 풍속 세태를 고현학적 방법으로 보여 주었다. 그러나 모더니스트였던 박태원은 식민지 시대의 암울함 속에서 점차 작품의 변모를 보였다. 1930년대 후반부터 박태원은 통속 소설,[1] 친일 소설,[2] 자화상 연작 소설[3]을 주로 발표했으며, 해방 직전에는 주로 중국 고전 소설을 번역했고,[4] 해방 직후에는 역사 전기물의 저작, 번역 작업[5]과 역사 소설 창작으로 나아갔다.[6]

일본의 대동아공영권(大東亞共榮圈)의 깃발 아래 전쟁으로 치닫게 된 시대 상황 속에서 박태원은 글쓰기의 한 방편으로 번역 작업과 친일 문학을 한 것으로 보인다. 그의 번역 작업을 친일로부터의 탈출구로 볼 수 있느냐, 역사 소설로 나아가기 위한 당위적 방편으로 볼 것인가, 그 자체를 작가 의식으로 볼 것인가의 논의 여부는 아직까지도 진행 중이다.[7] 그의 번역 소설인 『수호전』(1942)은 민중들의 저항을 간접적으로 보여 주고자 했던 점에서 이후 민중사 중심의 역사 소설 집필의 계기를 마련한 것으로 볼 수 있다. 이 번역 소설은 친일 소설이나 일본어 소설은 아니지만 이를 연재했던 『조광』이 종합월간지로 당시 일본의 군국주의를 독려하고 있었다는 점에서 친일의 한 방편이라는 의혹을 받기도 한다.

물론 박태원의 모더니즘 계열의 소설 『천변풍경』(1936)도 『조광』에 실렸다는 점을 상기해 볼 때 당시의 상황과 무관하지 않아 보인다. 박태원은 중국 문학 연구자이자 번역가였던 백화 양건식의 지도를 받은 적이 있으며, 명대(明代)의 소설을 편집 · 번역해 『지나소설집』(1939)을 간

1 『명랑한 전망』(『매일신보』, 1938. 4. 5~5. 21), 『우맹』(『조선일보』, 1938. 4. 7~1939. 2. 4), 『여인성장』(『매일신보』, 1941. 8. 1~1942. 2. 9).

2 「아세아의 여명」(『조광』, 1941. 2), 『군국의 어머니』(『조광사』, 1942), 『원구』(『매일신보』, 1945. 5. 17~8. 14).

3 「음우(淫雨)」(『조광』, 1940. 10), 「투도(偸盜)」(『조광』, 1941. 1), 「채가(債家)」(『문장』, 1941. 4), 「재운(財運)」(『춘추』, 1941. 8), 「사계와 남매」(『신시대』, 1941. 1~2).

4 『지나소설집』(1939), 『신역 삼국지』(1941. 5), 『수호전』(1942. 8~1944. 12), 『서유기』(1944. 12).

5 『조선독립순국열사전』(1946), 『약산과 의열단』(1947), 『이충무공행록』(1948).

6 「춘보」(1946), 「태평성대」(1946), 『홍길동전』(1947), 『이순신장군』(1948), 『임진왜란』(1949), 『군상』(1949~1950).

7 이미향, 「박태원 역사 소설의 특징: 해방 직후 작품을 중심으로」, 정현숙 편, 『박태원』(새미, 1995); 이상경, 「박태원의 역사 소설」, 정현숙 편, 『박태원』(새미, 1995); 한수영, 『친일 문학의 재인식』(소명출판, 2005).

행하기도 했다. 여기에서 '일본 국민'으로 살지 않을 수 없었던 식민지 작가의 고민과 비극을 예고한 것이 『수호전』 번역이었다는 점을 주목해 볼 수 있다.[8] 번역 소설 『수호전』 이후 박태원은 『아세아의 여명』(1941), 『군국의 어머니』(1942), 『원구』(1945) 등 친일 소설로 나아갔다. 그가 집필한 『방송소설명작선』에 수록된 아동극 형식의 「꼬마반장」, 「어서 크자」 등도 친일 문학에 속한다. 그는 '조선문인협회'에 가입하면서 친일 문학을 하게 되었는데 이 협회는 후에 '조선문인보국회'로 확대되었다.

해방 이후 박태원이 월북하게 된 동기도 석연치 않다. 해방 직후 박태원[9]은 '조선문학건설본부'의 소설부 중앙위원회 임원으로 활동했다. 이 조직에는 이태준, 정지용, 김기림, 안회남, 이원조 등 박태원과 친한 작가들이 참여하고 있었다. 이후 이 조직은 '조선프롤레타리아문학동맹'과 결합하여 1946년 2월에 '조선문학가동맹'으로 재조직되었다. 박태원은 1946년에 남로당 계열 문학 단체였던 '조선문학가동맹'의 중앙집행위원에 취임했으나, 적극적으로 참여하지 않았다. 그는 '조선문학가동맹'의 위원 자리를 맡기 싫어 일부러 취임하는 날 자리에 나타나지 않았다고 한다.

또한 당시 남한 문인들의 월북이 1 · 2 · 3차로 이루어졌는데 박태원은 3차로 월북했다. 제2회 전국문학자 대회가 무산되고 남한에서 좌익 활동이 불법화되자 1946년 초 이기영, 이태준, 이북명, 임화 등이 월북하기 시작해 1948년 5월 10일 남한 단독정부가 들어설 때까지 '조선문학가동맹'의 주도 세력은 거의 다 월북했다. 박태원은 서울에 남아 있다가 김기

8 정선태, 「모던보이, 중국 고전에 빠지다」, 『한겨레21』, 2003. 12. 3. 장수익은 『수호전』을 왜소해진 주체를 영웅 찾기로 대체하는 과정으로 보았고(「박태원 소설의 발전 과정과 그 의미」, 『외국문학』 1992. 봄), 류보선도 이와 비슷하다(「모더니즘적 이념의 극복과 영웅성의 세계: 박태원의 갑오농민전쟁」, 『문학정신』, 1993. 2).

9 강진호 외, 「박태원의 월북과 북한에서의 행적」, 『박태원 소설 연구』(깊은샘, 1995), 427-430쪽 참고.

림, 정지용, 설정식 등과 함께 좌익 인사를 감시, 관리하던 보도연맹에 가입해 그 동안의 정치적 과오를 청산한다는 전향 성명서를 발표했다. 1950년 한국전쟁이 발발하자, 서울에 온 2차 월북자들이자 박태원의 절친한 벗들인 이태준, 안회남, 오장환 등을 따라 가족을 남겨둔 채 월북했다. 이러한 정황을 종합해 볼 때, 박태원의 월북은 이념에 따라 치밀하게 감행된 것은 아니었으리라 추측된다.

박태원은 월북 후 종군 기자로 잠시 활동했다.[10] 당시 북한 문학이 6·25 전쟁 기간을 '위대한 조국 해방 전쟁 시기'라고 하여 문인들로 하여금 문화 전선의 투사가 되기를 독려하는 상황이었다. 박태원은 『조국의 깃발』(1952)을 통해 6·25 전쟁에 대한 북한 이념의 당위성과 제국주의에 희생된 민족의 비극을 형상화하고 있다. 이후 이태준의 후원으로 박태원은 '국립고전예술극장'의 전속 작가로 선임되어 창극의 대본을 쓰기도 했으며 조운과 함께 『조선창극집』(1953)을 출간하기도 했다. 1953년에는 정인택이 죽으면서 부인과 아이들을 부탁하자 1955년에 정인택의 부인인 권영희와 재혼했다.

박태원은 이후 1956년 남로당 숙청이 일어나기까지 평온하게 보냈으며, 이 시기에 『리순신장군전』(1952), 『리순신장군이야기』(1955), 『야담집』, 『정수동일화집』 등을 간행했다. 그러나 1956년 남로당 숙청으로 박태원은 함경도 벽지 학교의 교장으로 좌천되어 창작 활동을 금지당했다.[11] 이런 상황 속에서도 박태원은 『심청전』(1958)과 『삼국연의』(1~3,

10 최근에는 남한에서 박태원의 『조국의 깃발』(『문학예술』, 1952. 4~6)을 발굴해 이념의 강압에 대한 북한 문학의 반응 양상으로 보기도 했다. 우정권은 이 작품을 통해 박태원의 월북 이유를 한국전쟁을 바라보는 북한의 시각에서 찾고 있다. 김종회, 「이념의 강압에 대한 북한 문학의 반응 양상: 박태원의 『조국의 깃발』 발굴에 부쳐」, 『문학사상』 제34권 제5호 통권 391호(2005. 5), 26–27쪽; 우정권, 「박태원이 북에서 목메어 부른 "아아! 우리 어마이들……":은연중 당과 조국보다 인간 존재의 근원인 어머니의 사랑에 무게」.

11 이에 대해 정태은은 정치적 박해로 불행했던 것이 아니라 무서운 질병 때문에 고생했다고 이야기한다(정태은, 「나의 아버지 박태원」, 『통일문학』 45, 2000).

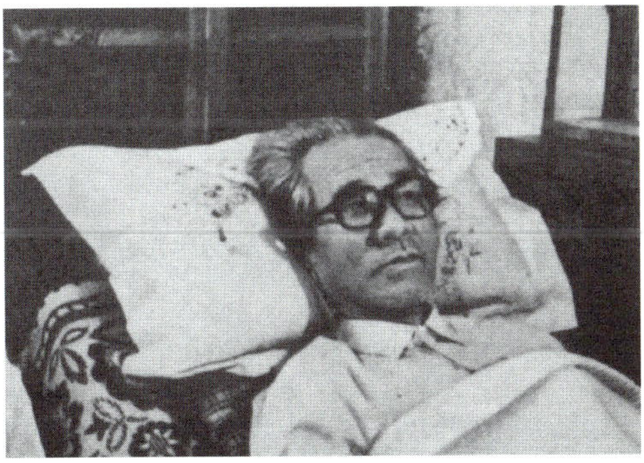

박태원(말년의 모습)

1959~1961)를 발표했다. 박태원은 이 기간 동안 함경도의 곳곳을 탐사하면서 자료를 수집하는 한편, 작품을 구상한 것으로 전해진다. 특히 그는 민중의 혁명적 삶을 그리겠다는 야심으로 모두 16부로 된 역사 소설을 구상했다고 한다. 1960년에 작가로 복귀하고나서 그는 『임진조국전쟁』(1960)을 발표했으며, 『삼국연의』(4~6, 1962~1964)를 완결했고, 이후 역사 소설 집필에 몰두했다. 1963년에는 '혁명적 대창작 그루빠'의 통제 아래 『계명산천은 밝아오느냐』(1963~1964)를 발표했다.

박태원은 1965년 망막염으로 실명하고 고혈압으로 전신 불수의 불행을 겪어야 했다. 이후 완전 실명과 전신 불수의 몸이지만 구술로 부인에게 받아쓰게 하여 천신만고 끝에 1986년에 이르러 『갑오농민전쟁』을 완간했다.[12] 1986년 북한 『조선문학』 7호에 박태원이 고혈압에 시달리다 7

12 『통일문학』(44, 2000. 1, 171쪽)에서 정태은은 「나의 아버지 박태원」이라는 글을 통해 박태원의 건강 악화로 인해 『갑오농민전쟁』 3부를 집필할 수 없었음을 상세하게 밝히고 있다. 『조선문학』(2001. 1), 〈20세기 추억〉, 「작가들의 새 모습」(김철, 39쪽)에서는 다음과 같이 밝히고 있다. "온나라의 독자들은 알고 있다. 『갑오농민전쟁』 3부를 남편의 붓을 넘겨 받은 박태원 선생 부인이 끝냈다는 것을. 바람삼아, 삼가 저기 애국렬사릉에도 불어 가라. 거기 조기천, 리찬, 송영, 천세봉이 있고 백인준, 조령출, 석윤기, 리종순, 김시권, 전동우, 박태원이 있다."

『문학사상』(2004. 8, 27-87쪽)에는 박태원이 『계명산천은 밝아오느냐』와 『갑오농민전쟁』을 서술할 당시의 상황에 대한 박태원의 수양딸 정태은의 상세한 기록(위 『통일문학』 글)이 실렸다. 여기에서는 이제까지 명확하게 규명되지 않았던, 누가 어떻게 『갑오농민전쟁』을 집필했는가의 문제에 대해서 제1부 8장부터 구술 집필이 시작되었고 제3부의 경우는 박태원의 기존 자료를 바탕으월 10일 오후에 사망했다고 발표되었다.

2. 민중의 역사와 그 소설화

박태원 문학의 흐름을 살펴보면 일관되게 지속된 창작 방법이 있다. 그것은 역사에 관한 이야기를 문학으로 표출하는 방법으로 번역물이나 역사 전기물과 역사 소설이 그러하다. 그는 작품 활동 초기에 야담 계열인 『해아의 일야』를 『동아일보』(1929.12.17~24)에 연재했고 1940년대 초에는 중국 소설을 번역했다. 해방 직후에는 민족 독립 열사를 그린 『조선독립순국열사전』(1946), 『약산과 의열단』(1947)과 『이순신장군』(1948) 등의 전기 문학, 번역물 『이충무공행록』(1948)을 발표했다. 이 작품들은 기록에 충실한 역사 전기 문학에 해당된다.

또한 구한말을 배경으로 한 「춘보」(1946), 「태평성대」(1946)와 신라 시대를 배경으로 한 「귀의 비극」(1948) 등의 역사 소설이 있고, 사담으로는 「고부민란」(1947)이 있다. 「춘보」는 구한말 대원군이 국태공에 올라 경복궁을 중건하려는 시기를 시대 배경으로 하여 민중의 비참한 삶을 그리고 있다. 「태평성대」는 지배층의 모습을 풍자적으로 비판하고 있다. 「귀의 비극」에서는 어진 인물이 왕이 되면서 부패한 권력을 행사

로 한 권영희의 완전 집필임을 밝히고 있다. 『문학사상』에서는 특집 제목으로 '월북 작가 박태원의 『갑오농민전쟁』과 비참한 최후'라고 하고 있다. 이렇게 제목을 선정한 이유는 남한에서의 주관적인 시각이라고 볼 수 있다. 여기에서는 박태원이 전쟁 후의 어려운 상황에서도 '빅터(Victor)' 축음기를 사서 늘 음악을 들으며 문학과 음악의 형식적 상관 관계에 대한 관심을 놓지 않았다는 점, 박태원의 옛 친구들이 모두 그를 1930년대 필명인 '구보'로 불렀다는 점, 『계명산천은 밝아오느냐』의 형장 장면을 위해서 오만분의 일 지도를 구해 볼 정도로 공간의 세밀한 묘사에 주의를 기울였다는 점 등이 제시되고 있다.

정현숙은 이에 대해 『갑오농민전쟁』 2부는 구술로, 3부는 집체 창작으로 완성되었을 가능성이 높다고 밝히고 있다(「박태원 소설에 나타난 연속성과 불연속성(1)」, 『한국언어문학』 제61집, 한국언어문학회, 2007), 327쪽.

하는 것으로 변모되는 과정을 그리고 있다. 「고부민란」은 동학란이 일어나기까지의 과정으로 농민들이 적극적 저항을 할 수밖에 없었던 봉건제도의 폐악을 그리고 있다.

『홍길동전』(1947)은 조선 연산군 시대를 배경으로 하여 민중 혁명을 꿈꾸는 홍길동이라는 인물이 연산군을 폐위하고 중종반정을 도모한다는 내용으로 전개된다. 이 작품은 민중의 자각이 아닌 영웅에 의한 변혁이 모색되는 결과를 초래한다는 비판도 받았다.[13] 박태원은 『임진왜란』(1949)에서 일본의 침략적인 속성으로 인한 민족적 대립을 그리고 있다. 또한 민족 내부의 갈등을 제시함으로써 어리석은 지배층과 용맹스러운 이순신을 대비하고 있다. 이 두 작품에서 박태원이 민중 중심의 역사관을 보이고 있음을 알 수 있다.

「군상」(1949)은 박태원의 본격적인 역사 소설의 시작이라 볼 수 있는 작품이다. 작가는 이 작품에서 지배 계층의 억압에 의해 핍박받는 민중의 삶에 대해 깊이 있게 묘사하고 있다. 「군상」은 안동 김씨의 세도 정치가 행해지던 철종 5년 동안 부패한 권력층에 의해 핍박받는 민중의 모습, 즉 부패한 권력층과 이러한 부패한 지배층의 횡포에 의해 가난과 핍박을 견디지 못한 민중이 저항 세력으로 성장하는 과정을 그리고 있다. 이러한 역사 소설 집필 후 박태원은 민중의 삶에 대한 관심을 갖게 되었고 민족 문제와 계급 문제에 각성하게 되었다.

박태원은 역사를 연구하면서 역대 농민 폭동 지도자들 중에서는 '전봉준'을, 역대 명장 중에서는 '이순신 장군'을, 역대 왕들 중에서는 '세종대왕'을 작품으로 형상화하고 싶어했다.[14] 이러한 결심을 바탕으로 월북 이전의 작품과 연결된 『리순신장군』(1952. 6. 4~14), 『리순신장군이야

13 김종욱, 「일상성과 역사성의 만남」, 『박태원 소설 연구』(깊은샘, 1995), 239쪽.
14 정태은, 「나의 아버지 박태원」, 『통일문학』 44(평양출판사, 2000), 142쪽.

북한에서 발간한 역사 소재 출판물들

기』(1955), 『임진조국전쟁』(1960)[15] 등의 작품을 창작했다. 이 작품들이 월북 이전의 성향과 다른 점은 평양성 탈환 과정을 강조하여 애국심을 강조하고 당시 북한 문학이 강조하는 반제반봉건 사상을 좀더 부각했다는 점이 그러하다. 이후 박태원은 『계명산천은 밝아오느냐』와 『갑오농민전쟁』 등의 작품으로 결실을 맺는다. 이 두 작품은 시대 배경에서 30년의 차이를 두고 있는데, 이는 박태원이 실명(失明)하게 되면서 서둘러 농민전쟁의 이야기를 마쳐야 한다는 위기 의식 때문에 이야기의 시간적 비약이 생긴 것으로 보인다.

박태원은 역사물에서 시작해 역사 소설로의 긴 여정을 밟으며 역사 의식이 점차 각성되었다. 영웅의 에피소드에 관심을 가지던 초기의 작가 의식은 민중의 삶에 대한 관심과 민족 의식에 대한 각성으로 나아갔다.

15 철저한 역사적 고증을 중심으로 임진왜란의 진상을 폭넓게 밝힌 소설이라고 평가받는다. 방민호, 「박태원의 『임진조국전쟁론』」(깊은샘, 2006), 317쪽.

월북 후 북한의 대표작으로 뽑히는 『갑오농민전쟁』은 '주체 사상에 기초한 사회주의 사실주의를 지향'하고 있으며 북한 문학에서 강조하는 민족 자주와 애국심, 민중적 영웅, 계급 투쟁에 대한 역사 의식을 보이고 있다.

3. 비장한 낙관주의와 농민전쟁 서사: 『갑오농민전쟁』

『갑오농민전쟁』(3부작 전 5권, 1977~1986)은[16] 봉건 압제와 외세 침략으로 점철되는 19세기 말 한반도에서 이에 반대해 봉기한 농민전쟁을 총체적으로 형상화한 작품이다. 북한의 『조선문학 개관』에서는 "역사 소설로서 역사적 사실을 진실하게 반영하면서 현대성에 맞게 그것을 예술적으로 진실하게 재현했다"[17]고 평가하고 있으며, 남한에서는 계급적 세계관에 한계를 두면서도 역사 소설로서의 성과를 인정하고 있다.[18] 북한 평단에서는 문학과 이념 투쟁의 상관성 위주로 이 작품을 평가한다. 『계명산천은 밝아오느냐』에 형상된 문학적 상상력이 『갑오농민전쟁』 3부작에 이르면 문학 외적인 담론에 경도되는 경향을 보인다.

『갑오농민전쟁』 제1부에서는 전쟁이 발발하기 2년 전부터 전라도 고부 농민들의 삶이 전개되는데 주인공 '오상민'을 중심으로 하여 지배층의 학정과 수탈, 이로 인한 농민들의 고통이 주요 내용으로 전개된다. 제2부에서는 1894년 정월에서부터 고부민란이 농민전쟁으로 확산되고 전

16 남한 출판사 깊은샘에서는 1989년에 『갑오농민전쟁』을 총 4부 8권으로 출판했다. 1부 '계명산천은 밝아오느냐'(1~3), 2부 '칼노래'(1~2), 3부 '타오르는 불꽃'(1~2), 4부 '새야 새야 파랑새야'(1).

17 박종원 · 류만, 『조선문학 개관』(인동출판사, 1998), 321쪽.

18 김윤식, 「갑오농민전쟁론」, 『동서문학』(1990. 1) ; 이재선, 「갑오농민전쟁론」, 『문학사상』(1989. 6) ; 정현숙, 『박태원 문학연구』(국학자료원, 1993).

주성으로 입성하기까지의 과정이 그려져 있다. 제3부에서는 외세 개입으로 인한 농민군의 패배와 전봉준의 처형으로 이어진다.

역사 소설에서 역사적 배경이나 사건은 인물 중심으로 전개된다. 농민전쟁이라는 당위성과 의의를 선점하기 위한 『갑오농민전쟁』의 경우 당대의 인물들의 행위를 대비하여 역동적이고 강렬한 인상을 남긴다. 등장 인물들도 대비적 인물 유형과 상호 보충적 인물 유형으로 나뉜다. 주요 인물들의 경우 긍정적인 인물들과 부정적인 인물들로 나눌 수 있는데 봉건 지배층과 외세, 동학 농민들의 세 가지 인물들의 대립이 주요 대립축이 된다. 봉건 지배층의 경우 개화파와 수구파의 대립, 민비와 대원군의 대립, 민영준과 진령군의 대립이 있으며 동학 농민들의 경우 전봉준과 최시현, 오상민과 김경천의 대립이 있다. 고부 지역에서는 조병갑을 비롯한 관과 고부 농민들의 갈등이 있고 지주와 소작인의 갈등, 양반과 상민의 갈등, 적서의 갈등이 있다.

이러한 이야기 속에는 실존 인물과 허구 인물들이 역사적 배경 속에서 생동감 있게 표현되고 있다. 여기에는 두 명의 주인공이 등장한다. 전봉준은 역사적 인물이고 오상민은 허구 인물로서 실제 인물의 역사적 한계를 극복하는 인물로 쌍생아적 역할을 한다고 볼 수 있다. 전봉준은 아홉 살 때 아버지 전창혁의 손에 이끌려 전주 감영에서 익산민란 주모자들 처형 장면을 체험하고 농민들의 편에서 행동할 것을 결심한다. 그는 얼굴이 깨끗하고 준수한 데다 그 크고 밝은 눈에 사람을 쏘는 듯한 영채가 돌아 첫눈에 어딘지 마구 대하기 어려운 위엄이 있는 사람으로 표현된다. 전봉준은 농민전쟁의 실천가인 동시에 혁명가의 모습으로 존재한다. 작품 전반에 걸쳐 전봉준의 영웅성이 부각되고 있는데, 오상민이라는 인물은 전봉준을 도와 주는 조력자이면서 전봉준에게 나타나지 않는 점을 보완하는 역할을 하고 있다. 오상민은 동학 농민항쟁의 전조(前兆)라고 할 수 있는 익산민란의 주모자인 오수동의 손자다. 작가는 오상민을 전봉준에 나타나는 양반 출신의 계급적 취약성을 보완하는 인물로 그리고 있고 역사적 한계를 극복하는 인물로 제시하고 있다. 오상민은 끝까지 살아남아 희망찬 재기를 설계한다. 이러한 결말 처리는 북한의 주체 시대 소설에서 강조하는 혁명적 비극의 정형화된 모습이다.

주체 시대의 소설에서는 긍정적 주인공과 세계의 관계를 그리고 있는데 세계는 수령과 당 정책에 해당되며 이러한 혁명적 비극 이면에는 목숨은 잃어도 정치적 생명을 획득한다는 미래의 승리에 대한 확신이라는 비장한 낙관주의가 담겨져 있다. 전봉준은 죽음에 이르지만 오상민이라는 또 다른 성장(成長)된 인물을 통해 사상 이념적으로 투사된 새로운 인간상을 보이고 있다. 전봉준은 고전적 혁명 이론을 대표하는 인물로서 한계가 있는 영웅의 모습을 하고 있다. 오상민은 전봉준을 통해 의식을 각성하고 자기 계발을 위해 부단히 노력하는 인물로 나온다. 이는 주체 시대 수령과 인민의 관계를 연상시킨다. 감화와 학습에 의해 인민의 의식이 성장되는데 오상민은 전봉준이라는 위대한 인물에 감화되고 학습을 통해 발전하는 인물로 그려진다. 오상민은 의식이 각성되면서 성장해 전봉준이 죽은 뒤 그 이상을 물려받는 인간으로 그려져 있다.

이 작품은 모진 고통과 인내 속에서 계급적 자각을 하는 인물들에게 나타나는 혁명적 지조와 절개의 선비 정신을 강조한다. 또한 조선 시대 유교주의의 한 특성인 가족주의가 나타난다. 제3부 '16. 전봉준이 심산 속에서 현숙한 여인의 구완을 받고 떠나다'의 경우 여인의 등장은 구성상 필요한 설정인가 하는 의문이 들기도 하는데, 여기에서는 가족주의를 찾아볼 수 있다. 전봉준은 죽지만 현숙한 여인에 의해 그의 부모와 자식들이 거둬지는 것을 커다란 위안처럼 제시하고 있다.

이 작품은 조선의 왜곡된 근대화의 경험과 징후들을 작품 속 인물들의 체험과 삶의 양상을 통해 문학적으로 재현하고 있다. 한말 한반도의 역사는 근대화와 민족 자주라는 문제가 얽혀 심각한 상황으로 치닫고 있었다. 박태원은 서구와는 물론이고 다른 동아시아의 근대화 과정과는 차이가 있는 조선의 근대화를 '서울(경성)'이라는 현실적 공간을 통해 문학적으로 재현하고 있다. 『갑오농민전쟁』에는 외세 개입의 문제와 근대화의 산물이라고 할 수 있는 자본주의화 초기 과정이 그려지고 있다. 여기에는 조선의 근대화를 상징하는 '개화'의 산물에 대한 비판이 나타난다. 제1부 제2장에서는 근대화 과정에 있는 서울의 모습을 그리고 있다. '1. 구레나룻이 보기 좋은 사나이 서울에 들어서다'에서는 굴욕적인 문호 개방의 결과물인 전환국 기계창을 설명하고, 외세에 대해 주체적이지 못하고 갈팡질팡하는 조선의 모습이 건축 중인 프랑스 천주성당을 통해 제시된다. 또한 일본인 노점 상인들의 근대화 상품에 대해서는 새로운 것에 대한 현혹과 조선인을 소비자로만 전락시키려는 그들의 야욕이 그려진다. 작가는 좌포청 포교들의 미행을 의식하면서도 여유 있게 서울의 근대화 거리를 구경하는 오수동이라는 인물을 통해 왜곡된 근대화의 모습을 설명한다. 이러한 서울의 근대화는 불균형적이고 시기적절하지 않은 모습으로 많은 문제점들을 내포하고 있다. 근대화를 접하는 사람들은 새로운 것에 현혹당하고 물질을 욕망하는 모습으로 변화되는데, 이 작품은 근대화에 내재된 모순을 생각할 때 바람직하지 않은 현상이라는 결론을 내린다.

제2부 제10장 '1.《부리타니카》'와 '3. 조선의 고대 문화'에서는 현대 문명에 대한 동경에 들떠서 '《부리타니카》'라는 책을 소유하고 싶어하는 이 선생에 관한 이야기가 전개된다. 이 선생은 이 책을 새로운 과학 지식을 배울 수 있는 선생으로 삼고자 한다. 그러나 이 책을 얻게 되는 과정에서 서양 사람들의 야욕을 알게 되고 이 책에 대한 소유욕이 없어진다. 이 소설 전반에 나타나는 조선 근대화는 외세 침략과 매판 자본의 결과물로 설명된다. 작가의 설명식 서술에 의한 외래 자본주의의 침투상은 제1부 제5장 '1, 동학도들 보은에 모이다'에서 찾을 수 있다. 여기

에서는 일본을 비롯한 서양 상품들의 무분별한 상륙과 쌀과 금의 약탈에 대해 분개하고 있다.

제1부 제8장 '2. 상민이는 영아를 보고 영아는 상민이를 보다' 에서는 한갑손 사건을 통해 조일통어장정의 폐해를 설명하고, 제2부 제4장 '4. 왜놈들은 사특하다' 에서는 관세를 물지 않는 일본 사람들에 대한 상품 특례와 어민들의 약탈에 대한 분개가 나타난다. 또한 외국 상품의 무차별 수입, 이로 인한 양반들의 새로운 사치상을 보여 준다. 이러한 물질에 대한 숭배는 문화적 침투 현상으로 볼 수 있다. 문화적 침투는 궁중에서 더욱 확장되어 나타난다. 제3부 '5. 왕은 삼일포 유람을 가다' 에서는 왕과 민비의 근대화 상품에 대한 맹목적인 추앙이 나타난다. 이러한 현상은 일본 지화와 은전이 새로운 부(富)의 상징으로 군림하는 사실에서도 알 수 있다. 이 작품에서는 근대화의 모습 중 왜곡된 자본주의화의 모습에 심혈을 기울이고 있다. 자생적으로 이루어지지 못한 근대화 속에서 조선인은 물질 문명과 조화를 이루지 못하고 오히려 소외된다. 이러한 것에 대한 응전의 방법으로 내세우는 것은 민중 중심의 역사관이며 전근대적 가치관으로의 회귀다. 유교주의 사회에서 강조하던 '충'과 '효'의 관점이 강조되며 가족주의를 강조하고 도덕주의가 암암리에 중요한 가치관으로 강조되고 있다. 『갑오농민전쟁』은 조선이 근대화를 이루기 시작한 기점과 과정을 소설화하면서 근대화 속에서 파생된 물질 문명에 대한 소외와 왜곡된 욕망의 해결점으로 전근대적 가치관으로 회귀를 보이고 있는 것이다.

이 작품은 또한 계급 투쟁에 관한 전복적 역사관을 형상화하고 있다.

> '이놈! 어디 두고 보자!'
>
> 이진사 같은 양반놈들을 없애 치워야 우리 백성이 편안히 살 수 있다. 그놈들과 우리 백성들은 한 하늘을 이고 살 수 없다.

양반놈들은 저희네가 호사스럽게 살기 위해서는 나라도 겨레도 안중에 없다. 왜놈 양국 되놈들도 마구 끌어들인다.

'척왜척양', '보국안민' 하자면 그런 놈부터 없애 치워야 한다. ……

"선생님, 이젠 정말 더는 못 참겠습니다. 이 원수를 어떻게 합니까? 선생님!"

"원수야 갚아야지, 백 배 천 배로로 해서!"

하고 말하는 전봉준의 눈에서는 불이 철철 흘렀다. 상민이는 기대에 찬 눈으로 쳐다보며 다급히 물었다.

"곧 일어나시렵니까?"

"원수도 원수지만—"

전봉준은 불꽃 튀는 눈으로 상민이를 마주보며 말했다.

"놈들이 다시는 이런 짓을 못하게 아주 세상을 뒤집어놓아야 한다!"

전봉준은 잠시 말을 끊고 하늘을 우러러 달을 쳐다보고 또 땅을 굽어도 보고나서 결연히 말했다.

"때는 왔다, 다시 일어나자! 기어이 이 망할 놈의 세상을 뒤집어엎자!"[19]

익산민란의 중심 인물들의 후대 이야기가 『갑오농민전쟁』 이야기의 중심이 되는데, 익산민란에서 처형되는 아버지의 한을 풀어가는 오수동, 그리고 처형 장면을 지켜보게 된 어린 전봉준의 마음 속에는 절치부심의 정신이 생기게 된다.

"이놈들 똑똑히 듣거라! 이제 우리를 죽이거든 우리들의 눈알을 모조리 뽑아다가 전주성 성문 위에 높다랗게 걸어놔라! 앞으로 몇 해 뒤가 될지 몇십 년 뒤가 될지 그건 모르겠다마는 우리 농군들이 모두 들구일어

19 박태원, 『갑오농민전쟁』 7권(깊은샘, 1989), 45-47쪽.

나서 너희놈들을 때려잡으러 전주성으로 달려들어오는 광경을 우리는 이 눈으로 기어이 보구야 말테다!"

말을 다 하고 난 뒤에도 임치수 영감은 그 무서운 눈으로 대 위를 노려보고 있고나. 사람들은 모두 말이 없었고 나는 너무나 벅찬 감동으로 해서 가슴이 빼개지는 것 같았었다.

……

"수동아— 너는 결단코 놈들의 손에 붙잡혀서는 안 된다. 어떻게든 살아야 해. 죽지 말구 살아야 해. 그리구 이 애비의 원수를 꼭 갚고 갑돌이네 아저씨를 위시해 여러 아저씨들의 하늘에 사무친 원한을 꼭 풀어 드려야 한다. 똑똑히 들었느냐. 수동아—" ……

그러자 나의 눈 앞에는 저의 아버지가 한 유언을 전해 듣고 비분의 눈물을 뿌리고 있는 수동이란 총각의 모양이 느닷없이 떠올랐다. 그 모양을 잠깐 보고 있는 중에 나는 어느 틈엔가 수동이가 되어버려 혼자 속으로

"아버지, 아버지 원수는 제가 꼭 갚아드리겠어요. 그리고 갑돌네 아저씨를 위시해서 모든 아저씨들의 원한을, 모든 농군들, 모든 '상놈'들의 그 하늘에 사무친 원한을 제가 꼭 풀어 드리고야 말겠어요."

하고 맹세까지 했었다. 허허허……[20]

위 인용글은 제1부 제6장 '2. 전 선생에게서 상민이 익산 난민들의 최후를 듣다'에 나온 것으로 상민의 할아버지대(代)의 한을 전봉준이 상민에게 전해 주면서 마음을 다잡게 하는 역할을 한다.

이 소설은 역사적 사실에 대한 편파성을 드러낸다. 여기에서는 민중 세력의 결집을 오수동의 일심계와 정한순의 활빈당, 전봉준의 동학당으

20 앞의 책, 5권, 114-119쪽.

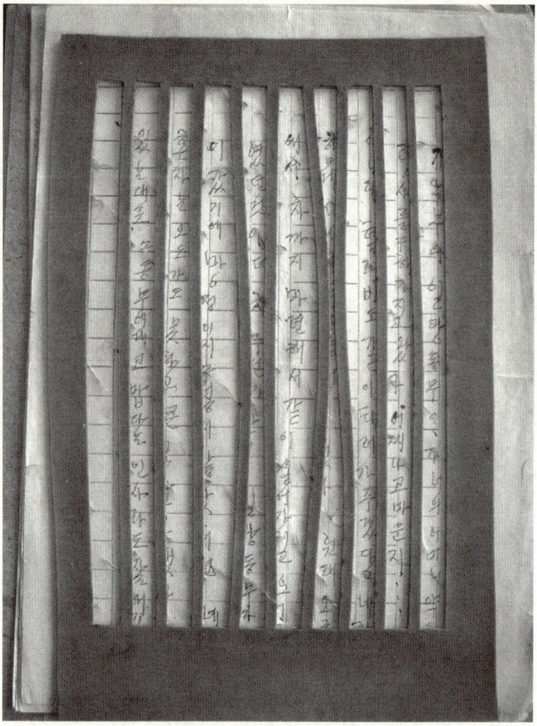

박태원이 실명 이후 원고 집필에 이용하던 칸살이 있는 비닐 케이스(1973년 7월)

로 보고 있는데 이는 당시 농민 세력을 계급주의적 입장에서만 본 결과라고 할 수 있다. 또한 당시 집강소 설치 등의 중요한 요소들을 에피소드화하는 단점이 있다. 집강소는 농민군이 세운 지방자치기관으로, 그 존재와 활동은 농민들의 수중에 장악된 군사력에 의해 담보된다. 이 소설에서는 집강소 설치가 오상민과 전봉준을 죽음에 이르게 하는 김경천의 갈등의 한 예로만 작용하고 있다.

지배 세력의 문제점에 대해서도 민비와 대원군의 관계가 지나치게 생략되어 있다. 또한 동학운동의 정신사적인 면이 축소되고 이 소설의 제목처럼 농민의 계급 투쟁을 기본 골격으로 하는 역사관을 보이고 있다.

이 작품은 계급적인 적대감과 반제국주의에 대한 정치주의 노선이 강조된다. 이 작품은 한국 근대사의 정신사적인 면을 총체적으로 형상하는 데는 부족하다고 볼 수 있다. 이는 역사를 계급 투쟁의 결과물로 보는 역사관이 나타나기 때문이다.

한편으로, 명백한 역사적 사실 속에서 그 인물들의 생동하는 모습을 작가의 상상력을 따라가다 보면 진한 감동을 느낄 수 있다. 이는 사실에 대한 철저한 고증에서 비롯된 것이다. 그러나 소설 후반부로 갈수록 소설적 재미보다 역사적 사실 고증으로 흐르고 있으며 사설적 성격이 강하다. 제3부의 내용은 외세 간여로 인한 농민군의 실패와 전봉준의 죽음이다. 제3부 자체가 전봉준 중심으로 전개되기는 했으나 동학의 이념이나 조직도 배제하고 농민 봉기 후의 대안도 제시하지 않아 19세기 후반 조선 사회의 모순에 대한 개혁을 부르짖은 이 역사적 사건을 민족 내부의 계급 투쟁을 위해 외세를 끌어들인 이상한 내전으로 형상화해 놓았다는 비판을[21] 면하기 어렵다.

이 작품은 기법적인 측면에서 모더니즘적 방법론과 고전 소설의 형식적 특성을 떠올릴 수 있게 한다. 이야기의 분할 구성이나 고전 소설에서 받아들인 장회(章回) 형식 제목의 문학적 효과 등은 주제 형상화에 일정한 기여를 하면서 미적 특질을 나타낸다. 특히 이야기의 분할 구성을 살펴보면 공간적인 측면에서 서울과 고부라는 두 개의 공간으로 이원화되고 있는데, 두 개의 공간이 인과 관계에 놓여 있으면서도 이질화되어 있다. 이 작품에서는 서울이라는 공간이 외세 간섭과 왜곡된 근대화의 실현 장소가 되어 시간적 연속성의 원칙을 파괴하면서 사건을 다각도로 살피게 하는 공간화 기법을 활용한다.

공간의 변별적 형상화로 서울과 전라도라는 지역을 원인과 결과, 묘사

21 안숙원, 「역사 소설과 박태원의 『갑오농민전쟁』 연구」, 『서울보건대논문집』 18(서울보건대학, 1998. 8), 220쪽.

와 설명 등의 대상으로 삼고 있다. 이 양분화된 공간에서 역사적 사실과 허구가 대등하게 전개된다. 이러한 시공간 요소의 퍼즐화의 의의는 권위적 북한 역사 소설의 전반적인 특징인 권위적 담론에서 벗어나 미적 특질을 형성하는 요소로 작용한다. 서울에서 인물들의 모습을 통해 시대적 사건의 변화를 추적할 수 있고 근대화의 모습을 알 수 있다면 전라도에서 민중의 삶의 모습을 통해 그들의 생활고와 계급적 자각의 과정을 볼 수 있다. 이 작품의 미적 특질과 작가의 특색을 유감없이 드러내는 것은 서울로 표상되는 근대화에 대한 묘사와 전라도 지역에 나타나는 농민들의 강렬한 생활상이다.

작가 특유의 고현학(考現學: 풍속과 세대를 관찰하고 기록하는 것)적 자세가 유지되었던 제1부의 서울(경성) 거리 묘사는 문화적 산물에 역사적 해석을 가하면서 시대상의 변모로 인한 폐해를 설명한다. 이러한 고현학적 자세는 그가 월북 이전에 발표한 「소설가 구보 씨의 일일」에서 유래한다. 주인공 '구보'가 집을 나서서 다시 집으로 돌아오기까지의 하루 동안을 그린 이 작품은 1930년대 서울 거리 묘사와 그에 반응하는 의식 세계를 중심으로 그렸다. 여러 풍경 속에서 박태원은 근대화의 일상 속에서 지식인의 실의와 좌절, 도시의 거짓 부와 그 이면에 감추어진 본질을 비판적으로 재현한다. 박태원은 이 작품을 통해 근대화의 양면성을 비판한다. 『갑오농민전쟁』에서도 조선의 근대화에 대한 작가의 관점과 표현 기법이 변함없이 나타나고 있다.

『갑오농민전쟁』 제1부에는 문화적 산물들이 공간을 이동할 때마다 나오는데, 여기에는 역사적 해석이 뒤따른다. 즉 문화적 현상이라는 공간적 체험 속에 역사적 해석을 부여해 시공간의 절묘한 배합이 나타나고 있다. 이러한 이동 경로는 근대화된 1880년대 이후 서울의 변모를 나타내는 것이며 조선의 나아갈 바를 간접적으로 시사한다. 조선의 근대화가 자생적이라기보다 강대국들의 이익에 의한 결과였음이 암시적으로 나타나며 매판 자본에 대한 비판과 척왜 척양의 근거가 제시된다.

이 소설에서는 농민전쟁 당시의 역사적 구도와 그 전개 과정을 대립적 관계를 통해 명확하게 제시하고자 했다. 개항 이후 서울의 개화 풍경, 궁중 풍속 및 일반 농민들의 참담한 생활 정경, 사회상을 섬세하게 묘사하고 지배층의 학정과 비인간적인 면모, 무능함, 그에 대비해 농민들의 선함과 고상한 인간적 풍모를 생생하게 대비하고 있다. 이러한 대비를 통해 동시대를 살아가는 사람들의 갈등과 역사적 의미를 강렬하게 부각시키고 있다.

그러나 이러한 대비성으로 인해 주제 부각에는 효과가 있지만 계층 간의 갈등을 극단적으로 도식화하여 예술성이 감소되는 경향이 있다. 지배 계층은 부정적인 인물들로 부패, 잔인, 이기적 면모만을 보이고 민중은 이들에게 핍박을 받으면서 도덕적 · 윤리적으로 긍정적인 인물들로 그려지고 있다. 인정 없고 이기적인 지배층의 모습을 통해 피지배층의 실상을 대비하고 있다. 민비와 민영준으로 대표되는 궁중 세력들은 왕실의 안위와 개인의 치부를 위해 관직을 매매하고 농민들의 정당한 요구에 오히려 겁을 먹고 외국 군대의 힘을 빌리고자 하는 수구 세력의 대표자로 나온다. 민비의 경우 부정적 요소들로 점철된 인물로 그려지는데 무능한 왕을 조종하고 왕실을 미신과 향락의 소굴로 타락시키는 당대 시대적 모순의 핵심적 모습으로 그려지고 있다. 민영준은 외척으로 인한 조선 말기 중앙정부의 타락상과 지배 계층의 무능과 폐해를 보여 주기 위해 설정된 인물이다. 조병갑은 갑오농민전쟁 발발의 직접 원인을 제공하는 인물로 이 소설에서는 지방 관리의 탐학상을 대표한다.

착취의 대상이 되고 있는 농민들, 이진사네 하인들은 지주-전호제의 모순을 극명하게 보여 주고 있는데, 천득의 아내 금녀는 아들을 낳게 되는 경우 군포를 물어야 하는 걱정 때문에 밤기도를 다니고, 길보는 이진사로부터 소작을 떼이고 춘궁기에 가족을 모두 잃게 된다. 이와같이 이 소설은 이분법적 구도를 통해 대비 효과를 보이고 있다. 정한순과 오수동은 농민전쟁의 한 축을 담당하는 인물들로 정한순이 역사적으로 실제 활빈당으로 활동한 것처럼 오수동은 허구 인물이지만 일심계의 핵심으로 농민전쟁을 계획하는 데 중요한 인물로 설정되고 있다. 조병갑과 이진사, 은이방, 조참봉 등은 부정적 인물들로 조병갑이 역사적 인물이라면 나머지는 허구적 인물로 당시 농민 수탈에 앞장선 양반 지주, 아전들로 그려지고 있다. 조병갑의 실정으로 농민전쟁의 도화선이 되고 있지만 그의 보조 보충적 인물들의 행태가 양반들의 가렴주구와 폭압을 더 강조하는 역할을 한다.

작품의 갈등 양상은 착취와 비착취 계급의 대립, 자주성과 예속성의 대립, 선과 악의 대립으로 이분화되고 있다. 농민전쟁의 원인으로는 서울의 근대화가 간접적이며 고부 군수의 학정이 직접적이다. 제1부는 농민전쟁의 원인에 대해 서술하고 있는데 서울, 고부로 교차되어 서술되는 이야기는 농민전쟁의 당위성을 효과적으로 부각시킨다. 갑오농민전쟁의 경우 농민들이 내건 척왜척양, 보국안민 등은 현 북한의 역사적 관점에 맞아떨어지는 사안이다. 이 작품의 제1부에 나오는 서울의 모습은 봉건 모순에 직면해 권력을 유지하기 위해서는 매판성을 가질 수밖에 없는 고종과 민비, 그들을 둘러싼 봉건 관료들의 무능하고 타락한 형상을 외세와의 관련 속에서 농민들의 궁핍하면서도 역동적인 형상과 대비시켜 묘사함으로써 당대의 역사적 구도를 선명하게 드러낸다. 이러한 분할 구성에서 생동성과 강렬성, 운동성, 대립성 등의 미적 특질을 얻을 수 있으나 인간 존재 방식을 계급적이고 윤리적 관점에서 풀이했다는 단순성이 단점이다.

지금까지 살펴본 『갑오농민전쟁』을 통해 박태원이 추구하고자 했던 이념 세계의 변모 과정을 알 수 있었으며 해방 이전부터 이어져 온 작가적 문학 특성이 지속되고 있음을 알 수 있었다. 박태원은 해방 이전에는 식민지 세대 지식인의 삶과 자의식을 표출하는 작품들을 발표하고 근대화의 병폐 현상에 관심을 가졌었다. 해방 직후에는 사회 변천 과정과 역사 의식을 작품 속에서 구현하려고 했다. 작품의 내용이 서술자의 내면화가 아닌 세계와 인간의 갈등으로 점차 변모하면서 주체 사상에 사회주의 사실주의를 지향했다. 박태원의 글쓰기 양상은 시대의 질곡을 따르고 있다. 어찌 보면 체제 순응적이라고 비판을 받을 수 있지만 시대적 비극과 육체적 고난을 감내할 수 있었던 그의 열정은 작품으로 남아 후대에게 전해지고 있음을 높이 평가해야 할 것이다.

:: 참고 문헌

강진호 외, 『박태원 소설 연구』, 깊은샘, 1995.

김윤식, 「갑오농민전쟁론」, 『동서문학』, 1990. 1.

김종회, 「이념의 강압에 대한 북한 문학의 반응 양상: 박태원의 『조국의 깃발』 발굴에 부쳐」, 『문학사상』 제34권 제5호(통권 391호), 2005. 5.

김 철, 「20세기 추억-작가들의 새 모습」, 『조선문학』, 문학예술출판사, 2001. 1.

류보선, 「모더니즘 이념의 극복과 영웅성의 세계: 박태원의 갑오농민전쟁」, 『문학정신』, 1993. 2.

박종원 · 류만, 『조선문학개관』, 인동, 1998.

박태원, 『갑오농민전쟁』 1~8, 깊은샘, 1989.

방민호, 「박태원의 『임진조국전쟁론』」, 박태원 저, 『임진조국전쟁』, 깊은샘, 2006.

안숙원, 「역사소설과 『갑오농민전쟁』 연구」, 『서울보건대논문집』 18, 서울보건대학교, 1998. 8.

우정권, 「박태원이 북에서 목메어 부른 "아아! 우리 어마이들"」, 『문학사상』, 제34권 제5호 통권 391호, 2005. 5.
이재선, 「갑오농민전쟁론」, 『문학사상』, 1989. 6.
장수익, 「박태원 소설의 발전 과정과 그 의미」, 『외국문학』, 1992, 봄호.
정선태, 「모던보이, 중국 고전에 빠지다」, 『한겨레 21』, 2003.12.3.
정태은, 「나의 아버지, 박태원」, 『통일문학』 44 · 45, 평양출판사, 2000.
정현숙, 『박태원 문학연구』, 국학자료원, 1993.
정현숙, 「박태원 소설에 나타난 연속성과 불연속성(1)」, 『한국언어문학』 제61집, 한국언어문학회, 2007.
정현숙 편, 『박태원』, 새미, 1995.
한수영, 『친일 문학의 재인식』, 소명출판, 2005.

천세봉론: 『고난의 력사』

도식성과 좌절된 자기 모색

김은정

1. 천세봉의 문학적 생애

천세봉은 1915년 2월 10일 함경남도 고원군 덕지리에서 머슴 집안의 외아들로 출생했다.[1] 할아버지, 아버지, 다섯 삼촌은 물론이고, 천세봉 자신도 머슴이었다.[2] 그는 문맹을 대물림할 수 없다는 부모의 간절한 소망에 따라 다섯 살 때부터 마을 서당에서 한문을 배웠다.[3] 고향에서 보통학교를 다니던 천세봉은 한때 생활고로 중퇴할 처지에 놓이게 되지만 동창생들의 도움으로 보통학교를 졸업한다.[4] 그러나 그는 상급 학교로

1 김정웅 · 천재규, 『조선문학사 』 15(평양: 사회과학출판사, 1998), 69쪽.
2 윤기덕 외, 『문예상식』(평양: 문학예술종합출판사, 1994), 247쪽.
3 김정웅 · 천재규, 위의 책, 69–70쪽.
4 『고난의 력사』 1부에서 무림은 수업료 미납으로 인해 일본인 선생 시마다(島田: 한자–인용자)에게 매를 맞고 돌아온 후 머슴인 무림의 아버지가 상전인 박진우에게 돈을 빌리려고 하나 거절당하고, 무림은 그 사건 이후 학교에서 퇴학당하고 만다. 현실의 천세봉과는 달리 무림의 반 친구들은 월사금을 모아 무림에게 학교에 다니기를 권하나 무림은 거절한다. 월사금에 관한 에피소드 역시 천

노년의 천세봉

진학하지 못하고 농부가 된다. 천세봉이 언제 머슴에서 벗어났는지는 알려져 있지 않다. 그는 스물세 살까지 7~8년간을 병든 어머니를 간병하며 산허리의 자갈밭을 개간해야 했으며 때로 남의 집 고용농으로 고된 일을 했다고 한다.[5]

자전적인 소설인 『고난의 력사』 1부에 의하면 천세봉은 독서를 좋아하는 문학 소년이었다. 그에게 가장 큰 도움이 된 것은 장인의 서가였다. 장인은 서울 유학 경험이 있는 보통학교 교원이었다. 처가에는 많은 문학 도서들이 비치되어 있어 천세봉은 손에 잡히는 대로 책을 읽으며 습작의 의욕을 키울 수 있었다고 한다.[6]

세봉의 체험에서 나온 것이다. 김정웅 · 천재규, 『조선문학사』 15에 실린 내용을 보면 천세봉이 소학교를 졸업한 것이 아니라 월사금 미납으로 4학년 때 퇴학을 당한 것으로 기록되어 있다. 김정웅과 천재규의 이러한 기술은 최근에 나온 천세봉에 대한 기록이라는 점에서 참고할 만하지만 이 기록이 『고난의 력사』 1부의 내용을 그대로 인용하고 있다는 점에서 그 신빙성 여부가 확인되지 않으며, 이 두 자료를 제외한 모든 자료가 천세봉이 소학교를 졸업한 것으로 기록하고 있어 본고에서는 그 기록을 따른다.

5 윤기덕 외, 위의 책, 247쪽.
김헌순, 「천세봉과 농촌」, 『조선문학』(평양: 조선작가동맹출판사, 1960. 7), 111쪽.

6 같은 책, 70쪽.

천세봉은 고향에서 야학을 세운 후 10여 년 동안 인근 지역의 농민들에게 글을 가르쳤고, 스물세 살 이후 철도 공사판의 인부, 신문배달부, 운송점 탁송원 등의 다양한 직종을 두루 거쳤다. 고원읍 운송점 탁송원, 하급 사무원 생활을 하다 8 · 15해방을 맞은 그는 해방 후 고원군 자치위원회에서 일하게 된다.

천세봉이 창작을 시작한 것은 해방 직후부터다. 그는 문단에 들어서기까지 체계적인 교육은 물론 습작기도 거의 거치지 않은 상태였다. 그는 처녀작 「령로(嶺路)」를 공모하기 전에 이미 장막 희곡 『고향의 인상』을 집필하기도 했다. 하지만 이 희곡은 공연되지 못한다.[7]

그는 자신이 김일성의 은혜로 문학 수업을 받았다고 여러 차례 밝히고 있으나 구체적인 시기나 내용은 밝히지 않고 있다. 「향도의 별빛」에서 "해방 후 머슴군의 아들로 태여난 나는 공부도 하지 못했다. 그런 나를 해방 후 어버이 수령님께서 배움의 길을 활짝 열어 주었다"[8]고 진술한 점을 보면 해방 직후 공부를 시작한 듯하다.

1946년 '북조선문학예술총련맹'에 가입한 그는 해방 직후 고원군 자치위원회의 체험을 반영한 처녀작 「령로」를 지방 신문인 『예술』에 발표한다. 이 작품은 식량난을 극복하기 위한 탄광 노동자들의 투쟁을 그린 것이다.

천세봉의 본격적인 작품 활동은 1947년 신병으로 고향에 머무르며 쓴 단편 「새로운 맥박」이 『함남일보』가 주관한 8 · 15해방 2주년 기념 전국 현상 모집에서 3등에 당선되면서부터다.[9] 이 작품은 소작인 일가가 해방과 함께 사람다운 삶을 살게 된 모습을 그려낸 것이다. 이 작품은 예술적

7 천세봉, 『안개 흐르는 새 언덕』 상(서울: 살림터, 1996), 2쪽.
8 천세봉 외, 「향도의 별빛」, 『향도의 태양』(평양: 평양출판사, 1994), 15쪽.
9 윤성종 외, 앞의 책, 247쪽. 천세봉은 이 작품을 필두로 농촌과 농민에 대해 쓰기 시작한다. 그리고 이 작품은 『조선문학』에 다시 실린다.

인 표현력이 부족하긴 해도 향토적 정서와 농촌 세태를 잘 관찰하고 개성적으로 묘사함으로써 그의 창작 스타일을 충분히 발휘한 경우다.

그 후 단편 「소낙비」(『문학예술』, 1948), 「밤나무 있는 집」(『농민신문』, 1948), 「신혼 부처」(『새조선』, 1948), 「땅의 서곡」(1948), 「호랑령감」(『문학예술』, 1949), 「5월」(1949) 등을 발표하며 왕성한 작품 활동을 한다. 이 시기에는 「푸른 하늘」(1948)이라는 중편을 탈고했지만 한국전쟁 때 유실되었다.[10] 이들 작품의 주제는 대부분 토지개혁 후 농촌의 모습으로 농민들의 생산 의욕이 높아지면서 일어난 정신적인 일대 변화에 고정되어 있다. 그러나 여기에는 뚜렷한 갈등의 제시도 없고 반전도 없어서 아주 단조로운 무갈등론의 경향이 나타난다. 또한 「땅의 서곡」에는 처음으로 투사적 인간형인 막둥이가 등장한다. 천세봉이 그려낸 투사적 인물 유형은 중편 「싸우는 마을 사람들」의 권영필, 「흰 구름 피는 땅」의 김철수, 『석개울의 새봄』의 창혁 등으로 모습을 바꿔가며 투사적인 면모가 서서히 구체화된다.

1950년 천세봉은 농업협동조합 준비위원회 위원으로 선출된다. 6월에 한국전쟁이 발발하자 마을에서 무장유격대를 지휘하기도 했다. 당시 그는 심한 위병을 앓기 시작해서 고질적인 위경련으로 외출조차 힘든 지경에 이른다. 그는 마을의 당세포위원장 조필균에게서 인민군이 원산에서 퇴각했다는 소식을 듣고나서 와병중에도 군중을 조직해 함께 피난을 떠난다.[11] 마을을 떠나 피난길에 오른 천세봉은 부축을 받으며 걷기 어려운 자신이 군중들에게 짐이 된다는 자책 속에 일부러 일행에서 떨어져 나와 사흘 동안이나 산중에 홀로 누워 있기도 했다고 회상한다.[12] 그러던 중 그는 국군에게 생포당할 위기를 넘기기도 했다. 일행과 떨어져

10 김정웅 · 천재규, 앞의 책, 72쪽.

11 김수경, 「창작 기지-고향의 번영과 함께: 작가 천세봉을 찾아서」, 『문학신문』(1961. 8. 25).

12 같은 신문.

보름 이상을 홀로 지내다가 빨치산이 된 천세봉은 시와 격문을 쓰며 지낸다. 그가 빨치산으로 활동하는 동안 고향의 아내는 국군에게 고문을 당하고, 어머니가 자살을 기도하는 일을 겪기도 했다.[13]

천세봉의 전쟁 체험은 중편 「싸우는 마을 사람들」(1953)에 잘 반영되어 있다. 천세봉은 정찰원으로부터 가족에 대한 소식을 전해 듣고 작품을 구상한 것으로 보인다.[14] 그는 산에서 내려와 작품을 한 달반 만에 완성한다.[15] 이 작품은 미국의 침략을 반대하는 강안 마을 사람들의 투쟁을 그린 것으로, "미제 침략자들을 반대하는 강안 마을 농민 대중의 영웅적인 투쟁을 전형적인 계기와 갈등 속에서 파악하고 생동한 개성과 선명한 필치로 예리하게 그려냄으로써 조국 해방 전쟁 시기 우리의 소설 문학을 빛나게 장식한 성과작"[16]으로 평가된다. 천세봉이 사상과 예술성에서 새로운 전환점을 마련한 것이 바로 이 작품이었던 셈이다.[17]

이후 천세봉은 1954년 '조선작가동맹' 위원장으로 선출되면서 북한 문단의 중심부에 진출한다. 1955년까지 중 · 단편 소설에 치중했던 그는 『석개울의 새봄』을 『조선문학』에 1955년 7월부터 1963년도 6월까지 연재하며 장편 작가로 변모한다. 이 작품의 배경은 전쟁 직후인 1953년 늦가을 당 중앙위원회 제6차 전원회의에서 전후 복구의 기본 노선을 결정[18]한 직후부터 1954년 가을에 이르는 기간이다. 당시 그는 마을 농업협동

13 같은 신문.

14 같은 신문. "산에 있을 때부터 작품의 디테일이 머리에서 떠나지 않았습니다. 생활이 요구하기 때문에 당시는 격문과 시를 썼습니다."

15 같은 신문.

16 윤종성 외, 앞의 책, 247쪽.

17 김헌순, 「천세봉과 농촌」, 『조선문학』(평양: 조선작가동맹출판사, 1960. 7), 115쪽.

18 노동당 중앙위 제6차 전원회의는 1953년 8월 5일~9일간 진행되었다. 여기서 김일성은 중공업 우선주의를 실제 내용으로 하는 '중공업 우선의 경공업 · 농업 동시 발전노선'과 '농업협동화' 실시를 제기했다. 조선로동당 중앙위원회 당력사연구소, 『조선로동당략사』 2, 1979년판(서울: 돌베개, 1989), 23-45쪽. 이러한 중공업 우선의 발전전략과 농업협동화는 반대파들의 비판에 직면하게 되었으며, 결정적으로 '8월 종파사건' 이후 반대파들이 제거됨으로써, 김일성이 제시한 경제건설 노선은 확고한 뿌리를 내리게 되었다.

조합 준비위원 중 한 사람으로, 군당위였던 만큼 준비위원회를 지도하는 입장이었고 작품에는 이 같은 현장 경험이 풍부하게 녹아 있다.

그러나 천세봉은 '제2차 작가대회'에서 '도식주의와 기록주의' 논쟁에 휘말린다. '도식주의를 교살하는 회의'라 불리었던 '함경남도 작가회의'에서도 도식주의 작품의 대표적 실례로 뽑힌 단편 「보리마당」, 변희근의 「안해」 등과 함께 천세봉의 『석개울의 새봄』 1부가 비판당한다.[19] 『석개울의 새봄』 1부는 초고의 합평회와 잡지 연재를 거친 다음 1958년에 단행본으로 재판되었고, 1979년 가필 수정이 이루어졌으나 2~3부는 계획대로 개작하지 못했다.[20]

정치적으로 천세봉은 1958년 9월 28일 '조선문학예술총동맹'(이하 문예총) 중앙위원으로 선출되었으며, 1961년 '작가동맹' 중앙위원회 소설분과 위원장으로 선출되고나서,[21] 『석개울의 새봄』 2부를 출간한다.[22] 또한 그는 1962년 9월 문예총 중앙위원회 위원장으로 선출된다.[23] 대작 세 편이 발표된 1960년대 전반기에 그는 창작상의 새로운 변화는 물론 정치적 · 문학적으로 입지를 다진다. 그는 소설분과 위원장으로 활동하면서 농촌 계급 투쟁을 그린 장편 대하 소설 『대하는 흐른다』 1부(1962)를 발표한다.[24] 이 시기에 그는 「제비」라는 작품을 구상하고 있었던 것으로 보이지만 출간 여부는 확인되지 않는다.[25]

19 「제2차 작가대회 결정 정신을 받들고」, 『문학신문』 2호(1956. 12. 13), 1쪽.

20 김정웅 · 천재규, 앞의 책, 73쪽.

21 『조선문학사』 15에는 1959~1961년까지 역임했다고 기술하고 있다. 김정웅 · 천재규, 위의 책, 73쪽.

22 『조선문학년감』 (평양: 조선중앙통신사, 1962), 274쪽.

23 최학수, 「『그 시절』에 대한 추억」, 『문학신문』, 2003년 6월 28일자에는 1964년으로 기록되어 있다. 본고에서는 『조선문학사』 15가 취임 월까지 기록하고 있어 『조선문학사』 15의 기록을 따른다. 그는 이 때부터 1986년 사망 시까지 작가동맹중앙위 위원장으로 활동한다. 김정웅 · 천재규, 위의 책, 73쪽.

24 『조선문학년감』(평양: 조선중앙통신사, 1963), 242쪽.

25 윤세평은 『문학신문』에서 『대하는 흐른다』에 대한 평을 하면서 구상 중인 「제비」가 좋은 작품이 되길 바란다고 쓰고 있다. 윤세평, 「천세봉 형에게」, 『문학신문』, 1962. 7. 20.

장편 『고난의 력사』 1부는 그의 세 번째 대작이다. 이 작품의 구상은 첫 장편 『석개울의 새봄』 3부작을 집필하던 시기로 거슬러 올라간다. 자신이 체험한 농민의 역사를 그려내려는 의욕은 『대하는 흐른다』 1부와 『고난의 력사』 1부로 체현되었던 것이다. 『석개울의 새봄』을 탈고한 1961년, 그는 노동운동의 영향으로 촉발된 농민운동에 주목했다. 그러나 그가 먼저 창작한 것은 토지개혁을 소재로 삼은 『대하는 흐른다』 1부였다. 『고난의 력사』 1부보다 『대하는 흐른다』 1부를 먼저 집필한 것은 8 · 15해방이 가장 감격적인 역사적 사변이었기 때문이다.[26] 해방은 최하층민이었던 그가 새로운 삶을 시작한 기점이었기 때문에 가장 인상적이었던 것이다.

『고난의 력사』 1부와 『대하는 흐른다』 1부가 1964년 간행되었다. 원래 이들 대작은 10부작으로 계획되었으나, 1920년대부터 30년대까지를 그린 『고난의 력사』 1부만 간행되었다. 5부작으로 계획된 『석개울의 새봄』만이 3부로 완결되어 전후 폐허가 된 농촌을 복구하는 과정을 그려냈다. 비록 10부작의 꿈은 실현되지 못했으나 천세봉은 이들 대작에서 북한 농촌의 모습을 담아내는 성과를 이룬다. 이들 대작은 1964년부터 3~4년간 북한 문학계에서 주된 관심사가 된 '혁명적 대작' 논의에 이론적 토대를 제공했다.

문단에서 '혁명적 대작' 논쟁이 격화될 즈음 제4차 노동당대회의 영향으로 항일 혁명 투쟁의 전통 계승 문제가 대두한다. 항일 무장 투쟁 전통을 대중들에게 각인시킬 수단으로 정치 선전과 예술 동원이 제기된다. 문학계에서 '항일 혁명문학'을 재현하는 과업을 처음 부여받은 작가가 천세봉이었다.

26 천세봉은 이 두 작품을 강서 약수에서 집필한다. 최창학 기자, 「체험의 터전 우에 솟은 두 개의 장편」: 『대하는 흐른다』(1부)와 『고난의 력사』(1부)의 창작 과정을 두고」, 『문학신문』, 1965. 11. 12.

그러나 세 편의 대작으로 전성기를 맞았던 천세봉은 '항일 혁명문학'으로 인해 비판당한다. 김일성의 교시에 따라 창작된 『안개 흐르는 새 언덕』이 바로 그 사례다. 이 작품은 1920년대부터 8 · 15해방에 이르기까지 항일혁명 운동을 상 · 하권 1,360여 쪽의 방대한 분량 안에 담아냈다. 그러나 천세봉은 김일성의 강령적 교시를 받은 후 제본소에 넘겨진 『안개 흐르는 새 언덕』 상 · 하권 전반에 놓인 사상적 결함을 포착했다고 한다. 그의 우려대로 김일성은 담화문 「혁명 주제 작품에서의 몇 가지 사상미학적 문제」(1967. 1. 10)에서 비판받고 논쟁에 휘말린다. 비판 이후 『안개 흐르는 새 언덕』은 판매 금지 조치를 당한다.

천세봉은 이 사건 이후 2년에 1편 정도의 단편과 논설, 평론만을 발표하면서 4년간 침체를 겪는다.[27] 그가 판금 사건으로 자숙하거나 창작 활동에 제재를 받았으리라는 추측을 하기 쉽다. 그러나 그는 이 사건 때문에 사회적 · 정치적 위치가 흔들리지 않았다. 그의 창작 활동이 뜸해진 것은 판금 사건의 영향 때문이 아니라 4 · 15문학창작단 건설에 주도적으로 참여했기 때문이다. 이러한 정황을 뒷받침해 주는 것이 바로 4 · 15문학창작단 건설을 주도한 김정일이 그를 여러 번 만난 사실에서도 확인된다. 김정일은 1966년 2월 7일 조선작가동맹 중앙위원회 위원장과 한 담화 「새로운 혁명 문학을 건설할 데 대하여」에서 "작가동맹 위원장 동무는 지금까지 주로 농촌에 대한 소설을 많이 썼는데 앞으로 수령님을 형상한 소설을 쓰는 데서 한몫 단단히 하여야 합니다"[28]라고 당부한

27 1967년 단편 소설 「력사의 자취」, 논설 「근로자들을 공산주의 세계관으로 무장시키기 위한 혁명적인 작품들을 더 많이 창작할 데 대한 경애하는 수령 김일성 동지의 교시를 철저히 관철하기 위하여」, 『조선문학』, 1969년 단편 소설 「세대 앞에서」, 1971년 평론 「작가 예술인은 민조 주선의 건국의 투사」, 당문예 정책, 「근로자들을 공산주의 세계관으로 무장시키기 위한 혁명적인 작품들을 더 많이 창작할 데 대한 경애하는 수령 김일성 동지의 교시를 철저히 관철하기 위하여」, 『조선문학』(1971. 4) 등을 발표한다.

28 김정일, 「4 · 15문학창작단을 내올 데 대하여」, 조선로동당 중앙위원회 선전선동부 책임일군들과 한 담화 1967년 6월 20일, 『김정일선집』1(평양: 조선로동당출판사, 1992), 219쪽.

다. 회상기 『향도의 태양』과 『문예상식』에 의하면 천세봉은 판금 사건 이후에도 김정일과 지속적으로 만났고 그의 지도 아래 자신의 작품 소재를 조국 광복의 위업을 이룩하던 역사적 사변에서 찾기 시작했다고 언급하고 있다.[29]

4 · 15문학창작단의 건설 문제는 이미 1963년부터 그 싹을 틔우고 있었다. 천세봉은 자신의 수기에서 1963년 11월과 1964년 11월 두 번에 걸쳐 김일성으로부터 '항일 혁명문학'이 나아갈 방향과 방도, 이론 실천적인 문제에 대해 교시를 받았다고 밝히고 있다.[30]

> 위대한 수령님께서는 항일 혁명 투쟁 시기의 수많은 공산주의자의 실례를 들어 말씀하시면서 바로 이런 사람들을 작품의 주인공으로 하고 쓰면 훌륭한 혁명문학 작품이 될 수 있다고 가르쳐 주시었다.[31]

위의 진술을 볼 때 1963년에 이르면 4 · 15문학창작단 문제가 태동했다고 볼 수 있다. 그러나 이 때까지만 해도 김정일은 직접 개입하지 않았다. 물론 4 · 15문학창작단은 세 사람의 협의만으로 만들어진 기구는 아니다. 최학수에 의하면 "1966년 1월과 2월에 천세봉과 유능한 작가 몇몇이 보름 동안 김일성으로부터 항일혁명 시기의 회상을 들었다"[32]고 기술한 바 있다. 이를 보면 천세봉을 비롯해 《불멸의 력사》 시리즈를 집필할 작가들이 김일성과 독대한 것으로 보인다.[33]

29 이것이 천세봉이 밝힌 《불멸의 력사》 시리즈 「혁명의 려명」과 「은하수」, 《충성의 한길에서》 중에서 1부 「유격구의 기수」 2부, 「사령부로 가는 길」을 4 · 15문학창작단에서 창작하게 된 동기다. 천세봉 외저, 앞의 책, 15-28쪽.

30 천세봉 외저, 위의 책, 6쪽. 이 글은 천세봉이 1975년 7월에 쓴 글이다.

31 같은 책, 6쪽.

32 최학수, 「『그 시절』에 대한 추억」, 『문학신문』, 2003. 6. 28.

33 4 · 15문학창작단이 건설되고 1970년대 천세봉의 「혁명의 려명」(1973), 권정웅의 「1932」(1972), 석윤기의 「고난의 행군」(1976), 현승걸 · 최학수의 「백두산 기슭」(1978)이 1970년대에 출간된 것을

1968년 4 · 15문학창작단의 건설 후 천세봉은 초대 단장이 된다. 그리고《불멸의 력사》시리즈의 첫 과업을 맡는다. 천세봉은 지난 날의 과오를 씻기 위해 모두가 부담스러워하던 과업을 자진해서 맡은 것으로 전해진다.[34] 이 작품이 바로《불멸의 력사》시리즈 제2권인『혁명의 려명』이다. 이 작품은 그가 1여 년에 걸친 지도 작업, 인물 연구, 역사 분석을 통해 반년 만에 창작한 소설이다.『혁명의 려명』은 본래『태양이 솟는다』라는 제목으로 1971년 12월 중순에 처음 간행되었다.[35] 그러다가 1973년 4월 김일성 주석의 생일 때『혁명의 려명』으로 개제되어 재출간되었다.

『혁명의 려명』은 1927년 초부터 1928년 말까지를 배경으로 지린(吉林)을 중심으로 한 김일성의 활동을 그려낸 소설이다. 이 작품은 '수령형상문학' 창작에서 분기점을 이루며 이후의 혁명 소설 창작에 전범이 되었다. 그러나 천세봉의 수기와 김영근의 회상[36]과는 달리, 윤기덕에 따르면 소설이 출간되자 김정일은 불쾌감을 표시하며 종자를 바로잡지 못했다는 비판을 가한 것으로 알려져 있다.[37] 그 때문인지 이후 출간된 다른 작품들에 비해『혁명의 려명』은《불멸의 력사》시리즈의 첫 권이라는 의미 외에 별다른 평가를 받지 못한다. 또한 이 작품은 1987년《불멸의 력사》시리즈가 출판될 당시 내용이 대폭 수정되어 출판된다.

4 · 15문학창작단의 건설 이후 천세봉의 작품 경향은 또 한번의 전환을 맞는다. 그의 작품 경향은 농민 문학에서 '항일 혁명문학' 즉 '수령

미루어볼 때 이 때 초대된 '몇몇 사람'에는 천세봉을 비롯해 석윤기와 권정웅이 포함된다고 할 수 있다.『백두산 기슭』역시 70년대 후반에 나왔지만 이 작품을 공동 집필한 최학수 · 현승걸은 4 · 15문학창작단의 건설이 제기될 당시 신인 유망주였을 뿐 유능한 작가로 인정받지 못한 상태였다.

34 김영근, 「20세기 추억」: 생활의 바다 속에서」,『조선문학』(평양: 조선작가동맹출판사, 2002. 11), 51쪽.

35 같은 책, 52쪽.

36 같은 책, 52쪽.

37 윤기덕,『수령형상문학』(평양: 문예출판사, 1991), 155쪽 참조.

형상문학'으로 옮겨간 것이다. 56세 되던 해인 1970년 제5차 당대회에서 노동당 중앙위원회 후보위원으로 선출되며, 1972년에는 최고인민회의 제5기 대의원 및 상설회의 위원으로 선출된다.

이후 천세봉은 김정숙의 혁명 활동을 형상화한 '다부작 소설' 《충성의 한길에서》 1부 『유격구의 기수』(1975)를 발표한다.[38] 이 작품을 쓰게 된 동기를 두고 그는 "어머니를 그리워하는 김정일을 위해 어머니의 산 모습을 보여 주고 싶어서"[39]라고 밝히고 있다. 하지만 그는 『안개 흐르는 새 언덕』에서 여성을 나약하고 비투쟁적으로 그린 뒤 비판당한 사상적 오류를 항일의 여성 영웅으로 옹립된 김정숙의 형상으로 극복하고자 했던 것으로 보인다.

천세봉은 이 작품의 창작을 통해 '수령 형상문학'만이 아니라 다부작 장편 소설 《충성의 한길에서》의 창작에서도 새로운 경지를 개척하는 역할을 맡는다. 그가 《충성의 한길에서》 1 · 2부에서 구축한 김정숙의 성격과 품성, 그녀의 이미지는 다른 작가들에게 창작 지침으로 활용되었던 것이다. 그 결과 이 작품은 가계 형상문학에서 중요한 자리를 점유하게 된다.

천세봉은 1977년에는 중앙선거위원회 위원과 최고인민회의 제6기 대의원 및 상설회의 의원으로 선출된다. 그리고 1979년에는 연이어 《충성의 한길에서》 2부 『사령부로 가는 길』을 발표한다.

1970년대에 '수령 형상문학'에 주력했던 천세봉은 1980년대 다시 농민 소설 분야로 전환한다. 대작 『축원』이 바로 그것이다. 『축원』은 실화를 바탕으로, 당 정책 관철을 위해 농촌에서 농업 협동화를 위해 애쓰는

38 원래는 『유격구의 기수』가 아닌 『충성의 한길에서』 1부로 발행되었지만 후에 《충성의 한길에서》가 다부작 장편 소설의 제목이 되면서 제1부의 제목을 『유격구의 기수』로 재판했다. 이 과정에서 정순으로 등장했던 인물이 김정숙으로 바뀐다. 『조선문학년감』(평양: 조선중앙통신사, 1976), 347쪽.

39 같은 책, 52쪽.

한중녀 일가의 모습을 통해 김일성에 대한 인민의 충성을 그려내고 있다. 이 작품이 나올 당시 북한은 제2차 7개년 계획(1978~1984)에 돌입해 있었다. 이 2차 계획은 사회주의의 물적 기반 확립과 풍요로운 사회를 지향하고 있었다. 이 시기는 불균형적으로 발전한 경제를 극복하려는 노력이 보이는 때다. 실무적으로도 중공업보다는 인민의 생활과 밀접한 경공업과 주택 건설 사업에 김정일의 현지 지도가 눈에 띄게 늘어난 것도 바로 이 때다. 따라서 인민 생활과 밀접한 식량의 문제 역시 중요한 과제였다. 천세봉의 농민 소설로의 회귀는 바로 이러한 시대적 배경과 밀접하게 관련되어 있다. 30년 전 전개되었던 농업 협동화의 신화를 인민들에게 다시금 되새기고자 하는 것이 바로 『축원』이 등장한 이유인 것이다.

이와 같은 상황 속에서 천세봉은 1982년에는 최고인민회의 제7기 대의원 및 상설회의 의원에 선출되었고, 《불멸의 력사》 총서 제10권[40]인 『은하수』를 세상에 내놓는다. 『은하수』는 1929년 여름부터 1930년까지의 김일성의 혁명 업적을 소설화한 것이다. 이 소설은 12개 장으로 구성되어 있으며, 단순한 줄거리의 나열이 아닌 입체적인 내용 전개를 구사하고 비약과 함축을 활용해 탄탄하게 구성되었다고 평가받는 작품이다.

『은하수』 출간 이후 그는 병마에 시달린다. 언제 또 어떤 불치의 병을 진단받았는지는 확실하게 밝히고 있지 않지만, 고질병인 위병과 연관이 있는 듯하다. 그는 전쟁 전부터 줄곧 병석에 누워 있었고[41] 불치의 병을 선고받은 직후에도 그는 병상에서 글을 썼다. 말년에 몸이 불편했던 천세봉의 구술 작업에 참여한 이는 바로 그의 넷째아들 천태식이다.[42] 아

40 10권은 1982년 출판 당시 권호이고, 1987년 문예출판사에서 재출간될 때는 연대별로 정리되어 권3호가 된다. 『은하수』 역시 1987년 판은 개작되어 출판된다.

41 김수경, 「창작기지- 고향의 번영과 함께: 작가 천세봉을 찾아서」, 『문학신문』(1961. 8. 25). 윤세평 역시 신문 지면을 빌어 그가 하루빨리 병석에서 일어나기를 바라는 글을 쓰고 있다.

42 천태식은 『조선문학』(1979. 3)에 실린 「감정조직과 흥미」라는 논평에서 『조선문학』(1978. 7)에 실렸던 단편 소설 「전사의 노래」를 분석하고 있다. 이를 볼 때 천태식은 문학을 전공했고, 평론가였던 것 같다.

들 태식은 4 · 15문학창작단에 소환되어 아버지의 유고작인 장편 『영원한 봄노래』의 초고를 집필한다. 이 작품은 《불멸의 력사》 중 해방 후편으로 해방 전편이 1987년 완간되어 시리즈로 출판된 이후 1988년부터 시작된 총서의 한 권으로, 해방 후편 『조선의 봄』(1991)이란 제목으로 출판된다.

작가들이나 기자들의 회상에 의하면 천세봉은 매우 소박한 생활을 했으며,[43] 문예총 중앙원장이 된 이후에도 그의 생활 태도는 겸손한 것으로 알려져 있다.[44] 그의 성격은 최학수의 회상에서도 엿볼 수 있다. 그의 회상에 의하면 천세봉은 당시 작가들 모두에게 존경받는 선배였다.[45] 그가 문예총 위원장으로 선출된 것은 당성과 출신 성분 외에도 소박한 성격과 사람들과의 무난한 친분 관계 때문인 듯하다. 또한 무엇보다도 그에게는 권력욕이 없었다. 그는 해방 초기 창작을 위해 고원군당 선전부장 직위를 내던진 적도 있었다. 김영근에 의하면 당시 이 직위는 웬만한 사람이라면 아까워서라도 쉽게 내놓지 못할 자리였다고 한다. 작가동맹 소설분과위원장이 된 이후 평양으로 이사 오기를 요구하는 당의 요청을 거부하고 고향집에 머물렀는데 그것 역시 소설분과장직을 사임하기 위한 속셈이었다.[46] 천세봉은 창작을 위한 사색 이외에 다른 활동을 귀찮아했고, 그의 치료처로 간부들이 찾아오면 접대 권유에 응하지 않았다고 한다.[47]

『문예상식』에 의하면 천세봉은 새벽에 일어나 책상에 앉지 않고 언제

43 김영근, 「20세기 추억: 생활의 바다 속에서」, 『조선문학』(평양: 조선작가동맹출판사, 2002. 11), 44쪽.

44 그의 소박함은 당시 문학도였던 김삼복에 의해서도 회상되고 있다. 그는 황건에 대한 회상기에서 작가동맹 부원으로 들어가 만난 작가들과 평론가들에 대한 인상을 기록하고 있는데 당시 작가동맹 위원장이었던 천세봉의 인상에 대해 "천세봉은 매우 소박하고 겸손했으며 평범했다"라고 기록하고 있다. 김삼복, 「소설가의 모습」, 『조선문학』(평양: 조선작가동맹출판사, 2003. 6), 41쪽.

45 최학수, 「『그 시절』에 대한 추억」, 『문학신문』, 2003. 6. 28.

46 김영근, 앞의 책, 49쪽.

47 같은 책, 49쪽.

나 둥그런 밥상 앞에 무릎을 꿇고 앉아 작품을 썼다고 한다. 말년에 와병으로 더 이상 무릎을 꿇고 앉을 수가 없게 되자 구술하는 방법으로 작품을 썼다. 그가 구술로 창작하게 된 원인은 지병인 위병 때문이었다.[48] 천세봉은 병석에 누워서도 작품을 쓸 만큼 창작 의지가 강했다. 이를 본 사람들은 그 날부터 천세봉이 앓아눕는 날에는 주위 사람들이 돌아가며 그의 글을 받아쓰기 시작했다.[49] 이 때부터 몸이 좋지 않은 날은 구술하는 방식으로 작품을 완성했다. 이를 두고 일부 작가들로부터 설화 문학 작가라는 비난을 듣게 된다. 그는 이런 사실을 매우 섭섭해 했으며 불만을 토로한 것으로 전해진다.[50]

천세봉이 3천 여 매에 달하는 장편을 병석에서 구술로 두 달 반 만에 완성한 작품이 『대하는 흐른다』 1부다.[51] 『고난의 력사』 1부도 신병 때문에 퇴고 작업이 그리 많지 않은 작품 중의 하나다.[52] 그는 병으로 인해 탈고 후 별반 수정 없이 간행한 경우가 절반을 차지한다. 구술 창작은 문체가 다듬어져 있지 않은 만큼 내용면에서는 검열을 거쳐 여러 번의 수정을 거치는 관행에서 벗어난다는 점에서, 천세봉의 문학적 개성을 체감할 수 있는 이점도 있다. 결과적으로 그의 지병은 작품 창작에서 그를 당 정책이나 검열로부터 자유로운 여지를 제공해 주는 행운이기도 했다. 『조선의 봄』의 창작 이후에도 그는 창작 생활에서 문학 세대들에게 교훈이 될 만한 일화를 담은 장편 수기 『생의 마지막 초불을 켜들고』를 썼다.[53]

천세봉은 1985년 북한 최고의 김일성 훈장과 김일성 상을 수상한다.

48 같은 책, 49쪽.
49 최창학, 「체헌의 터전 우에 솟은 두 개의 장편: 『대하는 흐른다』(1부)와 『고난의 력사』(1부)의 창작 과정을 두고」, 『문학신문』(1965. 11. 12), 2쪽.
50 김영근, 앞의 책, 54쪽.
51 같은 책, 54쪽.
52 최창학, 위의 신문, 2쪽.
53 이 수기는 『작가수업 40년』으로 제목이 바뀌어 출판된다. 이 수기는 천세봉은 자신의 창작 생활에서 문학 세대에서 교훈이 될 만하다고 생각되는 점들을 모아 장편 수기로 묶어 낸 것이다.

그는 1986년 향년 71세를 일기로 4월 18일에 사망하고 애국열사능에 안치되었다.[54] 사후 같은 해 10월 26일 아시아 · 아프리카 작가회의로부터 로터스 상을 수상했다.

2. 천세봉 문학의 궤적과 특질

천세봉의 문학은 크게 농민 문학기와 항일혁명 문학기로 나눌 수 있다. 그의 문학은 영웅에 의해 종파주의자나 관료주의자, 간첩이 제거되는 서사를 취하고 있다. 이는 도식화된 북한 문학의 한 유형으로 보인다. 천세봉 문학의 특성을 도출하려면 영웅의 서사를 괄호 안에 묶어 버리고 괄호 밖의 특질을 추출해 낼 필요가 있다.

천세봉의 문학에서 발견되는 변화와 특질은 먼저, 단편 중심의 농촌 소설을 창작하던 1기에는 수령보다 당의 존재감이 크게 나타나고 있지만 항일 혁명문학을 창작하던 2기에 들어서면서부터 그 위치는 전도된다는 점이다. 이와 같은 변화는 1950~1960년대 초반 마르크스-레닌주의 노선을 걷던 북한이 1960년대 중반부터 유일 사상 체계로 선회하는 과정과 맞물린 부분이다. 그는 완결된 인간형이 아닌 완결을 지향하는 작중 인물을 그리고 있다. 이는 '대중적 영웅'의 경우에도 마찬가지다. 그는 미성숙한 주인공이 노력을 통해 영웅의 지위에 오르지만 영웅의 완성된 모습을 보여 주지는 않는다. 『안개 흐르는 새 언덕』 이후 부정적 인물로 그려진 독립군과 민족주의자, 지식인들을 선별해서 긍정적인 인물로 변화하는 모습을 담아내고 있다. 이는 정세의 변화에 따라 그의 문학

54 『문학신문』에는 문학 예술인이 사망하면 부고를 싣는데, 이 때 당시의 『문학신문』이 국내에 들어와 있지 않은 관계로 그의 죽음에 대해 북한에서 어떠한 평가를 내렸는지는 알 길이 없다. 『조선중앙년감』이나 『조선문학』에서도 그의 죽음과 관련된 언급은 찾아볼 수 없다.

후반기로 갈수록 교양 가능 대상에 대한 타협점을 열어 두기는 하지만 이것이 정책 수용 차원에서이지 그의 인식 자체가 변한 것은 아니라는 것을 말해 준다.

《충성의 한길에서》부터 여성은 역할과 지위가 변화된 모습으로 나타난다. 핍박받고 약한 모습으로 그려진 여성상이 김정숙의 형상화를 기점으로 큰 변화를 보인다. 아동단의 작식(=취사)을 담당하다 이름 없이 죽어간 리금녀나 지하공작원이 된 음전이, 지주 민태설의 식모로 있다가 공작원을 거쳐 유격대원이 된 복녀 등도 남성들 못지않은 투쟁의 모습을 보여 주고 있으며, 유격대원이 된 이후에는 전투는 물론 재봉대, 작식대의 임무에까지 투입되어 남성들보다 더 많은 일들을 해내는 모습으로 그려진다. 이는 김일성이 강조하고 있는 강인한 여성상에 대한 직접적인 반응의 결과다.

여성상의 변화와 함께 그의 소설에는 발전 도상에 놓인 인물이 등장한다. 창혁이 『땅의 서곡』 막둥이—『싸우는 사람들』의 권영필—『흰 구름 피는 땅』의 김철수 등에서처럼, '대중적 영웅'은 창혁—마영기—강민호—한중녀 등으로 변화 · 발전되고 있다. '대중적 영웅'에서 분화된 '숨은 영웅'은 『안개 흐르는 새 언덕』의 박포리나 허인숙 등에서, '주체형 공산주의자'인 장덕순—채경—김기준 등으로 연계된다. 『안개 흐르는 새 언덕』의 경희는 경주—정숙으로 이어지며 변화 발전한다.

천세봉 작품의 특질은 가장 혁명적이고 투사적인 인물이 과업에 실패하는 모습을 보여 준다는 점이다. 이는 초기 작품에 나타나는 특징이다. '혁명적 대작'으로 분류되는 『석개울의 새봄』 3부에서 창혁이 조합 경영에 실패하는 것이나, 『대하는 흐른다』 1부에서 강형진이 시위대 구성에 실패하는 것, 『고난의 력사』 1부에서 분을 이기지 못해 서상학을 폭행하고 달아남으로써 야학이 파괴되는 모습 등이 그러하다. 실패의 유형 또한 북한 소설에서 자주 목격되는 것이다.

하지만 대부분의 북한 소설에서는 실패를 작품 초반에 배치하고 후반부에 성공의 신화를 만드는 것과 달리, 천세봉의 소설은 주요한 사건이 실패로 끝나는 데서 작품을 마무리하고 있다. 이 실패한 과업이 다른 인물에게 계승된다는 것도 다른 북한 소설과 대비되는 점이다. '천리마 기수 형상론'에 따라 영웅적 인물을 생산하던 시기에, 그의 대작은 주인공이나 주요 인물들이 실패하는 모습을 그리고 있어서 도식주의적 인물형이나 내용 생산의 오류를 범하지 않으려는 모습으로 비추어진다. 이것은 영웅적 인간형이라 할지라도 당의 교시를 따르기 위해서는 노력은 할 수 있어도 모든 사업에 성공할 수는 없다는 천세봉의 인식과 직결된 점이다. 천세봉은 인물의 실패와 좌절을 사업의 의지를 견고하게 다지는 내적 계기로 삼는다.[55] 그러나 이 같은 실패와 좌절을 겪는 인물상은 성공 신화가 필요했던 당시의 시대 정황과 동원 체제와는 동떨어져 있어서 비판의 대상이 될 수밖에 없었다.

천세봉은 양심의 문제와 소외의 문제를 천착하고 있다. 인물들의 대립을 통해서 그가 천착했던 것은 양심이다. 그에게 양심은 인간 행동의 변화의 기제이며, 국가 재건과 계급 이데올로기를 작동하는 기제였다. 그는 양심을 통해 그 속에서 파생되는 소외 문제를 북한 사회가 지닌 문제라고 보았다. 그는 동요 계층, 도시와 농촌, 기성 세대를 통해 사회 작동 기제인 양심이 인간의 욕망을 어떻게 억압하고, 인간을 소외시키고 있는지에 주목했다. '혁명적 대작'에서 양심은 개인적 차원에 머물러 있다.[56] 이렇게, 사회적 양심이 강조되는 천리마 시대에 그가 개인의 양심을 고집스럽게 천착한 것은 그가 그려내고자 했던 대상이 노동자 계급이 아

55 부정적인 측면에서 보자면 모든 과업을 완벽하게 수행할 수 있는 인간은 수령 단 한 사람밖에 없다는 의미로 읽을 수도 있다.

56 개인적 양심은 보편적 양심을 뜻한다. 보편적 양심은 도덕적·정치적·혁명적 양심을 포괄하는 계급적 양심과는 달리 사회의 구성원들이 양심, 사회적 여론, 관습, 윤리 따위에 비추어 스스로 마땅히 지켜야 할 행동 준칙이나 규범의 총체라는 점에서 도덕적 양심으로 볼 수 있다.

닌 사상적으로 미성숙한 농민 계급이었기 때문이다.

『석개울의 새봄』에서 나타나는 양심이 개인적 양심이라면 『축원』에서 나타는 양심은 사회적 양심[57]이 내재화된 모습으로 심화되어 나타난다. 천세봉이 바라보는 윤리는 개인적인 양심에서 사회적 양심으로 변화된 것이다. 양심 문제의 변화는 다른 작가들에 비해서 10년 정도 늦게 점화되었다. 1960년대 작가들이 인간 윤리로 사회적 양심을 문제삼았을 때도 천세봉은 개인적 양심을 고집했으나 변화는 『축원』(1980)에서 처음 일어난다.

천세봉이 창작한 '항일 혁명문학'에는 『주체문학론』에서 보이는 수령 형상의 원칙이나 인물이 이미 등장하고 있다. 이런 맥락에서 그는 수령 형상문학 형성에 기여한 작가다. 첫째, '주체형 공산주의자'의 전형이 그의 작품에서 완성되어 나타나고 있다. 둘째, 수령 중심, 북한 중심의 역사관이 드러나고 있다. 셋째, 가계 형상과 인물들의 전형이 창조되고 있다. 긍정적인 인물의 묘사에서도 의심이 많은 인물들이 논리적이고 영리한 인물로 그려지고, 많은 작품에서 다혈질에 의협심이 강한 인물들이 주인공으로 선택되고 있다. 이를 보면 그는 이와 같은 인물들이 사회를 변화시키는 데 필요한 인간형으로 인식한 것으로 여겨진다.

천세봉의 작품에서 형상화된 인물은 이른바 '통치 예술'의 특징을 드러내고 있다. 작중 인물의 행위는 '대안 사업 체계'나 '모범따라 배우기', '효녀 · 효자 되기'같이 사회 운동과 맞물려 있다. 이들이 노동력을 움직이는 전술의 주역이 되고 있는 점을 볼 때 그가 의도했든 의도하지

57 사회적 양심은 계급적 양심의 다른 표현이다. 계급적 양심이란 노동 계급의 양심이다. "노동 계급은 가장 조직적이고 혁명적이며 선진적인 혁명의 영도 계급"이다. 조선로동당 중앙위원회 당력사연구소, 『김일성 저작선』 15(평양: 조선로동당출판사, 1981), 603쪽. 노동 계급은 국가 주권과 생산수단을 비롯한 모든 것의 주인으로 낡은 것을 타파하고 정치, 경제, 문화의 모든 분야에서 끊임없이 새것을 창조하기 위한 투쟁을 벌이는 혁명의 주체이기 때문에 어느 계급보다 혁명적이어야 한다. 따라서 계급적 양심은 노동 계급의 사회적 지위와 관련지어 생각해 볼 때 도덕적 · 정치적 · 혁명적 양심의 다른 표현이라 할 수 있다.

않았든 작품에서는 군중 동원의 전략과 전술을 생산하는 두뇌의 역할을 한다고 말할 수 있다. 그가 작가동맹의 소설분과장, 문예총 위원장, 4·15문학창작단 단장직 같은 문학계의 요직을 두루 거쳤음을 감안할 때 북한의 정치술을 예술화하는 데 일익을 담당했으리라는 추측은 충분히 가능하다.

그러나 이러한 특징은 대표적 농민 작가 또는 수령 형상문학의 개척자, 군중 동원의 전략과 전술을 생산하는 중심적 위상에도 불구하고 결함 또한 없지 않다.

첫째, 논평적 화자의 습성이다. 작가의 개입은 부정 인물에 대한 단정과 희화화로 나타난다. 긍정적인 인물일 경우 김일성과 김정숙의 경우 작가의 미래에 대한 장황한 설명이 지나치게 나타난다. 긍정적인 인물의 경우 그의 논평은 다른 작가들에 비해 그리 두드러진 편은 아니나 부정적인 인물에 경우는 매우 심하게 표출된다. 이는 인물 묘사의 객관성을 떨어뜨린다. 문체면에서도 부정적 인물에게는 과장법과 환유법, 속담을 많이 활용하는 경향을 가지고 있다.

천세봉은 특히 대화에서 속담을 많이 사용한다. 환유적 표현의 예는 배뚱뚱이 리인수, 새삼이 박병천, 돼지바우 형사 강덕기 등이다. 이러한 환유는 인물의 개성을 전달하는 데 효과적이지만 부정적인 인물들을 희화시키는 데 크게 기여한다. 작가는 이를 통해 인물의 일반화나 개성화에는 기본적으로 성공한다. 하지만 긍정적 인물이나 부정적 인물이나 동요 인물에 대한 묘사에서 작가의 잦은 개입은 인물들의 객관성을 떨어뜨린다. 작가의 주관을 내세우지 않은 객관적 현실에 대한 진실한 묘사는 사실주의의 본래의 길이다. 작가의 주관, 사상의 경향성을 의식적으로 활용함으로써 묘사의 객관성을 훼손하지 않고 총체적 형상의 중심적 흐름을 더욱 선명하게 할 수 있다면 굳이 피할 이유는 없다.[58]

그러나 천세봉의 경우 논평적 화자의 습벽은 동일시의 효과를 저해함으로써 작품에 집중하는 효과를 차단한다. 천세봉 소설에서 나타나는 논평은 작품의 질을 저하시키는 것이다. 특히 논평적 화자의 습성은 '항일 혁명문학기'에 들어서면서 더욱 심화되는데 이는 비단 천세봉 개인에 국한된 문제가 아니라 유일 체제 하의 북한 문단 전체가 처한 결함으로 지적할 만하다.

둘째, 인물 묘사의 문제점으로 '원쑤'로 명명되는 친미주의자, 친일주의자와 같은 적대 계급이나 부정적 인물에 대한 묘사를 지적할 수 있다. 독립군 · 지주 · 일본 장교들의 세계 인식과 사고의 범위에 대한 세련되지 못한 묘사 때문에 고(古)소설화, 반(反)리얼리즘화되는 것은 그의 소설이 가진 최대의 약점이다. 그는 이기영의 작품에 등장하는 지주나 자본가의 전형을 그대로 옮겨 놓아 지주나 자본가 유형에 대한 새로운 시도가 없다는 점은 그의 한계로 남는다.

셋째, 만주 항일 무장 투쟁에 대해서 천세봉은 북한 중심의 역사관을 보여 주고 있다. 그는 동북항일련군의 투쟁, 조선인의 중국 내에서의 조국 해방 투쟁으로 시야를 의도적으로 좁히고 있는데 이것은 북한의 역사 기술의 원칙에서 파생된 문제다.

천세봉의 2기 문학에서는 실천의 양상이 보이지 않는다. 충실성이라는 이름으로 타자에게 복종하고 그것을 초월하는 목적을 지향하는 모습만 등장할 뿐이다. 그가 창조한 영웅의 전형은 강력한 영향력을 발휘하면서 지금의 북한 문학을 영웅 포화 상태로 몰고가는 데 일조했다는 혐의를 갖게 만든다. 비판 의식이 1970년대 이후 점점 약화된 것은 당 정책에 편승할 수밖에 없었던 그의 정치적 입지에서 비롯된 것으로 보인다. 비록 그는 비판을 받고 교시에 의해 개작했으나 개작의 범위 역시 창작의 틀을 깨지 않는 부분으로 한정함으로써 자신의 가치관을 보존했다.

58 안함광, 「장편 소설의 구성상 문제」, 『조선문학』(평양: 조선작가동맹출판사, 1963. 8), 99쪽.

이와 함께 그는 혁명의 주동력을 일부 당원이나 김일성이 아닌 민중 그중에서도 최하층이었던 농민으로 규정했다. 그의 이 같은 혁명관과 역사관은 성공 신화가 필요했던 1950~1960년대에 국가 재건 이데올로기에 반하는 작품을 창작함으로써 성공 신화에 매몰된 북한 사회를 객관적인 시선으로 바라보려는 이채로움을 가지고 있다.

3. 『고난의 력사』 1부(1964) 읽기

1) 작품의 줄거리

총 26장으로 구성된 이 작품은 월하리와 1923~1927년을 시대적 배경으로 하고 있다. 대장장이이자 머슴인 현대진은 다섯 아들들과 월하리에 일가를 이루어 살고 있다. 무림의 아버지인 둘째 재근과 넷째 재두는 서상학과 박진우네 머슴이고, 큰아버지 재후나 셋째 삼촌 재환도 머슴이나 다름없는 처지다. 무림이의 집에서는 그가 학교에 잘 다니고 있는 줄로 알지만 월사금 3원 50전을 내지 못해 학교에 가지 못한 채 산과 들에서 소일하며 학교에서 공부하는 아이들을 부러워한다. 무림이 학교에 가지 못하고 산과 들로 배회하고, 공상을 하며 공부하는 아이들을 훔쳐보는 모습 또한 어린 시절 천세봉이 겪었음직한 내용이다.

결국 무림은 수업료 미납 때문에 일본인 선생 시마다(島田: 한자 인용자)에게 매를 맞고 돌아온다. 머슴인 무림의 아버지가 상전인 박진우에게 돈을 빌리려고 하나 거절당하고, 무림은 퇴학당하고 만다. 무림의 반 친구들은 월사금을 모아 무림에게 학교에 다니기를 권하나 무림은 거절한다. 이후 무림은 고전 소설과 친구 대복을 통해 소년 잡지, 신문, 톨스토이의 『부활』 등을 빌려 보며 문학의 꿈을 키운다.

봉건 지주 박진우와 친일 지주 서상학 등은 악질 지주로 온갖 악행을 자행하는 자들이다. 박진우는 돈이 아까워 죽지도 않은 장서방을 생매장하고, 빚을 못 받을까봐 사랑채를 빚 대신 허물어 오는 인색한 인물이고, 서상학은 고리대를 해오다 세부 측량 때 일본을 등에 업고 송하벌 땅을 자기 소유로 만들어 벼락부자가 된 자다. 그는 되를 조작하는 방법으로 가일층 농민들을 착취한다. 그의 아들 서동하 또한 읍내에서 요릿집을 운영하며 조선의 처녀들을 기생으로 전락시키는 악한형 인물이다.

반면 의병운동을 하던 아버지와 깊은 인연으로 현씨 일가와 절친한 최선도는 야학을 열어 재현과 동네 청년들에게 마르크스주의를 전파한다. 그러나 최선도는 채정훈과 함께 소작인 대회 때 검거되어 옥고를 치른 후 고문 후유증으로 병사한다. 최선도의 죽음 후 그의 뜻을 이어받은 재현은 서상학과 구장을 이용해서 야학을 건설한다. 무림은 김대하와의 접촉을 통해 자신이 변모해 가고 있다고 느낀다. 그는 김대하가 제시해준 '박애주의'가 마르크시즘보다 우위에 있다고 생각한다. 서상학의 집에 머슴으로 들어간 재현은 야학을 조직하고, 소작인 조합 결성을 시도하던 중 서상학 폭행사건으로 고향 땅을 떠나 광산 노동자가 된다.

서상학은 폭행사건을 빌미로 땅을 빼앗고 무림 아버지와 무림마저 머슴으로 5년이나 부리려 한다. 무림은 머슴이 되지 않기 위해 도망쳐 운송점의 점원이 된다. 서상학은 집을 나간 무림 대신 무림의 아버지를 끌어와 머슴으로 10년을 부릴 생각을 한다. 또한 박진우에게 양조장이 넘어가자 채정훈은 고향을 떠난다. 한편 서상학네 계집종으로 재현의 아이를 가진 오월은 서상학의 농락을 피해 재현이네 집으로 들어간다. 경사도 잠시 서필하에 의해 농락당할 위기를 넘긴 이순은 가족들에게마저 의심을 받는 것에 수치심을 느낀다. 김달기는 이런 이순을 꾀어내 서동하가 운영하는 매월관에 팔아넘긴다. 이 사건으로 아내를 잃은 재두가 잡혀가고, 재후는 소작인 조합에 들어간다. 얼마 후 재현의 탄광 폭동사건으로 인해 현씨네 일가가 경찰서로 잡혀가고 모진 고문에 현대진이 옥사를 한다. 김대하의 도움으로 경찰서에서 풀려난 무림은 비로소 자신이 가야 할 길을 깨닫게 된다.

2) 무림의 자기 모색과 각성

무림은 이 작품에서 보이지 않는 힘과 보이는 힘 이 둘 사이에서 고뇌하는 인물이다. 무림의 자연발생적 계급 의식은 소학교를 퇴학당하면서 시작된다. 그는 퇴학 이후 문학 작품들과 마르크시즘의 영향을 받은 최선도, 현재현, '높은 인격'으로 존경하는 김대하의 영향 하에서 정신적 모색을 거치며 마침내 사회주의 의식에 공감하는 데까지 이른다.

무림의 자연발생적인 저항 의식은 일가의 비극과 자신이 무식하다고 무시했던 삼돌의 깨우침, 그리고 현대진의 옥사 후 민족적 개량주의자의 행대를 보면서 목적 의식적 투쟁으로 전환된다. 하지만 냉소적인 무림이 사회주의 의식에 공감하기까지 이렇다 할 역사적 사건이나 지도자가 없었기에 그의 정신적 고난의 역사는 고단한 생활의 반영이라는 명제와 거리를 두고 있다.

무림의 의식이 피어날 무렵 최선도의 죽음 그리고, 조합과 야학을 포기하고 마을 떠나야 했던 재현과 창국을 보면서 무림은 "피투성이가 되어 무너져 내리는 맑스주의의 길로는 나아가지 않겠다"[59]고 결심한다. 무림이 "맑스주의"를 거부한 것은 "그 길엔 오직 피와 패배만 있다"[60]고 생각했기 때문이다. 이러한 생각은 끊임없이 그를 머뭇거리게 만든다. 그렇기 때문에 해체되어 가는 고향[61]을 보면서도, 땅을 억울하게 빼앗기

59 천세봉, 『고난의 력사』 1부(평양: 조선문학예술 총동맹출판사, 1964), 465쪽.
60 같은 책, 465쪽.

고 자신이 머슴으로 끌려갈 상황[62]에 놓여서도, 할아버지의 죽음 앞에서도 무림의 마르크스주의에 대한 거부는 계속된다. 이에 대한 거부는 무림의 큰아버지인 재후에게서도 발견된다. 재후 역시 이순이 사건 이전까지만 하더라도 현실과 타협하며 살아왔다. 과묵함과 세상을 관망하는 자세는 그를 결단성 없는 패배주의자로 전락시키고 만다.

> 다른 한편 그의 마음을 절통하게 하는 것은 재현이들의 일이 그르쳐지고 말았다는 생각이였다. 그는 재현이들이 하는 일이 무슨 큰 세상을 고쳐 만드는 그런 일로 될 수 없으리라고는 생각했으나 그래도 그 싸움은 어떻게 하든 일본 놈과 돈 있는 사람을 이겨 내는 싸움으로 되길 바랐다. 허나 이젠 그 싸움도 최선도의 싸움이나 다름이 없이 실패를 당하고 결국은 제 집안에 불행을 가져오고 말았다. 그러니 지금 온 조선 강토에서 벌어진 싸움이라는 것이 십상은 모두 다 이렇게 될 터이니 그저 일본 놈은 일본 놈대로 그냥 있고 돈 있는 놈은 돈 있는 놈대로 그냥 있을 게 아니냐. 재후는 그 생각을 하면 눈앞이 아득해지고 땅을 치고 울고 싶었다.[63]

인용문은 소작인 대회를 보며 그가 느끼는 감정으로 패배주의적 관점이 아주 잘 드러난 대목이다. 비록 패배주의적이긴 하지만 그의 의식은 자신들에게 불행을 가져온 자들이 일제이며, 봉건 지주 계급의 주요한 지지자[64]라는 데까지 이른다. 이것은 재후가 마르크스주의에 빠져 있는

61 무림은 짝사랑했던 영란이 아버지 채정훈을 따라 마을 떠나는 것을 배웅하러 나간 대합실에서 마을을 떠나는 월하리 사람들을 보면서 마을을 떠난 덕보네를 떠올리며 '모든 조선 사람들이 하나하나 다 그 어데 멀리 떠나 가는 것 같은 생각'을 한다. 같은 책, 535쪽.

62 『고난의 력사』 1부에서 서상학은 재현의 폭행사건을 빌미로 땅을 빼앗는 동시에 무림 아버지와 무림마저 머슴으로 5년이나 부리려 한 이 사건은 천세봉이 머슴이 된 과정을 그대로 보는 듯하다.

63 천세봉, 앞의 책, 426쪽.

재현에게 핀잔을 주는 장면에서 잘 드러난다.

> "서상학이 뒤에 무엇이 틀고 앉아 있니. 지금 이 세상이 누구의 손에 잡혀 있니. 서상학이 그 놈이라면 내 오늘 밤에라도 도끼를 메고 들어가 그 놈을 쳐눕히겠다. 우리 소작인이 속에 피가 차도 그러지 못하는 것은 서상학의 뒤에 있는 일본 놈 총칼 때문이야, 그걸 맨주먹으로 이기겠다고 뭐 소작인 대회를 열어? 그게 장난이냐 놀음이냐?"[65]

인용문은 일제의 본질, 봉건적 친일 지주와 매판 자본가의 공생적 관계, 그들의 권력이 어떻게 형성되고 있는지를 보여 주는 대목이다. 재후는 권력의 원천인 제국주의의 통치를 전복하지 못한다면 봉건 지주 계급의 통치를 소멸시킬 수 없다는 것을 경험적으로 알고 있다. 재후가 속으로 동생을 지지하는 모습은 이후 그 또한 보이지 않는 힘의 영향 속에서 재현과 같은 길을 걷게 되리라는 것을 암시해 준다.

일제를 대상으로 한 투쟁은 제국주의를 뒤엎는 민족 혁명이며, 안으로는 봉건 지주의 압박을 뒤엎는 민주 혁명이다. 그러나 재후의 패배 의식은 그에게 좌절감을 낳게 한다. 이러한 재후에게 방법을 제시한 사람은 다름 아닌 재현의 친구 창국이다. "문제는 단결"이라는 말로 창국은 재후의 의식의 변화에 불씨를 당긴다.

> "옳은 말이다. 그 말이 옳은 말이다. 내 혼자 힘으로 서상학일 쳐죽인들 어떻게 된단 말인가. 그 놈 죽이고 나 징역 가고 그랬을 뿐이지 이놈의

64 이러한 사실은 『두만강』에서도 한길주와 김진해를 통해 확인할 수 있다. 그뿐만 아니라 씨동과 조명호의 대화를 통해 일제와 봉건 지주와의 유착을 직접적으로 그리고 있다. 이기영, 『두만강』, 제3부 하(서울: 풀빛, 1989), 307쪽 참조.

65 천세봉, 앞의 책, 164쪽.

세상이 어떻게 된단 말인가, 일본 놈이 그대로 있고 돈 있는 놈이 그냥 있을 텐데 어떻게 된단 말인가, 옳다, 내 미련한 생각이었다. 한 동네면 한 동네, 한 군이면 한 군, 한 나라면 한 나라가 다 들떠 일어나 단결을 하고 그게 큰 불덩어리가 되여 이글거린다면 그 불덩어리로 태워 죽이지 못할 물건이 어데 있을 텐가. 과연 단결이란 말이 옳다. 내가 둔했구나."

재후는 이렇게 중얼거리며 은근히 주먹에 힘을 주었다.[66]

창국에 의해 의식의 변화를 가져온 재후는 창국 · 춘호 등이 허철과 연계하여 조직한 군 농조에 가입한다. 그는 농민조합에 가입함으로써 전에는 느낄 수 없었던 어떤 큰 힘을 느낀다. 그가 느끼는 큰 힘이란 조직의 힘이며, 앞으로 그에게 다가올 아직까지는 그 실체를 드러내지 않은 보이지 않는 힘은 사회주의 사상의 힘이다.

그러나 어린 무림에게 사상의 각성을 불러일으키는 인물은 김대하와 동아일보 기자인 오홍도다. 책 읽기와 공상하기를 좋아하는 무림은 김대하라는 개량주의자를 통해서 톨스토이의 박애 사상을 세례받고 그것이 자신이 잡아야 할 손이라고 생각한다. 무림은 김대하와의 접촉을 통해 자신이 변모해 가고 있다고 느끼며, 박애주의가 마르크시즘보다 우위에 있다고 생각하게 된다. 인간 사랑과 용서라는 명제를 던져 준 김대하를 통해 무림은 자신을 지긋지긋한 생활에서 해방시켜 줄 손을 잡았다고 믿는 것이다.

김대하가 무림의 정신 세계를 지배함으로써 드러나지 않았던, 전 인류를 위한 박애 정신 아래 숨어 있던 추악한 본질은 사회적 갈등이 분출되었을 때 그 진정한 모습을 드러낸다. 그 때 비로소 무림의 올바른 인식이 가능해진다.

66 앞의 책, 642쪽.

김대하의 자아 완성 박애주의, 한희균의 『과학적 평화주의』, 나 자신의 장밋빛 문학 세계 …… 거기 무엇이 있단 말인가! …… 김대하의 박애주의 사상 …… 그래 사람은 모든 사람을 다 사랑해야 한다고? 아니 원쑤도 사랑해야 한다고? 내 할아버지와 큰아버지, 아버지, 삼촌들이 매를 맞고, 물을 먹고 죽고…… 이러는데도 그 원쑤를 사랑하라고? 반항하지 말라고 굴복하라고 그래 사람더러 지렁이만도 못한 바보가 되란 말인가! 이것은 지렁이의 반항이다. 그 어떤 미생물도 자기를 해치려고 할 때엔 반항해 온다. 이것이 바로 생물의 본능이 아니겠는가? 만약 반항하지 않는다고 하면 그것은 벌써 생명체가 아니고 주검일 것이다.[67]

무림의 절규처럼, 김대하가 주장하는 톨스토이의 박애 사상[68]은 '악에 대한 무저항'을 의미한다. 박애 사상은 당시 일제에 강점당한 조선을 구원하기 위한 새로운 묘책으로서는 불합리하다.

'악에 대한 톨스토이적 무저항'은 이미 러시아의 최초 혁명이 패배하게 된 매우 중요한 원인이었다. 이런 점에서 천세봉이 톨스토이의 박애주의를 소설에 배치한 것은 의미심장하다. 천세봉은 공상적이고 추상적인 '기독교적 무정부주의', '톨스토이의 박애 사상'을 통해 개량주의자인 김대하의 사상적 오류[69]와 민족 개량주의가 내포한 해악을 함께 보여줌으로써 진정 무림이 자신을 위한, 가족을 위한, 나아가 민족을 위한 투쟁이 무엇인가에 도달할 수 있다. 사회 지도층인 김대하가 끼친 가장 심각한 사상적 해악은 레닌의 지적처럼 톨스토이주의를 이상화하려는 '무저항', '정신에 대한 호소', '도덕적 자기 완성을 위한 훈계', '양심'과

67 천세봉, 『고난의 력사』 1부(평양: 조선문학예술총동맹출판사, 1964), 677-678쪽.
68 톨스토이는 "악에 대한 무저항"이라는 교의로 나아가 1905~7년 대중의 혁명 투쟁에 대한 완전한 초연함으로 귀착되었다. V. I. Lenin, 이길주 옮김, 『레닌의 문학예술론』(서울: 논장, 1988), 88쪽.
69 박애 사상이 다른 세대에서는 가능할지 모르고 설령 그것을 실천하는 계층이 있을지도 모르겠지만 무림이 겪어야 했던 당대의 현실에서는 부적합하다.

'보편적 사랑'이라는 교의[70]이며, 이러한 톨스토이적 교의를 통해 변절을 정당화하거나 완화하려는 시도다. 천세봉이 제국주의라는 공동의 적보다 내부의 적을 우선하는 적대 세력으로 규정한 것도 같은 맥락이다. 즉 이들의 무저항 사상의 본질을 폭로하고 민중과의 연결고리를 분쇄해내지 못했을 때 혁명이 붕괴될 수 있음을 보여 주기 위함이다. 내부의 적은 혼란을 통해서 공동의 적에게 대항할 수 있는 세력을 약화시킨다는 점에서 더 위협적이기 때문이다.

김대하와 동아일보 기자인 오홍도 · 한희균 등은 문화 운동과 자치 운동[71] 속에서 독립이라는 목표를 상실하면서 자본주의화와 근대화의 논리를 통해 친일화되는 인물이다. 이들의 논리에는 20년대 민족 우파들의 논리가 용해되어 있다. 천세봉은 민족 우파의 주장을 대변하고 운동을 주도한 동아일보 기자를 배치함으로써 1920년대 우익 전선과 지식인들의 사상적 결합을 보여 주고 있다.

> 무림이는 온 세상에 불이 붙는 것 같은 생각이 들었다. 불길은 산과 들을 덮었다. 그 불길 속에서 자기 아버지, 어머니 그리고 삼촌들 모든 현가네 사람들이 갈팡질팡 뛰고 있다. 어데로 가면 그 불길이 없을가 해서 이리 뛰고 저리 뛴다. 더러는 그 불길 속에 타 죽는다. 비명이 들려온다. 아버지의 비명이다, 아니 어머니의 비명 …… 삼촌들의 비명이다. 무림이는 그 무서운 환상에 놀라며 두 주먹을 꽉 쥐고 헛간 밖을 내다보았다. 복숭아 나뭇가지 너머로 시퍼런 하늘이 내다 보이고 복숭아 나뭇가지엔 참새들이 앉아 재재거린다. (아! 세상! 세상은 이렇게 눈물과 비명을 안고

70 V. I. Lenin, 이길주 옮김, 앞의 책, 101쪽.

71 민족 우파인 동아일보 계열과 천도교 신파, 수양동우회 등은 선 실력 양성, 후 독립이라는 문제가 많은 논리를 가지고 문화운동과 자치운동을 벌였으나 결국 27년 사이토 마코토(齋藤實) 총독의 부임과 함께 총독부와 일부 기독교 세력과의 야합 속에서 친일화를 걷게 된다. 강만길, 『한국사』 15, 앞의 책, 130-157쪽 참조.

씨름을 하는가.)[72]

위의 인용처럼 서상학의 머슴으로 들어간 무림은 자기 집안의 불행이 조선이라는 굶주린 나라의 백성으로 태어났기 때문이라고 절규하며 김대하와 결별하게 된다. 그 계기는 배신감이다. 무림은 다른 인물들과는 달리 엄혹한 현실 속에서 사회주의의 싹을 키워 나가지 않고 지식인에 대한 배신감과 분노로부터 모순과 보이지 않는 힘을 느낀다.

무림을 사회주의로 이끄는 것은 퇴학 전에 하던 공상도, 퇴학 후의 서적과 명상으로 이룬 높은 정신 세계도 아닌 엄혹한 현실을 이겨내는 인물과 사상을 발견하면서부터다. 김대하와 같은 가진 자들의 허위와 위선을 발견했을 때 보이는 힘들의 연계가 억압 구조를 파생해 내고, 그것이 민중들을 마취시키고 있음을 깨닫게 된다. 그 때서야 무림은 자신과 가족을 참혹한 삶으로 내몰고 있는 자들이 일제와 다를 바 없다는 인식에 이르는 것이다.

> 무서운 독초들이다. 그들이 풍기는 독분, 독취 그것이 이 사회에 아니 조선 사람들의 정신 세계에 얼마나 피해를 줄 것이냐 말이다. 잘못이었다. 나는 너무도 몰랐다. 나의 길은 내 앞에 벌어진 구체적인 현실에 있다. 내 아버지 큰아버지 삼촌들이 피투성이의 몸부림을 하는 이 현실 속에 있다. 눈앞에 있는 문제는 작은 문제요, 큰 문제는 인류의 높은 리상이라고 생각했던 것은 얼마나 잘못된 생각이었던가! 나는 우선 현실 속에서 나를 위한 투쟁, 아니 아버지와 삼촌들을 위란 투쟁부터 시작해야 한다. 그리고는 온 조선 사람들을 위한 투쟁, 아니 전 인류를 위란 투쟁…… 이게 바로 인류의 평화를 실현하는 길이 아니겠는가! 문제는 작은 데서

72 천세봉, 앞의 책, 451쪽.

부터 시작해야 한다. 내 삶의 권위를 위한 투쟁부터……그렇다 그게 바로 내가 나아가야 할 길이었다.[73]

위의 인용은 현씨 일가의 남자들과 함께 투옥된 무림이 현대진의 옥사 후 김대하의 도움으로 석방되자 그를 찾아갔다가 그 추악한 본질을 자각하는 장면이다. 무림은 그의 본질을 파악한 뒤 투쟁의 길과 박애 사상 사이에서 생활이 이끄는 보이지 않는 힘을 향해 나아간다. 혁명 투쟁만이 억압과 착취로부터 해방으로 나아가는 유일한 길임을 자각하는 것이다. 자신에게 필요한 것은 모든 불행의 근본 원인인 일제와 그 핵심 고리인 지주를 쓸어 버림으로써 불평등 관계를 끊어 버리는 것, 나아가 모든 낡은 형태와 양식의 토지 제도를 파괴하고자 하는 노력, 이러한 투쟁과 노력이 역사적 행위의 핵심임을 인식하는 것이다.

스스로 인식의 과정에 이른 무림은 사상적 길을 이끌어 줄 지도자를 절실하게 필요로 한다. 사상적 길을 함께 가자고 다그치던 재현과 최선도가 있었으면 좋겠다는 무림의 독백에서, 『고난의 력사』 1부에서 그가 믿고 따를 지도자가 누구일지 쉽게 짐작된다. 1920년대 후반이 최선도와 같은 선각자의 시대라면, 1930년대는 『두만강』의 '김동지'와 같은 동북항일련군을 이끄는 인물이 부각되는 시기다. 이는 『고난의 력사』가 1920년대부터 해방 전까지를 그리려 했던 작가의 의도이기도 했다.

무림의 정신적 성장 과정을 통해 로자 룩셈부르크(Rosa Luxemburg)가 간과했던 개량주의적 지도자가 민중들을 어떻게 오도했는지를 깊이 있게 그려냈음에도 불구하고 사회주의로 가기까지의 머뭇거림[74]은 무림

73 천세봉, 앞의 책, 679쪽.

74 리기영의 『두만강』의 씨동이 생활 속에서 아버지 곰손과 이외의 매개자들에 의해 아무런 의심과 저항 없이 사상을 받아들이고 투쟁하는 반면, 무림은 끊임없이 의심하고 주저한다. 그의 망설임을 통해 천세봉은 개량주의의 유해성을 깊이 있게 묘사하고 있다.

을 북한 내에서 가장 비판받는 인물 유형으로 만든다.

어린 열네 살의 소년 주인공을 내세워 '혁명적 대작' 형상에 실패했다는 것이 북한 문단의 입장이다. 사회주의로 도달하기까지 무림의 머뭇거림은 "주인공의 성격은 혁명가로서의 성격이어야 하며, 혁명가의 성격은 본질상 비반복적인 비범한 성격이어야 한다"[75]라는, '혁명적 대작'의 주인공 형상에는 부합되지 않는다. 또한 최선도의 죽음과 야학 실패 후 도주한 재현의 행방은 농민이나 주인공 무림을 개조 각성시켜야 할 매개적 인물의 상실로 이어진다. 이는 혁명 투쟁의 영향과 선진 투사들의 지도적 역할에 따라 적극적인 투사로 성장하는 모습을 옳게 그려야 한다[76]는 기본 전제와도 거리가 있다. 그 때문에 작품에서는 영웅 부재 현상이 일어난다.

'혁명적 대작'에 주인공의 성격은 혁명가로서의 성격이어야 한다는 명제에 반하는 현상이나, 영웅의 부재 현상은 혁명적 낙관주의, 고도의 자각성과 영웅적 희생 정신으로 특징지어지는 혁명적 낭만성의 구현을 가로막는 요인이 된다. 그 결과, 이 작품은 혁명 대작 논쟁에서 비판의 도마 위에 오르는 것이다.

계급 투쟁을 묘사하는 모든 작품, 특히 혁명적 대작에서는 계급 투쟁을 지도해 나가는 완성된 혁명 투사만이 반드시 중심 주인공이 되어야 한다는 강경한 입장에 있는 평론가들에게[77] 무림은 '혁명적 대작'에 어울리는 주인공이 결코 아니다. 안함광의 주장처럼 각 부마다 상대적 독자성을 가지고 투쟁의 완결을 보여야 한다는 명제, 혁명 투쟁의 영향과 선진 투사들의 지도적 역할에 의해 적극적인 투사로 성장하는 모습을

75 "〈혁명적 작품의 주제와 성격 창조〉: 혁명적 작품 창작을 위한 연구 토론회 계속," 『문학신문』(1964. 11. 27), 2쪽.

76 엄호석, 「혁명적 대작 창작에서 더 큰 성과를 이룩하자」, 『문학신문』, 1965. 11. 5.

77 엄호석, 「혁명적 대작과 구성의 기교」 (2), 『조선문학』(평양: 조선작가동맹출판사 1965, 11–12 합본호), 11쪽. 이러한 맥락의 지적은 최일룡의 글에서도 발견된다.

그려야 한다는 주문과도 거리가 멀다.[78] 주인공에 대한 비판은 전망 부재에 대한 지적으로 이어진다. 『고난의 력사』 1부에서 계속되는 무림의 사상적 모색은 북한 평자들의 눈에는 주인공을 그려 나가는 작가의 태도가 역사성을 거스르는 것처럼 보일 수 있으며, 전망을 제시하지 못한 것처럼 보일 수도 있다. 그러나 문제적 인물은 즉각 변화되고 교정되어야 한다는 시각은 문학에서의 교조적 주장이 아닐 수 없다.

천세봉의 의도는 이 소설에서 암담한 시기의 사회 계급적 모순을 통해 혁명 운동의 흐름과 그 속에서 성장하는 미래의 혁명 투사를 그리는 것이었다. 그는 무림의 내적 행로를 역사적 사건에 뛰어들어 단련되고 각성에 이르는 과정으로 보지 않았다. 그는 현씨 일가를 설정하고 열네 살의 소년 무림을 주인공으로 삼아 삶의 역사 속에서 스스로 자각하는 모습을 담고자 했다. 여기에는 교조주의적 편향에서 벗어나 주인공의 성격 창조에 대한 의식의 진전을 보여 주는 대목이 있다. 『고난의 력사』 1부라는 제목에서도 알 수 있듯이, 천세봉이 2부를 염두에 두고 있었다는 점을 감안하면 더욱 그러하다. 그들이 지적한 내용은 작가가 2부에서 다룰 내용일지 모르기 때문이다.

'혁명적 대작'은 북한 문학의 형식과 인물의 다양화라는 긍정적인 변화를 불러왔다. 그러나 계급 투쟁을 지도하는 완성된 혁명 투사만이 반드시 중심 주인공이 되어야 한다는 과격한 논리는 주인공의 성격을 도식화할 수 있다. 『안개 흐르는 새 언덕』의 강민호는 그처럼 독단적이고 과격한 인물이다. 북한 문단의 요구대로 최선도처럼 완결된 인간의 지도 아래 투쟁 일변도의 내용이 전개되었다면 소설의 재미나 완성도는 반감되었을 것이다. 완결되지 못한 인간, 그 중에서도 육체적 · 정신적

78 안함광, 「혁명적 대작에서의 서사시적 화폭」, 『문학의 탐구』(평양: 조선문학예술총동맹출판사, 1966), 3-12쪽 참조.

으로 미성숙한 소년의 성장 과정은 작품의 매력이자 장점에 해당한다.

이 작품에는 지겹도록 보아온 사회주의 사상에 대한 맹목적인 믿음이 부재한다. 여기에는 흔히 접하기 어려운 복잡 미묘한 인간의 심리 상태와 사회주의 사상의 우월성이 느리게 그리고 단계별로 등장하면서 설득력을 높여 나간다. 이러한 특징은 긍정적인 성과에 속한다. 이 작품이 '혁명적 대작' 형식에 비교적 충실한 『대하는 흐른다』 1부보다 늦게 쓰였다는 점을 감안하면 무림이라는 인물 창조는 다분히 의도적으로 보인다. 여기에는 '혁명적 대작'의 주인공에 대한 작가의 인식과 태도가 담겨 있다. 천세봉의 주인공은 '혁명적 대작'에서 완성된 모습이 아니라 영웅을 지향하는 모습이 작품에서 실현되고 있다.

완결된 영웅이 창조되던 시대에 완결되지 못한 인물 유형을 내세워 사상을 모색하는 내면성을 보여 주려 한 작가의 노력은 예술성에 근접한 성취를 얻는다. 『석개울의 새봄』에서 『고난의 력사』에 이르기까지 주인공의 영웅화 과정은 점점 미약해지고 느려진다. 그 정점에 무림이 있다. 이런 측면에서 '무림'이라는 인물은 주목해 볼 가치가 있다.

이러한 인물 창조는 '혁명적 대작' 소설이 낳은 최고의 성과이며 천세봉이 만들어낸 최고의 인물 유형이라는 말도 가능하다. 무림의 각성은 억압의 굴레를 박차고 나가는 선택 과정이 모범자의 지도나 커다란 사건을 통하지 않고 생활 속에서 이루어지는 내면성을 이룬다. 이 대목은 북한 문학의 도식성에서 벗어나 있다는 점에서 주목해 볼 만하다. 무림이 투사적 인물이 아니며, 그가 김대하의 사상적 결함을 깨닫고 사회주의의 길로 접어드는 것을 암시하며 마무리된 것을 두고 내려진 부정적 평가는 그다지 설득력이 없다.

정적의 제거를 통해 투쟁심을 고취시키려는 북한 문학의 정치적 차원에서 무림과 같은 인물은 실패한 유형으로 비추어질지 모른다. 하지만 이 인물은 부정적인 평가와 도식적인 관점으로 재단되기는 어렵다. 무림은 결함 많은 인물이라기보다는 어린 나이에 걸맞게 성장의 행로에 놓인 인물이었기 때문이다. 그런 맥락에서 천세봉의 인물은 완성된 문학 이념과 도식성의 경계를 넘나든다.

:: 참고 문헌

「'대하'를 이루게 한 것은 무엇인가: 장편소설 『대하는 흐른다』의 작품합평회 진행(천세봉 작)」, 『문학신문』, 1963. 9. 24.

「불멸의 총서(해방 후편) 장편소설 『조선의 봄』 출판(천세봉 유고)」, 『문학신문』, 1991. 4. 15.

「신간 안내—천세봉 『고난의 력사』 1부(문예총출판사)」, 『문학신문』, 1965. 1. 1.

「창작기지 고향의 번영과 함께: 작가 천세봉을 찾아서」, 『문학신문』, 1961. 8. 25.

『문예상식』, 문학예술종합출판사, 1994.

『조선중앙년감 1965』, 조선중앙통신사, 1965.

강만길 · 성대경, 『한국 사회주의 운동 인명사전』, 창작과비평사, 1996.

강만길 외, 『한국사』 21: 북한의 정치와 사회(1), 한길사, 1994.

계훈관, 「과장법의 능란한 구사: 장편소설 『대하는 흐른다』(1부)를 읽고」, 『문학신문』, 1966. 8. 30.

계훈혁, 「혁명적 대작으로서의 풍격을 갖춘 빛나는 창작 성과」(1), 『조선문학』, 1969. 6.

계훈혁, 「혁명적 대작으로서의 풍격을 갖춘 빛나는 창작 성과」(2), 『조선문학』, 1969. 7.

김갑기, 「투쟁과 랑만의 력사를 비친 화폭: 장편소설 『안개 흐르는 새 언덕』(상, 하)을 읽고」, 『문학신문』, 1966. 11. 15.

김려숙, 「위대한 수령님께 끝없이 충성 다한 공산주의 혁명가의 불멸의 전형적 형상: 장편소설 〈충성의 한길에서〉(제1부)를 읽고」, 『조선문학』, 1976. 3.

김일성, 『김일성저작집』 16권, 조선로동당출판사, 1981.

김정웅 · 천재규, 『조선문학사』 15, 사회과학출판사, 1998.

김정일, 『주체사상에 대하여』, 조선로동당출판사, 1991.

김정일, 『김정일선집』 1, 조선로동당출판사, 1992.

김정일, 『주체문학론』, 조선로동당출판사, 1992.

김헌순, 「공산주의 교양과 장편소설 〈석개울의 새봄〉」, 『조선문학』, 1959. 7.

김헌순, 「천세봉과 농촌」, 『조선문학』, 1960 7.

김헌순, 「체험, 기교, 성격의 매력」, 『조선문학』, 1963. 1.

김헌순, 「형상과 묘사기법」(1), 1963. 7.

김헌순, 「위대한 수령님에 대한 충성의 빛나는 귀감: 장편소설〈충성의 한길에서〉 1부를 읽고」, 『조선문학』, 1978. 2.

김홍섭, 「위대한 수령님에 대한 충성의 빛나는 귀감: 장편소설〈충성의 한길에서〉 1부를 읽고」, 『조선문학』, 1978. 2.

김홍섭, 『소설 창작과 기교』(주체적문예리론연구 13), 문예출판사, 1991.

돌베개 편집부, 『북한 '조선로동당' 대회 주요 문헌집』, 돌베개, 1988.

량남익, 「총서 《불멸의 력사》(해방 후편) 장편소설 『조선의 봄』 출판」, 『문학신문』, 1991. 12. 18.

레닌, 김영철 옮김, 『국가와 혁명』, 논장, 1988.

레닌, 이길주 옮김, 『레닌의 문학 예술론』, 논장, 1988.

루카치, 조정환 옮김, 『변혁기 러시아의 리얼리즘 문학』, 동녘, 1986.

리기주, 「해방 후 토지혁명과 계급투쟁의 심각한 반영: 장편소설 『대하는 흐른다』를 읽고」, 『문학신문』, 1993, 9. 3.
리상태, 「전변되는 현실의 생동한 화폭: 『석개울의 새봄 』(1~2부)에 대하여」, 『문학신문』, 1962. 10. 5.
리정엽, 「여러가지 표현 수법들」(천세봉 『안개 흐르는 새 언덕』 평), 『문학신문』, 1966. 10. 18.
민병균, 「현실과 창작」, 『문학신문』, 1960. 12. 6.
박영근, 「혁명적 대작 구성문제 몇가지」, 『조선문학』, 1965. 5.
박종모, 「혁명투사에 대한 서사시적 화폭: 장편소설 『안개 흐르는 새 언덕』(상, 하권)에 대하여」, 『문학신문』, 1966. 7. 15.
박학성, 「농촌 현실과 농장원들의 형상」, 『문학신문』, 1964. 9. 29.
방연승, 「시대와 인간과 투쟁에 대한 대서사적 화폭」, 『조선문학』, 1963. 10.
사회과학원 력사연구소 편, 『조선전사』 30(현대편), 과학 · 백과사전출판사, 1982.
사회과학원 력사연구소 편, 『현대조선력사』(증보판), 과학 · 백과사전출판사, 1983.
안함광, 「천리마적 현실의 반영과 전형화의 특성」, 『조선문학』, 1961. 9.
안함광, 『문학의 탐구』, 조선문학예술총동맹출판사, 1966.
안함광, 「형상적인 생동한 언어 표현에로 - 장편 『고난의 력사』를 읽고」, 『문학신문』, 1966. 6. 21.
안함광, 「영광스러운 혁명전통에 대한 송가: 장편소설 『안개 흐르는 새 언덕』(상, 하권)」, 『문학신문』, 1966. 11. 15.
엄호석, 「사회주의적 애국주의와 긍정적 주인공」, 『조선문학』, 1958. 8.
엄호석. 「혁명가의 세계관 형성 과정을 깊이 있게 그리기 위하여」, 『조선문학』, 1969. 5.
오승련, 「천세봉과 그의 문학」, 『문학신문』, 1992. 12. 18.

윤기덕, 『수령형상문학』, 문예출판사, 1991.
윤세평, 「농촌 협동화에 바쳐진 예술적 화폭: 장편 『석개울의 새봄』을 읽고」, 『문학신문』, 1959. 3. 1.
윤세평, 「현실 침투와 인민 생활과의 련계의 강화는 우리 당 문예 로선의 기본 원칙」, 『조선문학』, 1961. 5.
윤세평, 「천세봉 형에게」, 『문학신문』, 1962. 7. 20.
이기영, 『두만강』 1~5, 풀빛, 1989.
장형준, 「준엄한 계급투쟁의 생동한 화폭」, 『문학신문』, 1963. 6. 21.
천세봉, 「10년을 회상하며」, 『문학신문』, 1958. 9. 4.
천세봉, 「전환에 대한 몇 가지 의견: 공산주의자의 전형 창조를 위하여」, 『문학신문』, 1960. 6. 10.
천세봉, 「새 아침에」, 『문학신문』, 1961. 1. 3.
천세봉, 「천리마시대와 소설문학」, 『문학신문』, 1961. 3. 21.
천세봉, 「『석개울의 새봄』 3부 경개」, 『문학신문』, 1961. 3. 28.
천세봉, 「윤세평 동지에게 보내는 답장」, 『문학신문』, 1962 .8. 24.
천세봉, 「나의 현실 체험」, 『문학신문』, 1962. 11. 9.
천세봉, 『고난의 력사』 1부, 조선문학예술총동맹출판사, 1964.
천세봉, 「체험의 터전 우에 솟은 두 개의 장편: 『대하는 흐른다』(1부)와 『고난의 력사』(1부)의 창작 과정을 두고」, 『문학신문』, 1965. 11.1 2.
천세봉, 「원형과 전형」, 『문학신문』, 1966. 5. 20.
천세봉, 「『안개 흐르는 새 언덕』(상) 중에서」, 『문학신문』, 1966. 7. 15.
천세봉, 근로자들을 공산주의 세계관으로 무장시키기 위한 혁명적인 작품들을 더 많이 창작할데 대한 경애하는 수령 김일성 동지의 교시를 철저히 관철하기 위하여」, 『조선문학』, 1971. 4.
천세봉, 『향도의 태양』, 평양출판사, 1994.
최일룡, 「대하의 흐름을 재현한 력작: 장편소설 「대하는 흐른다」(1부)의 구성

문제」, 『문학신문』, 1965. 2. 23.
최일룡, 「혁명적 대작과 사실주의 묘사정신」, 『조선문학』, 1966. 2.
최일룡, 「사회주의 농촌 현실을 반영한 작품들을 더 많이 창작하자」, 『조선문학』, 1968. 2~3.
최창학, 「혁명적 대작과 혁명가의 영웅적 성격 창조: 소설분과 토론회 진행」, 『문학신문』, 1964. 12. 1.
최창학, 「체험의 터전 우에 솟은 두 개의 장편: 『대하는 흐른다』(1부)와 『고난의 력사』(1부)의 창작 과정을 두고」, 『문학신문』, 1965. 11. 12.
최학수, 「『그 시절』에 대한 추억」, 『문학신문』, 2003. 6. 28.
현종호, 「장편소설 『석개울의 새봄』(제1부)이 다시 나오기까지」, 『조선문학』, 2005. 7.

김병훈론 1: 「길동무들」

사회주의 낙원을 향한 당과 인민의 제휴

김은정

1. 김병훈의 문학적 삶

이 글은 남한에 알려진 북한 작가 중 한 사람인 김병훈(金炳勳)의 생애와 문학의 변모 양상을 검토함으로써 그에 대한 기초적인 자료를 제공하는 데 목적이 있다. 여기에서는 4 · 15문학창작단 소속 작가로 '혁명 전통 주제' 소설에서 두각을 나타낸 김병훈의 생애 연구와 작품을 통해 그가 추구하는 '아름다움'과 '감동'의 원천을 살펴보고자 한다.

김병훈은 4 · 15문학창작단 소속 작가로 혁명 전통을 주제로 한 소설에서 두각을 나타낸 작가 중의 한 사람이다. 그는 북한에서 단편 소설 「길동무들」을 통해 작가적 재능을 평가받았다. 그가 작가로서의 위치를 확고하게 굳히게 한 작품은 총서 《불멸의 력사》 중 『준엄한 전구』다.

김병훈은 북한 작가들 중에서 예외성을 보여 준다는 점에서 매력적인 작가라 할 수 있다. 그가 작품 속에서 보여 주는 예외성은 인물에서 찾을 수 있다. 북한 소설의 긍정적 인물과 부정적 인물의 확연한 구분이 그의 소설에서는 분명하게 나타나지 않는다. 따라서 그의 작품을 끝까지 읽지 않은 상태에서 주인공과 주변 인물 그리고 긍정적 인물과 부정적 인물들을 선별해 내는 것이 쉽지 않다. 그의 작품에는 절대 악인도 절대 선인도 없다. 또한 김병훈이 소설에 개인 영웅을 등장시키지 않는다는 점도 흥미를 끄는 요인 중의 하나다.

김병훈이 남한에 알려지기 시작한 것은 단편 소설 「〈해주-하성〉서 온 편지」에 남한 연구자들이 관심을 갖기 시작하면서부터다. 이 작품을 통해 연구자들이 김병훈에게 주목하고 있지만 관심만큼 그의 경력은 잘 알려져 있지 않다. 그 까닭은 북한이 생존 인물의 자세한 경력을 공개하지 않는 데 있다. 김병훈 스스로도 다른 작가들과는 달리 창작 수기나 작가 결의 등을 1960년대 이후에는 거의 쓰지 않고 있어 그의 생애에 접근하기가 더욱 어렵다.

1998년 『조선문학』에 실린 안경철의 「뜻과 사랑을 따른다」에 실린 김병훈에 대한 회상, 1960년대 『문학신문』과 『청년문학』에 실린 작가의 인터뷰와 설문, 2002년 1월 『조선문학』에 실린 연속 소설 「빈말이 없다」, 2006년 사회과학원에서 제작된 『문학예술대사전』 CD[1]에 실린 김병훈의 약력은 그의 생애를 이해하는 데 많은 도움을 준다.

김병훈은 1929년 11월 14일 함북 무산의 철도 노동자의 아들로 태어났다. 한 살 때 어머니의 등에 업혀 고향을 떠난 그는 철도 노동자인 아버지를 따라 전국 각지를 유랑했다. 김병훈은 여덟 살에 아버지를 여읜 후 어머니와 형을 따라 간도로 이주한다. 그는 간도에서 어머니와 형의 도움으로 소학교를 다녔다. 그가 어려운 살림 속에서 학업을 지속할 수

1 북한의 문학예술 사전류에 생존 인물이 실린 예가 극히 드물다는 점에서 2006년 제작된 CD에 당시 4·15문학창작단 단장이었던 김병훈이 실린 것은 상당히 이례적이라 할 수 있으며, 북한에서 그의 위치를 가늠할 수 있게 한다.

있었던 것은 아버지의 유언 때문이었다. 아버지는 "동전 두 잎을 남기며"[2] 아들을 꼭 공부시키라고 어머니에게 유언했다고 한다. 어머니는 아버지의 유언을 지키기 위해 삯바느질로 학비를 마련해 자신을 공부시켰다고 김병훈은 회상하고 있다.[3]

김병훈이 반일 의식과 혁명 의식을 키울 수 있었던 것은 당시 간도의 분위기와 학교 선생의 영향 때문이었다. 그의 항일 빨치산들에 대한 동경은 학교 선생님과 학우들로부터 전해 들은 이야기에서 시작되며, 그가 빨치산의 투쟁을 그린 서사시 『백두산』을 소중히 여겼다는 점에서도 잘 드러난다.

해방 후 귀국길에 오른 그는 한국전쟁 중인 1951년에는 인민군 군관(소위)으로 복무했다. 1961년 『문학신문』에 실린 기자와의 대담에서 그는 군복무 시절 운수 계통의 기계화 부대에서 복무하며 기계에 대한 지식을 조금 가지고 있다고 말하고 있다.[4]

복무 당시 그는 배낭 속에 조기천의 서사시 『백두산』을 소중히 간직했다고 한다.[5] 안경철의 이 같은 기술을 볼 때 세 가지 사실을 유추해 볼 수 있다. 첫 번째는 그가 이 당시에 시인의 꿈을 버리지 못하고 있었다는 것, 두 번째는 한국전쟁에 대한 그의 관점을 추측해 낼 수 있다. 김병훈이 어린 시절의 체험을 한국전쟁과 결부시킴으로써 항일 무장과 한국전쟁을 조국 해방 투쟁이라는 동일선상에 놓고 있었을지도 모른다는 사실이다. 세 번째는 혁명 전통의 문제다. 안경철이나 김병훈은 혁명 전통의 문제를 매우 강조하고 있다. 이것을 보면 항일무장 투쟁을 인민들이 혁

2 안경철, 「뜻과 사랑을 따른다」, 『조선문학』(1998. 5), 23쪽.

3 같은 책, 23-24쪽.

4 박효범, 「현실 체험과 창작」, 『문학신문』 제67호(루계 371호), 1961. 8. 22. 이 글은 기자 박효범이 당시 젊은 소설가인 김재규, 김병훈, 김근오, 김흥무를 만나 가진 담화를 정리한 것이다.

5 안경철, 같은 책, 21쪽. 김병훈은 자신의 자전적 소설 「빈말이 없다」, 『조선문학』(2002. 1)에서도 한국전쟁 당시 조기천의 시집을 가지고 다녔다고 회상하고 있다.

명 전통으로 계승하려 했다는 점을 부각시킴으로써 국가의 전통성과 결부시키려는 의도가 없지 않다. 기계화 부대에서 군관으로 선발된 그는 정치부에서 복무하다 1952년 제대했다.[6] 전쟁이 끝난 직후 그는 평양사범대학(현 김형직사범대학)에 입학해 1957년에 졸업했다.

김병훈은 『준엄한 전구』 출간 이후인 1982년에 노력 영웅 칭호와 함께 김일성 상을 수상했으며, 1985년 9월에는 조선문학창작사 사장직을 맡는다. 그리고 1986년 9월에는 작가동맹 제1부위원장이 된다. 1988년에는 김일성 훈장을 수훈받고, 같은 해에 작가동맹 단장으로 튀니지에서 열린 아시아-아프리카지역 작가협의회에 참석한다.[7] 1990년 1월, 그는 작가동맹 중앙위 위원장을 맡게 되었으며, 1990년 4월에는 최고인민회의 제9~10기 대의원으로 활동했다. 1994년 7월 김일성 국가장의위원회 위원, 1998년 8월 작가동맹 중앙위 제1부위원장, 1999년 6월에는 조선작가동맹 위원장, 2003년 8월 최고인민회의 제11기 대의원(제339호 선거구) 등을 역임했다.[8] 그리고 2007년 6월 조선작가동맹 위원장직에서 물러난 것으로 알려져 있다.

2. 김병훈 소설의 여러 편모

김병훈은 북한에서 영웅이 아닌 '인민'의 이야기를 가장 잘 그려내는 작가다. 그에게 영웅은 특정한 개인이 아닌 인민이다. 그는 개인이 아닌

6 김병훈, 「빈말이 없다」, 『조선문학』(2002. 1), 24-25쪽. 이 소설은 연속 소설 「메기연구사」, 「래일과 약속한다」와 함께 실려 있으며, 이 글은 2001년 7월과 8월 사이에 쓰인 글이다. 「빈말이 없다」는 칠십 평생 평양시 여객 운수에 복무했던 김병훈의 옛 전우에 통해 군복무 당시의 한국전쟁에 대한 회상을 담고 있다.

7 이명재 편, 『북한문학사전』(국학자료원, 1995), 154쪽.

8 http://nk.chosun.com

집단의 화합을 통해 영웅성을 끌어내고 있다. 그의 특기인 항일 혁명 주제 소설은 물론이고 소소한 일상을 그린 작품에도 집단의 영웅성이 잘 나타나 있다. 개인적 영웅이 아닌 인민의 모습을 통한 감동의 추구는 그의 어린 시절의 편린에서부터 시작된다. 어린 시절의 편린은 그가 소설가가 되는 데 크게 기여했으며, 그의 작품 전반에서 산견된다.

김병훈이 소설 창작을 시작한 것은 평양사범대학 시절이지만 문학의 꿈을 품은 것은 어린 시절이다. 그는 「가슴 속에 묻어 둘 수 없는 절절한 이야기를 썼다」에서 습작한 시가 100여 편이지만 한 편도 발표하지 못했다[9]고 고백하고 있다. 그가 소설을 쓰게 된 계기는 동북 시절 소학교를 다니며 들었던 이야기가 오래도록 가슴 속에 남아 자신을 흥분시키고, 나아가서는 그것을 다른 사람들에게 전달하지 않고는 견딜 수 없게 만들었는데 이 이야기들을 시로 담아낼 능력이 없어 소설[10]을 택했다고 한다.

김병훈이 평양사범대학 시절인 1956년 그는 『청년문학』 7월호에 처녀작인 첫 단편 소설 「아버지의 노래」를 발표한다. 이 작품은 혁명 전통을 주제로 한 소설로 1955년 평양사범대학 기숙사에서 엿새 만에 탄생한 작품이다.[11]

김병훈은 「아버지의 노래」를 친한 친구와 선생님에게 보인 후 조언을 받아가며 고쳤다. 원래 3인칭으로 쓰인 소설이었으나 세 번째 추고 과정에서 1인칭으로 다시 고쳐 썼다고 한다. 작가동맹에 보낸 후 그곳의 의견에 따라 다시 처음부터 끝까지 네 번을 수정한 후 이듬해에야 그는 「아버지의 노래」를 발표할 수 있었다. 김정일은 이 작품을 읽은 후 좋은 작품이라며 높이 평가했다고 한다.[12]

9 김병훈, 「가슴 속에 묻어 둘 수 없는 절절한 이야기를 썼다」, 『청년문학』(1962. 9), 28쪽.
10 같은 책, 28쪽.
11 같은 책, 28쪽.
12 안경철, 앞의 책, 20-22쪽.

혁명 전통을 주제로 한 「아버지의 노래」는 간도 소학교 시절 선생님과 학우들에게 들었던 이야기를 모티프로 삼고 있다. 「아버지의 노래」는 화약을 항일 유격대에게 보내고 또 그들이 전해 준 「3 · 1월간」을 실어와 국내 조선인들에게 유포하는 일을 하는 조국광복회 조직원인 뱃사공 노인과 그의 조수인 아들의 이야기다. 노인은 화약을 운반하다 최후를 맞게 되고 어린 아들을 김일성부대로 보낸다는 것이 이 작품의 줄거리다. 여기에 등장하는 사공 노인과 그 아들은 훗날 『숲은 설레인다』의 장태민 노인과 장용수로 구체적이고 발전된 모습으로 등장한다.

김병훈의 두 번째 소설은 1959년 7월 『조선문학』에 실린 단편 소설 「그 날 밤 이야기」[13]다. 이 작품은 항일 무장 투쟁을 다룬 소설로 동만 유격대 지역에서 볼셰비키 혁명 기념일에 열린 연극 공연을 이야기의 얼개로 삼고 있다. 당비서와 배우들이 일본군의 습격을 물리치다가 부상을 입은 채로 무대에 오른 성민의 열정에 감화된다는 내용이다.

김병훈은 1960년대 들어서 천리마 기수들을 형상한 작품을 창작한다. 1960년 4월 『조선문학』에 실린 편지 형식의 「〈해주-하성〉서 온 편지」(『조선문학단편집』 2에 재수록)[14]는 '사회주의 건설의 대고조'가 일어나던 시기에 진행된 해주-하성 사이의 철도 부설 공사에서 기적적 위훈을 세운 청년 건설자들의 영웅적 투쟁을 형상화한 작품으로 남한에도 소개되었다.

그리고 같은 해 10월에는 대표작 중 하나인 「길동무들」을 『조선문학』에 발표한다.[15] 이 작품의 주인공 오명숙은 김병훈이 협동농장 축산작업

13 이 작품은 1959년 조선작가동맹출판사에서 출간한 소설집 『항일전구』에 수록되어 출판되었다.

14 이 작품은 『조선문학』(2004. 8.)에 재수록되는데 '불굴의 리수복 영웅돌격대' 분대장이 되어 '5만산 폭파'를 위한 도항굴진 작업의 앞장에 서는 모습으로 수정된 개작본이 수록되어 있다. 개작된 이 작품이 2004년 『조선문학』에 재수록된 것은 '불굴의 리수복 영웅돌격대' 분대장이 되었다는 주인공의 설정이 북한에서 현재 이데올로기화하고 있는 선군 정신과 맞닿아 있기 때문으로 추측된다.

15 이 작품은 1963년 조선문학예술총동맹출판사에서 간행된 단편 소설집 『창조자들』에 재수록되어 있다.

반 취재를 나섰을 당시 만난 수산전문학교를 졸업한 젊은이를 원형으로 삼고 있다. 김병훈은 1960년 이 작품을 창작하기 전 산골의 협동농장을 방문한다. 그는 취재를 나갔을 무렵 농촌 소설을 쓸 생각이었지만 창작실로 돌아와서도 젊은 농장원이 웅덩이에 새끼잉어를 양어하는 모습이 잊혀지지 않았다고 한다. 산골에서 잉어를 양어하려는 젊은이의 몽상에 공감을 느낀 그는 다시 그곳으로 취재를 나갔고 취재가 끝난 며칠 후 작품을 탈고한다. 탈고된 작품을 보여 준 후 호평을 받은 김병훈은 이 작품을 출판사로 넘기러 가던 중 세부 스토리가 생각나 작품을 다시 수정해 출판사에 투고했다고 한다.[16] 이 작품이 출간될 당시 그는 득남한다. 이를 축하하는 사람들에게 그는 아내가 아들을, 자신은 「길동무들」을 낳았다[17]고 표현할 만큼 이 작품은 김병훈이 애정을 갖고 있는 작품이다.

「〈해주-하성〉서 온 편지」나 「길동무들」 이 두 작품에서 김병훈은 초기작인 「아버지의 노래」와 「념원」 등에서 나타나는 구성상의 문제나 예술적 처리에서 미숙한 기교적 약점을 극복해 내고 있다.

1961년에는 『문학신문』에 단편 소설 「별」(1961. 5. 16), 「새 지도를 가지고 온 사람」(1981. 7. 21)과 「나의 벗들」을 『조선문학』(1961. 9)에 발표한다. 1962년에는 『문학신문』에 단편 소설 「봄이 왔다」(1962. 3. 2)를, 『조선문학』(1962. 3)에 「궁지」를, 1963년에는 그의 대표작 중 하나인 단편 소설 「노을이 불타는 땅」(『문학신문』, 1963. 4. 12)과 「청춘의 길」(『조선문학』, 1963. 12)을 발표한다. 「청춘의 길」은 4 · 19를 시대적 배경으로 한 작품이다. 서울을 떠나 영남의 농촌에서 의료 봉사를 하며 혁명을 준비하는 남한의 의대생인 김진석이 애인 순녀에게 쓴 편지를 통해 남한의 부조리를 비판한 서간체 소설이다.

이 중 「노을이 불타는 땅」은 많은 논쟁을 낳은 작품이다. 논쟁 중의 하

16 안경철, 앞의 책, 22-23쪽.

17 같은 책, 23쪽.

나가 이 작품이 「길동무들」의 속편이라는 의혹이다. 이 의혹으로 인해 김병훈의 작품은 평론가들 사이에 논쟁거리가 되었다. 이 작품은 「길동무들」의 속편이라고 보는 작가들에 의해서 폄하되었는데 비판은 두 가지 측면에서 진행되었다.

첫째, '새로운 인물 창조'에 대한 의지가 보이지 않으며, 주인공의 성격이 굴절되어 있어 「길동무들」 이후 진전이 없다는 것이다. 둘째, 작품의 주제-사상을 해명하는 기본 사건이며 핵심이 일반적인 것으로 개념적인 측면에서 끝나고 있다는 지적이다. 이러한 논의는 이후 강창호의 「작가의 열정과 형상 창조」(『문학신문』, 1963. 6. 4)라는 글에 의해서 반박된다.[18]

조국 해방 전쟁 주제 작품인 「꼬마대장」(1963)은 1983년 출간된 《조선아동문고 2》『어린 불새들』[19]에 수록된 작품이다.

1964년에는 천리마의 기수를 다룬 중편 소설 『봄 소나기』를 발표한다. 『봄 소나기』는 협동농장의 '또락또르(=트랙터)' 소조를 중심으로 한 트랙터 소설이다. 트랙터 소설이란 1930~40년대 소련에서 집중적으로 창작된 소설 형식으로 소련의 '사회주의 건설기' 건설을 소재로 한 소설을 통칭한다. 협동농장을 다룬 콜호스(Kolkhoz) 소설[20]이 노력 영웅으로 발전해 가는 인물을 그리고 있다는 점에서 북한의 농업 협동화 소설과 유사한 구성을 하고 있다면, 트랙터 소설들은 시일 단축과 싸우는 노력 영웅의 투쟁을 그리고 있다는 점에서 북한 천리마의 기수의 형상과 비슷하다.

18 이 글에서 강창호는 이 작품이 「길동무들」의 속편이 왜 될 수 없는지에 대해 반박하고 있다. 작가의 의도와 지향 그리고 문체에 대해 칭찬하고 있다. 강창호, 「작가의 열정과 형상 창조」: 단편 소설 〈노을이 불타는 땅〉을 읽고」, 『문학신문』(1963. 6. 4), 2쪽.

19 『어린 불새들』은 아동문고로 항일 혁명 무장 투쟁 시기와 조국 해방 전쟁 시기에 영웅적 위훈을 떨친 어린 투사들의 모습을 형상화한 18편의 단편 소설이 실려 있다.

20 콜호스 소설은 소련에서 1930년대 집중적으로 창작되었다. 평범한 주인공이 노력 영웅으로 거듭나는 모습과 인물 좋고 교양 있는 여성과의 연애담과 이 여성이 주인공을 적극적으로 돕는 것이 콜호스 소설의 기본적인 내용이다.

『봄 소나기』는 농업 협동화 당시를 시대적 배경으로 하지만 시일 단축을 주요 소재로 다루고 있다. 이 작품은 농업 협동화를 다룬 작품의 교과서로 불리는 리근영의 『첫 수확』이나 천세봉의 『석개울의 새봄』 등 농업 협동화를 다룬 내용에서 크게 벗어나지 않는다. 그러나 이 작품은 농업 협동화 문제를 다루면서도 농촌에서 활약하는 '천리마 기수'를 비중 있게 다루고 있다는 점에서 두 작품과 구별되며, 농촌을 배경으로 한 천리마 기수 소설로 볼 수 있다.

1968년 『조선문학』 5호에 실린 「파도치는 기슭에서」(1972)는 문예출판사에 발행된 단편 소설집 『해빛을 따라서』에 재수록된다. 「파도치는 기슭에서」는 김일성을 경모하는 마음 때문에 유격대를 적극 돕는 한편 유격대원을 목숨으로 구하고, 하나밖에 없는 아들을 김일성의 유격대로 보내는 한 포수 노인에 대한 이야기가 담겨 있다.

「파도치는 기슭에서」는 김병훈의 처녀작인 「아버지의 노래」와 비슷한 구조와 내용을 보인다. 이 작품에 등장하는 포수 노인은 『숲은 설레인다』의 장태민 노인(의병 출신 포수), 「아버지의 노래」의 뱃사공 노인에서 발전된 모습이다. 비슷한 성격과 직업을 가진 노인의 반복적인 등장은 그가 어린 시절에 들은 투쟁담의 한 인물을 원형으로 삼고 있음을 짐작하게 한다. 비슷한 구조와 내용, 인물의 등장은 구비 문학의 형태를 띠게 했으며 이를 통해 김병훈은 '이야기 전통'을 세우게 된다.

단편 소설집인 『해빛을 따라서』는 「파도치는 기슭」 외에도 그의 작품 중 주요 작품으로 꼽히며 성과작으로 평가받은 「고향집」이 실려 있다. 이 단편집은 국내에 미수입되어 「고향집」의 자세한 내용을 확인할 길이 없다. 그러나 『문학예술대사전』에 의하면 "친애하는 지도자 김정일 동지께서 항일의 녀투사와 함께 백두산 일대를 친히 답사하시며 경애하는 수령 김일성 동지께서 이룩하신 주체의 혁명 전통을 견결히 옹호 고수하고 대를 이어 빛내여 나가실 신념과 의지를 철석같이 다져가시는 이야기를 담고 있다"라고 기술하고 있다.

1960년대에 들어오면서 천리마 기수를 주제로 한 단편 소설을 주로 창작하던 김병훈은 1962년 첫 장편 소설 『숲은 설레인다』를 발표한다. 김병훈은 이 작품의 창작을 통해 혁명 전통 주제를 다시 다루기 시작한다. 『숲은 설레인다』는 1940년대 낙오된 항일 유격대원들이 밀림을 헤매며 투쟁하는 과정과 민중들과 결합해 다시 무장대오를 일으켜 김일성을 찾아가는 과정을 그린 작품이다.

1960년대 초반 천리마의 기수를 주제로 다루던 김병훈이 중반부터 혁명 전통 주제를 다루기 시작한 것은 당시 북한 문단의 상황과 맞물린다. 1961년 9월의 제4차 노동당대회에서 권력을 장악한 김일성은 정권의 정통성을 부여하기 위해 항일 무장 투쟁의 혁명 전통을 세우고자 한다. 따라서 1960년대부터 혁명 전통 주제에 대한 작품 창작이 강조되었다. 이 작품은 당시 문단의 흐름에 맞춰 기획된 작품이라 할 수 있다. 1962년도에 발표된 이 작품은 1965년 조선문학예술총동맹출판사에서 출간된다.

혁명 전통 주제로 작품 창작의 방향을 전환한 김병훈은 이후 1970년 장편 소설 『불타는 시절』을 창작한다. 『불타는 시절』 역시 혁명 전통을 주제로 한 장편 소설로 그의 간도 생활과 체험이 묻어 있는 작품이다. 그가 소학교 시절 안도와 화룡에서 온 아이들과 학교 선생님에게서 들었던 이야기들이 이 작품의 모티프가 되고 있으며, 작품 속에서 희생되는 담임 선생 고찬명도 자신이 어린 시절에 만났던 교사를 원형으로 하고 있는 것으로 보인다.

이 작품 이후 4·15문학창작단에 들어간 김병훈은 그의 최고 작품이라 일컬어지는 『준엄한 전구』(1981)를 창작한다. 이 작품은 혁명 유적지 답사와 항일 빨치산들과의 취재를 통해 완성된 작품이다.

북한은 혁명적 대작 논쟁이 시작된 이후 1964년 7월부터 대작 창작조를 구성해 40여 일간 백두산 지구 혁명전적지 답사를 실시한다.[21] 대작 창작조들의 답사는 4·15문학창작단 건설 이후에도 지속된 것으로 보인다. 오영재는 답사를 통해 창작된 작품 중 천세봉의 『혁명의 려명』, 김병훈의 『준엄한 전구』, 황건의 『아들딸』 등을 문학사적으로 가치 있는 작품[22]으로 평가하고 있다.

단편 소설집 『불멸의 영상』(1982)에 실려 있는 「금반지」는 혁명 전통을 주제로 한 가계 형상문학이다. 회상의 형식으로 전개되는 이 작품은 김정숙이 철구어머니[23]의 병구완을 위해 아낌없이 헌신하는 희생 정신을 보여 주는 점이 부각되어 있고 김일성의 곁을 떠나 후방 병원으로 가게 된 철구어머니에게 자신이 끼고 있던 금반지를 철구어머니의 은반지와 바꾼다는 이타적인 모습을 담아내고 있다.

『조선문학』 1984년 6호에 단편 소설 「귀결」(1989년 금성청년출판사에서 발행된 『꽃피는 계절』에 재수록)을, 1987년에는 「충복」(『조선문학단편집』 5, 2002)을 창작했으며, 1994년 칠십을 바라보는 나이에 장편 소설 『개이지 않는 하늘』을 발표했다. 이 작품은 남한 사회를 배경으로 재일동포 간첩단과 광주항쟁을 다루고 있다.

2002년 1월에는 『조선문학』에 연속 소설 「빈말이 없다」를 연재했다. 이 소설은 연속 소설로 1화에서 3화가 연속해서 실려 있다. 1화의 내용인 「삼천리 금수강산」에서는 버스 운전기사로 연로 보장자(정년 퇴직자)가 된 정근을 통해 은퇴한 노인의 모습을 보여 준다. 정근은 노작가의 전우로 은퇴 후 몇 년을 쉬다가 자신이 몰던 '삼천리 금수강산'이라는 버스에서 보조로 소일한다. 그가 하는 일은 초보 운전자 대신 운전을 하거나 운전 기사에게 훈수를 하는 것이다.

21 이 때 처음으로 전적지를 답사한 대작 창작조의 구성원은 당시 소설 문단의 유력자들이었던 천세봉, 황건, 윤시철, 리상현, 박태민, 윤세중 등이었으며 시인 최영화가 인솔 책임을 맡았다. 오영재, 「그가 남긴 생의 여운: 시인 최영화를 추억하며」, 『조선문학』(2003. 2), 42쪽.

22 같은 책, 43쪽.

23 이 작품에 등장하는 철구어머니는 실존 인물로 항일유격대 작식(=취사)대원이었던 장철구다.

북한 소설에서 그려지는 '연로 보장자'의 모습은 남한의 명예퇴직을 한 가장들과 크게 다르지 않다. 그러나 그는 은퇴한 노인의 상실감을 내적 갈등을 통해 드러내거나 다른 작품들에서처럼 신구 세대의 갈등으로 그리기보다는 함께 조화를 이루며 살아가는 모습으로 그려내고 있다. 그는 이 작품에서 신세대와 구세대 중 누가 옳고 그름을 따지는 것이 아니라 모두가 함께 어우러져 살아가는 모습을 잔잔하게 그리고 있다.

2화와 3화에서는 유통 구조를 통한 북한 사회의 변화를 예상하고 있다. 명절 때 배급을 받거나 시골에서 낚시를 하지 않는 이상 맛볼 수 없었던 메기를 상점에서 줄을 서서 사가는 평양 시민들을 의아하게 바라보는 노작가의 모습을 통해 그는 이미 2002년 7월에 시행될 '7·1경제관리개선 조치'에 대한 북한의 기대를 보여 주고 있는 것이다.

북한은 2003년 3월 종합시장 개설 등의 개혁 조치를 단행함으로써 북한의 유통 구조는 국영 공급에서 시장 유통 체제로 전환된다. 그러나 유통 구조의 변화를 김병훈은 당혹감으로 묘사하고 있다. 배급 품목이 판매되는 익숙하지 않은 상황에 놀라고 감격하면서도, 판매와 구매라는 구조에 쉽게 적응하는 평양 시민들의 모습을 기대반 의심반의 시선으로 바라보는 노작가의 모습을 통해 변화에 대한 북한의 기대와 두려움을 잘 포착하고 있다.

이 밖에도 김병훈은 여러 편의 시와 수필 등을 잡지와 신문에 연재했다. 위의 작품 검토를 통해 알 수 있듯이 김병훈은 항일 혁명 전통 주제 작품으로 소설가의 길에 들어서서 1960년대 초반 천리마 기수 형상 주제 작품을 창작했으며, 1990년대 이후를 제외하고는 작가적 정열을 항일 혁명 소설을 창작하는 데 쏟았다. 그러나 주제의 변화 속에서도 그가 끝까지 추구했던 것은 인물의 영웅적 위훈이 아니라 인민의 건강한 삶에 초점을 맞추어 작품을 창작하는 것이었다. 그렇기 때문에 그의 소설 세계는 충분히 영웅화시킬 수 있는 인물들조차 인민의 한 사람으로 일상과 생산 현장에 배치하고 있다. 이것은 국가의 영웅적 개인이 아니라 주변에서 살아 숨쉬는 현실감과 친근함을 창조하는 김병훈의 소설 미학에 해당한다. 이와 같은 작품적 특징은 김병훈의 문학관과도 깊은 연관이 있다.

김병훈은 1962년 12월 4일자 『문학신문』에 실린 월평 「만족과 불만족」에서 '아름다운 것'과 '감동적인 것'이 느껴지는 것이 좋은 작품이라고 평하고 있다. 그렇게 되기 위해서는 현실 앞에 그저 흥분할 것이 아니라 소설가의 소화 기관을 거쳐 충분히 씹고, 새기고, 소화시켜야 한다고 지적한다. 이렇게 씹고 새기다 보면 인물은 물론 현실도 객관적으로 볼 수 있으며, '감동적인 것'을 포착할 수 있다는 것이다.

김병훈은 자신이 느낀 감동을 전달하는 기법으로 '주정토로(主情吐露)'를 택한다. 주정토로는 서정성과 간결하고 선명한 문체와 더불어 그의 작품의 특징[24]이라 할 수 있다. 그가 주정토로를 선호하는 까닭은 어린 시절 이야기 청취의 경험과 밀접한 관련이 있다. 경험담이나 들은 이야기가 구전될 때 구전자에 의해 이야기가 변용되거나 화자의 감정이 섞이게 마련이다. 특히 무용담은 구전되면서 청자의 감동 정도에 따라 과대 포장된다. "들었던 이야기에 대한 감동을 다른 사람들에게 전달하지 않고는 견딜 수 없었다"는 김병훈의 고백에 비춰볼 때 주정토로를 통해 작품 속에서 스스로 그리오(griot)[25]의 역할을 하고 있다.

주정토로는 초기작 「아버지의 노래」, 「념원」, 「긍지」, 「노을이 불타는 땅」 등에 잘 나타나 있다. 특히 「노을이 불타는 땅」은 주정토로가 상당 부분 차지하고 있는데 평론가 박태민도 생경한 설명과 강조로 일관하는 주정토로가 주인공의 성격과 심리와 융화되지 못하고 있어 작품의 질을

24 당대에 주정토로를 특징으로 한 대표적인 작가로 석윤기와 김병훈이 있다. 석윤기가 인형조종술이라는 전제 아래 작품 전반에서 주정토로의 요소를 보이고 있는 반면, 김병훈은 주정토로를 통해 주제를 부각하려는 미숙함을 초기 소설에서 보였다. 그리고 이것은 평단의 논쟁거리를 제공하게 된다.

25 본고에서 그리오(griot)는 역사 구송자(口誦者)의 의미로 사용했다.

손상하고 있다고 지적하면서, 더욱이 주제를 주정토로로 설명하는 것이 문제[26]라고 설명한다.

주정토로는 초기작에서만이 아니라 작품 전반에 걸쳐 있는 개성적인 일면으로 보인다. 김병훈이 평단의 비판 속에서도 주정토로를 쉽게 포기하지 못하는 현상은 대표작 『준엄한 전구』에서 잘 드러난다. 『준엄한 전구』는 그의 특징인 서정성과 주정토로를 북한에서 어떻게 문제삼고 있는지를 잘 보여 준 작품이다. 이 작품은 우수작이었음에도 불구하고 초판 발간 이후 많은 부분이 삭제되거나 개작된다. 재판본은 초판본과는 달리 주정토로와 서정성이 문제가 된 부분이 상당량 삭제되어 다시 출간된 것이다. 결국 그가 감동을 전달하는 방법으로 택한 관념적 결구로 무장된 주정토로는 서정성과 서로 충돌하면서 작품의 질을 떨어뜨리는 데도 한몫을 했다. 그리고 이것은 그의 작품이 지닌 장점마저도 가리는 결과를 낳았다.

이후 김병훈은 주정토로에 대한 의존도를 줄여가고 있으며, 말년 작에서는 개념화와 관념화를 극복하고 서정성을 새롭게 담아내는 데 성공하고 있다. 1990년대에 들어 김병훈은 항일 혁명이라는 거대 서사의 전통에서 벗어나 소소한 일상으로 주의를 돌리면서 내장된 서정성은 그가 재능을 인정받을 당시의 「길동무들」에서 체감할 수 있는 감동을 다시 점화시키는 느낌을 준다. 이것은 또 한번의 방향 전환과도 연관이 있다. 그의 방향 전환은 '아름다운 것'과 '감동적인' 것을 찾으려는 모색의 일환이기도 하지만 그렇다고 해서 자신을 소설가의 길로 이끌었던 그리오의 역할을 포기한 것은 아니다. 말년에 쓰인 「빈말이 없다」에서 역시 이야기꾼, 역사 구송자, 행복의 전파자로서의 김병훈의 면모가 잘 드러나고 있기 때문이다.

26 박태민, 「작가의 정열」, 『문학신문』(1963. 9. 27), 3쪽.

김병훈은 문학이 '아름다움'과 '감동'을 줄 수 있다고 믿어 왔으며, 스스로 그것을 실현하기 위해 노력하고 있다. 물론 20년 동안 문예 정책 속에서 항일 혁명문학과 수령 형상문학 창작을 창작한다. 그러나 김병훈은 작가동맹중앙위원회 위원장에 선출된 이후 자신의 지향에 다가서려는 몸짓을 보이고 있다.

그러한 변화가 4·15문학창작단에서 작가동맹으로의 이동에 의한 것인지 확실하지 않다. 하지만 작가동맹 중앙위 위원장으로서 작가동맹을 총괄하는 위치에서 자신의 문학관을 이전보다 자유롭게 피력할 수 있는 위치에 서 있다는 것만은 분명해 보인다. 위치 이동에 따른 김병훈 소설의 미세한 변화는 4·15문학창작단과 작가동맹의 성격과 창작 기준에 대한 차이를 보여 주는 실마리로 볼 수 있다는 점에서 주목해야 할 사항으로 보인다.

3. 사회주의 낙원을 향한 당과 인민의 제휴: 「길동무들」

1) 작품의 줄거리

군당 위원장인 나의 작년 일의 회상기에서 작품은 시작된다. 나는 전원회의에서 무거운 과업을 받은 뒤 군당 집행회의를 소집하기 위해 군에 기별하고 열차를 타고 군으로 향한다. 그러나 나에게는 뾰족한 방안이 없었다.

나는 어느 역에서 열차에 승차하기 위해 개찰원과 실랑이를 벌이는 한 처녀를 보게 된다. 실랑이 끝에 초롱과 펌프를 들고 탄 처녀의 보따리에 객차 승객들은 관심을 갖게 되고 처녀는 그것이 5만 마리나 되는 잉어 치어라며 나에게 보여 준다.

처녀는 열차를 타고 가던 도중 잉어 치어들에게 펌프질을 하여 공기를 넣어 주고 수첩에 역마다 위치한 우물과 개울의 지도를 가지고 역에서 내려 물을 길어 와 치어들이 죽지 않도록 온도를 내려 주는 것을 보면서 나는 그녀에게 흥미를 느낀다. 그런 와중에 치어가 담긴 물의 온도가 높아지고 우물이 멀어 열차를 놓칠지도 모른다는 사실을 알면서도 기차에서 내려 물을 길러 간 처녀가 기차를 놓치자 객차 승객들은 자신들이 치어를 가지고 내려 처녀를 기다리겠다고 자원하지만 치어를 보살피는 데 과학과 기술(펌프질과 물 온도)을 모르는 그들에게 이 일을 맡길 수 없다는 생각에 나는 군당 회의가 걱정되었지만 다음 역에서 내린다.

그리고 한 시간 후 25리 길을 한 시간 만에 달려온 처녀와 밤기차를 기다리며 이야기를 나누던 중 그 처녀가 자신의 군당에 속해 있는 전재리 협동조합의 명숙이란 처녀라는 사실을 알게 된다.

그녀는 관리위원장의 반대에도 불구하고, 양어 사업을 하기 위해 혼자 못을 파는가 하면 관리위원장을 설득하여 시험적으로 잉어 치어를 계획한대로 키워내고 목표량을 달성하면 사업을 방조해 준다는 말에 지금 잉어 치어를 가지고 마을로 돌아가는 길이었다.

그녀의 이야기를 들으며 나는 군 저수지에 양어 사업을 벌이면 통조림 공장도 세울 수 있고 인민들도 매일 고기를 먹을 수 있다는 생각에 그녀와 양어 사업 계획을 짜기에 이른다. 그리고 화물차가 역에 들어서자 처녀는 치어를 보이며 역장을 애교 있는 반협박으로 졸라 나와 함께 화물기차를 얻어 타게 되고 송봉리에서 그녀와 헤어진다.

그녀와 헤어진 나는 내일 아침 집행위원회에서 토의할 내용을 양어 사업으로 정하고 진재리부터 방문하여 처녀를 보면서 당 결정이 글발(=표어) 속에서 실무적인 지표나 목표에서 나오는 것이 아니라는 사실을 깨닫는다. 그리고 그는 조국의 미래를 젊은 사람들과 의논해야겠다고 생각한다.

2) 사회주의 낙원으로 향하는 길

김병훈의 이야기꾼으로서의 면모는 「길동무들」에서도 드러난다. 「길동무들」의 화자인 나는 군당 위원장으로 당의 시선을 대변하는 인물인 동시에 작가 자신이다. 화자인 나의 모습이 이 작품을 창작할 당시의 김병훈의 모습과 닮아 있기 때문이다. 작품의 첫머리는 화자인 '내'가 군당 전원회를 소집한 후 목적지로 가는 길을 부담스러워하고 있음을 보여 준다.

김병훈은 이 작품을 창작할 당시 농촌에 취재를 나간 적이 있다고 『문학신문』에서 밝히고 있다. 그는 "취재 동안 일도 해 보았지만 소설을 쓰기는커녕 소재도 잡지 못"[27]했던 상황은 작중 화자인 내가 회의에 대한 '신통한 국량(=생각, 아이디어)'이 떠오르지 않아 고민하던 상황과 매우 유사하다. 그뿐만 아니라 취재 후 돌아가는 길에 잠깐 들른 양어장에서 본 "물초롱을 들여다보고 있는 처녀의 빛나는 눈"[28]에서 소설의 모티프를 얻은 김병훈의 모습과 명숙의 양어 계획을 듣고 고민을 해소하는 군당 위원장인 나의 모습 역시 겹쳐지고 있다는 점에서 이 작품이 그의 체험을 바탕으로 하고 있음을 알 수 있다.

「길동무들」은 1960년 8월에 탈고되어 같은 해 10월 『조선문학』에 실린 작품으로 1968년 단편 소설집 『창조자들』[29]에 재수록된다. 이 작품이 창작된 시기인 1960년은 사회주의를 전면적으로 건설하기 위한 직전의 단계다.

이 작품의 시대적 배경인 1958년은 북한이 생산 관계에서 사회주의적 개조를 완성한 해로 농촌에서의 농업 협동화가 성공적으로 끝난 해다.

27 박효범, 「현실 체험과 창작: 몇몇 소설가들과의 담화」, 『문학신문』, 1961. 8. 22.
28 같은 신문.
29 1968년판은 띄어쓰기는 물론 문장, 표현 등이 상당 부분 수정되었다.

특히 1958년 9월에 개최된 '전국생산혁신자대회'는 북한 전체 근로자의 노력 경쟁운동을 본격화시킨다. 북한은 천리마운동 속에서 경제 5개년 계획을 2년 반 만에 완수함으로써 공업화의 기초를 닦고, 사회주의 기초 건설을 완성한다. 따라서 이 작품이 창작된 시기는 사회주의 건설의 가속화로 건설에서의 승리와 성취감을 느끼고 있는 때였다.

그 때문인지 이 작품은 확신과 희망으로 가득 차 있다. 이 작품에 등장하는 명숙은 천리마의 기수를 대변하는 열정과 확신에 찬 인물로 등장한다. 명숙은 고등학교를 우수한 성적으로 졸업했지만 대학 진학을 포기한 채 농장원으로 일하는 처녀다. 김병훈은 화자의 시선을 통해 개찰원과 실랑이를 벌이는 명숙을 다음과 같이 묘사하고 있다.

> 처녀는 균형이 잘 잡힌 날씬한 몸에 곤색 작업복을 가든히 차려 입었다. 탄력 있게 디디고 선 자그마한 발에는 발등을 동그랗게 도려낸 까만 편리화를 신었다. 머리에는 하늘색 머리 수건을 뒤로 돌려 꼭 졸라 썼는데 수건 안에는 둘둘 말아 넣은 머리태가 뒤 더수기에 붕그시 부풀어 올랐다. 게다가 햇볕에 그을어 가무스름하면서도 불깃불깃 혈색이 좋은 처녀의 둥실한 얼굴과 좀 깊숙한 안확 속에서 은근히 빛나고 있는 까만 눈동자와 자주 까막거리는 긴 속눈썹 등 처녀의 인상은 대번에 사람의 마음을 잡아끄는 그 어떤 발랄한 생기를 느끼게 하는 것이었다. 개찰원 청년도 처녀의 얼굴을 오래 마주 볼 용기를 못 가진 모양이었다. 이내 고개를 떨구더니 빼앗아 쥐었던 초롱을 발치에다 놓았다.[30]

위의 인용에서 보듯 화자의 눈에 비친 명숙은 생기발랄한 모습이다. 명숙의 "마음을 잡아끄는 생기"는 규정을 지키기 위해 명숙에게 탑승을

30 김병훈, 「길동무들」, 『조선문학』(1960. 10), 51쪽.

금지시키는 개찰원 청년이 오래 마주 볼 용기를 갖지 못할 만큼 위력적인 것이다. 그녀가 내뿜는 "공산주의를 실현하는 새로운 인간이 만들어 내는 아우라"[31]는 보는 이의 시선을 사로잡아 그녀의 일거일동을 관찰하게 하는 요인이 된다. 화자뿐 아니라 그녀의 실랑이를 지켜보던 열여덟 명의 길손들도 그녀가 가지고 탄 초롱에 담긴 5만 마리의 잉어 치어에 흥미를 느끼게 된다.

> "그러니 여러분, 담수 양어는 결코 업수이 여길 수 없는 일입니다. 우리 나라에서 얕잡아도 20 내지 30만 정보의 논과 저수지에다 고기를 기를 수 있는데 앞으로 여기서만 해도 한 해에 20만 톤 이상의 생선이 나올 수 있습니다. 자 그렇게 되면 온 강산이 쌀과 고기더미 속에 묻히지 않겠습니까, 이것은 절대로 꿈이 아니라 래일의 현실입니다……"
>
> 처녀의 이야기가 어찌나 자신만만하고 선명하고 격동적이었던지 우리는 그의 흥분으로 하여 붉어질 얼굴과 열정에 불타는 까만 눈동자를 바라보면서 세상엔 양어공보다 더 보람찬 사업은 없으며 그리하여 당장에라도 양어공으로 직업을 바꾸고 싶은 생각이 일어났을 지경이였다.[32]

그녀의 확신에 찬 열변은 세상엔 양어공보다 더 보람찬 사업은 없을 것 같다는 착각과 당장에라도 양어공으로 직업을 바꾸고 싶은 충동이 일게끔 만들 정도로 염화성이 강하다. 명숙이 펼쳐 보이는 5만 마리의 치어를 토대로 한 20만 톤 생산설에 대한 미래가 모래성이 아니냐고 반박하는 청년의 말을 실없는 소리로 만들 만큼 위력적이다. 승객들이 명숙의 말을 허풍이 아닌 이룰 수 있는 꿈, 즉 내일의 현실일 수도 있겠다고 믿는 것은 그녀가 보이는 열정 때문이다.

31 유임하, 「청년과 열정, 감화의 방식」, 『문학과 경계』 23(서울: 라이프, 2006. 12), 295쪽.
32 김병훈, 앞의 책, 55쪽.

> 처녀는 웬일인지 다급히 초롱 귀때기를 열고 온도계를 꺼냈다. 처녀의 그 해맑던 얼굴이 흐려진다. 처녀는 부랴부랴 초롱 옆에 놓은 보따리를 풀어 헤치고 그 속에서 자전거 뽐프를 꺼냈다. 그리고는 바람 나가는 호스를 초롱 안에 깊숙이 꽂더니 잽싸게 뽐프를 누르기 시작했다. (아니, 이건 또 뭐야……) 나는 한참이나 퀭하니 바라보았다. 그러나 이내 까닭을 알아차렸다. 글쎄 고기들에게 산소를 공급하고 있는 것이다. 아니 어쩌면 저런 궁리를 다 해냈단 말인가! 그냥 지혜와 열정으로 빚어놓은 처녀군![33]

위의 인용처럼 명숙의 열정은 말뿐이 아닌 치어 수송을 위한 '과학과 기술'은 물론이고 각 역에서 가까운 우물의 지도까지 만들어 가지고 다니는 철저한 준비성에서도 드러난다. 명숙의 이러한 모습은 승객들을 감화시켜 승객들을 치어 수송 작전에 뛰어들게 만든다. 그녀가 물을 길어 오다 기차를 놓치자 승객들은 자발적으로 그녀에게 치어를 전달할 방법을 모색하고 서로 자신이 그 임무를 맡겠다고 나서게 되는 것이다. 그녀의 양어에 대한 열정과 행동력은 기차에서뿐만 아니라 고향에서도 사람들을 감화시킨다. 조합의 관리위원장이 양어를 반대하자 홀로 삽을 들고 나가 보름이나 못을 팜으로써 민청위원장과 리 당위원장의 지지를 이끌어 내는 것이다.

그러나 명숙은 자신의 열정이 평범하고 당연한 것이라 인식한다. 김병훈은 그녀의 이러한 생각을 표출하기 위해 소설책이라는 장치를 사용한다.

> 아바이, 우리 사회에선 누구나가 다 이런 생각을 하고 살지요. 어떻게

33 김병훈, 앞의 책, 56쪽.

하면 사람들에게 더 많은 행복을 가져올가 …… 그러나 우리는 누가 이런 생각과 신념을 가졌다고 해서 뛰여난 사람이라고 생각하지 않죠. 우리 나라에서야 그런 생각을 하는 것쯤은 사람으로 태어난 이상 너무도 당연하고 평범한 일이라고 여기지 않아요.[34]

위의 인용은 승강대에 쭈그리고 앉아 강경애의 『인간문제』[35]를 읽고 울던 명숙이 화자인 나에게 왜 선비가 죽어야 하냐며 울분을 토하는 말 중의 일부다. 명숙의 말은 새 세대 공산주의자이며, 천리마의 기수의 주역인 청년들의 생각을 대변하고 있다. 그녀는 선비의 죽음이 주는 교훈을 통해 착취 계급이 없는 현 사회를 유지하는 것이 자신 세대의 사명이라고 생각한다. 김병훈은 이처럼 새 세대 공산주의자인 명숙의 열정과 건강성에서 뿜어져 나오는 낭만성을 새 세대의 주요 특징으로, 시대 정신의 주요 요소로 인식하고 있는 듯하다.

그러나 명숙을 통한 '낭만성의 부각'은 사회 현실을 추상화하는 것처럼 보일 수도 있다. 1차 5개년 계획[36]의 성공으로 인한 외연적 성장이 경제 위기의 기원이 되었기 때문이다. 경제에서 집단적 혁신 운동과 속도전을 모토로 한 천리마운동이 가져온 양적 성장의 추구는 "생산물의 전반적인 질 저하와 계획 지표의 왜곡"[37]이라는 내부 모순을 양산해 냈다.

34 김병훈, 앞의 책, 57쪽.

35 1968년 판에서는 강경애의 『인간문제』가 '소설책'으로 바뀐다. 이는 마르크스-레닌주의에 입각해 있던 문예 정책이 주체 문학으로 바뀌면서 카프 작가와 함께 강경애 역시 문학사에서 삭제되었기 때문이다. 강경애는 1990대 김정일이 『주체문학론』에서 강경애의 『인간문제』를 언급하면서 다시 복권된다.

36 1차 5개년 계획은 1957년 개시되었으나 계획 초안이 토의된 것은 1958년 3월 조선로동당 1차 대표자회의에서이며, 1958년 6월 최고 인민회의 2기 3차 회의에서 법령화된다. 김광순, 「우리나라 북반부에서의 인민민주주의적 경제 체제의 발전」, 국립출판사 편, 『우리나라의 인민경제 발전』(평양: 국립출판사, 1958), 52-53쪽.

37 김연철, 「북한의 산업화 과정의 정치경제」, 북한연구학회 편, 북한학총서 3 『북한의 경제』(서울: 경인문화사, 2006), 67쪽. 그는 이 논문에서 1차 5개년 개획이 실시된 시기의 구조적 모순으로 계획 경제의 무정부성을 들고 있다.

수직적 구조 속에서 상부 계획기관이 하부기관의 정확한 정보를 파악하지 못했고, 정보의 부재는 계획을 세우는 데 차질을 가져왔다. 이것은 나의 고백에서도 드러난다.

> 작년 치수 사업을 통해 열두 개의 대소 저수지를 만들었는데 그 때 양어를 하라고 한번 강조했을 뿐 그 뒤로는 어떻게 됐는지 까맣다. 하긴 내가 실제 사업 조직을 해 준 일이 없는데 하늘에서 고기 새끼들이 뛰여내렸을 리는 만무구. 안됐군 안됐어! …… 좀더 모든 문제에 정신을 차려야지, 나 하나의 무관심이 생활에 얼마나 큰 손실을 주었는가? 처녀식으로 계산한다면 수백 톤? 아니 수천 톤의 물고기일지도 모른다.[38]

사회주의 경제 건설의 성과는 경제에 대한 지도와 관리에 있다[39]는 김일성의 교시와는 달리 명숙의 초롱을 지키며 지도와 관리에 미흡했던 자신을 되돌아보는 화자의 모습은 이 작품에 나타난 낭만성을 현상적 측면으로만 볼 수 없게 한다. 김병훈은 명숙을 통해 발산되는 낭만성에 기대어 마지막 장면에서 1차 5개년 계획에서 파생된 모순을 정확하게 지적해 낼 뿐만 아니라 모순에 대한 대안까지 제시한다. 그 대안은 아래의 인용에서 알 수 있듯이 '자발성'이다.

> 래일 아침 집행위원회선 이렇게 하자, 전원회의 결정 실행에 대한 기본 방침만 세우고 집행위원들에게 조합을 노나 맡겨서 내려 보내자! …… 당 결정의 글발 속에서 실무적인 지표나 목표만이 아니라 그 속에서 사랑하는 조국과 고향 땅의 미래 운명을 감득하는 저 크고 뜨겁고 총

38 김병훈, 앞의 책, 61쪽.

39 「주체의 혁명적 기치를 높이 들고 사회주의, 공산주의 위업을 끝까지 완성하자」, 15쪽; 림기범, 『우리식 농촌 문제 해결의 빛나는 경험』(평양: 농업출판사, 1992), 87쪽 재인용.

명한 심장을 찾아가 툭 털어놓고 의논하자![40]

천리마운동 속에서 '혁신'과 '기적'으로 표현되었던 지표와 목표는 격무에 시달리는 나와 마찬가지로 조합원은 물론 공장원들에게까지 노력의 혹사를 가져다 주었다. 김병훈은 계획의 부재 속에 헤매는 '나'에게 계획을 상부에서 세워 하달하는 것이 아니라 자발적으로 움직이는 조국과 고향 땅을 사랑하는 총명한 심장, 즉 천리마의 기수이며 새 세대 공산주의자들인 청년들의 지혜를 빌어 보자고 제안한다. 이러한 결말은 처녀의 열정을 통한 낭만성의 강조에 대한 우려를 휘발시킨다.

김병훈의 이 작품은 천리마 기수를 다룬 작품들이 주로 지표나 목표와 관련해 개인의 양심을 문제삼고 있는 데 반해 양어를 반대하는 관리위원장과 명숙의 대립, 군당 위원장인 화자의 문제를 통해 구조나 체계의 근본적인 문제를 직접적으로 다루고 있다는 점에서 동시대 작품들[41]과는 구별된다.

물론 그의 낭만과 감동의 추구가 현실 외면이라는 비판을 면할 수 있는 면죄부가 될 수는 없다. 그러나 노작가의 감동과 아름다움 추구의 재점화는 전망의 부재라는 암울한 현실은 역설적으로 사회주의 낙원에 대한 꿈의 발화점이 된다. 그런 측면에서 김병훈은 당의 문예 정책에 충실하게 복무하는 작가로 비칠 수 있다.

그러나 조직의 문제가 심각성을 띠지 않고 낭만성과 명랑성을 통해 구현되는 것은 등장 인물들이 낭만적이어서가 아니라 작가 자신이 낭만적이기 때문이다. 감동과 아름다운 것에 대한 추구가 그의 작품에서 낭만성으로 표출되는 것이다. 그에게 낭만성은 사회주의 이상과 동일한 것이기에 사회주의의 꿈을 혁명적 낭만성에 싣고 있다.

40 김병훈, 앞의 책, 70쪽.
41 권정웅의 「백일홍」(1961), 김북향의 「당원」(1961).

:: 참고 문헌

ㅁ 원전 자료

김병훈, 『길동무들』(단편 소설집), 조선문학예술총동맹출판사, 1963.

김병훈, 『봄 소나기』, 조선문학예술총동맹출판사, 1964.

김병훈, 『숲은 설레인다』, 조선문학예술총동맹출판사, 1965.

김병훈, 『불타는 시절』, 문예출판사, 1970.

김병훈, 『준엄한 전구』, 문예출판사, 1981.

김병훈, 「금반지」, 리종렬 · 김병훈 · 현승걸 저, 『불멸의 영상』(단편 소설집), 문예출판사, 1982.

김병훈, 「고향길」, 『조선의 행복』(단편 소설집), 문예출판사, 1983.

김병훈, 「꼬마대장」, 『어린 불새들』(단편 소설집), 조선아동문학문고 2, 1983.

김병훈, 『개이지 않는 하늘』, 문학예술종합출판사, 1994.

김병훈, 「아버지의 노래」, 『청년문학』, 1956. 7.

김병훈, 「그 날 밤 이야기」, 『조선문학』, 1959. 7.

김병훈 「〈해주-하성〉서 온 편지」, 『조선문학』, 1960. 4.

김병훈, 「길동무들」, 『조선문학』, 1960. 10.

김병훈, 「별」, 『문학신문』, 1961. 5. 16.

김병훈, 「 새 지도를 가지고 온 사람」, 『문학신문』, 1961. 7. 21.

김병훈, 「나의 벗들」, 『조선문학』, 1961. 9.

김병훈, 「궁지」, 『조선문학』, 1962. 3.

김병훈, 「가슴 속에 묻어 둘 수 없는 절절한 이야기를 썼다」, 『청년문학』, 1962. 9.

김병훈, 「노을이 불타는 땅」, 『문학신문』, 1963. 4. 12.

김병훈, 「청춘의 길」, 『조선문학』, 1963. 12.

김병훈, 「파도치는 기슭에서」, 『조선문학』, 1968. 5.

김병훈, 「귀결」, 『조선문학』, 1984. 6.
김병훈, 「위대한 영도자를 모시는 충성의 마음, 『천리마』, 1994. 7.
김병훈, 「빈말이 없다」, 『조선문학』, 2002. 1.

ㅁ 논문

강창호, 「작가의 열정과 형상 창조: 단편 소설 〈노을이 불타는 땅〉을 읽고」, 『문학신문』, 1963. 6. 4.
김광순, 「우리나라 북반부에서의 인민민주주의적 경제 체제의 발전」, 국립출판사 편, 『우리나라의 인민경제 발전』, 국립출판사, 1958.
김연철, 「북한의 산업화 과정의 정치경제」, 북한연구학회 편, 북한학총서 3, 『북한의 경제』, 경인문화사, 2006.
김은정, 「김병훈의 문학과 삶」, 『문학과 경계』 23호, 2006년 겨울.
림기범, 『우리 식 농촌문제 해결의 빛나는 경험』, 농업출판사, 1992.
박태민, 「작가의 정열」, 『문학신문』, 1963. 9. 27.
박효범, 「현실 체험과 창작」, 『문학신문』 제67호(루계 371호), 1961. 8. 22.
사회과학원 편, 『문학예술대사전』 CD, 2006.
안경철, 「뜻과 사랑을 따른다」, 『조선문학』, 1998. 5.
오영재, 「그가 남긴 생의 여운: 시인 최영화를 추억하며」, 『조선문학』, 2003. 2.
유임하, 「청년과 열정, 감화의 이야기 방식」, 『문학과 경계』 23호, 2006년 겨울.
이명재 편, 『북한문학사전』, 국학자료원, 1995.

김병훈론 2: 김병훈의 천리마운동 소재 소설

청년과 열정, 감화의 이야기 방식

유임하

1. 김병훈 소설의 특징

1950~1960년대 북한 문학을 지배하는 키워드는 단연코 '청년'과 '열정'이다. '청년'이라는 말에는 북한 사회의 활력과 '사회주의의 전면적 건설'에 매진하는 근대화의 주체라는 함의가 담겨 있다. 여기에서 "문명의 진보 사관을 기반으로 청년에게 정치적 · 문화적 리더십을 인정하고 있는 청년론"[1]을 연상시킬지 모르지만, 1950~1960년대 북한 사회의 경우에는 동원 체제의 윤리적 주체의 도덕적 열정을 가리키는 시대 정신의 표어였다는 점을 알 필요가 있다.

청년이라는 새로운 이데올로기적 주체는 근로 대중들의 활력을 최대한 이끌어 내어 자립 경제의 기반을 마련하려는 북한의 동원 체제와 그

1 황종연, 「노블, 청년, 제국」, 『상허학보』 14집(상허학회, 2005. 2), 281쪽.

체제가 지향했던 정치적 노력과 함께 탄생한다. 전후 복구 3개년 계획을 종료한 시점인 1956년 12월, 조선로동당 중앙위원회 전원회의에서 사회주의 경제 건설을 성공시키기 위한 김일성의 제안으로 발의된다. 이렇게 시작된 천리마운동은 낙후한 인민 대중의 역량을 최대한 가동하여 사회주의 경제 기반을 앞당기는 국가 정책으로 채택되어 1960년대 말까지 많은 사회적 변화를 촉발시켰다.[2]

1958년 천리마운동의 확대는 신문 지상에 기적과 생산 혁신의 기사들로 넘쳐나게 만들었다. 1959년, 천리마작업반운동이 전 사회적으로 시작되면서 산촌에서 농어촌에 이르는 사회 전반의 근로 대중들은 각 작업반에 배치되어, 함께 일하고 배우면서 항일 무장 투쟁에서 겪었던 역사적 난관을 극복하는 혁명 정신의 계승을 요구받았다. 전 사회적인 동원 체제의 보상은 자본주의 사회와는 다르게 주어졌다. 정치적 보상은 모범적인 근로자에게는 '천리마 기수', '로력 영웅', '천리마작업반' 같은 칭호가 부여되었고 공장 간부나 최고인민회의 대의원이 되는 정치적 보상이 함께 내려졌다.[3] 천리마운동에 기반을 두고 전개된 제1차 5개년 계획(1957~1960)의 목표가 4년 만에 달성되면서, 북한 사회는 전 분야에 걸친 생산 수준의 제고에 자신감을 얻는다. 1961년부터 1970년까지 북한 사회는 제1차 7개년 계획(3년 연장)을 수립하며 60년대 내내 천리마 운동의 열기를 지속시켜 나갔다. 그리하여 천리마운동은 단순히 주택 건설이나 생산 현장에서 전개되는 증산 운동이 아니라, "문화, 사상, 도덕 등 노동자들의 모든 생활 영역을 포함하는 집단적 혁신 운동"[4]으로 표상화되었다.

이 같은 천리마운동에 따른 문학의 시대적 과제는 "천리마 기수들의

2 김성보 · 기광서 · 이신철 공저, 『북한현대사』(웅진지식하우스, 2004), 118-154쪽 참조.
3 같은 책, 145-146쪽.
4 같은 책, 145쪽.

진실한 형상 창조를 위해서 무엇보다도 그들의 정신력을 심도 있게 파악해야 하는 것"[5]으로 요약된다. 그 결과 문학 분야는 천리마의 현실을 반영하려면 "온갖 모순 속에서 생활을 보며 거기에서 정당한 갈등을 간파하는 능력"이 요구되었고 "시대적 전형을 창조하는 데 좀더 창조적 관심을 돌리는 문제"를 통해서 "미증유의 속도를 가하고 있는 우리 근로자들의 앞길"을 이끄는 반향을 담아내도록 요구받았다. 그러므로 문학계에서는 "이 숭고한 기대에 영예롭게 보답하기 위해 …… 우리 시대의 영웅인 천리마 기수들의 형상 창조에 모든 역량을 집중하자"라는 제안이 자연스럽게 제기되기도 했다.[6]

천리마 시대의 청년을 가장 인상적으로 형상화한 문학적 사례는 김병훈에게서 찾아볼 수 있다.[7] 김병훈의 「〈해주-하성〉서 온 편지」와 「길동무들」은 천리마운동을 소재로 삼은 평판작이기도 하다. 이들 작품은 우리에게도 이미 잘 알려져 있다. 북한의 문학사에서는 김병훈의 천리마운동 소재 소설들을 천리마 시대의 분위기를 "랑만적 색조"로 담아내는 한편 "청년들의 열정과 지향, 꿈과 리상을 훌륭히 반영한 것"[8]으로 높이 평가된다. 여기에서 말하는 김병훈 소설의 "랑만적 색조"란 서정성 짙은 묘사와 서술에서 드러나는 특징이며, 이는 1960년대 북한 사회에 넘치는 '혁명적 낙관성'과 그리 먼 거리에 있는 것이 아니었다. 이 낭만성이야말로 1950~1960년대 동원된 청년들의 열정과 감화를 가능하게 만드는 이야기 방식에 담긴 사회적 활력이었고, 사회주의 혁명을 향해 매진하는 문학의 감화 방식에 담긴 김병훈 소설의 특징을 이루기 때문이다.

5 천세봉, 「천리마 시대와 소설 문학」, 『문학신문』, 1961. 3. 21.

6 천세봉, 앞의 글, 같은 곳.

7 이 글에서 논의하는 김병훈의 작품은 「〈해주-하성〉서 온 편지」(『조선문학』, 1960. 4)와 「길동무들」(『조선문학』, 1960. 10), 「별」(『문학신문』, 1961. 5. 16), 「나의 벗들」(『조선문학』, 1961. 9), 『긍지』(『조선문학』, 1962. 3) 등이다. 이하 인용 쪽수만 기재함.

8 박종원 · 류만, 『조선문학 개관(2)』(서울: 인동, 1988), 232-235쪽.

2. 청년의 이상과 열정, 감화의 이야기 방식

김병훈의 소설에서 발견되는 '청년'의 모습은 대체로 작가의 취재에 의해 발견되고 새로운 공산주의자의 전형으로 만들어진 젊은 천리마 기수들이다. 이들은 천리마 시대에 상상된 주체들로서, 천리마 시대가 요구하는 덕목을 소유한 존재들이다. 김병훈은 이들 사회적 주체를 통해서 "사람들의 물질적 부(富)를 창조하는 면에서만이 아니라 사상적, 정신 도덕적인 면에서도" 혁명을 감행하는 "공산주의적 인간, 매혹적인 인간 성격의 전형"[9]으로 형상화하고자 했다.

「〈해주-하성〉서 온 편지」에서 누이는 소련 처녀 오체로바가 쓴 수기에 감화받은 인물이다. 그녀는 진학하여 평탄하게 살아가는 삶을 택하지 않는다. 그 대신 그녀는 "어렵고 험한 길을 톱바 상상봉에 오를 때 비로소 참된 생활의 보람을 느끼게 되고 그것이 일생의 기초를 튼튼히 닦는 것으로 되지 않을가요" 하며 온실의 삶을 박차고 나선다.

온실을 벗어난 그녀의 길은 '노동과 통신대학을 거쳐 기사(技師)의 길'이다. 그리하여 그녀는 철도 관리국 통신 교환원이 되고 '청년 철도 건설' 현장에 자원한다. 여기에서 발견되는 누이의 삶이 가진 특징은 전국 각지에서 전개된 거대한 기반 시설 공사에 동원되는 청년 주체들의 주저하는 삶을 온실의 삶으로 규정하며 이들을 이끌어내는 한편, 심리적 현실에 담긴 두려움과 여러 균열을 봉합하는 것은 이처럼 공산주의자로서의 이상과 열정이 어떤 모습이어야 하는지를 잘 보여 준다. 작품에서는 철도국 여자 교환수인 누이가 밤마다 작업 지원을 나가는 현실이 그러한 이상과 열정으로 봉합한 채 다른 동료들과 몰래 밤새워 하는 '도둑 작업'으로 경쟁하는 일을 생활의 보람이라고 명명한다.[10]

9 김병훈, 「시대를 따라 성장한 주인공들」, 『문학신문』, 1963. 8. 20.

장문의 편지에서 드러나는 기사 서칠성의 면모 또한 누이의 열정적 형상과 그다지 차이나지 않는다. 서칠성 또한 철도 건설 현장에서 대학 진학조차 미룬 채 생산의 목표를 앞당기기 위해 불철주야 작업을 마다하지 않는 청년 기사다. 그는 금강산에서의 특별 휴양도 거부한 채, 작업장으로 돌아와 블록 조립식 작업을 제안하며 생산 효율을 극대화하는 창안자로서, 진정성을 지닌 노동자상을 보여 준다. 그는 자신의 작업장이 6·25전쟁에 참전했다가 자신만 살아남고 모두 전사한 격전지임을 상기하면서, 작업 완료 일자를 앞당기기 위해 새로운 창안과 작업의 효율을 제고하기 위해서 불철주야 노력한다. 그는 전우의 죽음을 회상하며 국가의 철도 건설이야말로 적들과의 대결임을 자각한 국가의 청년이다.

서칠성과 함께 밤새 흙을 져 나르다가 동 트는 하늘가에 드러난 산과 새벽 바람을 보내는 무연한 벌판을 바라보면서, 누이는 편지 속에서 다음과 같이 자신의 마음을 전한다.

> "그 산발과 그 벌판에 대하여 여적 느낀 일이 없던 그런 뜨거운 생각이 가슴에 뭉클 솟았습니다. '조국 땅이여! 이 철부지로 자라난 딸년을 용서하여 주소서!……' 땅에 무릎을 꿇고 엎디어 이렇게 빌고 싶은 생각이 뜨겁게 온몸을 달구는 것이었어요."(「〈해주-하성〉서 온 편지」, 55쪽)

새벽 벌판을 바라보며 고양된 누이의 애국심은 지극한 향토애와 함께 자신의 나약했던 지난 날을 반성한다. 그녀는 철부지와 같았던 지난 날의 나약했던 자신을 질타하며 조국 산천에 무릎 꿇는 경건한 자세를 보여 준다. 국토에 감읍하며 나날이 변모해 가는 산천을 향해 드리는 이 같은 반성과 결의는 애국주의를 향한 경건한 종교 의례를 보여 준다.

10 「〈해주-하성〉서 온 편지」에 부분적으로 등장하는 도둑 작업의 장면은 그의 다른 단편 「별」(『문학신문』, 1961. 7. 21.)에 그대로 등장한다.

누이에게서 드러나는 한껏 고양된 감정은 아름다운 향토에 대한 숭고함 그 자체다. 장중한 새벽 시간대는 향토를 신성화하고 국가의 발전에 참례하는 예배의 시간대인 것이다. 그러니까 이 의례의 순간은 지난 날 겪었던 전쟁의 참화를 극복해 낸 기성 세대들의 공과에 고개 숙이는 한편, 사회주의의 찬란한 미래를 앞당기는 역할을 당과 국가로부터 부여받은 청년들이 신탁(神託)을 확인하는 신화적인 순간이기도 한 것이다. 장중한 분위기와 고양된 감정이 그러한 제의적 성격을 잘 보여 주고도 남는다.[11]

향토에 대한 자신들의 애정을 드러내며 사회주의 낙원을 건설하겠다는 천리마 시대의 청년상은 "사랑하는 고국의 대지를 / 화려하게 수놓아 가리라" 하는 결의와, "인민의 영원한 봄을 꽃피우"[12]겠다는 다짐으로 나타난다. 「길동무들」과 「나의 벗들」 또한 예외가 아니다. 철도 건설의 현장성과 함께 창의적인 작업을 선도하는 청년 기사의 진정성을 누이의 목소리로 된 장문의 편지글에 담아낸 「〈해주-하성〉서 온 편지」와는 달리, 이 두 작품은 일상의 현실 안에서, 범람하는 사회적 활력을 포착하는 방식을 취한다.

「길동무들」은 철로에서 만난, 잉어 새끼를 양식하며 풍요로운 미래를 소망하는 명민하고도 억척스러운 양어공 처녀를 바라보는 서술자가 등

11 반면, 청년들이 기성 세대들로부터 시대적 과제와 역할을 부여받는 과정에서 불화하는 모습은 김병훈의 「긍지」(『조선문학』, 1962. 3)에서 징후적으로 나타나고 있다. 여기에는 젊은 공장 지배인의 시선으로 3천 마력짜리 펌프 10대를 4월까지 만들라는 당의 지시를 경사로 받아들이는 당위원장의 태도에 곤혹스러움과 의아함으로 대하다가 전쟁기에 치른 위원장의 고난을 이해하고나서 당의 지시를 달성한다는 이야기다. 여기에는 기성 세대의 전쟁 상흔과 청년 세대들의 원활하지 못한 현실을 봉합하는 대목이 있다. 당위원장은 문학 서클에서 청년들에게 먼저 3천 마력짜리 펌프에 대한 시를 쓰게 만들고, 그런 다음 자신이 전쟁의 시기에 공장의 펌프들을 지키려다 죽음을 맞은 동료 기술자를 회상하면서 공장 지배인과 청년 세대 근로자들에게 임무를 달성하게 만드는 의욕을 고취시킨다. 이 같은 이야기 설정은 당의 지시에 불평할 게 아니라 조건의 열악함을 차라리 긍지로 받아들이면서 생산 의욕을 고취시키려는 국가 이성의 존재를 환기시킨다.

12 안용만, 「당의 심장으로」, 『조선문학』(1960. 10), 71쪽.

장한다. 그는 도당 위원장이다. 이 서술자는 이를테면 당이 어떻게 인민과 제휴해야 하는지를 잘 보여 주는 국가의 시선을 나타낸다. 여기에서 다시 한 번 북한의 소설(또는 문학)은 근대 국민 국가의 탄생과 함께한다는 고전적 명제를 환기시켜 준다.

서술자는 열차간에서 노래부르는 청춘 남녀들에게서 "청춘! 준엄한 투쟁과 시련! 참 얼마나 훌륭한 말인가!……" 하는 감회를 느끼며 양어공 처녀의 행동을 자애로운 눈길로 관찰한다. 양어공 처녀는 승강대에서 자신을 가로막는 개찰원 청년에게 항변한다. 개찰원 청년은 승강대 앞에서 초롱을 붙들린 양어공 처녀의 얼굴을 오래 마주 볼 용기도 갖지 못할 만큼 옹색하다. 그만큼 그녀의 인상은 빛난다. 개찰원 청년을 압도하는 것은 "대번에 사람의 마음을 잡아 끄는 …… 발랄한 생기"다. 이 생기는 이를테면 공산주의를 실현하는 새로운 인간이 만들어 내는 아우라다.

도당 위원장인 서술자의 시선에 포착되는 양어공 처녀의 모습은 균형 잡힌 날씬한 몸매와 낮고 부드러운 목소리, 곤색 작업복 차림이다. 그 모습은 사회주의 낙원 건설을 위해 매진하는 청년의 복장이기도 하다. 그녀는 규정에 얽매여 기계적으로 업무를 처리하려는 개찰원과 맞선다. 그녀는 개찰원을 설득해 물초롱에 담긴 잉어 치어 5만 마리를 애지중지하며 기차에 올라탄다.

초롱에 담긴 물고기는 이태 후 수만 마리로 번성할 조국의 미래이기도 하다. 양어공 처녀는 벅찬 미래를 상상하며 기차 속 여행객들과 대화를 나눈다. 그녀는 이태 후면 한 마리가 반 킬로나 되고 삼 년이면 한 킬로가 되므로, 초롱에는 물고기가 25톤 내지 50톤이 들어 있다고 당돌하게 발언한다. 그녀가 설명하는 잉어 양식은 논과 밭, 늪 그 어디서나 기를 수 있다는 것, 물 속 미생물과 모기 유충, 벼를 괴롭히는 해충을 잡아먹으며 큰다는 것, 배설물은 훌륭한 비료가 된다는 것이다. 처녀의 양어학

강의는 인민의 물적 토대를 확충하려는 북한 사회의 의지를 담아, 각 분야의 믿음직한 천리마 기수의 역정과 역량을 충분히 설명해 준다.

> "……그러니 여러분, 담수 양어는 결코 없수이 여길 수 없는 일입니다. 우리 나라에서 얕잡아도 20 내지 30만 정보의 논과 저수지에다 고기를 기를 수 있는데 앞으로 여기서만 해도 한 해에 20만 톤 이상의 생선이 나올 수 있습니다. 자 그렇게 되면 온 강산이 쌀과 고기더미 속에 묻히지 않겠습니까? 이것은 절대로 꿈이 아니라 래일의 현실입니다!……"
>
> 처녀의 이야기가 어찌나 자신만만하고 선명하고 격동적이였던지 우리는 그의 홍분으로 하여 붉어진 얼굴과 열정에 불타는 까만 눈동자를 바라보면서 세상엔 양어공보다 더 보람찬 사업은 없으며 그리하여 당장이라고 양어공으로 직업을 바꾸고 싶은 생각이 일어났을 지경이였다.(「길동무들」, 55쪽)

열차 승객에게 행해지는 양어공 처녀의 일장 훈시는 승객 모두가 양어공으로 직업을 바꾸어 버리고 싶을 만큼 열정적이다. 이 감화력이야말로 김병훈 소설이 가진 낭만성의 요체다. 그 감화는, 인민과 조국의 미래를 풍요롭게 만드는 청년 일꾼들의 노력과 분투가 나라의 부강함을 가져오는 역사(役事)이자 "래일의 미래"라는 점에서 당위적 현실을 앞당기려는 의지의 산물이다. 그 결과, 승객 중에서 할아버지와 중년 농민은 조합에 돌아가서 꼭 양어를 시작하겠다고 다짐하며 처녀의 손목을 잡고 치하한다.

이러한 감화의 힘은 김병훈의 소설이 가진 개성이자 특질을 이룬다. 그의 소설은 당과 국가의 시대적 과제를 청년 기수의 열정과 미래를 향한 기획과 결합시켜 만들어 낸 공산주의 인간학의 한 전형을 구성해 낸다. 양어공 처녀의 감화력이 가진 원천이 지식 다음으로 무엇인지, 그러한 신념을 만들어 낸 깨달음이 어디서 온 것인지는 정작 뒤에 가서 밝혀진다. 그녀는 승객에게 일장 훈시를 한 뒤, 승강대 계단 한 구석에서 강경애의 소설 『인간문제』를 다 읽는다. 그런 다음 그녀에게 다가선 서술자와 대화를 나눈다. 양어공 처녀는 강경애의 소설에서 식민지 하에서 노동 운동에 가담한 여주인공 '선비'가 왜 폐결핵으로 죽을 수밖에 없었는지 애통해 한다.

서술자는 계급 사회의 잔인한 발굽에 짓밟혀 죽어간 소설 여주인공 '선비'의 비극적인 운명 앞에 울분을 토하는 처녀의 순정과 열정 앞에 대답할 말을 잠시 잃는다. 양어공 처녀는 주인공의 죽음에서 얻은 깊은 교양을 바탕으로 식민 지배의 참혹한 현실과는 다른 사회주의의 미래를 창조하기 위해서 스스로 헌신하며 열정으로 새로운 사회주의 낙원을 건설하고자 한 것이다.

여기에서 빛나는 대목은 서술자에게 청년 세대가 가진 긍지와 자부심을 피력하는 대목이다. "아바이, 우리 사회에선 …… 어떻게 하면 사람들에게 더 많은 행복을 가져올가? 모든 사람들이 백 년 이백 년씩 만수무강하여 온갖 기쁨을 다 누리며 살게 할 수는 없을가?"(57쪽) 양어공 처녀의 이 같은 발언은 애국심과 맞물린 시대 정신이 조화롭게 구현된 공산주의자의 매혹적인 형상을 잘 보여 준다. 이처럼 청년과 열정을 서정적으로 주조해 낸 공산주의적 인물 형상은 김병훈의 역량에 의한 것이다.

「나의 벗들」에 등장하는 청년 주체들도 위에서 거론한 양어공 처녀와 동류에 속한 천리마 시대의 역군들이다. 작품의 서술자는 농촌으로 취재를 떠난 작가다. 그가 취재를 떠난 것은 예전엔 몹시 궁벽한 빈촌이었으나 변전한 마을 모습을 갖춘 곳이다. 이곳으로의 취재 여행은 떨치는 천리마 시대의 새로운 풍경을 담아내기 위해서다. 「나의 벗들」에 담긴 3편의 이야기('1. 도에서 온 지도원', '2. 만나지 못한 주인공', '3. 친정어

천리마운동을 독려하는 포스터

머니')는 모두 작가가 취재길에서 만난 이야기 속 주인공이 직접 들려 준 것이거나 아니면 주변 사람들이 대신 들려 준 사회 일화다.

첫 이야기는 상업 전사에 관한 일화다. 염전 종합상점에 파견된 여성 지도원은 상점 지배인에게 아무 물건이나 팔아먹으면 되는 자본주의 장사꾼이 아니라고 다그친다. 그녀는 "매상고보다 먼저 상점 지구 주민들의 의식주 즉 살림살이를 잘 꾸려 주는 문제"(「나의 벗들」, 71쪽)를 해결해야 한다고 주장한다. 그녀는 염전 노동자의 오랜 습속이 배어 있어서 대궐 같은 집에 장롱이나 재봉틀, 라디오 같은 살림살이 하나 장만하지 않은 '병집(=병증)'에 주목한다. 그녀는 이 같은 낙후된 병증(病症)이 왜정 때부터 만들어진 낡은 사상에서 비롯된 것으로 규정한다. 그리하여 그녀는 염전 노동자 가정을 찾아 그들을 한 사람씩 설득하고 감화시켜 변화를 이끌어낸다.

> "'야 이 더러운 미국 승냥이들아! 지주 자본가 놈들아! 우리 로동 계급이 얼마나 본때 있게 잘사나 보란 말이다! 어디 우리 조선 로동 계급의 위력 앞에 덤빌 테면 덤벼 봐라. 목줄띠를 분질러 버릴 테다!' 하는 배심(=뱃심)으로 우리는 생활을 튼튼히 꾸려야 한다고 생각합니다. 당의 뜨거운 사랑이 인민들에게 옳게 가 닿는가 못 닿는가 하는 것은 오직 우리 상업 전사들 손에 달렸지요!"(「나의 벗들」, 73쪽)

여성 판매 지도원의 목소리에 담긴 것은 천리마운동을 통해 마련된 사회주의 경제 체제의 우월감과 경제적 활력에 대한 자신감이다. 상업 전사의 과업은 로동 계급의 향상된 경제적 삶을 통해서 적대적 타자인 미국에 대한 증오와 지주, 자본가에 대한 적개심과 우월함을 과시하는 것으로 끝나지 않는다. 그녀는 "당의 뜨거운 사랑"을 "인민들에게" 베푸는 손길이라는 국가 이성의 목소리를 대변하는 것이다.

그녀는 단순히 상품 공급의 차원을 넘어 술망나니가 된 청년 '동수'를 구원하기 위해서 인간 개조 사업에도 팔을 걷어붙인다. "보람찬 오늘과 광활한 래일을 모두 술잔 속에 말아먹고 있는 그 청년"(75쪽)을 구원하기 위해 그녀는 "자네 동창들이 모두 천리마를 타구 몇 만 리를 날아갔나?"(77쪽) 하며 근황을 알려 주며 자극한다. 그녀는 불같이 화를 내는 동수에게서 "우리 시대의 청년으로서의 긍지"를 포기하지 않은 채 자꾸만 뒤처지는 열등감을 간파하고 설득에 나선다.

그녀는 동수와 마음을 터놓고 상의하는 과정에서 그에게 과업을 부여한다. 야간 고중에 편입할 것과 1962년 신학기에는 공대 입학 시험에 응시할 것과 여름 내로 염전 운반 작업에 도움이 될 기계를 창안할 것 등이 바로 그것이다. 동수를 이끌어 천리마 시대의 흐름 안에 참여시키는 과정에서 느끼는 여성 지도원의 보람과 자긍심은 상품 판매를 통한 인민 경제의 풍요로움만이 아니다. "비로소 자꾸자꾸 변성해 가는 우리 인민들의 행복과 부강해 가는 나라의 큰 살림을 직접 육감적으로 제 온몸이 뻐근하게 느끼게 되고, 그래서 일의 보람을"(79쪽) 느끼는 것이 그녀의 자부심인 셈이다.

두 번째 이야기인 '만나지 못한 주인공'은 옛날 뜨락또르(=트랙터) 운전수로서 6·25전쟁에 참전했다가 부상을 입고 배치된 제대 군인 최남수에 관한 일화다. 그가 당위원장에게 애원하여 뜨락또르 '천리마' 대신 당위원장이 몰던 '세80'를 고쳐서 개간지를 더 늘리는 한편 알곡 생산을 획기적으로 늘리기 위해 뜨락또르를 투입할 것을 제안하고 이를 성취한 일화의 주인공이다. 통념과 편견을 벗어던지고 농업 기계화에 앞장서는 최남수의 진취적인 사고와 실행 능력은 "매 같은 친구", "제 코 앞만 보는 두더지가 아니라 높이 나래쳐 올라서 세상과 먼 앞길을 내다보며 솜씨 크게 일하는 친구"(「나의 벗들」, 89쪽)로 규정되고 있다.

세 번째 이야기 '친정어머니'는 스물을 갓 넘긴 조산원 처녀의 일화다. 조산원 처녀는 봉건적인 사고를 지닌 쇠약한 임산부인 며느리 근처에도 못 오게 한 할머니를 감복시키면서 그 날부터 일약 혁신자로 바뀌었다는 사연과 함께 마을 임산부들을 지성으로 거두면서 '친정어머니'라는 별명을 얻게 된 사연을 들으면서 보건 일꾼의 역할과 중요성을 전파하는 청년 주체다. 그녀는 입덧으로 고생하는 임산부를 위해서 밤새워 음식을 만들어 영양을 책임진다. 그녀의 감동적인 행위는 감화의 파급력을 발휘하며 마을 사람들로부터 '친정어머니'라는 명예로운 별칭을 얻는다. 조산원 처녀의 활약상이 당과 국가의 역할을 위임받은 것임을 넌지시 알려 주는 것은 당연하기까지 하다. "사실 보건 일꾼처럼 인민에 대한 당의 사랑과 당의 현명한 정책을 사람 사람들의 가슴마다에 불씨처럼 뜨겁게 심어 줄 그런 교양자는 없지요"(「나의 벗들」, 95쪽)라는 조산원 처녀 성심의 말처럼 천리마 시대의 보건 일꾼의 가치는 정책을 구현하는 전위의 역할과 사회 곳곳에 변화와 개조를 이끄는 전범이 되기에 충분하다.

철도 구간 공사 현장의 일꾼에서 철로 여행길에서 만난 양어공 처녀, 산골로 취재를 가다가 만난 여성 판매 지도원, 조산원 처녀에 이르기까지, 이들의 일화에게 발견되는 이야기들은 한결같이 공산주의자로서의 이상과 실천을 가슴에 품고, 그들이 헌신하며 이룩한 놀라운 사회 변화에 대한 기적의 성공담이다. 이들은 "숨이 딱 막히고 가슴에 무엇인가 뜨거운 것이 꽉 들어차다 못해 터질 것만 같은" "벅찬 감정"(「〈해주-하성〉서 온 편지」, 29쪽)을 불러일으키는 전위다. 이들은 "사랑이 사람을 믿고 살 수 있으며 일하기가 흥겨우며 산다는 것에 대한 희열과 낭만과 의욕"[13]을 낳게 만들기 위해 불철주야 노력하는 직능인들이다. 또한 이들은 "부지런히 일하는 근면한 창조적 로동의 인간", "당과 조국에 대한 충성심, 자력 갱생의 혁명 정신, 계속 전진, 계속 혁신의 불굴의 혁명적 지향성, 계급적 원쑤에 대한 불타는 적개심을 소유한 사회주의적 애국주의자들이며 새 형의 공산주의적 인도주의의 구현자들"[14]이다. 이들은 그러나 온화하고 겸손한 얼굴 표정과 낮지만 단호한 목소리, 신념과 교양을 구비한 열정적인 청년의 형상을 가지고 있다. 그 형상은 윤리와 높은 도덕성의 요구에 부합하는 공산주의 인간학과 천리마 시대가 요구하는 사회적 활력을 갖춘 상상된 주체인 것이다.

3. 천리마 소재 소설을 통해서 본 북한 사회

김병훈의 천리마 소재 소설을 통해서 1950~1960년대 북한 사회가 가진 활력의 실체를 접할 수 있다. 사회주의 경제 기반이 마련되고 현저하

13 김병훈, 「만족과 불만족」, 『문학신문』, 1962. 12. 4.
14 앞의 글, 같은 곳.

게 인민의 삶이 이전 시대와는 확연하게 다르게 개선된 구체적인 풍경이 자신감에 가득 찬 인물들의 발언으로 드러난다. 그러나 이 글에서는 천리마 시대의 기수들이 바로 공산주의적 인간으로서는 처음 가시화된 청년이라는 점, 그리고 그 인물들이 모두 열정적인 주체라는 점에 주목해 보았다. 이들 청년은 당과 조국에 헌신하며 자력갱생의 혁명 정신으로 무장하고 작업의 난관을 새로운 창안으로 돌파하며, 교양과 신념으로 인민들을 계몽하거나 계도하면서 사회 분위기와 통념을 쇄신하는 일화를 낳은 열정의 소유자이자 시대의 주인공들이다.

김병훈의 1960년대 소설에서 우리가 주목해 본 천리마 소재 작품의 주인공들은, 비록 국가의 시선에서 호명한 이데올로기적 주체로서 상상적 개인들이다. 하지만 이들의 이야기 안에는 생경함보다는 동시대 북한 사회가 가진 건강한 소박함을 엿볼 수 있으며 경제 정책의 성공에 따른 자신감과 체제의 활력을 반영하고 있음을 확연히 알 수 있다. 김병훈은 시대의 이 같은 분위기와 매혹적인 새로운 인간상을 청년과 열정이라는 키워드로 수렴해 "천리마 시대의 생활에 대한 홍겨운 기분"을 불러일으키는 환기력을 보여 준 작가다.

김병훈의 소설은 단순히 천리마 시대를 서정적으로만 그려낸 것이 아니라 생활과 문화 전반에 걸친 활력을 확장시키는 근대 국가의 정책과 맞물린 근대 소설의 양상을 잘 보여 준 사례다. 「나의 벗들」의 결미에 있는 다음 구절이 그러한 사실을 잘 확인시켜 준다.

> "이리하여 어느덧 나에게 있어서 비상한 하루는 평범한 하루로 되었으며, 어느덧 '나의 벗들'은 나의 좁은 가슴과 작은 심장으로는 다 포용할 수 없으며 헤아릴 수 없을 만치 자라났다. / 나는 밤마다 하루를 회고하고서는 이렇게 가슴이 벅차지군 한다. / 그리하여 나는 우리의 이 황홀한 시대와 공산주의적인 새 인간들을 키워 낸 위대한 당 앞에, 삶이 이토록

보람 있다는 것을 비로소 이 땅 우에 사는 모든 사람들에게 가르쳐 주신 어머니 당 앞에 깊이깊이 고개를 숙이고 감사라는 말로 표현하기에는 너무나도 옹색한 그보다도 더 뜨겁고 깊고 크낙한 지성을 삼가 드리게 되는 것이다."(「나의 벗들」, 97쪽)

:: 참고 문헌

김병훈, 「〈해주-하성〉에서 온 편지」, 『조선문학』, 1960. 4.

김병훈, 「길동무들」, 『조선문학』, 1960. 10.

김병훈, 「별」, 『문학신문』, 1961. 5. 16.

김병훈, 「나의 벗들」, 『조선문학』, 1961. 9.

김병훈, 『긍지』, 『조선문학』, 1962. 3.

김병훈, 「만족과 불만족」, 『문학신문』, 1962. 12. 4.

김병훈, 「시대를 따라 성장한 주인공들」, 『문학신문』, 1963. 8. 20.

김성보 · 기광서 · 이신철, 『북한현대사』, 웅진지식하우스, 2004.

김은정, 「김병훈의 문학과 삶」, 『문학과 경계』 23집, 2006년 겨울.

김정일, 『주체문학론』, 조선로동당출판사, 1992.

박종원 · 류만, 『조선문학 개관(2)』, 인동, 1988.

안용만, 「당의 심장으로」, 『조선문학』, 1960. 10.

유임하, 「청년과 열정, 감화의 이야기 방식」, 『문학과 경계』 23집, 2006년 겨울.

윤기덕, 『수령형상문학』, 문예출판사, 1991.

천세봉, 「천리마 시대와 소설 문학」, 『문학신문』, 1961. 3. 21.

황종연, 「노블, 청년, 제국」, 『상허학보』 14집, 상허학회, 2005. 2.

오영재론: 『행복한 땅에서』, 『대동강』

분단 극복의 시적 행로

노귀남

1. 시인 오영재의 생애와 작품

분단 시대에 사는 시인은 일종의 '원죄인'이다. 시대와 현실을 번민하지 않는 데에서는 인간의 문학이 나오지 못하기 때문이다. 그리하여, 말 못할 사연까지, 인식의 끝까지 가는 시인의 집은 행복하더라도 외면할 수 없는 깊은 그늘이 있다.

이산 가족인 오영재는 만경대 구역 광복거리에 마련된 문예인 전용 주택에서 살고 있다.[1] "아름다운 대동강 기슭에 내가 사는 집이 있어라 / 례사로이 어느 때나 여닫는 문이 있고 / 따사로운 해빛이 흘러드는 창문가엔 / 내가 사랑하는 화초들이 향기를 풍기고 있는 집 // 이른 새벽에도

1 살고 있던 집도 불편이 없었는데 '13차 세계청년학생축전을 계기로 특색 있게 지은 광복거리의 정원식 주택'을 1989년 김정일의 배려로 받았다(오영재, 「위대한 령도자, 복받은 시인」, 『조선문학』, 1997. 2. 55쪽 및 「80년대여, 영원히 너를 잊지 않으리」, 『조선문학』, 1989. 12, 25쪽).

한밤중에도 / 때없이 행복이 문을 두드리면 / 온 집안에 기쁨과 웃음을 피워 주는 집 / 이 나라 공민이 누릴 수 있는 그 모든 것을 향유하는/ 안정된 삶의 보금자리"[2]가 역설적이게도 '가장 눈물 많은' 시인의 집이다.[3] 그의 눈물은 '이유를 알 수 없이' 시작되어 때없이 맺히는 눈물이 되고, 통한이 되었다. 시인의 운명이었던가.

오영재는 1935년 전남 강진군 대기면 소룡리에서 7남매 중 둘째아들로 태어났다. 아버지는 광주사범 출신인 오유길 씨이고, 어머니는 시 「슬픔」[4]에서 시인의 육성으로 불렀던 "곽앵순 엄마!"다. 그는 오씨 마을인 강진군 군동면 화산리에서 어린 시절을 보냈고, 소학교는 함평에서, 중학교는 강진에서 다녔다. 교원이었던 아버지의 잦은 전근 때문이었다. 그는 강진국립농업중학교 3학년 재학 중이던 1950년 7월 의용군이 되었다. 그는 전선을 따라 그 해 12월에 평양까지 갔다. 가족도 자신도 뜻하지 않은 분단 역사의 소용돌이에 선 것이다.

그 후 오영재는 김형직사범대학 조선어문학부를 졸업하고, 조선문학예술종합출판사에서 기자 겸 시인으로 활동하다가 1970년대 조선문학창작사로 옮겨 시인으로 본격적인 창작을 했다. 그는 1989년에 시 「주체의 기치 높이 사회주의 한길로」라는 작품을 통해 김일성상을 수상하면서 북한을 대표하는 시인으로 자리매김한다. 이후 최근까지도 가장 왕성하게 활동하는 작가의 한 사람으로 꼽히고 있다.

2 오영재, 「수호자의 선언」, 『조선문학』(1996. 6), 34쪽.

3 1990년 8월 범민족대회 북미주 대표단의 일원으로 방문한 김영희의 기고에 의하면, 8월 21일에 오영재의 집에서 환송회가 열렸는데, 아래층에 거실, 부엌, 방 1개, 화장실이 딸린 목욕탕이 있고, 위층에 방 4개가 있으며, 거실에는 대형 냉장고, 텔레비전, 대형 녹음기와 동양화 한 폭이 걸려 있는 정갈한 분위기로 묘사하고 있다. 이 날 "술을 가장 많이 마시고, 가장 많이 눈물을 흘린 이는 오영재였다"고 한다(「범민족대회에서 만난 북의 문인들」, 『한겨레신문』, 1990. 9. 4.). 이 방북기로 인해 동생 오형재는 1966년 방첩대에 불려가서 들은 형의 생존 확인 이후 처음으로 북에서 시인이 되어 있고, 더구나 사흘에 한 번은 어머니 꿈을 꾼다는 형의 실제 소식을 들었다.

4 『통일문학』(2002, 창간호)에는 「곽앵순 엄마!」로 게재함. 2000년 8월 16일 이산 가족 상봉단으로 온 시인이 1995년에 83세로 돌아가신 어머니께 제사 드리며 제문으로 올린 시다.

시 「작별」에 보면, 시인으로의 의식의 심층을 내비친다. 전선을 따라 평양에 처음 들어갔을 때, 여맹위원장집에 며칠 휴식하면서 쪽거울에 비친 자신의 얼굴을 본다. '낯선 청년'을 물끄러미 바라보는 시인의 시선은 자신에게서 영영 떠나가 버린 홍안의 소년을 찾는지, 전선따라 멀어진 고향의 가족을 찾는지. 자신에게도 낯설어 버린 아득한 처지를 반추하고 있다.

어데까지 따라 왔느냐
홍안의 그 소년은
적과의 접전으로 귀뿌리가 따겁던
락동강의 그 모래언덕까지였더냐
태백산줄기를 넘을 때
잠시 배낭에 기대여 쪽잠에 들던
그 락엽지던 산마루까지였더냐
아니면 적후 제2전선 활동으로
양구를 해방하던 서리 낀 그 아침이였더냐

이제는 내가 올 길은 다 왔다고
청년기의 문턱으로 나를 넘겨 주고
부디 잘 가라
멈춰 서서 석별의 손을 흔들며
포연 덮인 산야에 흩어져 간
그 지점이 분명 있었으련만
모르고 왔구나
사랑스런 소년아

불현듯 내 두 볼로 눈물이 흘러내렸거니
내 지금도 그 눈물의 의미를 알 수 없어라
기뻐서도 아니고 슬퍼서도 아닌 그 눈물

—시 「작별」(『조선문학』, 2003. 4)에서

이 장면은 문학적 의식의 출발점이자 시인의 의식 깊이 각인된 지울 수 없는 상처일 텐데, 왜 의미를 알 수 없다고 하고 있는가. 우리가 그것을 스쳐 지나지 않는다면, 개인의 문학적 삶에서 분단 한의 깊이만큼 점철되는 어떤 형상을 길어낼 수 있을 것이다.

그런데 우리가 오영재를 분단 시인으로 읽는 데는 많은 한계가 있다. '사실'이 아니라 '문학적 가치'의 문제로 평가할 때, 북한 사회주의 체제의 문학을 바라보는 시각이 문제되기 때문이다. 그가 말했듯이, 늘 함께 있는 사랑과 행복의 진정한 가치를 못 느끼지만 '뜻하지 않게' 거리를 가지거나 상실되었을 때, "격렬한 정신적 충동과 마음의 격랑"을 체험하게 된다. 전쟁 체험을 그는 "인민들에게 조국에 대한 사랑과 원쑤에 대한 증오를 키우는 하나의 대학"이라고 했지만,[5] 한 개인의 입장으로는 삶을 송두리째 앗기는 일종의 폭력이 될 수 있다. 숭고한 희생인지 억울한 원한인지, 그 경계의 모순까지도 탐색하는 눈을 용서하지 않는다면 오영재에 대한 작가론도 무의미해질 것이다.

오영재가 제1차 남북이산가족방문단 서울 상봉(2000. 8. 15~8. 18)에 이산 가족의 한 사람으로 왔을 때, 고은과의 만남에서 그는 "시인은 이산자"라고 말했다.[6] 이산자 시인이 아니라, 시인이 이산자라는 의미를 고은은 "시인은 본질적으로 세계와 고향으로부터 흩어진 존재이고, 민족의 통한인 이산 문제를 시의 울음으로 대변해야 하는 존재"로 해석했

5 오영재, 「전쟁과 조국애」(수필), 『조선문학』(1981. 6), 63쪽.
6 고은, 「특별 기고: "우리는 모국어의 자식들이었다"」, 『시사저널』 566호(2000. 9. 1), 10쪽.

오영재(우) 시인과 박경심 시인

다. 남북이 화해와 협력의 시대로 가고 있는 오늘, 한 시인을 평가하는 시각은 남북이 공존하는 방법을 찾는 하나의 고민이 된다. 이 측면에서 오영재 시인의 문학적 삶, 즉 시인은 이산자라는 원죄 또는 모순의 삶을 통해 분단의 심층적 문제를 풀어내는 어떤 좌표를 찾을 수 있다.

2. 작품 세계

1) 주요 작품 목록

오영재의 시작품에는 특히 서정시가 많으며, 분단의 아픔과 통일을 노래한 시작품 외에도 가사, 수필, 논설 등이 있다. 1995년 12월에 '로력 영웅' 칭호를 받았다. 1989년 3월 북측이 제의한 남북작가회담 예비회담에서 대표로 참가했으며, 조국통일범민족연합 북측 본부 중앙위원회 위원

등의 대외적인 활동도 적극적으로 했다.

주요 시작품으로는 「선언」, 「조국이 사랑하는 처녀」, 「여기에 광부들의 일터가 있다」, 「복수자의 선언」, 「수도건설청년돌격대 시초」(시초), 「인민군 전사들은 수령의 명령을 기다린다」, 「조선인민의 결심」, 「새 고지를 향하여 앞으로」, 「푸른 소나무」, 「당에 끝없이 충실할 때」, 「세월과 함께 빛나는 집」, 「전위의 대오를 굳게 짜자!」, 「태양은 누리를 비친다」(장시), 「새벽도 세 시가 넘었는데」, 「주체의 태양」, 「영원히 하나인 조선의 길이여」, 「갑인년 호랑이」(풍자시), 「전용 '헤리꼽터'」(풍자시), 「역적을 심판한다」, 「만민의 태양」, 「어버이 수령님께 드리는 헌시」, 「당은 나의 어머니」, 「오늘도 영광의 노래되여」, 「10월의 대회장으로」, 「이 땅에 수천 갈래 길은 많아도」, 「백두의 해돋이를 우러러」, 「영원히 주체의 기치 높이」, 「한끝에서 한끝을 생각하는 마음」, 「못 잊을 저녁」, 「나의 신념」, 「아, 우리 수령님」, 「빛나는 그 모습」, 「대동강을 기행하면서」(시초), 「소원은 해를 따라」(연시), 「사랑의 미소」, 「친선의 수만리 길 우에서」(시초), 「반전, 평화의 이름으로」, 「인간의 도덕」, 「인간의 수양을 론함」, 「아기엄마의 사죄」, 「모자」(담시), 「오! 주체사상탑이여」, 「대탕지의 전설」(서정서사시), 「인민의 태양」(서사시), 「격동의 나날에」(시초), 「백두산의 종달새」, 「위대한 믿음의 글발」, 「로병의 고백」(산문시), 「빛나라, 불멸의 위업이여」(장시), 「꿈나라로 가거라」, 「더 높은 정치적 자각을 안고」, 「우리 다 알지 못하리」, 「장군님 식솔」 등이 있다.

가사와 영화 주제가도 많이 지었다. 가사 작품으로는 「빨찌산의 녀전사를 잊지를 마오」, 「우리 사는 마을」, 「남조선 혁명 지원의 노래」, 「우리의 행군길」, 「이 심장 당과 함께」, 「노래하세 우리 민족」, 「인민은 한마음 당을 따르네」, 「더 높이 부르자 투쟁의 노래」, 「빛나는 그 모습」, 「영웅들처럼 살며 싸우리」, 「우리 모두 시대의 영웅이 되리」, 「청춘거리의 밤이여」, 「흰눈 덮인 고향집」, 「우리 모두 시대의 영웅이 되리」, 「전투에서 전투에로」, 「조국통일 한길로」, 「조국통일 행진곡」, 「당이여 나를 불러다오」, 「사랑의 미소」, 「위대한 향도의 기치」, 「위대한 그 영상 영원하리」, 「백두의 고향집 찾아가네」, 「주체의 기치 높이 사회주의 한길로」, 「인민은 우리 당에 영광드리네」, 「백두의 말발굽소리」(신운호 공동 작사), 「초소를 지키는 마음」(예술 영화 『높은 산정에서』의 주제가), 「장군님 지켜가리」(예술 영화 『민족과 운명』의 주제가)가 있다. 이 외 논설 「생활에 대한 시인의 리상」(논설)과 수필 「전쟁과 조국애」 등의 글이 있다.

단행본으로는 『당의 부름 받들고』(공저, 문예출판사, 1971년), 『행복한 땅에서』(시집, 문예출판사, 1973년), 『태양은 빛나라』(공저, 문예출판사, 1978년), 『행복하여라 인민의 나라』(공저, 문예출판사, 1978년), 『영원한 당과 함께』(시집, 공저, 문예출판사, 1980년), 『철의 서사시』(시집, 문예출판사, 1981년), 『당을 따르는 충성의 전위』(공저, 금성청년출판사, 1982년), 『대동강』(시집, 문예출판사, 1985년) 등의 저서가 있다.

높이 평가받는 작품으로는 「복수자의 선언」, 「새벽도 세 시가 넘었는데」, 「여기에 광부들의 일터가 있다」, 「영원히 하나인 조선의 길이여」, 「조국이 사랑하는 처녀」, 「조선인민의 결심」, 「주체의 태양」, 「푸른 소나무」(이상 서정시), 「수도건설청년돌격대 시초」(시초), 「인민군 전사들은 수령의 명령을 기다린다」(시), 「태양은 누리를 비친다」(장시), 「갑인년 호랑이」, 「전용 '헤리꼽터'」(이상 풍자시) 등이 『조선문학사』에 올랐다. 「오! 주체사상탑이여」는 대동강변에 있는 주체사상탑에 새겨져 있어 김일성상 계관인으로서의 시인의 위상을 엿보게 해 준다.

2) 고향을 그리는 눈물의 시인

전장은 늘 삶과 죽음이 엇갈리는 극한적이고 모순적인 현장이다. 오영재는 '다행하게도' 그것을 문학으로 감당하기 시작했다.[7] 그는 1·4후퇴 때 북강원도 한 농가에서 전선문고로 출판한 시집들이 불에 그을린 채로 몇 권 남아 있었던 것을 손에 넣었다. 조기천, 박세영, 김조규 등의 시들이었다. 이 때부터 시는 '생의 지향도 명백치 않던 애젊은 병사'의 가슴에 '한 송이 꽃이고, 첫사랑이고, 길동무'가 되었다. 중대의 '꼬마 시인'이란 별명을 얻으면서 전선신문, 인민군신문을 비롯해 작가동맹의 기관지인 『조선문학』에까지 투고를 거듭했다.

습작의 첫 열매로 시 「갱도는 깊어간다」(전선신문 『앞으로!』, 1953. 3. 30)가 발표되었다. 암석 깊이 도화선을 박는 일을 소재로 했는데, '우리 갱도가 깊어감은 / 네놈들의 죽음의 시각이 / 가까워 옴을……' 외친 반제 · 반미 전쟁시다. 포탄 상자를 지고 가면서 무거운 줄 모르고, 포탄이 터지는 속에서도 생각나면 바위 위에 걸터앉아 짬짬이 수첩에 적으며 완성한 시라, 시인에게는 미숙해도 잊히지 않는 작품이라 말한다.

그렇게 전선에서 '시인'이 태어난 셈이다.[8] 시인의 생명은 삶을 건져 올리는 데 있을 텐데, 죽임이 일상이 되는 전선에 서 있다. 자신을 돌아볼 여지도 없이 휘말려가야 하는 아비규환 속에서 자신이나마 어떻게 건져야 하는가. 훗날, 「옛 병사 시절에 대한 추억」으로 묶은 시초[9]에서, 토끼 한 마리 죽여 본 적 없는 손으로 "방아쇠를 당기고 원쑤를 쏜 것"을 백년 숙적인 미제를 소탕하는 "정신의 행위"였다고 그 때 모습을 되짚었다.[10] 50년이 지난 뒤, 그 전쟁에서 숙명고녀를 다니던 위생병 처녀를 "누가 죽였느냐"고, 왜 이산가족상봉단으로 서울에 와서 새삼스럽게 떠올려 묻고 있는가(「녀병사들(1)」에서). 또, 시인이 중상을 입고 후송되어 갔을 때 생명을 지켜 준 처녀 간호원들을 왜 "단발머리 내 어머니들"로

7 오영재, 「로병의 작가수첩을 펼치며: 전쟁과 시」, 『조선문학』(2003. 7), 43–45쪽 참조.
8 나중에 작가동맹에서 일하면서 '작가학원'에서 본격적으로 작가 공부를 하는 배려를 받았다.
9 작별/첫 전투/전쟁 1,000여일/녀병사들(1)/녀병사들(2)/나는 평화를 사랑한다 등 6편이다.
10 오영재, 「첫 전투」, 『조선문학』(2003. 4), 74쪽.

추억하는가(「녀병사들(2)」에서).

> 50여 년 세월이 흘러
> 내 그 나날을 돌이켜보니
> 죽음의 령하 100도로부터
> 삶의 1000도 고열 속으로
> 하루에도 수없이 오가며 벼리여 놓은
> 병사의 몸은 강철의 덩어리
>
> —시「전쟁 1,000여일」(『조선문학』, 2003. 4)에서

말하자면, 그는 50년 세월 동안 삶과 죽음의 모순 속에 단련된 '강철의 시인' 일 테다. 하지만 이념적 단련과 육친의 정이, 국가 집단과 개인이 모순적으로 겹쳐지면서, 그 모순과 고통을 고스란히 지고 사는 삶이 된다. 기실은 눈물의 시인이 된 것이다.

'못 가는 고향을 두고 가슴 태우며 / 사나이들의 눈에 소리없이 피가 맺히는 밤들'(시「복수자의 선언」)을 뒤척이며 번번이 어머니 꿈을 꾸고, '만경봉의 푸른 잔디밭에 뒹굴며 두고 온 어머니를 찾으며 아이처럼 우는' (회상기「나의 발자욱」) 모습은 그의 온 마음이 육친의 정을 찾아 항상 고향으로 향하고 있었음을 말해 준다.

「소원은 해를 따라……」(『조선문학』, 1985. 8), 중국 방문 시초「친선의 수만리 길 우에서」 속의「고향의 위도를 지나며」와「조국을 향하는 마음」(『조선문학』, 1986. 10), 작가 휴양단으로 소련을 방문했을 때 쓴 시「나의 발자욱」(1987) 등은 그가 언제 어디서나 절대로 고향을 잊을 수 없음을 말한다. 그는 함경북도 온성군 풍서리에 세워진 조국의 최북단 표지점에서도 조국의 다른 한 끝 다도해의 바닷가를 생각한다. "최북단의 삼각점은 나에게 묻는다 / 어디에 가 있어야 할 몸이 / 지금 여기

에 와 있는가고 / 나만이 안긴 이 복된 땅에서 / 얼마나 값있게 나이 들고 / 머리가 희여가고 있는가를." 이것은 고향에 가 있어야 할 몸과는 어긋난 자리에 서 있는, 시인의 깊은 회한이 담긴 시이지만, 그 주제는 '통일 위해 한몸 바치라'는 억센 투쟁 의지를 다짐하는 쪽으로 이끌어 낸다.[11]

그 이념적 지향은 "정견과 신앙이 다르면 / 통일을 못 합니까"(시 「다시는 헤여지지 맙시다」에서)라는 절규 속에서는 사라진다. 그가 서울에 와서 "승재형 형재 동생 진이 홍이 필숙아 영숙아"를 목놓아 부른, 그 혈육 사이의 통한으로 말하면 어찌 헤어짐과 분단이 있으랴. 그는 서울 방문 사흘 동안 형제들과 만나면서 "이렇게 얼싸안았을 때 우리의 체온과 눈물은 같지 않느냐"고 했다. 또 창덕궁을 방문한 소감을 묻는 기자에게 "창덕궁과 묘향산의 매미 소리가 같더라"고 말했다.[12]

이렇게 한순간에 이념을 훌쩍 뛰어넘다가도 '7천만이 다 모여 살 / 집을 지읍시다 우리의 집을 지읍시다 / 고려민주련방공화국이라는 큰집을 세웁시다' (시 「다시는 헤여지지 맙시다」에서)고 할 때는 민족의 역사가 체제와 이념으로 갈라지는 지점으로 회귀한다.

그럼에도 불구하고 그는 전쟁을 겪어본 사람이기에, '이 땅에 또다시 / 전쟁의 참화가 들씌워지는 것을' (「나는 평화를 사랑한다」에서) 바라지 않는 평화주의자다. '백년 숙적인 미제를 소탕'한 "정신의 행위"를 서울에서 다시 돌이켜볼 때, 인간애와 생명을 지키고자 한 여병사들이 곧 내 어머니들로서 하나의 혈연인 민족을 상징하는 바이고, 그들이 정작 살아 있어야 할 땅에 없는 현실을 일깨워 문제의 핵심이 남과 북 사이의 대결 국면이 아님을 말하게 된다. 이런 측면에선 그는 절절하게 남과 북 사이의 평화와 통일을 염원한다.

11 오영재, 「한끝에서 한끝을 생각하는 마음」, 『조선문학』(1982. 5), 68쪽.
12 오형재, 「'6 · 15공동선언' 이산 아픔 헤아리는 대화를」, 『한겨레』, 2005. 6. 14.

하지만 분단 체제의 역사 속에는 단순하게 북-미 사이의 대립각을 중심축으로 하는 체제와 이념이 세워진 것만이 아니었다. 복잡하고 골이 깊은 대립과 갈등이 만들어 낸 역사의 질곡은 한 개인의 문학적 삶을 통해 살펴보아도, 전쟁 이후에도 계속되었던 것이다.

3) 사상으로 단련되는 강철의 시인

휴전을 하고 국토 '완정'을 하는 혁명의 꿈이 깨어진 이후, 북한은 사회주의 건설을 위한 개조와 끝없는 혁명을 요구했다. 혁명을 완수할 수 있도록 인민들을 계속적으로 추동하는 수단으로, '계속 혁명'을 하는 주체사상을 만들어 갔다. 이 사상은 북한식 사회주의를 설계해 간 김일성의 사상인데, 그 이념 아래서 문학은 철저한 당문학이 된다. 즉 시인은 당의 노선과 정책을 인민들에게 선전 · 교양하는 역할을 담당했다.

그러면 그 시인은 어떻게 사상적으로 교양되고 단련되는가. 이 점을 개작 과정에 비친 문학적 삶의 단층을 읽어 냄으로써 짚어보자.

『조선문학』에 최초로 발표한 시 「또 하루」(1959. 7)는 1973년 시집 『행복한 땅에서』에 여러 곳을 개작하여 실었다. 이 시는 1956년 4월 제3차 당대회와 인민경제발전 5개년 계획(1957~1961)에서 제시한 사회주의 건설 목표를 2년 반이나 앞당겨 수행하는 노동자들의 하루하루 모습을 담고 있다. 그런데 국가의 건설 목표는 매년 실행되어야 하고, 지속적으로 인민들을 동원하기 위해서는 이념적 수단이 요구된다. 그것이 바로 주체사상화였다. 시 개작은 그 사상적 이행 과정의 변화를 그대로 드러냈다.

원작은 노동 계급의 혁명에 의한 사회주의 건설을 노동자를 주인공으로 내세워 보여 주었는데, 개작은 혁명이 점점 '김일성 수령'의 구상으로 초점이 모아지는 변화를 반영했다. "수령님의 말씀 받들어 / 5개년 계획을 2년 반으로 앞당기고 있기에", "평범하게 지내는 너의 하루하루 속에 / 수령님의 위대한 구상, 공산주의라는 / 크고 영원한 것이 이룩되고 있음을" 등에서처럼 원작과는 다르게 수령님 관련 시행을 삽입함으로써 변화된 사상성을 표현한다.

1960년대 천리마 시기의 대표작의 하나인 「조국이 사랑하는 처녀」(『조선문학』, 1963. 3)도 개작되었다. 처음 창작될 때, 김일성의 1960년 11월 27일 담화 '천리마 시대에 맞는 문학 예술을 창조하자'는 천리마 시대의 기치에 따라, 이 시는 시인이 직접 숙천의 현장으로 나가서 본 바대로, '열두삼천리 넓은 벌'에 수수한 농장 처녀까지 참여한 농촌 혁명의 현실을 담아 읊었다.[13] 그런데도 1970년대에 다시 '수령님 뜻을 받들어 다함없는 그 갸륵한 심정과 충성'의 내용을 삽입하고 수정했다.

그것은 시집이 나온 시점에서 시인이 자발적으로 개작했다기보다 사상적 높이를 새로이 요구받아 고쳤을 것이다. 당문학의 사상적 요구 수위가 시기에 따라서 창작하는 작품에만 해당하지 않고, 시인 자신의 사상적 단련에 더 크게 해당된 사실을 말해 준다.

『조선문학』 1970년 11호에 발표된 「나의 조국」까지도 개작되었는데, 1971년 4월에 고친 것과 비교하면, '나의 조국을 나는 사랑한다'는 것이 '항일의 혈전만리 피어린 길 헤치시며 / 수령님 찾아 주시고 안겨 주신 / 사회주의 조국을 나는 사랑한다'로 바뀌었다.

여기서 우리는 1950년대 중반부터 시작된 주체사상화의 길이 종파 투쟁을 거쳐 김일성의 정치적 승리로 획을 그은 1967년에 종지부를 찍지 않고, 1970년대 이후에도 그 사상을 진행형으로 발전시키고 있음을 발견하게 된다. 1973년에 출판된 시집 『행복한 땅에서』는 그런 정치적 현

13 김철의 회고에 보면, 김일성 교시에 따라 천리마 기수를 찾아 현장으로 나갔고, 그 시기 『문학신문』에 전국 각지에 나간 작가들의 얼굴로 채운 그림이 2~3면 가득히 실렸다고 한다(김철, 「작가의 참모습」, 『조선문학』, 2000. 8).

실의 단면을 잘 반영하고 있다. 그것은 시인에게 반복되는 정치적 단련을 말한다.

이 과정에서 시인은 또 다른 측면에서 모순적 삶의 두 갈래 길 위에 서게 된다. 그것은 영상 1,000도와 영하 100도의 삶과 죽음의 거리, '태양'과 '뿌리'의 거리, 정치수반과 인민들의 현실에서의 거리 등, 그 사이를 오가는 양극적이고 모순적인 갈등 상황이 시인에게 지워진다.

그 가운데 '태양'을 향해 가는 삶의 길에서, 오영재는 서정시 「주체의 태양」(1972), 「위대한 탄생」,[14] 서사시 『인민의 아들』(1992), 장시 「빛나라, 불멸의 위업이여」(1994) 등 적지 않은 수령 형상문학을 창작했으며, 독자들로부터는 "사상성만이 노출되고 생활적인 정서가 깊지 못하다"는 시평을 듣기도 했다.[15]

그처럼 사상성을 중시했음에도 불구하고, 오영재는 "뜻하지 않게 잘못을 저질러 그 누구도 도와 줄 수 없는 막다른 지경"에 다다라, 그의 "정치적 생명"은 마지막 선고를 받아 놓은 처지가 되었다. 그 때 김정일이 그의 손을 잡아 주었다.[16] 김정일은 "어린 나이에 부모 형제들과 헤어져 근 30년간 당의 품에서 좋은 작품을 썼다"고 그를 인정하고, "함께 혁명을 길을 걸어온 사람이며 공을 들여 키운 작가'에 대한 '당의 믿음'을 보인 것이다. 그것만 아니라, "보답한 것이 없이 송구한" 오영재에게 공화국의 최고상인 '김일성상' 계관인(1989년)의 영예와 '로력 영웅'의 칭호(1995년)까지 주었다.[17]

또한 오영재는 1985년, 중국을 방문하는 문예총 대표단의 성원으로 참

14 1970년대에 새로운 장을 장식한 송가 작품. 김정일에 대한 흠모와 존경, 충성의 열정을 담은 송시들을 11권의 시집 『향도의 해발 우러러』에 묶어 출판했다. 「위대한 탄생」은 그 가운데 실린 작품이다(김하명, 조선로동당의 현명한 령도밑에 개화 발전한 주체문학, 『조선문학』(1989. 6), 23-32쪽 참조).

15 오영재, 「80년대여, 영원히 너를 잊지 않으리」(수기), 『조선문학』(1989. 12), 26쪽.

16 오영재, 「위대한 령도자, 복받은 시인」, 『조선문학』(1997. 2), 55쪽.

17 위와 같은 곳.

남북 분단의 현실을 알리는 이정표

가하고, 1986년에는 소련 방문 조선작가휴양단 성원으로 가족과 함께 1개월 동안 소련 각지를 도는 관광·휴양을 한다. 1987년에는 서해 명승에 특별 휴양의 기회도 받는다.[18]

그렇다면 1980년대 초에 겪은 정치적 생명의 위기는 무엇을 뜻하는가.

김일성 훈장까지 받은 북한 최고 시인으로서, 앞에서 살펴본 개작 과정에서 짐작할 수 있듯이, 그는 늘 당의 문학 정책에 맞춰서 현실에 더 적극적으로 침투하는 노력을 기울였다. 시가 당의 요구와 인민 대중의 희망을 정확히 반영하고, 인민들에게 어떻게 살며 투쟁할 것인가를 일깨워 주는 데 복무하는지를 점검했고, 이를 목적 의식적으로 자각하여 '당의 시인', '수령님께 충직한 붉은 문예 전사'가 되는 태도를 견지해 왔

18 오영재, 「80년대여, 영원히 너를 잊지 않으리」(수기), 25쪽.

다.[19] 그런데도 한때 겪었던 정치적 생명의 위기는 곧 빈틈없고 철저한 사상성을 요구받고 있었음을 말해 준다. 「푸르게 살리」(『조선문학』, 1999. 3)에서처럼 그는 '가다가 열백 번 죽는다 해도/ 내 푸르게 선 채로 죽으리'라고, 의심의 여지없이 '오직 태양만을 우러러 사는' 영원한 푸른 인생을 가야만 했다.

시인으로 사는 중에, 2004년 가을 70세의 나이에도 삼수발전소 현장에서 '명예 돌격대원'으로 등록하고, 2005년 2월 초부터는 아예 그 건설 현장에서 근로자들과 숙식을 같이하며 몇 달 동안 노동을 했다.[20] 이것은 단지 시적 영감을 얻기 위한 현장 체험만은 아닐 터다. 1980년대 초 대동강 기행으로 나온 장편 서사시 『대동강』(1985)이나 무산광산련합기업소의 현지 체험에서 내놓은 「보화로 빛나는 계단」(1991)처럼, 그가 수령과 지도자의 위업을 인민의 삶에 녹여서 노래한 것은 수령 형상문학을 생명선으로 해야 하는 시인의 삶과 맥을 같이하는 지점이다. 말하자면 태양과 뿌리의 두 길은 함께 가야 할 운명인 것이다.

3. 2000년 8 · 15 이산가족 서울 방문과 체험의 간접화

오영재 시인은 8 · 15 이산가족 서울 방문으로 이남의 주목을 받았다. 개인으로나 사회로나 엄청난 기쁨과 충격을 불러일으킨 이산가족 상봉이 문학의 중요 소재가 될 것임에 분명한데, 왜 그것을 시로 직접 쓰지 못했을까. 동생 오형재의 공개 편지에는 개별 상봉 때 시인이 말했던 것이 마치 시처럼 던져져 있다. "혈육들의 반가움의 불빛이 아무리 많다 한들 어머니의 한 해빛을 당하겠느냐", "이념은 달라도 이렇게 얼싸안았

19 오영재, 「시인의 노력, 시인의 길에서」(평론), 『조선문학』(1971. 10), 100-101쪽.
20 『연합뉴스』, 2005. 8. 1.

을 때, 우리의 뜨거운 체온과 눈물은 같지 않았느냐", "창덕궁의 매미소리나 묘향산의 매미소리는 다 같은데…… 나는 여기서 묘향산에 온 기분을 느낀다"[21] 등 이런 말들은 그대로 시로 옮김직하다.

그런데 그 때의 이산가족 상봉을 주제로 한 작품이 『조선문학』에 실리지 않았다. 이산가족 상봉에 이어 실현되었던 비전향 장기수 북송과 관련한 주제는 매달 빠지지 않고 창작되고 있는 점과 대조된다.

체제와 이념에 민감한 문제가 되는 이산가족 상봉에는 침묵할 수밖에 없고, 이것과 직결되는 통일 문제는 사상적 지향에 맞게 말해야 하는 시인의 선택은 무엇인가. 체험에서 가장 절박한 현실이 된 '통일 문제'를 자기 체험대로 말할 수 없을 때, 간접화하여 보여 주는 뭔가 있을 법하다. 8편으로 묶은 '련시' 「아쉬워도 보람 있는 삶—한 비전향 장기수에게」는 시인의 이산의 아픔이 내포된 분단 현실을 일상적인 보통의 삶으로 끌어내려 읽을 수 있게 한다.

길은 많았어도
그대 홀로 생각하고
홀로 말하고
홀로 마음 정하며
걸어서 걸어서 다달은 곳은
바라던 조국의 품이였나니

모든 것을 다 잃었어도
가슴 속 자물쇠만은 열어 주지 않은
혁명가의 량심이여

21 오형재, 「다시 보고 싶은 형님께」, 『한겨레』(2001. 8. 20), 22쪽.

그 량심이
결에 있어 주어야 할
벗이 아니였습니까
스승이 아니였습니까
미츠러운 징검돌을 두드리며 건네 준
삶의 길잡이가 아니였습니까

—「아픈 인생길」 일부

인생의 먼 길에, 왜 시인은 사상을 길잡이로 하지 않고, 양심을 벗과 스승으로 말하는가. 양심은 이념적 포장이 불필요한 인간 내면의 꾸밈없는 반영이다. 이것은 사상으로 정리되기 이전의 체험을 바탕으로 한 인생에서 출발한다. "30여 년 기나긴 세월 / 그 고독을 어떻게 이겨 냈습니까?" 비전향 장기수에게 그렇게 물었을 때, "그 고독과 싸워서 이겼습니다 / 꿈마다 그려 보는 / 멀리 북녘땅 / 남대천 강뚝에 하느적이는 / 한오리 가는 실버들가지로 / ―길 조심해 가라 / 헤여질 때 하시던 / 눈물어린 어머니의 낮고도 조용한 목소리로"(「고독」에서)로 답한다. 어머니의 목소리는 인간 내면의 원초적 체험이다. 또한 오영재 시인 자신의 체험이기도 했다.

네 번째 시 「나를 세워 보는 자리」는 장기수의 생애에 이입시킨 시인의 삶을 읊는다. 장기수가 섰던 법정, 체온이 스민 감방, "이 세상에서 / 가장 처참하고 가혹했던 / 그 자리"에 시인 자신을 세워서는 "언제나 그 곁에 서서 / 마음의 깃을 가다듬는 / 나는 작은 새 / 그대의 제자"가 된다. 이 의미는 사상적 제자로서보다 감옥 밖의 감옥, 분단과 이산의 고통이 한가지로 읽히는 현실의 감옥에서 만나는 정신적 공감대일 것이다.

리념을 알기 전에

그 리념을 위해 한생을 바쳐 온
그 량심을 존경하고
그 인간에게 반한 사람들

아름답구나
어디 가나 인간은 아름다워라
민족은 다 같은 혈육이구나
정의롭고
한없이 선량한 사람들이여

불행한 민족이
반세기 바라고 바라던 통일을
이미 정으로, 마음으로 이룩해 준
그네들 앞에서

정견도 무색하여라
리념과 신앙도 더 말하지 말자
오직 다만
감사하노라

—「감사하노라」 일부

이 시에서 특별히 고양되거나 감동할 것은 없다. 비전향 장기수를 후원한 남녘의 사람들이 그저 인지상정으로 보여 준 마음이 있다. 이것이 양심적 인간에 반한 '사람'의 모습이다. 이 만남에 이념과 체제의 우열을 가리거나, 이데올로기적 콤플렉스를 덧칠하는 일은 어리석다. 시인은 '다만' 감사하다고 말할 뿐, 분단의 깊은 상처를 들추려 하지 않는다.

비전향 장기수로 첫 송환한 이인모 선생을 떠올려 보면, 그를 영웅으로 모신 북한 당국의 사상적 공세와 체제 선전 때문에 남한의 인도적인 배려는 무색해지지 않았던가. 그 동안 창작된 대부분의 송환 장기수 노래들은, "절절히 / 그리고 뜨겁게 / 장군님 찾으시는 그대 영웅들을 / 나는 부르고 또 부른다 / ―김영태, 김선명……"(오필천, 「심장의 노래」, 2001. 6)하고 외치는 바처럼, 지나친 사상적 영탄조가 넘쳐났다. 이에 비해 오영재는 그들을 영웅으로 맞이하지 않는다.

> 감방 속 긴긴 세월의 마른 바람에
> 눈물도 말라 버린 줄 알았는데
> …중략…
> 뼈도 살도 심장도 무쇠로 굳어 버린
> 남다른 사람으로 알았는데
>
> …중략…
> 그 무서운 옥고를 이겨 낸 것은
> 무쇠가 아니였구나
> 가장 눈물 많고 웃음도 많고
> 그렇게도 다정다감한 보통사람
> 평범한 인간이였구나

―「보통사람」 일부

수십 년을 독방에서 견딘 비전향 장기수의 사상성, 정신력은 완전히 생략되었다. 또한 바라보는 시인의 눈도 평범한 일상을 넘으려 하지 않는다. "정월 보름달을 보면 장가 든다는데 / 갇히운 30여 년 세월 / 단 한 번도 그 보름달을 못 보았으니"(「정월 보름달」) 을밀대에 올라 보름달

평화 통일을 염원하는 마음을 담은 소원의 벽

보자며, "조국의 둥근 달이 / 맞이할 새 안해의 얼굴"로 떠올린다. 이 때 비전향 장기수에 대한 시인의 바람을 통일의 날도 멀지 않았으니 「건강하고 장수하시라」는 시로 바친다.

물론 시인은 련시의 세 번째 시 「빛」에서 사상적 상징을 빼놓지 않고 말한다. "태양이 없는 어두운 감방에서 / 언제나 해빛에 몸을 씻으며 / 한생을 산 / 태양의 아들이였노라"고 하는 태양은 당연히 '장군님'을 상징한다. 북한 사회에서 사회정치적 생명이 되는 체제 이념과 사상의 궁극적 정수는 수령 또는 장군님이다. 그런데 이 시에서 보는 바대로 이 절대 권력자가 빛의 전부일 수 없다. 빛의 아래에 있는 보통사람이 빛나는 것을 통해서 오히려 빛의 원천을 찾을 수 있다. 마치, 양심의 빛이 빛나는 장기수에 반한 사람들이 또 아름다운 인간으로 비쳐, 이념도 신앙도 말할 필요가 없는, 이상이 실현된 세계, "마음으로 이룩된 통일"을 열어놓는 것처럼.

사상을 절대화하거나 장기수를 영웅화하지 않은 채, 오영재는 가장 정치적인 이슈를 평범한 서정성으로 흘러넘치게 했다. 오영재 시인은 개인의 체험을 간접화함으로써, 개성을 죽이지 않았다. 또한 이를 통해 사상성을 버리지 않고 그 이념과 체제의 벽을 넘어선다. 우리는 여기서 남과 북이 현실과 체제를 서로 부정하지 않고 열린 길을 찾는 시인의 모습을 본다.

4. 작품 세계의 평가

시인이 전적으로 당의 사랑과 믿음 속에서 비로소 생명을 얻는 것은 오영재 시인에게만 특별한 일이 아니다. 북한 문학사에서 보면 『주체문학론』(1992)은 사회주의적 사실주의 문학을 주체 사상에 입각한 주체 문학으로 완전 전변시켰다. 그 결정적인 담보는 '사회정치적 생명체론'[22]과 결합한 수령 형상문학론에 있었다.[23] 여기서 수령 형상의 '생리'를 언급하면서 사회정치적 생명의 의미를 확대시켰는데, 이것은 앞 시대와는 또 다르게 '수령론'을 해석하는 작업이었다.

좁은 의미에서 수령 형상 또는 수령 형상문학은 수령 김일성 · 김정일을 반드시 작품의 중심에 세워 형상하는 것이지만[24] 생리적 수령 형상은 사회정치적 생명을 기본으로 세워야 하므로 모든 작품과 관련되었다. 인민의 생명은 수령이 안겨 준 사회정치적 생명을 가짐으로써 가치가

22 사회정치적 생명체는 육체적 생명체와 상대되는 개념으로 북한 사회의 집단주의적 생리를 반영해 온 말인데, 1986년 김정일에 의해 재강조되었다(김정일, 「주체사상 교양에서 제기되는 몇 가지 문제에 대하여: 조선로동당 중앙위원회 책임일군들과 한 담화, 1986년 7월 15일」, 『김정일선집 8』, 조선로동당출판사, 1998).

23 노귀남, 「북한의 선군혁명문학론」, 통일문화학회, 『통일과 문화』 제4호(선인, 2005), 75-76쪽 참조.

24 김정숙까지 포함해 백두산 3대 장군 형상임.

있고, 당은 그 생명을 빛내 주는 품이기 때문에, 생활이 모두 수령과 당으로 귀일하게 만든다. 작가들은 인물과 주제를 궁극적으로 수령과 당의 위대성을 느낄 수 있도록 형상해야 하므로, 대상의 생활 깊이 파고들어가는 창작을 요구받는다. 따라서 수령 형상은 문학 일반의 문제이며, 수령에 대한 충실성, 주체형의 인간 품성과 사회정치적 생명체를 담보하는 기본이 된다.

우리는 그러한 특징적 측면을 주목하여 시인을 평가할 필요가 있다. 태양을 해바라기하는 것인지, 뿌리로 돌아가는 현실을 어떻게 다루고 있는지, 강한 것인지 굳어 있는 것인지, 여림인지 비굴인지 심층적 가늠이 필요하다. 이와 같은 맥락에서 오영재를 『대동강』(1985)과 같은 "송가서사시로 두각을 나타낸 시인"[25]으로 평가하면 이해의 폭을 좁힐 우려가 생긴다. 오영재는 당이 주는 "베푸는 사랑, 안겨 주는 믿음"이 창조의 능력에 대한 어버이의 기대이고, 고무의 눈빛이고, "혁명의 길에서 헛디딤이 없으라"는 향도의 손길이라 했다. 이것으로 하여 온 마음이 "한 떨기 아름다운 충성의 꽃"으로 피고, 누가 보아 주지 않는다 해도 '양심'과 '삶의 보람'의 의미를 얻는 것이라 말한다.[26]

오영재의 시에서 집단적이고 사회정치적 생명체로서의 삶만 아니라 '누가 보아 주지 않는다 해도' 좋을 개성적 측면의 삶이 녹아 나온다고 보아야 하지 않을까. 오영재가 당의 믿음 속에서 창작적 열정을 불러일으켜, 여러 가지 유형과 다양한 영역에서 창작을 함으로써 일궈낸 시세계는 좀더 입체적인 평가가 요구된다. 그는 "서정시, 가사만이 아니라, 정론시, 담시, 풍자시, 장시, 서사시, 서정서사시, 산문시" 등 다양한 시 형식을 구사하려고 애썼고, "사람들을 흥분시키는 정치적 사변을 시급

25 김은남, 고제규, 고재열 기자, 「오영재 · 정창모 등 북에서 오는 예술인의 삶과 작품 세계」, 『시사저널』 562호(2000. 8. 3), 178쪽에서 권영민 교수의 평가 재인용.

26 오영재, 시 「당이 안겨 주는 사랑과 믿음을……」, 『조선문학』(1981. 7).

하게 반영한 시, 당 정책적 요구를 직접적으로 호소하는 시, 극히 생활적인 시, 즉 청춘 남녀의 사랑과 사람들의 도덕 교양에 필요한 인간 도덕 문제를 다룬 시, 살아온 길을 돌이켜보며 명상에 잠기는 시, 반미 · 조국 통일에 대한 작품" 등 다양한 주제 영역들을 넘나들었다.[27] 로력 영웅의 칭호가 무색하지 않으리만큼 왕성한 창작 활동을 한 것이다. 그 결실들을 꿰뚫어볼 수 있는 개성적 결은 어디서 찾아야 할까.

걸어온 한생은 길었던가 짧았던가
머리 우에 불구름을 이여도 보도
발 밑에 폐허도 헤쳐보며
조국에 순정을 다해 온
내 마음의 푸른 넋이여//
(중략)
황금도 나에게 행복을 줄 수 없어라
명예도 내 기쁨의 전부가 아니여라
이 세상 푸른 빛이 다 없어졌다고
사람들 입을 모아 말한다 해도
나는 이 푸르름만을 끝까지 지키며 살리
가다가 열백 번 죽는다 해도
내 푸르게 선 채로 죽으리

—시 「푸르게 살리」(『조선문학』, 1999. 3)에서

이 시에서 시인은 '태양이 안겨 준 생명의 빛'은 '순결한 량심으로 깨끗한 빛'이라고 했다. 다시 말해 시인의 생명은 '태양'이 안겨 준 순결한

27 오영재, 「80년대여, 영원히 너를 잊지 않으리」(수기), 『조선문학』(1989. 12), 26쪽.

양심에 달려 있다. 그래서 마음의 푸른 넋을 지키는 것은 '양심'이다. 황금도 명예도 아닌, 푸르른 양심만이 '오늘을 이겨'내고 '끝까지 지켜'서 영원히 존재할 수 있는 '푸른 인생'의 핵이 된다. 양심이 새파랗게 살아 있어야 진정한 인생이 산다는 말이다. 이 양심을 체제와 사상으로 이해하면 '태양'이 상징하는 수령과의 관계가 핵심이 된다. 그러나 영혼의 순결성으로 말하면 양심은 개성의 존재 가치가 된다.

8편으로 묶은 연시 「아쉬워도 보람 있는 삶—한 비전향 장기수에게」(『조선문학』, 2001. 5)를 보면, 양심은 삶의 길잡이다. 시 「아픈 인생길」에서, 왜 시인은 사상을 길잡이로 하지 않고, 양심을 스승으로 말하는가. 양심은 이념적 포장이 불필요한 인간 내면의 꾸밈없는 반영이다. 이것은 사상으로 정리되기 이전의 체험을 바탕으로 한 인생에서 출발한다.

이어진 시편들에서 오영재는 사상보다는 삶을 보통 사람의 서정으로 노래했다. 이산자로서의 개인의 체험을 비전향 장기수의 삶에 투사한 「나를 세워 보는 자리」는 사상성도 버리지 않고 자신의 개성적 삶의 결도 죽이지 않음으로써, 흔히 장기수 주제가 드러내는 이념 편향성을 씻어버렸다. 다시 말해 그의 시에서는 이념과 체제의 벽을 넘어서는 가능성을 열어놓은 것이다. 우리는 여기서 남과 북이 분단 모순을 넘어서는 길을 찾고 있는 시인의 모습을 본다.

:: 참고 문헌

고은, 「특별기고: "우리는 모어의 자식들이었다"」, 『시사저널』 566호. 2000. 9. 1.

김정일, 『주체문학론』, 조선로동당출판사, 1992.

김정일, 「주체사상교양에서 제기되는 몇가지 문제에 대하여: 조선로동당 중앙위원회 책임일들과 한 담화, 1986년 7월 15일」, 『김정일 선집 8』, 조선로동당출판사, 1998.

김철, 「작가의 참모습」, 『조선문학』, 2000. 8.

김하명, 「조선로동당의 현명한 령도밑에 개화발전한 주체문학」, 『조선문학』, 1989. 6.

노귀남, 「북한의 선군혁명문학론」, 통일문화학회, 『통일과 문화』 제4호, 선인, 2005.

오영재, 「시인의 노력, 시인의 길에서」(평론), 『조선문학』, 1971. 10.

오영재, 「전쟁과 조국애」(수필), 『조선문학』, 1981. 6.

오영재, 시 「당이 안겨주는 사랑과 믿음을…」, 『조선문학』, 1981. 7.

오영재, 「한끝에서 한끝을 생각하는 마음」, 『조선문학』, 1982. 5.

오영재, 「80년대여, 영원히 너를 잊지 않으리」(수기), 『조선문학』, 1989. 12.

오영재, 「범민족대회에서 만난 북의 문인들」, 『한겨레신문』, 1990. 9. 4.

오영재, 「수호자의 선언」, 『조선문학』, 1996. 6.

오영재, 「위대한 령도자, 복받은 시인」, 『조선문학』, 1997. 2.

오영재, 「첫 전투」, 『조선문학』, 2003. 4.

오영재, 「로병의 작가수첩을 펼치며: 전쟁과 시」, 『조선문학』, 2003. 7.

오형재, 「'6 · 15공동선언' 이산 아픔 헤아리는 대화를」, 『한겨레』 2005. 6. 14.

오형재, 「다시 보고 싶은 형님께」, 『한겨레』, 2001. 8. 20.

홍석중론 1: 역사 소설

홍석중의 역사 소설과 남북 교류의 의미

이상숙

1. 홍석중의 생애와 작품

홍석중의 소설 『황진이』가 한동안 남측 출판계와 문단에 화제였다. 2002년 발간된 『황진이』는 북한 문학 연구자인 김재용에 의해 국내에 소개되어 2003년 12월 『통일문학』에 발표되었으나 통일부의 문제 제기로 연재가 중단되었다. 이후 『통일문학』 발간사인 대훈서적이 정식 수입 승인 요청을 했고 통일부가 이를 인가하여, 『황진이』는 남측 당국의 정식 허가를 받은 최초의 북측 문학 작품이 되었다.

『황진이』는 홍석중의 조부(祖父)인 벽초 홍명희의 『임거정(林巨正)』을 연상시키는 유려한 문체와 살아 있는 우리말 구사, 탁월한 인물의 성격화와 인간 심리 묘사를 보여 준 수작이다. 이것만으로도 『황진이』 남측의 독자와 연구자들에게 고무적이었으나, 출판 시장에서는 기존의 북측 소설과 전혀 다른 농밀한 성적 묘사가 화제의 초점이 되었다.

또 미 시사 주간지 『타임(*TIME*)』지(2004. 6. 28)에 소개된 바 있으며, 남측의 출판사는 수입한 책에 새 표지만 입히는 수입 출판이 아니라 새로운 편집으로 직접 출판을 하기도 했다. 작가 홍석중은 남측의 창작과비평사가 수여하는 '만해문학상'의 수상자로 선정되었고, 2004년 12월에 시상식에 참석했으며, 남측의 여러 단체로부터 초청을 받는 등 남측에서도 이른바 유명 작가가 되었다. 『황진이』가 낳은 화제는 이에 그치지 않는다. 남측의 영화사와 판권 계약을 맺어 영화로도 만들어졌다. 북한의 무용수가 남측의 상업 광고 모델이 되고 그녀가 주인공으로 출연하는 TV 드라마가 남측 제작진에 의해 제작되는 요즈음 『황진이』를 둘러싼 수입, 출판, 유통, 수상, 영화 제작 등의 과정은 남북 문화 교류의 중요한 선례가 될 것이며, 홍석중은 남북 문학 교류는 물론, 문화 교류에서도 상징적인 존재라 할 수 있다.

강영주의 『벽초 홍명희 평전』(사계절, 2004)에 따르면 벽초 일가는 북측 정계와 학계에서도 이른바 특권 계층에 속한다는 것을 알 수 있다. 벽초는 1948년 남북연석회의에 참가한 북행한 남측 인사 400명 중 한 사람으로 김일성과의 단독 회담 후에 북에 남았고, 그의 일가는 1948년 20 여 명의 대식구가 38선을 넘어 평양에 도착한 후 김일성의 각별한 보살핌을 받았다. 그 해 9월 9일 홍명희는 조선민주주의인민공화국 부수상으로 발탁된 후 1962년까지 내각 부수상을 연임하고 1968년 사망하기까지 조선최고인민회의 상임위원회 부위원장을 맡았다고 한다. 벽초의 사망 후에도 김일성은 벽초 일가를 중용하여 장남 홍기문은 『리조실록』과 팔만대장경을 번역했으며 조국평화통일위원회 부위원장, 사회과학원 원장을 맡았고 손자 홍석형은 부총리 겸 국가계획위원장에 발탁되었고 또 다른 손자 홍석중은 북측 문학계의 대표 작가로서 인정받고 있다.

"위대한 수령님과 경애하는 장군님의 극진한 사랑과 보살피심 속에서 최대의 영광을 누려온"(『력사의 환호성』, 문학예술종합출판사, 1998) 집

홍석중

안에서 자란 그는 이미 남측의 독자들에게도 유명 작가이며 남북 문인 행사의 핵심 인물로 등장하고 있지만 실상 작가로서 그의 생애와 작품에 대해서는 자세한 정보를 얻을 수 없는 것이 현실이다.

1993년 발간된 북측 단편 소설집 『쇠찌르레기』의 부록에 실린 글 「내가 만난 황석영」(『통일예술』 1집, 1990)의 작가 소개는 홍석중이 1941년 8월 서울생이며, 1968년 김일성종합대학을 졸업했고, 1983년 장편 소설 『높새바람』으로 작품 활동을 시작했으며, 단편 십여 편이 있다고 한다. 북측에서 발간된 『황진이』(문학예술출판사, 2002)의 저자 소개에 의하면, 1941년 9월 23일생이며 1957년부터 1964년까지 조선인민군 해군에서 복무했고 1969년 김일성종합대학 어문학부를 졸업했으며, 1970년 처녀작 단편 소설 「붉은 꽃송이」를 발표했고, 1979년부터 조선작가동맹 중앙위원회 작가로 창작 활동을 시작했다고 한다.

홍석중이 대학 졸업 후 작가로서 처음으로 1970년 발표했다는 단편 「붉은 꽃송이」는 국내에서는 찾을 수 없었다. 『조선문학』, 『천리마』, 『문학신문』(1970년은 『문학신문』이 나오지 않을 때였지만 그 밖의 시기의 목록 검색에서도 찾아내지 못했다)의 목록과 통일부 북한자료센터가 보유한 1970년 여름에 발표한 단편집 등에서도 그 작품을 찾지 못했다. 홍석중 작가론으로서 이 글은 첫 발표작과 다른 단편들을 논하지 못하는 아쉬움과 함께 저자 소개에 실린 단편적인 내용과 산재한 자료의 편린만으로 작가적 생애를 재구성해야 하는 한계가 있다는 점을 고백해 둔다.

『황진이』 이후의 작품으로는 비전향 장기수의 생애를 다룬 장편 소설 『폭풍이 큰 돛을 펼친다』(문학예술출판사, 2005)가 있다. 이 소설은 『높새바람』이나 『황진이』와는 달리 '력사 소설'이 아니며 송환된 비전향 장기수의 옥고와 신념을 그리고 있다. 시, 소설, 실화, 편지 등의 다양한 형식으로 비전향 장기수의 생애를 소개하고 그들의 신념을 칭송하는 것은 최근 북측 문학계의 중요한 주제적 특징이다. 홍석중의 이 소설 또한 북측 문학의 최근 경향에 부응하는 소설인 것이다.

리충렬은 『상속받은 나라』(살림터, 1995)에서 1990년대 초 방북 당시 홍석중은 4 · 15문학창작단 소속 작가였고, "북한 문예 당국자들이 1970년대 말경부터 박태원의 뒤를 이어 역사 소설을 창작할 작가들을 물색했고, 그 때 강학태와 함께 발탁된 대표적인 역사 소설 전문 창작 작가"라고 소개한다. 또, "서울에서 태어나 돈암초등학교를 2학년까지 다니다가 가족을 따라 북한으로 갔"으며 "작가동맹 부위원장직을 맡고 있는 동시에 '역사 소설 팀'의 팀장"이라고 했다. 리충렬의 설명대로 '력사 소설'의 창작을 주로 하는 작가다.

「붉은 꽃송이」를 확인하지 못했지만, 벽초의 "다부작 장편 력사 소설 『림꺽정』"을 윤색하여 펴낸 장편 소설 『청석골대장 림꺽정』(홍명희 원작, 홍석중 윤색, 금성청년출판사, 1985)에서부터 이미 역사 소설가로서의 홍석중의 재능이 빛을 발하고 있었다. 1954년 다시 발간된 『림꺽정』이 계급 투쟁적 성격이 약하다는 비판이 있자 벽초는 자진해서 절판시켰고 이후 손자 홍석중이 부분적으로 손질하여 1982년부터 1985년까지 다시 『림꺽정』이 출판되었으며 홍석중은 농민무장대의 청석골 싸움 장면과 구월산 싸움 장면 그리고 주인공들의 최후를 보충하여 작품을 내용상으로 완결시켰다고 한다.

홍석중의 문체와 묘사, 자유자재의 우리말 구사는 벽초를 연상시키지만 인간적인 성정 또한 벽초를 많이 닮은 듯하다. 1997년 10월 8일 김정일이 조선로동당 총비서로 추대된 것을 기념하여 펴낸 『력사의 환호성』에는 북측의 대표적인 문인들이 '시'와 '예술 산문'의 이름으로 김정일을 찬양하는 작품이 실려 있는데 홍석중은 「해빛에 대한 송가」라는 제목의 김일성과 김정일을 찬양하는 수필을 발표한다. 그 수필에서 홍석중은 아버지 대산 홍기문이 할아버지인 벽초 홍명희를 "소심하기가 이를데 없고 사람을 평가하고 취하는 데서 린색하기가 짝이 없"다고 평했다고 전한다.

다음은 홍석중 자신에 대한 평가다. "솔직히 말해서 나는 인간에 대한 요구가 몹시 까다롭고 평가에 린색한 사람이다. 벗에 대한 기호로 말하면 즉흥적이고 동적인 형보다는 사색적이고 조용한 형을 더 좋아한다. 그렇지만 나는 황석영과 만나서 한번도 그를 나의 그러한 기호와 취미로 저울에 달아 본 일이 없다"(홍석중, 「내가 만난 황석영」, 『쇠찌르레기』, 살림터, 1993)에서 보듯, 그는 스스로를 "인간에 대한 요구가 몹시 까다롭고 린색한 사람"이라고 하나 황석영을 만난 당시나 이후 1990년대 초 이충렬을 만났을 때도 '민족의 얼'과 '민족 분단의 력사'를 논하여 뜨거운 감동을 느꼈다고 고백한다.

홍석중의 작품에서 '력사'와 '민족'은 어떻게 나타나는가를 살피는 것이 작가로서의 홍석중을 조명하는 유력한 방법 중 하나가 될 것 같다. 구해 볼 수 있는 작품이 많지 않아 대상 작품은 『높새바람』, 『황진이』, 『폭풍이 큰 돛을 펼친다』가 되겠지만 『폭풍이 큰 돛을 펼친다』는 정책적 요구에 의한 창작이라는 점과 함께 현대물로서 두 작품과 함께 논하기 어려운 층위가 있어 주로 두 작품을 중심으로 논의가 전개될 것이다.

2. 홍석중의 역사 소설관과 작가 의식

'역사의 이야기화'로서의 역사 소설은 역사 소설의 장르를 넘어서 북측 문학의 중요한 특징이다. 북측 문학에서 역사 소설은 다른 어느 사회의 역사 소설보다 높은 위상과 활용도를 가지고 있다. 북측 사회에서 '역사 소설'은 허구라는 소설 장르로 만들어진 역사가 아니라 소설로 재현된 사실 그대로라고 인식하고 있으며 역사 소설의 목표 또한 소설을 그대로 믿게 하는 것이다.

실제로 필자가 몇 달 전 중국에서 열린 국제학술대회에서 《불멸의 력사》와 《불멸의 향도》 총서가 북측 역사 소설의 전형적인 장르라는 요지의 발표를 할 예정이었는데, 미리 발표문을 본 북측 학자가 "《불멸의 력사》와 《불멸의 향도》는 『황진이』 같은 과거의 이야기가 아니며 실존하는 역사이지 허구화된 소설이 아니므로 역사 소설의 범주에 넣을 수 없다"는 이견을 보였다. 이에 필자는 논쟁을 피하고자 해당 부분을 읽지 않았었다. 역사 소설이든 실화 문학이든 문학적 장르에 대한 개념은 남북이 서로의 차이를 인정하며 받아들일 문제로서 날카롭게 대립할 문제는 아니라고 판단한 것이다. 다만, 남측 연구자의 입장에서 북측의 역사 소설을 대상으로 그 양식적 판단을 할 것이다.

'역사의 이야기화'를 통해 '허구의 사실화'를 꾀하는 것이 북한 역사 소설의 한 특징이라고 단정할 때 고려해야 하는 몇 가지 문제가 있다. 누가, 왜, 어떻게 '허구의 사실화'를 시도하는가다. '누가', '왜'의 항목은 다분히 정치적인 판단을 필요로 하고, '어떻게'는 형상화와 형식에 대한 문학적 고찰을 요구한다. 민족과 국가 위기 상황에서 창작된 남한의 역사 소설들이 민족주의 담론과 긴밀하게 연결되어 있으며 그것이 다분히 지배 권력, 남성의 역사로 그려졌다면 북한의 역사 소설 역시 지배층의 정치적 · 체제적 요구와 필요에 의해 지배 권력의 핵심이라 할 수 있는

'수령' 중심으로 그려졌다. 그러나 홍석중의 역사 소설 『높새바람』과 『황진이』는 분명 이러한 북한 역사 소설의 일반 특성에서 벗어나 있는 것으로 보인다.

홍석중의 역사 소설은 정치적인 창작 의도가 노골적으로 드러나지 않고 권력자가 주인공이 아니며 '혁명 전통'과 '대중 교양'을 주제 의식으로 전면화되어 있지 않다. 이는 항일 혁명 이후의 민족의 혁명 역사가 아닌 훨씬 이전의 과거를 다룬 까닭도 있겠지만, 근본적으로는 홍석중의 역사 소설관에 기인한 것으로 보아야 할 것이다.

『높새바람』 상권은 1983년 평양의 문예출판사에서 발행한 100,000부 인쇄본으로, 하권은 1990년 평양의 문예출판사 발행 30,000부 인쇄본을 텍스트로 하며, 『황진이』는 2002년 평양의 문학예술출판사 간행본을 텍스트로 한다.

조선 연산군과 중종 때 삼포 왜인들의 횡포와 그에 부화하여 이익을 취하는 양반들의 비속함과 이에 맞서는 밤내말 뱃사람 놉쇠와 그의 친구들, 그리고 양반 리우중의 이야기를 그린 『높새바람』은 4편 천여 페이지에 이르는 '장편 력사 소설'이다. 그러나, 2002년에 발간된 『황진이』는 황진이라는 조선 기생의 극적인 인생을 소설화한 '장편 소설'이다. 『황진이』를 역사 소설의 범주에 넣을 수 있는가 하는 문제는 논란의 여지가 있다. '현재를 역사의 소산으로 인식하고 과거를 현재의 전신(前身), 전사(前史)로 파악하는 정신으로서의 역사 의식'을 강조한 루카치(Gÿrgy Lukács)의 고전적인 개념에 입각해 볼 때에도 『황진이』가 역사 소설로서 역사 의식과 현실 감각을 갖추었는가라는 문제가 남아 있는 것이 사실이다. 그러나 이 글에서는 '역사와 소설' 즉 '사실과 허구'가 공존하는 문학 장르로서의 역사 소설이라는 커다란 범주 개념 아래, 두 작품을 과거의 역사를 소설화한 역사 소설로 논하기로 했다. 이는 두 소설을 함께 살펴볼 때 얻을 수 있는 몇 가지 사항을 염두에 둔 판단이기도 하다. 두 소설은 북한 문학계에서는 독특한 존재인 홍석중의 역사 소설의 특성, 예를 들면 시가 양식의 삽입, 자연과 인간을 연결시키는 묘사적 수법, 우리의 생생한 입말과 생활상의 재현 등의 특성을 공유하는 동시에, 주인공 설정과 주제 의식에서 내밀한 차이를 드러내고 있다.

홍석중의 『높새바람』 상 · 하 2권은 「살인 죄인 놉쇠」, 「늦가을」, 「연분홍빛 동백꽃」, 「삼포왜란」 4편 1,000여 페이지로 구성된 장편이다. 이 중 전반 3편은 삼포왜란이 일어나기 전까지의 시대 상황과 인물들의 생활과 의식의 변화가 그려져 있다. 그리고 가장 중요한 핵심 사건인 삼포왜란의 경과와 전황은 중종에게 올리는 장수과 관리들의 장계와 상소 형식으로 축약되어 있으며, 왜란의 구체적 상황과 평정 과정은 작품의 범위에 들어 있지 않으며, 주인공인 놉쇠와 희영녀의 희생과 죽음조차 명확히 서술되어 있지 않다. 이러한 구성상의 특징은 4편 삼포왜란 서두에 드러난 홍석중 자신의 목소리를 통해 확인할 수 있다.

> (1) 물론 지나온 긴 력사를 한달음에 되짚어 보아야 하는 우리로서 물면 우에 뚜렷이 솟아 있는 중요한 사변들을 골라 짚으며 시간을 비약하는 것은 어쩔 수 없는 일이로되 그렇다고 하여 물 밑에 잠겨 얼른 눈에 띄지 않는 작은 력사적 사실들이 그대로 버려져서는 절대로 안 된다. 왜냐하면 그러한 작은 사건들, 하치 않아 보이는 인과 관계들, 기록에 오르지 못한 리면사들이야말로 징검다리가 되여 물 우에 우뚝 솟은 커다란 력사적 사변들의 기초이자 뿌리로 되기 때문이다. (『높새바람』 하권, 253쪽)

작은 사건들, 하찮아 보이는 인과 관계, 역사에 기록되지 않은 이면사들이야말로 역사적 사변의 기초와 뿌리가 되기 때문에 중요하고 자신을 그것을 기록하고자 했다고 홍석중은 말한다. 사서에 기록된 삼포왜란은 그 이전의 상황과 그 이면의 상황 그리고 그 주변의 인물들에 의해 더욱 잘 이해될 수 있으며, 역사에 기록되는 삼포왜란의 경과와 벼슬아치들의 공방보다 놉쇠와 리우증, 날치군과 같은 숨은 인물들이 진정한 주인이라고 강조하는 것이다.

(2)력사란 공정한 평가와 진실을 위하여 필요한 것이다. 그런데 지금까지 력사는 당시 왜놈들이 만들어낸 구실을 그대로 기록에 받아들여 우리의 주인공들 중 한 사람인 리우증을 "추솔하고 꾀가 없고 무지막지한" 변방 장수로서 삼포왜란을 가져온 장본인이라는 영예롭지 못한 패호를 채워 주고 있으며 일부 외국의 사가들은 그것을 자료로 리용하여 삼포왜란을 조선에 대한 일본의 침략이 아니라 일본 거류민들에 대한 조선 관리의 박해로 해서 빚어진 폭동으로, 버젓하게 력사를 왜곡하고 있다.(실례로 나카무라 씨가 지은『일본과 조선의 관계 력사에 대한 연구』)

그러나 기록이나 사료가 곧 력사는 아니다. 진정한 력사는 인민들의 마음 속에 깃들어 대를 거쳐 마음으로 전해지는 것이니 우리의 주인공 놉쇠에 대하여 전해지는 노래와 전설과 이야기야말로 당시의 력사적 진실을 그대로 보여 주는 산 자료들이요, 우리 인민들이 마음 속에 간직하여 잊지 않고 있는 교훈을 여실히 증명하여 주는 것이다.

음력 사월 초, 삼포왜란이 일어났던 그 계절이 돌아오면 매해 어김없이 바다에서 거센 북동풍이 터지군 한다. 삼포 연안의 배군들은 그 바람을 가리켜 높새바람, 또는 녹새바람이라고 부르는데 바로 그 바람이 삼포왜란 당시에 희생된 밤내말의 배군 놉쇠가 죽은 원혼이요, 처음에는 놉쇠바람으로 불리우던 것이 차차 와전되여 발음이 변화된 것들이라고들 전하고 있다. …… 그 어원의 과학적 근거보다도 놉쇠라는 한 평범한 배군의 이름을 잊지 않고 전하려는 배군들의 그 결곡한 마음이 더욱 귀중한 것이다. 그러므로 이 이야기를 마치면서 이미 독자들의 귀에 익은 옛 배군들의 노래를 다시 한 번 불러보는 것도 짜장 의미 있는 결말로 되리라.

……북동풍 높새바람에
    파도는 태질하듯
바람소리 물소리
    듣는 마음 애달파라
물녘에 배 저오는
    로옹에게 묻노니
애끓는 저 바람 소리에
    무슨 유한 담겼나냐…… (『높새바람』 하권, 맺음말, 503쪽)

홍석중은 진정한 역사란 '인민들'의 마음에서 마음으로 대를 이어지는 것이고, 사서에 기록되지 않은 인물 놉쇠와 그에 얽힌 노래와 전설, 이야기가 역사적 진실을 보여 주는 산 자료이며 그것들이 진정한 감동적인 역사라는 것이다. 이 대목은 『높새바람』과 『황진이』에 무수히 삽입되어 있는 고전 시가 양식에 대한 의문을 해결해 주기도 한다.

『높새바람』에는 여러 편의 민요와 시조, 한시가 삽입되어 있다. 주로 희영녀가 부르는 해녀들의 노래, 놉쇠와 그 동료들이 부르는 '뱃군'의 노래, 양반인 리우증과 기생인 국아의 한시와 시조가 그것들이다. 이 시가들은 각 인물들에 맞게 장르가 선택됨은 물론이고, 인물의 심리와 심정을 서정적으로 드러내도록 적절하게 배치되어 있다.

『황진이』에는 황진이 작으로 확인되어 남아 있는 시조와 한시 --『황진이』에 삽입된 한시 중에서 황진이의 작품으로 확인된 것들은 남한 학자들과 해석상의 미세한 차이를 보이기도 하고, 시조의 경우에도 홍석중에 의해 약간의 변형이 이루어진 것으로 보인다 -- 외에도 문맥에 맞게 한시풍으로 지어진 시들이 등장한다. 남한 연구자들이 황진이의 작품으로 확정하지 않은 것들이고 한시나 시조 등의 형식에 정확히 들어맞지 않는 것으로 보아 홍석중이 임의로 삽입한 것이라는 추측도 하게 한다.

이 밖에도 백운거사, 매월당, 김경조와 양씨부인 이야기에 나오는 시, 진이에게 반해 치마폭에 써 준 양반들의 한시 등 고려와 조선 문인들의 시편들이 문맥에 맞게 풍부하게 인용되고 있으며, 진이 때문에 상사병에 죽은 총각 상여 나가는 소리, 기생들의 권주가, 어부가 등 과거의 다양한 시가 양식이 망라되어 있다. 여기에 결혼 풍습, 수릿날 풍습, 무당 굿마당, 기생 점고 절차 등 당시의 생활상이 생생하게 그려져 있다.

홍석중이 말한 바 인민들의 노래, 전설, 이야기들이 그의 역사 소설 안에서 생동하는 우리 입말들과 함께 잘 묘사되어 있다. 이러한 역사 소설관은 북한 문학에서 강조하는 이른바 '인민성'으로 해석할 수 있다. 그러나 홍석중의 역사 소설은 계급주의적인 '인민성'을 넘어서서 민족적인 전통과 정서를 보전하는 데까지 나아간 소중한 민족어, 민족 시가 양식의 보고라 해야 할 것이다.

3. 민족어의 보고(寶庫), 자연과 인간의 묘사

『높새바람』과 『황진이』를 읽는 남한 독자들은 이 소설이 북한 소설답지 않게 인민성, 당성, 계급성에 대한 직접적 언급이 없다는 점에 놀라고 남한 소설이라 해도 어색할 것이 없는 언어 구사와 대담한 성애 묘사에 놀랄 것이다. 이 두 소설이 모두 연산군과 중종 연간의 16세기 조선을 배경으로 하는 역사 소설이어서 사회주의적 사실주의나 주체 문예이론의 영향권에서 벗어나 있다는 것이 이유가 될 것이다.

1983년 작 『높새바람』에 "--할 데 대하여"라는 표현이 5~6회 나오는 점을 제외하면 전혀 북한식 어투를 찾아보기가 어렵고 2002년에 나온

『황진이』에는 그마저 보이지 않는다. 풍부한 생활어, 해학과 풍자가 깃든 말놀이, 속담 등이 생생한 소설 언어로서 자유자재로 쓰이고 있다. 대화 중에 비속어가 나오기도 하지만 어려서부터 숱한 고비를 함께 넘겨온 오랜 친구 사이의 대화이자, 뱃군과 화적 사이의 대화이니만큼 비속어는 오히려 매우 자연스럽고 친근하게 느껴진다. 비속어와 함께 자주 등장하는 해학적인 속담은 기층 민중의 살아 있는 비유이며 묘사다.

"내가 모르는 줄 아오?"

"젠장 알문 됐어. 새빠지게 별걸 다 옴니암니 따지문서 지랄이군."

개불이가 투덜거렸다. 놉쇠는 싱그레 웃었다.

사실 개불이는 도서방의 약속을 받아놓고도 혹시 일이 뒤집혀서 왜놈의 짐군 노릇을 하게 될가봐 슬그머니 주막집으로 도망을 쳤었다. 칼날을 잡은 딱한 처지에 별수없이 도망질은 했지만 산 호랑이 입에서 삭은 뼈를 뜯어낸다고 곤대짓을 하는 자기로서 그런 궁한 노릇을 한게 창피했던 것이였다.(『높새바람』 하권, 82쪽)

"척 보자마자 쥐며느리가 새우아재를 사모하듯 가당치 않은 사랑에 빠져 버렸으니 큰 탈나지 않았나.

이 놈이 그 날부터 핑계핑계 도라지핑계루 그 댁 행랑채를 반찬광에 생쥐 나들 듯 하는데 웬 걸, 그래봤댔다 토막낭게 낫걸이지 깊숙한 후원 별당에 거처하는 아씨를 제까짓게 무슨 수루 엿본단 말인가."(『황진이』, 19쪽)

"그의 눈 앞에는 방금 망궐례를 할 때 자기 뒤에 서 있던 도사의 궁상스러운 모습이 떠올랐다. 조그만 한 사람이 바짝 여위기까지 해서 꼭 털 뽑힌 꿩인데 그 체소한 몸에다가 후렁후렁한 관복을 떨쳐 입은 모양은 터밭의 허수아비요, 고뿔에 걸렸는지 새빨간 코끝에 코물방울이 매달려서 쉴새없이 훌쩍거리는 것은 영낙없이 열서너 살짜리 개구쟁이의 몰골이었다." (『황진이』, 365쪽)

홍석중은 자유자재로 우리말을 구사하는 한편 자연의 묘사에서도 작가적 역량을 보여 준다. 햇빛이나 노을, 구름, 나무, 바람, 파도, 밤안개, 소리 등의 자연 현상을 섬세하게 묘사하면서 그것을 자연스레 심리 묘사로 옮기는데 이는 북한의 저명한 평론가 방연승도 지적한 바다(「장편력사 소설 『높새바람』 상의 사상 예술적 성과에 대하여」, 『조선문학』, 1985. 2, 46-47쪽). 날씨나 계절, 자연 풍광에 대한 전경 묘사에서 인간의 심리로 옮겨가거나 사회적 상황으로 전이하는 것은 홍석중만의 고유한 특성은 아니다. 동양시의 창작 방법 중 하나인 '선경후정(先景後情)' 도 같은 맥락으로 이해할 수 있으며, 1950~1960년대 북한 문학의 '민족적 특성', '민족적 형식론' 에서도 이러한 묘사와 구성법이 보편적인 우리 문학의 특징으로 지적된 바 있다.

해빛이 사라졌다. 부채살처럼 퍼져 오르는 노을이 하늘의 구름들을 핏빛으로 물들였다. 오색령롱한 구름은 마치 하늘 우에 떠오른 요술쟁이의 집처럼 끊임없이 모양이 변했다. 진이는 그 신비한 구름의 조화를 하염없이 지켜보고 있었다.

참으로 이상하다. 이처럼 순결하고 깨끗하고 명료하고 즐겁고 아름다운 자연이 어째서 사람들의 마음 속에 즐거움과 기쁨만이 아닌 달콤한 아픔을 불러일으키는 것일가. 아마도 그것은 이 깨끗하고 아름다운 자연의 품속에서 눈을 뜬 사랑의 갈망, 행복의 갈망이 심장을 마구 쥐여뜯기 때문이리라. 그래, 그 말이 옳다. 하늘은 오로지 사랑만을 위하여 이 아름다운 자연을 사람들한테 만들어 준 것이니까.……

(나와 혼약을 맺은 윤승지댁 도련님은 어떤 분일가? 호방하구 활달하구 소탈한 분일가? 아니면 상냥하구 부드럽구 온순한 분일가?)

진이의 넋은 어느새 요요히 하늘 우로 떠올라 아름다운 장밋빛 노을 속을 날고 있었다.(『황진이』, 29-30쪽).

햇빛-노을-구름으로 끊임없이 모양을 바꾸면서도 '순결하고 깨끗하고 명료하고 즐거운' 자연은, 인간의 마음 속에 있는 '즐거움, 기쁨, 아픔, 사랑의 갈망, 행복의 갈망' 중 사랑을 위해 존재한다고 진이는 생각한다. 인간과 자연이 밀접히 연결되어 있어서 자연이 인간의 심리와 운명을 암시하기도 하고 인간이 자연물에서 깨달음을 얻기도 하는 이러한 인식은 비단 이 대목에만 국한되는 것은 아니다.

길이 넘는 흙담가에 늙은 복숭아나무가 서 있었다. 아름이 넘을 밑둥은 구새가 먹어 구멍이 뻥 뚫어졌는데 옴두꺼비처럼 울퉁불퉁하고 상처투성이의 가지들은 늙은이의 허리처럼 땅으로 바짝 휘여들어 있었다.

그러나 늙고 허리가 굽은 것이 무슨 상관이냐? 나무는 꽃 속에 파묻혀 있었다. 아지마다 술취한 얼굴빛의 불그레한 꽃송이들이 활짝 피여 있었다. 흰나비 한 쌍이 이 꽃에서 저 꽃으로 팔랑이며 날아다녔다.

(산다는 것이 저렇게두 좋은 것일가?)

마치 세상에 처음 태여난 사람처럼 모든 것이 해빛 밑에서 밝게 빛나는 이 즐겁고 열렬한 삶의 그림을 유심히 내다보고 있던 놉쇠는 문득 늙은 복숭아나무 옆에 우뚝 서 있는 어린 대추나무를 보았다. 키가 담 우를 넘지 못하는 애어린 나무였다.

그러나 그 대추나무만은 볼꼴없이 늙은 복숭아나무조차 즐기는 이 봄과 해빛과 삶의 유혹을 거들떠보지 않고 있었다. 잎 없는 검은 가지를 앙상하게 추켜들고 서 있는 대추나무는 꽃 핀 아지를 펼치고 나비를 부르는 복숭아나무를 성난 눈을 흘겨보는 것 같았다. (『황진이』, 174-5쪽).

화려한 꽃송이를 달고 있는 복숭아나무와 달리 어린 대추나무는 잎 없는 검은 가지를 추켜들고 서 있다. 그 모습이 놉쇠에게 모든 유혹을 초월한 것으로 보였고, 놉쇠는 세상에 더 살 목적도 의욕도 없이 죽을 날만을 초연히 기다리는 자신의 모습을 대추나무에 투영하고 있다. 그러나 이후 우중과 반정(反政)을 도모하고, 왜인들과 독자적으로 맞서게 될 때 자포자기의 초탈한 대추나무는 새로운 생명력을 가진 존재로 인식된다. 주인공과 인물의 인식적 자각이 이루어지는 순간에 대추나무나 파도, 바람, 햇빛 등은 자연물은 단순한 상징성을 넘어선 개연성을 가진 것으로 묘사되고 전경화(前景化)되고 있다.

4. 주인공, 그들의 자각

루카치는 역사 소설에서 중도적 주인공, 즉 "비역사적인 인물이며 역사적으로 중요하지 않은 사소한 주변 인물들"을 강조했다. 홍석중의 서술대로 역사의 물면에 떠오르지 않았지만 그것을 받치고 만들어 내는 숨겨진 인물이 중도적 주인공이라 할 수 있는데, 『높새바람』의 인물 중에는 연산군, 중종, 류순정 대감이 아니라 놉쇠, 우중, 날치군, 희영녀, 개불, 표서방, 주룡갑, 왜인들이 이에 해당한다. 이들은 작가적 상상력을 통해 생동하는 인물로 태어난다. 이들이 역사를 인식하고 당시의 현실을 인식하는 계기는 역사에 기록된 사건이 아니다. 이미 그들의 인식이 역사적 사건을 만들었으며 추동한 것이기 때문이다.

중도적 주인공으로 선택된 놉쇠, 우중, 희영녀는 각각 몇 번의 자각을 경험한다. 놉쇠는 부모의 원수를 갚기 위해 왜인들을 죽이는 것을 목표로 살아왔다. 그 목표가 이루어지자 자기 대신 잡힌 친구를 위해 자수하고 앙상한 대추나무처럼 초탈한 자세로 죽음을 기다린다. 그러다, 옥 중에서 놉쇠는 양반과 왜놈들을 한 통속으로 인식하고 미워하는 날치군을 만나고, 임금을 바꾸어 세상을 바꾸어야 한다는 우중의 도움으로 탈옥하게 된다. 우중은 놉쇠에게 왜놈 목숨 몇을 빼앗는 것보다 더 큰 사회적 사명을 일깨우고 날치군은 왜놈과 양반이 하나의 잇속으로 움직이는 적대적 계급임을 일깨운다. 그리고 왜진으로 들어가 죽음을 함께하는 친구들인 개불, 진무를 보며 '대의명분'을 깨닫는다. 죽음을 앞둔 마지막 순간 사랑하는 희영녀를 가슴에 안고 '사랑'도 자랑스러운 대의명분이 될 수 있다는 인간적 자각을 하게 된다. 이는 개인적 자각의 차원으로 후퇴한 것이 아니라 사회적 · 역사적이어야 한다는 대의명분의 본질을 좀 더 유연하게 관통한 것으로 보아야 할 것이다.

> 너나없이 왜놈 때문에 불행과 고통을 겪어야 하는 사람들, 왜놈에게 부모를 잃고 안해를 잃고 남편을 잃고 자식을 잃은 참혹한 운명의 비극들. 오로지 왜놈 때문에 흘려야 했고 흘리고 있고 또 앞으로도 흘려야 할 가깝고 친근한 사람들의 피와 눈물……그것이 바로 자신과 이들 모두의 운명을 하나의 축으로 관통하고 있다는 것을 새삼스럽게 깨달은 놉쇠는 깜짝 놀랐다. 지금껏 자기에게 실린 무거운 마음의 짐 속에 눌리워 허덕이며 부모의 원쑤를 갚아야 할 자신의 의무 이외에는 더 다른 것을 생각할 수 없었던 그가 비로소 주위를 둘러본 것이였다. (『높새바람』, 194쪽).

『높새바람』과 비교할 때 탈역사적인 한 개인의 이야기화라 할 수 있는 『황진이』에서는 놈이, 괴똥이, 이금이, 할멈 등이 중도적 주인공이라 할 수 있다. 그러나 진이 역시 양반가 고명딸에서 노비의 소생으로, 기생으로, 화적패 두목을 기둥서방으로 삼은 아낙으로서 보여 준 역정이 중도적 주인공의 역할로 판단할 만한다. 이 소설은 역사 소설이기보다, 초역사적으로 존재하는 인간의 번민, 고통, 사랑을 면밀하게 형상화해낸 인간에 대한 탐구라 해야 할 것이다.

> (그러니 이제부터 나는 누구란 말인가?)
>
> 자기는 여전히 자기였다. 그러나 자기가 아니였다.
>
> 진이는 망연자실했다. 량반인 아버지와 계집종인 어머니 그리고 그들의 딸인 자기 자신
>
> (그런데 아버지는?)
>
> 진이는 마치 얼마 전 백종날 귀법사의 중들이 밤 사이에 한낱 보잘것없는 흙덩이로 변해 버린 불상을 미신적인 공포를 가지고 바라보듯이 위선과 거짓의 허울이 벗겨져 버린 아버지의 얼굴을 두려운 마음으로 머리속에 떠올리고 있었다.
>
> 진이는 이제야 비로소 세상에서 그렇듯 요란하게 떠들고 받드는 위인이나 성현들의 신비한 우상이 꾸며지고 만들어지는 단순한 리치와 비밀을 깨달은 듯했다.
>
> ……(이제는 어떻게 하면 좋은가) ……(칠성님이시여! 굽어살피시고 제가 힘과 지혜와 용기를 지니도록 도와 주시옵소서.) (『황진이』, 140-1쪽)

자신을 사모하는 놈이 때문에 혼사가 틀어지고 자신의 신분을 알게 된 진이는 자신의 정체성에 대해 고민한다. 그리고 그 원인이 아버지와 같은 허위와 위선의 세상에 있음을 깨닫고 위선과 거짓의 세상을 오히려 비웃으며 살겠다는 다짐을 한다. 자신에게 닥친 혼란과 번민을 통해 자신의 인생을 진취적으로 결정하고 세상의 위선을 간단히 비웃는 삶을 선택하는 것이다. 이는 역사에 대한 자각과 행동이라고 볼 수는 없다. 자

신의 운명을 스스로 개척한 한 여인의 인간적인 욕망과 고통, 사랑이 너무도 생생히 형상화되어 있음은 물론이고 놈이와 진이의 관계 변화 과정을 통해 이루어진 두 인물의 탁월한 인격화는 이 소설이 초역사적인 인간에 대한 탐구라는 소설의 본령에 충실하다는 것을 입증한다.

5. 홍석중과 『황진이』의 의미

홍석중의 역사 소설 두 편을 통해 홍석중의 작가 의식을 살펴보았다. 생애에 대한 구체적인 논의가 아쉬움으로 남지만 이는 좀더 활발히 그리고 실질적으로 이루어질 남북 문화 교류, 문학 교류의 장에서 채워지기를 기대한다.

홍석중과 『황진이』가 여러 측면에서 남북 교류의 훌륭한 조건과 상징적인 의미를 갖추고 있는 것이 사실이지만 남북 문화 교류의 가장 좋은 사례가 되어서는 안 된다. 『황진이』와 다른, 즉 정말 북측의 소설 같은 소설, 북측의 영화 같은 영화도 함께 드러내놓고 그 창작 배경과 의미가 객관적으로 논의되는 시기가 곧 성숙한 남북 문화 교류의 장이라고 할 것이다.

『황진이』의 성공으로 홍석중은 남측에서도 유명해졌고 따라서 남측의 여러 단체에서는 그의 상징적 의미를 사고자 그를 다투어 초청하고 있다. 물론 이는 상징적으로나 실질적으로나 반가운 일이다. 북한의 유명 작가가 남측 독자들, 대중들과 만나 북측 소설이 아닌 문학 작품으로서의 자신의 소설을 알린다는 것은 그 자체로도 의미 있는 일이다.

그러나 이른바 북측과 연계하여 각종 사업을 진행하는 단체들의 활동 양상에 대한 반성 또한 필수적이다. 북한 관련 사업이 이른바 유행처럼 번져나가고 북한 관련 사업의 기획과 성사가 자신들의 세 과시용으로 이용되는 현상 또한 문제라 아니할 수 없다. 화제 중심의 일회성 초청 방문 행사가 아니라 지속적이고 내실 있는 교류와 만남이 요구된다. 이를 위해서는 물론 남북 당국과 남북의 교류 당사자들의 태도가 현재까지와는 전향적으로 달라져야 할 것이다. 사업의 비용 문제, 교류의 상대로서 동등하게 상대를 대하는 자세, 서로간의 신뢰를 유지시킬 제도의 구축 등 남북간 교류는 아직까지 해결하고 합의해야 할 문제가 남아 있는 시작의 단계임에 틀림없다. 그 한가운데 홍석중이 서 있다.

:: 참고 문헌

강영주, 『벽초 홍명희 평전』, 사계절, 2004.

고인환, 「북한 소설에 나타난 사랑의 존재 방식과 이원적 서사구조」, 『결핍, 글쓰기의 기원』, 청동거울, 2003.

김경연, 「황진이의 재발견, 그 탈마법화의 시도들」, 『오늘의 문예비평』, 2005년 여름.

김재용, 「"운우의 꿈을 깨니 일장춘몽이라…": 비극적이지만 아름다운 사랑 이야기」, 『통일문학』, 2003년 겨울.

김정일, 『주체문학론』, 조선로동당출판사, 1992.

김종회, 「북한대표소설의 계급적 관점과 탈계급적 관점: 홍석중의 『황진이』가 우리 문학과 같은 점, 또는 다른 점」, 『문학사상』, 2004. 5.

김종회 편, 『북한문학의 이해 3』, 청동거울, 2004.

리충렬, 『상속받은 나라』, 살림터, 1995.

박태상, 「북한 소설 『황진이』 연구」, 『북한의 문화와 예술』, 깊은샘, 2004.

방연승, 「장편력사소설 《높새바람》(상)의 사상 예술적 성과에 대하여」, 『조선문학』, 1985.2.
우미영, 「복수(複數)의 상상력과 역사적 여성: 최근의 '황진이' 소설을 중심으로」, 『여성이론』 12호, 2005년 여름.
윤기덕, 『수령형상문학』, 문예출판사, 1991.
최원식, 「남과 북의 새로운 역사 감각들: 김영하의 『검은 꽃』과 홍석중의 『황진이』」, 『창작과비평』, 2004년 여름.
홍명희 원작, 홍석중 윤색, 『청석골대장 림꺽정』, 금성청년출판사, 1985.
홍석중, 『높새바람』(상), 문예출판사, 1983.
홍석중, 『높새바람』(하), 문예출판사, 1990.
홍석중, 「내가 만난 황석영」, 『쇠찌르레기』, 살림터, 1993.
홍석중, 『황진이』, 문학예술출판사, 2002.
홍석중, 『폭풍이 큰돛을 펼친다』, 문학예술출판사, 2005.
황도경, 「황진이, 꽃으로 피다-홍석중과 전경린의 '황진이'」, 『문학동네』, 2004년 겨울.

홍석중론 2: 『황진이』

『황진이』의 '낭만성'*

오태호

1. 남북한 문학 교류의 접이 지대 확장

홍석중의 『황진이』는 민중적 계급성의 표상인 '놈이'와 자유연애주의자의 표상인 '황진이'의 연애담을 중심으로 북한식 에로티시즘의 현재적 양상을 보여 준다. 하지만 『황진이』가 보여 주는 에로티시즘의 양상은 역사적 실존 인물을 토대로 한 역사 소설이라는 점에서 북한의 현실 사회주의의 모습을 소재로 한 작품에서 드러나는 애정의 양상과는 사뭇 다르다. 북한 소설에서 남녀의 사랑은 동지애적 관계와 올곧은 신념에의 확인이 감정 교류에 우선하는 것으로 그려지기 때문에 자유주의적 감성이나 본능에 충실한 남녀 관계는 찾아보기가 어렵다.[1] 특히 개인의

* 이 글은 필자가 '2005 북한연구학회 연말 학술회의'(2005. 12. 2)에서 발표한 논문을 수정한 것이다.

1 졸고, 「북한식 사랑법을 찾아서」, 김종회 편, 『북한 문학의 이해 3』(청동거울, 2004).

욕망보다는 공적 담론에 충실한 '혁명적 사랑'의 유형이 사회적으로 공인받고 있기 때문이다.[2]

벽초 홍명희의 손자이자 국어학자 홍기문의 아들로 익히 남한 사회에 알려진 홍석중은 1941년 서울에서 태어나 1969년 김일성종합대학 어문학부를 졸업하고 1970년 단편 소설 「붉은 꽃송이」를 발표했으며, 1979년 조선작가동맹 중앙위원회 작가로 창작 활동을 시작한 이래로 다부작 역사 소설인 『높새바람』(1983)을 통해 작가적 지위와 명성을 높이고 있는 작가다. 홍석중의 『황진이』(2002)가 남한에 소개되어 2004년 판매되고 만해문학상을 수상한 이후, 기존에 발표된 1930년대 이태준의 『황진이』(1938), 1970년대 최인호의 『황진이』(1972)와 정한숙의 『황진이』(1973), 2000년대 김탁환의 『나, 황진이』(2002), 전경린의 『황진이』(2004) 등의 작품들과 함께 다시금 주목을 받으면서 『황진이』는 남북한 문학의 이질성과 동질성을 확인할 수 있는 작품으로 세간의 관심을 집중시킨 바 있다.

홍석중의 『황진이』에 대해 남한 평자들은 "조숙한 자유인의 초상"을 읽어내기도 하고,[3] 비극적 사랑과 민중적 사랑의 힘을 짚어내기도 하며,[4] 계급을 초월한 에로스적 사랑의 모습을 주목하기도 하고,[5] 북한 소설의 이례적 예외성으로 "인민주의적 상상력과 민중 황진이"를 평가하기도 하며,[6] '황진이'를 분열과 욕망, 탈이데올로기적 표상 등을 보여 주는 인물로 검토하기도 하고,[7] 질박한 어휘력을 통해 드러난 놈이와 황진이의

2 고인환, 「북한 소설에 나타난 사랑의 존재 방식과 이원적 서사 구조」, 『결핍, 글쓰기의 기원』(청동거울, 2003).

3 최원식, 「남과 북의 새로운 역사 감각들: 김영하의 『검은 꽃』과 홍석중의 『황진이』」, 『창작과비평』(2004년 여름).

4 황도경, 「황진이, 꽃으로 피다: 홍석중과 전경린의 '황진이'」, 『문학동네』(2004년 겨울).

5 박태상, 「북한 소설 『황진이』 연구」, 『북한의 문화와 예술』(깊은샘, 2004).

6 김경연, 「황진이의 재발견, 그 탈마법화의 시도들」, 『오늘의 문예비평』(2005년 여름).

7 우미영, 「복수(複數)의 상상력과 역사적 여성: 최근의 '황진이' 소설을 중심으로」, 『여성이론』 12호(2005년 여름).

비극적 사랑을 주목하기도 하며,[8] 확고한 사회주의적 계급관을 표방하는 '놈이'의 설정을 통해 이념적 세계관에 기울어진 북한 소설로 읽어내기도 한다.[9] 이상의 평론들을 살펴보았을 때, 이 작품이 '민중적 계급성'과 '자유로운 에로티시즘의 결합'이라는 차원에서 새로운 북한 소설의 전형으로 주목받고 있음을 확인할 수 있다. 특히 '에로티시즘'의 측면에 주목해서 고찰한다면, 남북한 문학 교류의 점이 지대(漸移地帶)를 확장하는 작품으로 검토될 수 있는 것이다.

홍석중의 『황진이』는 '황진이'라는 역사적 실존 인물에 대한 낭만적 접근에서뿐만 아니라 민중성과 계급성을 덧씌워 해석하고 있다는 점에서 흥미로운 작품임에 분명하다. 특히 '황진이'는 남북을 아울러 남성 중심 권력에 저항하는 기표로 활용되기도 하며, 자유로운 예술적 영혼의 소유자로 그려지면서 문학적 흠모의 대상으로 자리매김되기도 하고, 에로티시즘의 육체적 · 정신적 · 지적 정수(精髓)로 그려지기도 한다는 점에서 남북 모두가 연정을 품을 만한 표상이기 때문이다.

2. '낭만성'의 개념과 범주 설정

필자는 홍석중의 『황진이』가 기존 북한 소설이 보여 주는 이데올로기적 경직성을 넘어서고 있는 모습을 가능하게 한 매개 개념인 '낭만성'을 주목하고자 한다. '낭만성' 개념은 '낭만주의 문학'이 '감정, 자연, 상상력'을 중시하면서 "감성의 해방, 무한에 대한 동경과 불안, 질서와 논리

8 김재용, 「"운우의 꿈을 깨니 일장춘몽이라…": 비극적이지만 아름다운 사랑이야기」, 『통일문학』(2003년 겨울).

9 김종회, 「북한 대표 소설의 계급적 관점과 탈계급적 관점: 홍석중의 『황진이』가 우리 문학과 같은 점, 또는 다른 점」, 『문학사상』(2004. 5).

에 대한 반항"[10]을 드러낸다고 범주를 설정하는 것에서 유추할 수 있다. 즉 "자유로운 감성의 표출과 기존 현실에 대한 불만 속에 미지에 대한 동경과 불안, 열정 등을 표출하는 속성"을 '낭만성'이라고 정의할 수 있을 것이다. 이런 점에서 홍석중의 『황진이』는 '낭만성'을 드러내는 작품으로 볼 수 있다. 소설의 낭만성은 기생 황진이를 둘러싼 인물들, 즉 계급성을 체현한 인물로 형상화된 '놈이'와 리충남, 김희열, 서경덕, 리사종 등의 양반들을 비롯해, 진이와 놈이의 비극적 사랑을 현실 속에서 낭만적으로 대리 실현하는 이금이와 괴똥이 등의 인물들을 통해 구현된다.

역사 소설 『황진이』는 조선 시대 남녀 간의 사랑을 주목한 작품이다. 따라서 기생 황진이를 둘러싼 낭만적 사랑과 열정이 작품의 전면에 깔려 있다. 북한에서는 '낭만주의'를 "작가, 예술인들의 희망과 리상에 따라 그들이 바라는 생활을 조건적인 형식으로 보여 주는 문학 예술의 창작 방법 또는 사조"로 정의하고, 김정일의 지적을 들어 "랑만주의 문학 예술은 거기에 표현된 창작가의 지향과 념원이 지나간 과거를 향한 것인가 아니면 미래를 향한 것인가 하는 데 따라 반동적인 것과 진보적인 것으로 갈라집니다. 우리가 보통 랑만주의라고 할 때에는 진보적 랑만주의 문학 예술을 념두에 둡니다"[11]라고 명시하면서 주정토로(主情吐露)가 많고 서정성이 강한 문학을 말한다고 설명한다.

또한 '역사 소설'을 "지난 날의 력사적 사실과 인물들을 취급한 소설"로 개념 정의하면서 "력사 소설에서는 지나간 력사에서 의의 있는 사건들과 인물들을 형상하며 그것을 통하여 해당 력사적 시기의 사회 계급적 및 경제문화적 관계와 민족적 풍습과 생활 세태 등을 구체적으로 생동하게 보여 준다"[12]고 설명하면서 '력사적 주제 작품'으로 홍석중의

10 고소웅, 「낭만주의」, 이선영 편, 『문예사조사』(민음사, 1986).

11 사회과학원, 『문학대사전2(ㄹ~ㅂ)』(사회과학출판사, 2000), 24쪽.

『높새바람』 등을 예로 들고 있다.

그러나 홍석중의 『황진이』는 북한에서의 '낭만주의'와 '역사 소설'에 대한 사전적 정의에서 한 걸음 비껴 서 있다는 점에서 남한 독자들에게 북한 문학의 유연성을 보여 주는 작품이라고 할 수 있다. 즉 미래가 아니라 '조선'이라는 과거를 대면하고 있으며, 역사 자체의 사실적 복원이 아니라 에로티시즘의 양상을 들여다보고 있기 때문이다.

홍석중의 『황진이』는 모두 3편으로 구성되어 있다. '제1편 초혼(1534년 갑오년)' (전26장)에서는 진이가 양반집 고명딸로 태어나 놈이와의 애정 속에 기생이 될 것을 결심하는 부분까지 서술되어 있고, '제2편 송도삼절(1539년 기해년)' (전26장)에서는 기생 생활에서 만나는 다양한 남성들과의 관계를 추적하고 있으며, '제3편 달빛 속에 촉혼은 운다(1539년(기해년) 겨울~1540년(경자년) 봄)' (전20장)에서는 유수(留守) 사또와의 갈등 속에 '놈이'가 효수당한 뒤 송도를 떠나는 이야기가 그려지고, '그 후의 이야기(1546년 병오년 가을)'에서는 리사종과 진이가 방랑 생활을 하는 이야기와 황진이 사후 임제가 황진이의 무덤을 찾는 이야기가 덧붙여진다.

본고는 작품의 흐름을 따라가면서 소설 『황진이』가 그려내는 '낭만성의 표상'을 통해 조선 시대를 읽어내는 작가의 표정과 함께 북한 문학의 현재성과 낭만성을 우회적으로 읽어내고자 한다. 그러한 우회적 읽기가 남북한 문학의 점이 지대를 확장하는 초석이 될 수 있기 때문이다.

12 사회과학원, 앞의 책, 32-33쪽.

3. 신분 차이에 의해 파열되는 낭만적 환상 – 제1편 초혼(1534년 갑오년)

1) 외곬수적 사랑과 의리의 화신 – '놈이'의 낭만성

홍석중에 의해 황진이의 연인으로 소설 속에 새로이 기입된 '놈이'는 '제1편 초혼'에서부터 양반 계급에 대립하는 하층민 남성의 표상으로 그려진다. '놈이'는 황진사댁에 드난살던 하인의 아들로 태어났기에 원래는 종이 아니다. 하지만 일곱 살에 아비를 잃고 어미가 장돌뱅이를 따라 도망간 뒤 의지가지 없는 천애고아가 되어 황진사댁 하인방에서 눈칫밥을 먹으며 잔뼈를 키워 '불악귀' 같은 존재로 인식된다. 다섯 살 어린 황진사댁 고명딸 진이에게 '애기씨와 참년'이라는 호칭을 번갈아 부를 정도로 울뚝불뚝한 '놈이'는 진이가 상놈이 양반에게 욕하면 되느냐고 하자, "개 팔아 두량반 소 팔아 세량반 하는 그 량반 말이냐?"라고 조롱할 정도로 『춘향전』의 방자나 『봉산탈춤』의 말뚝이의 시대 풍자적 성정을 닮아 있는 인물이다.

황진사가 작고하던 해 열두 살이던 놈이는 일곱 살 진이를 데리고 4월 초파일에 등불놀이 구경을 갔다가 진이를 거리에 내려놓고 숨는다. 그 뒤로 후원에서 진이와 노는 것이 금지되자 그 날 진이에게 참나무잎에 첫물앵도를 주고 사라진 놈이는 '훌륭한 사람'이 되어 나타나겠다는 속다짐을 한다. 그러나 10년 동안 여릿군 · 도두목 · 화적패 노릇 등을 거친 '놈이'는 신분의 차이를 강요하는 전근대적 질서의 한계를 넘어서지 못한 채로는 '훌륭한 사람'이 될 수 없음을 깨닫고 황진사댁에 조용히 다시 들어오게 된다. 황진사댁의 바깥일과 안일을 도맡아 주관하는 '차지'가 된 '놈이'에게 진이는 예전처럼 상전답게 천연스럽고 놈이는 하인답게 공손스러운 관계를 유지한다.

그러나 진이의 친어머니가 논다니 '현금'이라는 사실을 알게 된 놈이는 자신이 흠모하는 진이를 서울 윤승지댁 도령에게 빼앗길 수 없다는 집착으로 진이의 출생 비밀을 윤승지댁에 알려 파혼을 하도록 만든다. 놈이가 진이의 신분을 양반에서 종으로 추락하도록 만드는 것은 '욕망과 양심' 사이에서 진이를 향한 애정을 해소할 길 없었던 낭만적 애욕의 표정을 보여 준다.

북한의 현대 소설에서는 대개의 긍정적 주인공이 놈이처럼 개인적 목표 달성을 위해 양심을 저버리는 행동을 하지 않는다는 점을 감안한다면 북한식 애정 소설의 새로운 양상을 제시하는 부분으로 해석할 수 있다. 유년 시절 진이와의 기억을 평생의 낭만적 환상으로 품고 있는 놈이의 일방향적 사랑의 감정은 조선 시대의 계급적 구조에 대한 비판적 각성을 거친 이후에도 변함이 없다. 놈이는 전형적인 '낭만의 화신'으로 그려지고 있는 것이다.

2) 양반(낭만적 환상)에서 종(환상의 부재)으로의 전락 – 진이의 낭만성

황진사댁 고명딸 진이는 어려서부터 뛰어난 문장 솜씨, 빼어난 글씨, 절묘한 가야금 기예, 천하절색의 외모로 이름을 날린다. 열여덟 살이 되어 서울 윤승지댁 자제와 정혼하게 된 진이는 정혼 이후 혼자 숲속을 거닐며 자신의 낭만적 미래를 꿈꾼다. 어릴 적부터 '위선과 거짓'에 대한 저항감을 가지고 있던 진이는 하늘이 '사랑'을 위해 아름다운 자연을 만들어 주었다고 생각하며, 얼굴도 모르는 정혼자를 향한 열렬한 사랑의 감정 속에서 '불안스러운 안도감'(31쪽)을 느낀다. 양반 사회가 제공하는 '사랑의 완성'에 대한 낭만적 환상에 빠져 있으면서도 진이는 스스로를 '붙임성이 없고 욕구불만에 몸부림치며 안존하지 못하고 무모할 정도로 위험한 열정을 지닌 존재'로 인식한다. 그리하여 별당 후원에서 벗어나 사내옷으로 갈아입고 거리의 풍경을 즐긴다. 번잡한 길거리에서 "오, 자유여! 자유로운 귀신이 묶이운 신선보다 낫고 여윈 자유가 살진 종살이보다 낫다"(78쪽)라면서 '자유로운 영혼'이 되기를 갈망하는 것이다.

하지만 금지 구역인 청교방 큰길 색주가로 들어서면서 '소름 끼치도록 무서운 느낌'과 더불어 '섬찟함'을 느끼게 된다. 자신의 낭만적 세계 인식과는 다른 세계가 존재함을 어렴풋하게 확인하게 되는 것이다. 또한 상상의 정혼자를 향해 달콤한 사랑을 토로하던 진이는 어머니 대신 귀법사에 음식 공양을 드리고 돌아오는 길에 자신의 친어머니 장례 행렬인 줄도 모른 채, 밝고 경쾌한 음악과 함께 상복 없이 화려한 채색옷을 입은 여인들의 기괴한 행렬(줄무지장)을 통해 다른 생의 종말을 들여다보며 자신의 미래적 표정을 선취하게 된다.

달콤한 낭만적 환상과 섬찟한 현실 세계 사이에 두 발을 걸치고 있던 진이는 어머니로부터 파혼을 통보받은 이유를 들으며, 어머니가 친정에서 데리고 온 '교전비 현금'이 친어머니임을 친어머니 사후에야 알게 된다. 그 후 그토록 존경과 사랑의 대상으로 흠모하던 '황진사'가 실은 단지 색마에 불과했음을 알게 된 진이는 '사랑'에 대해 막연한 환상을 품고 있던 양반 소녀에서 종의 신분으로 격하되어 '칠성님'을 외치며 "그러니 이제부터 나는 누구란 말인가?"(139쪽)라는 질문 속에 자기정체성에 대한 회의를 품게 된다.

위선과 거짓의 허울이 벗겨진 황진사를 떠올리며 위인이나 성현들의 신비한 우상이 '가공된 진실'임을 깨닫게 된 진이는 아버지의 족자 두 폭을 불태워 버리는 것을 시작으로 자신의 환골탈태를 준비한다. 진이는 자신을 사랑하다 상사병으로 죽은 또복이의 장례 행렬에 자신의 혼수였던 꽃무늬의 붉은 슬란치마를 꺼내어 관곽을 덮으며, 죽은 혼백과 저승의 사랑을 약속한다. 그리하여 사랑의 감정을 송두리째 죽은 혼백한테 바쳤으므로 이승의 목숨이 다할 때까지 자신은 사랑의 감정을 전혀 느낄 수 없는 목석 같은 여인이 되었음을 자각한다.

마지막 허물벗기에서 가장 중요한 몫을 놈이에게 맡기려는 진이는 자신의 향후 삶을 '색주가의 논다니가 되는 길'로 선택한다. 그리하여 청루로 가려는 진이는 믿음직하고 성실한 기둥서방이 필요하다며 '여인의 정절'이 자신의 발목을 묶는 '거추장스러운 착고'와 같은 것이기에 놈이에게 귀밑머리를 풀어달라고 이야기한다. 간절하고 안타깝고 애절한 놈이의 눈빛을 받으면서 진이는 놈이와 몸을 섞게 되고, 멀리서 봉은사의 종소리가 양반으로서는 이미 죽은 '옛 진이의 넋'을 보내려는 애절한 초혼의 메아리처럼 구슬프게 울어댄다.

결국 양반에서 기생으로 변신하고자 하는 진이의 허물벗기는 '아버지의 족자 불 사르기→놈이가 친어머니를 만났던 자남산 중턱에 가보기→친어머니의 묘소 찾아보기(인륜의 도리이자 핏줄을 받아들이는 용감한 의식)→청교방 색주가 장덕집에 들러 색주가 여인들에게 큰절 올리기→또복이의 장례 때 혼례옷 바치며 저승 사랑 약속하기→놈이에 의한 귀밑머리 풀기'라는 단계를 거쳐 '초혼 제의'로 완성된다.

4. 여성적 자유혼의 표상, 기생 진이의 연애담 – 제2편 송도 삼절(1539년 기해년)

2편 서두에 '불학무식한 리왕가'라는 표현에서 알 수 있듯이 조선 왕조에 대한 비판 의식으로 시작하는 2편은 도학 군자인 척하는 리충남을 생과부로 위장한 명월이 유혹하는 내용을 필두로 하여 진이의 기생 생활을 그린다. 리충남의 빈정거리는 찬 웃음이 모계의 유전이며, 술집 작부였던 5대조 할머니의 가살스러운 천성이 그에게 이어지고 있다는 서술자의 말(168쪽)은 핏줄에 대한 유전 의식을 강조하는 작가의 세계관을 보여 준다. 이 부분을 확대 해석한다면 결국 '피는 못 속인다'인데, 이것은 암묵적으로 '김일성-김정일' 세습 체제의 정당성을 확보하는 표현으로도 읽을 수 있다. 이것은 수직적 혈연 관계가 모든 것을 결정한다는 결정론적 세계관의 도식성을 강조할 우려가 있다는 점에서 비판적으로 검토해야 할 대목이다.

1) 선비의 허위적 가면을 벗기다 – 진이와 리충남

옥골선풍으로 생겼지만 경박스러워 보이는 '벽계수 리충남'은 40대의 중늙은이로 보이는 서른 살이지만, '정신적 나이와 지성 있는 사대부'를 입에 달고 사는 양반이다. 색계에 대한 금욕적 절개가 있어야 도학 군자라고 생각하는 리충남은 기생을 천하의 요물로 여긴다. 하지만 기생 명월이가 생과부인 것처럼 위장하여 충남의 색심과 육욕을 충동질하자 충남의 허울 좋은 위선의 가면이 벗겨진다.

송도 유수(留守) 김희열과 동문 수학했던 서울 선비 리충남은 달빛 아래 소복 단장을 한 요염한 여인을 보며 귀신 같은 아름다움이라고 탄식하면서도 견물생심을 느낀다. 독수공방하는 생과부 신세임을 들은 충남은 남의 집 여인을 엿본다는 것이 괴로우면서도 달콤한 것임을 깨달으며 여인의 집으로 월담을 하게 된다. 여인과의 격렬한 성행위 이후 친구들의 조롱과 험담을 걱정하던 충남은 여인이 치마폭에 신표로 시를 써 달라고 부탁하자 시를 써 준다.

이튿날 그 여인이 기생 명월이었음을 알게 된 충남은 도학자연했던 자신이 장난과 희롱의 희생물이 되었음을 깨달으면서도, 밝은 달빛 같은 명월이의 달콤하고 매혹적이면서 애틋한 설움이 깃든 목소리에서 풍겨

오는 애수에 찬 외로운 혼의 노래에 감동하며 서울로 줄행랑을 치게 된다. 벽계수 리충남의 모습은 고전 소설 『배비장전』의 배비장을 닮아 있다는 점에서 작가가 역사 소설을 쓰면서 다양한 설화적 이야기를 삽입해 이야기를 풍성하게 만들고 있음을 보여 준다.

2) 기생의 내면 풍경을 읊조리다 – 진이와 상상의 파혼자

도고(道高)한 양반댁 아씨에서 하루아침에 노류장화라는 천기(賤妓)로 굴러 떨어진 비참한 운명의 진이는 대청마루에서는 기예가 뛰어난 기생 명월이가 되고, 건넌방에서는 위선의 허울을 쓴 사내들의 불쌍한 넋을 희롱하는 '지옥의 악귀' 같은 또 다른 기생 명월이가 된다. 명월의 건넌방 문턱을 넘어선 사내는 명월에게서 환락의 즐거움을 맛보는 대신 자신의 넋을 빼앗겨야 한다. 명월은 기생 생활 속에서 "사내들이란 계집앞에서 벌거벗으면 얼굴 생김새가 서로 다를 뿐 모두가 어슷비슷한 '짐승'들"(226쪽)이며, "일단 넋을 빼앗긴 그림자는 악귀한테 소용없는 무용지물에 불과"(227쪽)한 것임을 체감하면서, '사랑'을 '두억시니' 같은 것이라고 생각한다. 사내와 기생의 관계가 짐승과 악귀의 관계로 치환됨으로써 '낭만적 사랑'은 부재할 수밖에 없는 것이다.

진이가 유일하게 명월이 아닌 진이로 자리할 수 있는 공간은 주역 책이 펼쳐져 있는 검소한 '웃방'밖에는 없다. 그러므로 그 방에서 어릴 적 낭만적 환상의 대상이 되었던 파혼자를 향해 진이는 일기를 쓰듯 자신의 내면 풍경을 토로한다. 가상의 정인(情人)에게 가을의 외로움을 전하며 '되돌아올 수 없는 어제와 피할 수 없는 내일'을 가진 것이 인생이라고 독백하고, 당신이라는 존재가 형체 없는 혼령뿐이기에 마음 속으로 불러내어 솔직하게 흉금을 털어놓는다고 고백한다. 그리하여 6,7년 전 진이로 인해 '사랑의 벼락'을 맞았던 탁발승 만석을 얼마 전에 구해낸

이야기가 세간에서는 진이가 생불을 유혹하여 파계시킨 음담패설로 둔갑되었다고 진실을 토로하게 된다. 낭만적 사랑과 현실적 정분의 성취가 불가능해진 진이에게 진실하고 참된 사랑의 관계는 이금이와 괴똥이의 순수하고 아름다운 사랑으로 현현된다. 그들의 사랑이란 진이에게 결핍되어 있는 낭만적 · 현실적 사랑의 관계로 인식되는 것이다. 하지만 그 둘의 모습은 진이로 하여금 자신이 '사랑'을 모르는 불쌍한 계집이자 가련한 인간임을 자인하게 만들 뿐이다.

3) 이루어질 수 없는 사랑을 고백하다 – 진이와 놈이

스스로를 '괴벽한 계집'에 불과하다고 여기는 진이는 이미 5년 전 달밤 아래에서 놈이에게 '순결한 처녀'를 주며 황진사댁의 고명딸은 죽었다고 생각한다. 놈이와의 정사를 죽음을 바라고 사약을 마신 행위에 비유하는 진이는 그 날 이후 생기를 잃은 채 시들어가면서 절망에 가까운 슬픔을 느끼는 놈이를 본다. 놈이에게 '처녀를 바친 것'이 사랑과 애정에서 비롯된 행위가 아니라 자신의 신세에 대한 환멸과 혐오로부터 비롯된 자학 행위였음을 느끼는 진이는 그 날 밤 자신과 함께 놈이 역시 '죽음의 사약'을 마셨다고 생각하며 스스로를 성정이 이지러진 악귀로 단정짓는다.

4년 전 괴똥이의 대필로 진이에게 남긴 언문 편지에서 놈이는 자신이 진이의 출생 비밀을 윤승지댁에 알린 장본인이라고 이야기한다. 진이를 향한 애욕의 불길을 제어할 수 없었던 놈이가 반상 간의 담장만 가로막혀 있지 않으면 사랑이 저절로 이루어질 것이라고 생각했던 것이다. 특히 놈이 자신에게는 사랑을 얻을 수 있는 절호의 기회이지만 진이에게는 청천벽력의 화를 입히는 일임을 알고 있음에도 불구하고 놈이는 '사랑의 야욕과 도의적 양심' 사이의 무서운 싸움 끝에 에로스적 충동으로 진이의 신분 추락을 유도한 것이다. 진이에게 정조가 아닌 사랑을 기대했던 놈이지만, "그 사랑은 하늘에서 반짝이는 별처럼 영원히 제것으로 될 수 없는 것"(250쪽)이라는 낭만적 인식 속에 옛날처럼 수릿날 선물로 칫물앵도를 바치며 용서를 빌고 떠난다. 진이와 놈이의 애정 관계는 처음에는 양반과 하인의 주종 관계에서 나중에는 기생과 기둥서방의 관계로 전이되지만 결코 낭만적 사랑의 결실로 실현될 수 없는 균열을 내포하게 된 것이다.

4) 거짓과 위선을 거부하다 – 진이와 송도 유수 김희열

명문 대갓집 출신의 송도 유수 김희열은 호걸풍의 잘생긴 인물로 수컷의 허세는 있지만 거짓과 위선이 없는 풍류 남아다. 그런 유수 희열에게 진이는 은근히 마음이 끌린다. 둘 다 '성인'이나 '군자'를 믿지 않는다는 점에서 공통점이 있기 때문이다. 하지만 희열은 다른 사람이 자기보다 나을 수 없다는 '소총명'을 지녔기에 인간에 대한 믿음을 갖지 못하는 데에 반해, 진이는 성인과 도학 군자의 탈을 쓴 위선자(황진사)의 희생물이기에 인간에 대해 불신을 지닐 수밖에 없다. 결국 성인 혹은 군자에 대한 희열의 몸살이 물귀신 심사라면 진이의 몸살은 희생자의 의분과 같다는 점에서 차이를 지니고 있는 것이다.

하지만 진이에게 희열은 아직 사랑의 대상이 아니다. 진이가 사랑을 줄 수 있는 이상적 사내는 이백이나 매월당처럼 우선 그에게 둘도 없는 벗이어야 하기 때문이다. 진이는 자신의 애정 결핍을 이금이와 괴똥이의 사랑을 보며 채우고자 한다. 그리하여 "아, 사랑이여! 그대의 고민만큼 달콤한 것은 없고 그대의 탄식만큼 아름다운 것은 없으며 그대의 고통만큼 기쁜 일은 없고 그대의 죽음만큼 행복한 일은 없어라"(278쪽)라고 그들의 사랑을 애상조로 부러워하는 것이다. 하지만 진이의 시선은 타자의 사랑을 낭만적 관계로 바라볼 뿐이다. 진이의 욕망은 현실 세계에 부재하는 대상을 향해 있기에 결코 채워질 수 없는 '텅 빈 충만'이라는 결핍으로 드러나는 것이다.

5) 욕정의 본능을 이겨내다 – 진이와 서경덕

이조정랑 민순이 서경덕을 찾으러 와서 송도 유수를 만나러 오자, 희열은 "진이야말로 담박하면서도 화려한 풍치를, 높은 인격과 지성을 보이면서도 육감적인 색향을, 이를테면 희고도 검은 것을 능히 만들어 낼 수 있는 유일한 녀인"(326쪽)이며 그런 '모순의 화신'이자 '모순으로 빚어진 희귀한 존재'이기에 진이를 민순에게 소개한다. 장자나 소강절보다 더 크게 학문을 세운 사람이 화담선생이라고 말하는 민순은 학문을 배우고 스승을 찾는 데에 남녀 구별과 귀천이 상관 없다고 이야기하면서 진이에게 화담을 찾아가 보라고 권한다.

서경덕의 됨됨이를 알기 위해 '연사질'에 옮아보라고 권하는 김희열의 충동을 따라 진이는 거짓과 위선의 허울을 벗기러 화담에게로 향한다. 1539년(기해년) 가을, 쉰하나의 나이인 화담은 글이 곧 사람인 인품 있는 '유물론적 철학사상가'(346쪽)이면서 '꽃닢'을 찾은 진이에게 시종 다정하고 온화한 웃음을 띤다. 진이는 화담과 대화를 나누며 그의 학문 세계에 탄복하며 학문에 대한 존경과 지식에 대한 숭배, 인간에 대한 감탄의 격정을 느낀다. 그러면서 밤이 늦어 한 방에서 이부자리를 폈을 때 화담의 육체를 더듬으며 그를 유혹하려던 진이는 태연한 표정과 침착한 행동거지 속에 정욕의 본능과 처절한 싸움을 벌이는 화담을 보며 감복하게 된다. 그리하여 화담을 향했던 유혹의 손길을 거두고 '꽃닢'을 나와 유수아문으로 온 진이는 희열에게 송도삼절을 '박연폭포, 화담선생, 진이 자신'이라고 이야기한다. 박연폭포의 아름다움과 화담의 학문적 성취와 인품의 고결성, 기생 진이의 문재(文才)와 가무악, 빼어난 미모 등이 송도를 대표하는 세 가지라고 자부하는 것이다.

5. 파열된 육체, 방랑에의 길 - 제3편 달빛 속에 촉혼은 운다(1539년〔기해년〕 겨울~1540년〔정자년〕 봄)

1) 남성 권력에 의해 파열되는 진이의 육체 - 김희열과 진이

1539년 10월 호장과 이방은 김희열과 상의 끝에 곰보네 마방집에서 보물을 훔치고 그 식구들을 살해한 뒤 놈이네 화적패에게 죄를 덮어씌우려 한다. 하지만 놈이에 의해 이방과 호장이 범인임이 밝혀지면서 희열은 교활한 아전놈들의 보쌈에 걸려들었음을 깨닫게 된다. 그리하여 이방과 호장을 몰래 죽이라는 명령을 형방 비장에게 내리게 된다. 희열은 진이로부터 놈이를 자수시킬 테니 놈이의 뒤를 보아달라는 부탁을 받지만 화적패의 괴수인 놈이가 자수하기 전에 체포해 버리려고 계획한다. 진이가 심혈을 기울여 준비해 온 이금이와 괴똥이의 10월 보름 잔칫날 혼례가 끝난 뒤, 괴똥이가 포도부장에게 잡혀가게 된다. 그리하여 그가 놈이와 한 패인 화적당임을 실토하게 하려는 포도부장은 괴똥이에게 보름 동안이나 끔찍스러운 고문을 자행한다. 하지만 결국 실토를 못 받게 되자 포도부장은 희열로부터 괴똥이를 물고를 내서 없애 버리라는 명령을 받게 된다.

김희열은 놈이에 대해 남다른 감정을 느끼는 진이를 보며 수컷으로서의 교만성을 느끼게 된다. 그리하여 진이에 대한 사랑의 확신과 긍지가 진이로부터 무시당한 데 대해 분노를 느끼던 중, 괴똥이를 풀어 주면 스스로 자수하겠다는 놈이의 편지를 받은 뒤 괴똥이를 풀어 준다. 그것도

홍석중, 『황진이』(문학예술 출판사, 2002) 속의 삽화

모른 채 진이는 이금이와 괴똥이의 현실적 사랑을 실현시키기 위해 '난생 처음 비럭질에 나선 거지 같은 심정'으로 괴똥이를 구해 달라며 희열에게 자신의 육체를 제공한다. 희열과의 반강제적인 성행위 뒤에 정신을 차린 진이는 혐오감과 증오감, 굴욕감과 수치감에 몸을 떨게 된다. 사또에게 다시 몸을 맡기느니 차라리 거리를 지나가는 거지에게 몸을 주겠다는 진이는 희열로부터 조만간에 다시 이 우물을 찾게 될 것이라는 말을 듣게 된다.

사또와 기생이라는 신분 차이에도 불구하고 서로에게 우정과 배려를 아끼지 않던 진이와 희열의 관계는 희열의 상목 포흠이 빌미가 되어 돌이킬 수 없는 적대적 관계로 돌아서게 되는 것이다. 권력을 무기로 진이의 육체를 파열시키는 3편에서의 희열은 호방한 사또의 모습으로 형상화되었던 2편에서의 희열과는 사뭇 다른 양상을 보여 준다. 그것이 결말을 향한 소설적 장치겠지만 자연스러운 성격 변화를 보여 주지는 못한다는 점에서 인물 형상화의 한계를 드러낸다.

2) 사랑의 확인, 생사를 넘어 넋으로 이해하기 – 진이와 놈이

1539년 9월 보름경부터 이금이와 괴똥이의 잔치 준비로 바쁜 진이는 '사랑의 야욕'이 지닌 본성이 이기적인 것임을 느낀다. 사랑의 이기성이란 애정의 소유에 대한 다른 이름이었던 것이다. 어린 시절 놈이와의 깨끗한 순정을 떠올리며 5년 동안 너무도 달라진 놈이의 모습을 보는 진이는 "'시인'의 격렬한 고민과 세찬 격정을 보았으며 자신의 새삼스러운 발견을 환희라고나 이름할 수 있는 들뜬 마음으로 주시"(443쪽)하면서 자신의 이기적 사랑의 대상이 놈이었음을 체감하게 된다.

놈이가 화적당 산채로 피신하며 진이에게 남긴 편지에는 놈이가 '가장 행복하면서도 제일 불행한 사내'임이 적혀 있다. 지난 5년 동안의 내면 갈등 속에서, 놈이가 예측해 본 진이와의 사랑의 결과는 자신이 기둥서방 노릇을 다시 하거나 진이가 화적 괴수의 안방을 지켜야 하는 것이었기 때문이다. 어느 결과도 수용하기가 어려운 현실 속에서 놈이는 진이에 대한 낭만적 사랑의 감정을 단념하고자 한다. 하지만 놈이의 편지를 읽으며 진이는 놈이야말로 '인의예지를 갖춘 출중한 인물이요 불 같은 사랑과 열정을 지닌 사내 중의 사내'라고 생각한다. 그러면서 '이승에 사는 저승의 허깨비' 같은 자신에게 "지금 중요한 것은 놈이와 자기가 서로 사랑한다는 사실"(467쪽)임을 깨닫는다. 진이는 놈이의 사랑으로 다시 이승의 사람이 되었다고 판단하고 있는 것이다.

그러나 김희열에게 반강제적으로 육체적 치욕을 당한 후 집에 돌아온

진이는 나흘 동안이나 쓰러져 있다가 "빛도 없고 의식도 없고 다만 '존재'가 있을 뿐이었"(505쪽)음을 느끼며 깨어난다. 이후 괴똥이의 석방을 위해 관가에 자수한 놈이가 내일모레 효수를 당한다는 소식을 들은 진이는 옥 안에 갇혀 칼을 쓰고 있으면서도 얼굴 표정이 평온하고 육중한 바위처럼 편안하게 앉아 있는 놈이를 그윽한 눈길로 바라본다. 그것은 "넋이 넋을 사랑하고 넋이 넋을 리해하며 넋이 넋을 떠나보내는 서글픈 바래움이였으니 두 사람의 넋은 비록 영별을 눈앞에 두고 있으나 이미 죽음과 삶을 초월한 정화된 정신의 높이에 함께 올라섰기 때문"(509쪽)에 가능한 것이다.

마지막까지 괴로움을 끼쳐 죄송하다는 놈이에게 진이는 '우리 사랑의 즐거운 합환과 우리 사랑의 슬픈 고별'을 함께하는 첫잔이자 마지막 잔을 올린다. 진이의 애절하고 애통한 권주가를 들으며 놈이는 "내일 효수장에는 절대로 나오지 말아달라"는 부탁을 하고, 진이는 놈이의 평온과 고요를 지켜보며 자신보다 훨씬 큰 사람임을 느낀다. 이듬해 봄이 되어 진이는 이금이와 할멈 곁을 떠나 배를 타고 방랑의 길을 떠난다. 결국 놈이와 진이의 현실적 사랑은 김희열에 의해 파국을 맞게 되고 둘은 생사를 초월한 '넋맺이 사랑'을 이루는 것이다.

6. 삶과 죽음의 경계를 배회하는 애상적 영혼 – 「그 후의 이야기」

서술자는 「그 후의 이야기」에서 1546년 병오년 가을, 어느 노마님 칠순잔치의 풍경을 소략하게 진술한다. 잔칫날 풍경 속에 어떤 선비는 진이의 "동지달 기나긴 밤을 / 한허리를 둘에 내여 / 춘풍 이불 아래 / 서리서리 넣었다가 / 얼운 님 오신 날 밤이어드란 / 구븨구븨 펴리라"는 시조를 "점잖은 사대부로 입에 올리기에는 좀 멋쩍은 데가 있지만 뜻은 얼마나 아름답구 재기는 또 얼마나 발랄합니까?"(519쪽)라고 말한다. 그 잔치를 찾은 서른 살의 절대 가인 진이와 풍류 남아 리사종은 주거니 받거니 하면서 노래를 부른 뒤에 총총히 사라지고 그 뒤로 진이의 소식은 끊긴다.

이러한 리사종과 진이의 관계에 대한 덧붙임은 당시 조선 사회에 진이가 관능과 낭만의 화신으로 여겨져 소문이 생성되는 진원지의 역할을 하고 있었음을 보여 준다. 남성 권력 사회에서 그 권력의 허상성과 애욕의 진솔함을 글과 가무악으로 표현했던 진이는 선비들에게 낭만적 애욕의 대상으로 회자되고 있는 것이다.

> 인간은 몇 해 살았는가가 중요한 것이 아니라 사람들의 추억 속에 얼마나 깊은 자욱을 남겼는가가 중요한 것이요, 그래서 죽음과 함께 비로소 삶이 시작된다는 의미심장한 말이 있는 것이다. 권력과 세도를 휘두르던 폭군들의 웅장한 돌무덤은 흐르는 세월과 함께 무너지고 바사져 모래와 흙이 되였으나 길가에 앉은 진이의 나지막한 봉분은 400여 년이 지난 오늘까지도 그 모습 그대로 남아 있어 오가는 길손들에게 애절한 마음을 불러일으키고 있으니 뉘라서 그의 짧은 한생을 불우한 것이라고만 이르랴. / 이제 우리는 주인공 황진이와 작별하면서 백호 림제가 그의 무덤 앞에서 지었다는 문제의 그 시조를 읊어 보며 삶과 죽음의 의미에 대하여 다시 한 번 깊이 생각해 보기로 하자.
>
> 청초 우거진 곳에 / 자난다 누웠난다 / 홍안을 어데 두고 / 백골만 묻혔난다 / 잔 잡고 권할 이 없으니 / 그를 설어 하노라[13]

13 홍석중, 『황진이』(문학예술출판사, 2002), 528쪽.

사족처럼 덧붙여져 있는 서술자의 마지막 진술은 황진이와 놈이의 사랑을 중심으로 진행되어 온 작품의 의미를 삶과 죽음의 애상성으로 마무리하려고 한다. 이것은 거짓과 위선으로 둘러싸인 남성 권력 중심의 양반 사회를 흔들었던 진이의 '깊은 자욱'이 이 작품의 '종자'임을 놓치지 않으려는 작가의 의식에서 비롯된 것으로 보인다.

『황진이』는 놈이의 죽음과 진이의 떠남에서 이미 소설적 마침표를 찍었다고 보는 것이 더 타당할 것이다. 왜냐하면 실제 인물 '황진이'의 사료에서와는 다르게 홍석중에 의해 새로이 첨가된 인물이 바로 하인이자 기둥서방이었다가 화적패가 되는 '놈이'이기 때문이다. 결국 이 작품은 역사적 사건을 호출함으로써 계급성과 낭만성의 어우러짐을 표방하려고 기획된 작품인 것이다.

7. 북한식 낭만성의 색다른 표정

1992년 발간 이후 현재까지 북한 문예이론의 지침서인 김정일의 『주체문학론』은 애정 문제에 대해 '현실과 이상의 균열'을 그릴 수 있음을 강조한다.

> 작품에서 정서를 돋군다고 하면서 흔히 사랑선을 넣군 하는데 사랑선을 넣는 그 자체가 나쁜 것은 아니다. 사랑 관계를 잘만 형상하면 우리 시대의 애정 륜리에 대한 옳은 인식을 줄 수 있고 작품을 정성적으로 색깔있게 만들 수 있다. 문제는 그것을 도식적인 틀에 맞추어 어색하고 싱겁게 보여 주는 데 있다. 작품에서는 대체로 처녀총각이 서로 사랑하다가 오해가 생겼거나 뜻이 맞지 않거나 이러저러한 리유로 사이가 버그러졌다가 다시 결합되는 식으로만 그리고 있다. 사랑하는 남녀 사이에 첫 인

연이 맺어지는 계기도 어떤 필연적인 데서만 찾으려고 하는데 그럴 필요는 없다. 처녀와 총각 사이에는 첫 인연이 아주 우연적인 계기에서 맺어질 수도 있고 일단 사랑 관계를 맺은 남녀가 마지막에 리상의 불일치로 결렬될 수도 있다.[14]

그러나 1장에서도 검토했듯이 북한의 현대 소설 속에서는 남녀의 사랑 관계를 '도식적 틀에 맞추어 어색하고 싱겁게 보여 주는 것'이 대부분이다. 한 인간에게 현실과 욕망의 대립이 있다면 욕망을 내면화하거나 절제하는 것이 북한식 사랑 방정식의 전형이기 때문이다. 그러므로 아무리 '황진이'와 같은 '낭만적 자유인' 혹은 '시대적 경계인'을 그려내려고 할지라도 '주체 조선' 이전의 역사 소설에서나 가능할 뿐이지 사회윤리적 도덕 원칙과 이데올로기적 경직성을 강제하는 현대 소설에서는 그려내기가 어려운 것이 현실이다. 만약 '현재적 황진이'의 관능적 감수성을 그려낸다면 그 작품은 부르주아적 감수성, 퇴폐주의 미학이라는 낙인이 찍힐 것이기 때문이다.

'실존 인물 황진이'는 끊임없는 문학적 재해석의 대상으로 자리한다. 그만큼 문제적 표상으로 역사의 여러 장면에 새겨진 인물이 '황진이'이기 때문이다. 그러므로 양반에서 기생으로 전락하여 자기 정체성에 대한 고민을 진행하는 과거의 황진이는 남북을 통틀어 현재적이면서도 미래적인 인물이다. 황진이가 당당한 존재론적 고민과 더불어 문학적 감수성, 남성 권력에 대한 문제 제기, 양반 사회(남성성)의 허울과 위선 벗기기, 낭만적 연애의 주체(혹은 대상) 등을 보여 주는 천의 얼굴을 지닌 존재이기 때문이다.

홍석중의 『황진이』는 황진이의 에로티시즘적 표상과 더불어 놀이를

14 김정일, 『주체문학론』(조선로동당출판사, 1992), 243쪽.

통해 계급적 문제 의식을 함께 그려내고자 한다. 하지만 놈이의 계급적 자각이 상대적으로 미미하게 그려져 있기에 오히려 남한 독자에게 흥미를 불러일으킨다고 할 수 있다. 특히 기둥서방에서 화적패가 된 놈이가 '욕망하는 주체'라기보다는 황진이에 의해 호출되는 '욕망의 타자(他者)'로 그려진다는 점에서 놈이의 계급성은 낭만성 뒤로 밀려나게 된다. 이러한 특색을 당성, 계급성, 인민성의 원리에 철저한 북한 소설에서의 색다른 양상으로 주목할 수도 있겠지만, 그것은 현재와 시대적 거리감을 지닌 조선 사회를 그린 역사 소설이기에 가능하다는 점을 염두에 두어야 할 것이다. 그럼에도 불구하고 홍석중이 관능의 표상이자 낭만의 화신으로 그려낸 『황진이』는 기존 북한 소설의 공산주의적 도덕 윤리를 표방하는 사랑 방정식에서 벗어나 있다는 점에서 분명한 의의를 지닌다.

:: 참고 문헌

고소웅, 「낭만주의」, 이선영 편, 『문예사조사』, 민음사, 1986.

고인환, 「북한소설에 나타난 사랑의 존재 방식과 이원적 서사구조」, 『결핍, 글쓰기의 기원』, 청동거울, 2003.

김경연, 「황진이의 재발견, 그 탈마법화의 시도들」, 『오늘의 문예비평』, 2005년 여름.

김재용, 「"운우의 꿈을 깨니 일장춘몽이라…": 비극적이지만 아름다운 사랑 이야기」, 『통일문학』, 2003년 겨울.

김정일, 『주체문학론』, 조선로동당출판사, 1992.

김종회, 「북한 대표소설의 계급적 관점과 탈계급적 관점: 홍석중의 『황진이』가 우리 문학과 같은 점, 또는 다른 점」, 『문학사상』, 2004. 5.

박태상, 「북한소설 『황진이』 연구」, 『북한의 문화와 예술』, 깊은샘, 2004.
방연승, 「장편력사소설 《높새바람》(상)의 사상 예술적 성과에 대하여」, 『조선문학』, 1985. 2.
사회과학원, 『문학대사전2』, 사회과학출판사, 2000.
오태호, 「북한식 사랑법을 찾아서」, 김종회 편, 『북한문학의 이해 3』, 청동거울, 2004.
우미영, 「복수(複數)의 상상력과 역사적 여성: 최근의 '황진이' 소설을 중심으로」, 『여성이론』 12호, 2005년 여름.
최원식, 「남과 북의 새로운 역사 감각들: 김영하의 『검은 꽃』과 홍석중의 『황진이』」, 『창작과 비평』, 2004년 여름.
홍석중, 『높새바람』(상), 문예출판사, 1983.
홍석중, 『높새바람』(하), 문예출판사, 1990.
홍석중, 『황진이』, 문학예술출판사, 2002.
홍석중, 『폭풍이 큰돛을 펼친다』, 문학예술출판사, 2005.
황도경, 「황진이, 꽃으로 피다: 홍석중과 전경린의 '황진이'」, 『문학동네』, 2004년 겨울.

한웅빈론: 『우리 세대』

실리사회주의의 냉소적 자화상

전영선

1. 북한의 체홉, 단편 소설의 왕 한웅빈

한웅빈은 북한 현역 작가 가운데 가장 왕성한 활동을 벌이고 있는 작가의 한 사람이다. 1974년 『조선문학』 1호에 데뷔작인 단편 소설 「어느 휴식날에」를 발표한 이후 수필과 설화 문학을 포함해 100여 편의 단편 작품을 발표했다. '단편 소설의 왕', '북한의 체홉(Anton P. Chekhov)'이라는 별명이 말해 주듯이 한웅빈은 주로 단편 소설이거나 짧은 분량의 소설과 작품에서 수필과 설화 문학에서 작가적 기량을 인정받고 있다. 특히 『조선문학』은 한웅빈의 주요 발표 공간으로 가장 많은 작품을 발표한 작가 가운데 한 사람으로 손꼽힌다.[1]

한웅빈은 1945년 10월 10일 중국의 지린성(吉林省) 옌지현(延吉縣) 룽

1 이 장 뒤에 실린 한웅빈의 작품 목록 참조.

한웅빈

징(龍井)에서 태어났다. 한웅빈의 성장 과정에 대해서는 잘 알려져 있지 않지만 문학통신원 출신으로 성공한 작가의 대표적인 사례로 언급된다. 문학통신원 제도는 '현실에 밀착한 창작 활동을 통해 대중 문학의 발전과 작가 후비' 양성을 목적으로 기량이 우수한 아마추어 작가를 전업 작가로 양성하는 제도인데, 현역 작가의 절반 이상이 문학통신원 출신에 달할 만큼 작가 등단의 중요한 경로다. 문학통신원 출신의 대표적인 작가로는 한웅빈과 함께 노동자 출신 시인 김만영과 선반공 출신 작사가 류동호가 손꼽힌다.[2]

한웅빈은 『조선문학』 1974년 1호에 단편 소설 「어느 휴식날에」를 발표한 것이 계기가 되어 1976년부터 김일성종합대학교 작가양성반에서 정식으로 작가 수업을 받은 후 작가동맹 중앙위원회 작가로 활동하고 있다. 그동안 국내에서는 "1977년 사리원 제1사범대학을 졸업"한 것으로 알려져 있었다.[3] 그러나 한웅빈의 장편 소설 『아, 조국!』(문학예술출

2 "북한 작가의 산실, 문학통신", 「연합뉴스」(2005. 10. 21.).
3 이선미, 「'위훈'을 성찰하는 냉소적 시선과 근검 절약의 이데올로기: 북한 작가 한웅빈 소설연구 Ⅰ-」, 『현대소설연구』(한국현대소설학회, 2003), 294쪽.

판사, 2004)의 '편집 후기'에 "주체65(1976)년부터 김일성종합대학 작가 양성반에서 공부하면서 작가적인 기량을 쌓아 나아갔으며 졸업 후에는 작가동맹 중앙위원회 작가로 창작 활동을 시작했다"고 밝히고 있다.[4]

한웅빈은 『조선문학』을 중심으로 작품을 발표하면서[5] 『푸른 잎사귀』(문예출판사, 1987)를 비롯해 『나의 창문』(문학예술종합출판사, 1992), 『우리 세대』(문학예술출판사, 2006) 등 3권의 단편 소설집도 발표했으며, 2000년 이후에도 「스물한 발의 '포성'」(련속 단편 소설, 『조선문학』, 2001. 4~6), 「달과 들판」(동물 소설, 『조선문학』, 2003. 12). 「채 쏘지 못한 총탄」(련속 단편 소설, 『조선문학』, 2005. 1~3), 「제1의 생명」(『조선문학』, 2005. 9), 「어느 일요일에」(『조선문학』, 2006. 6) 등의 작품을 꾸준히 발표했다. 한웅빈의 작품 중에서는 「금수강산을 수놓은 처녀」, 「푸른 잎사귀」, 「새로운 기슭에서」 등이 북한에서 높은 평가를 받고 있다.[6]

한웅빈은 2000년대 초반까지만 해도 단편 소설 창작에 주력했으나 최근에는 단편 소설뿐만 아니라 '련속 단편 소설', 장편 소설을 발표하고 있다. 장편 실화 소설이라는 타이틀이 붙은 『결승선』(김덕철 · 한웅빈, 문학예술종합출판사, 2001)을 비롯해 장편 소설 『아, 조국!』(문학예술출판사, 2004), 장편 소설 『평양사람』(한웅빈 · 로정법, 문학예술출판사, 2005), 장편 소설 『소원』(한웅빈 · 신용선, 문학예술출판사, 2006) 등이 있다.

> 작가는 1974년 1월 단편 소설 「어느 휴식날에」로 문단에 등장한 때부터 30년이 되어 오는 오늘까지 주로 단편 소설을 창작했다. 단편 소설집

4 한웅빈, '편집 후기' 「아, 조국!」(문학예술출판사, 2004), 378쪽.

5 한웅빈의 작품 목록 참조.

6 한웅빈, '편집 후기', 『아, 조국!』(문학예술출판사, 2004), 379쪽 : "그가 창작한 많은 단편 소설 중에는 「금수강산을 수놓은 처녀」, 「푸른 잎사귀」, 「새로운 기슭에서」, 「폭풍우 지난 뒤에」 등이 독자의 좋은 평을 받았다."

『푸른 잎사귀』와 『나의 창문』을 비롯한 100여 편에 가까운 단편 소설을 창작했으며 큰 형식의 작품으로는 먼 거리 자동차 운전사들의 생활을 취급한 『령길에서』와 마라손 영웅 정성옥을 형상한 장편 실화 소설 『결승선』(김덕철과 합작) 두 편이 있을 뿐이다.[7]

2000년 이후의 장편들은 모두 실존 인물을 이야기의 소재로 삼은 작품이라는 공통점이 있다. 김덕철과 공동 창작한 『결승선』은 북한의 마라톤 영웅 정성옥을 소재로 한 실화 소설이며, 『아, 조국!』, 『평양사람』, 『소원』은 모두 비전향 장기수들을 모델로 한 소설들이다.

비전향 장기수들의 이야기를 소설로 옮기는 작업은 이번이 처음은 아니었다. 북한에서는 비전향 장기수들이 송환된 이후 '4 · 15문학창작단' 작가를 중심으로 비전향 장기수들의 이야기를 소설로 옮기는 작업을 시작했다. 그 결과 한웅빈이 비전향 장기수 이인모의 이야기를 소설로 창작한 「93년 3월 19월」(『문학신문』, 1995. 3. 17~24)을 시작으로 여러 소설로 발표되고 있다.[8]

2. 사회주의적 소시민적 영웅상

한웅빈의 단편은 생활을 떠나지 않는다. 북한 소설치고 생활과 떨어진 작품이 있을까만은 한웅빈만큼 생활과 밀착한 작품을 쓴 작가도 드물 것이다. 생활을 대하는 한웅빈의 시선은 열정적이거나 웅변적이기보다

7 한웅빈, 앞의 책, 373쪽.

8 비전향 장기수의 이야기를 소설로 옮긴 작품은 「조국의 아들」, 「최후의 한 사람」, 「지리산 갈범」, 「나의 추억 40년」, 「새벽하늘」, 「의리」, 「통일연가」, 「피젖은 이끼」, 「재부」, 「하얀 모래불」, 「북으로 가는 길」, 「봄날은 온다」, 「자유」 등이 있다.

는 차분하고 설명적이다. 힘을 주거나 목소리를 높이지 않는다. 생활의 단면을 포착하고 그것으로 풀어 나간다. 그래서 냉소적이다. 단편이나 가볍지 않고, 부수적인 설명을 필요로 하지 않는다.

한웅빈이 포착하는 주인공들은 소시민적 영웅들이다. 소박한 생활인이지만 이들의 행동은 어느 영웅 못지않게 위대하다. 생활인과 영웅 사이에는 거리가 없다. 한웅빈의 관점에서 보면 거리가 있어야 할 이유가 없다. 자기가 맡은 일을 묵묵히 충실하게 하는 것, 그래서 일상(日常)이 비상(非常)이 아닌 일상으로 돌아가게 하는 것, 이것이 한웅빈이 바라는 영웅이다.

영웅의 출현이 필요한 비상의 상황이 아니라 일상으로 돌아가는 일상의 생활 속에서 영웅이 끼어들 틈은 없어 보인다. 세상을 움직이는 소박한 이들이 바로 세상을 만들어 가는 참 영웅들이다.

> 독자들은 주인공에 대하여 어서 빨리 알려고 하며 주인공들의 생활에 이러저러한 영향을 미치는 인물들에 대하여도 주인공 자신 이상으로 관심을 가지고 주시한다. 왜냐하면 책을 읽는 동안 독자들은 주인공과 함께 생활하기 때문이다. …… 독자들과 가까운 주인공, 독자들이 자신을 느낄 수 있는 주인공일 때 독자들은 주인공과 함께 기뻐하고 슬퍼하며 고민도 한다. 즉 함께 생활한다.[9]

독자들에게 가까운 곳에 들어간다. 영웅이라는 거창한 위훈이나 명예보다는 현장에 묵묵히 일을 풀어 나가는 '숨은 영웅'을 포착한다. 한웅빈의 작품 주인공들은 오늘날 사회주의 조국을 건설하기까지 보이지 않는 영웅들이다. 생활 속에 보이지 않는 이들이 있었기에 사회주의 조국

9 한웅빈, 「독자와 소설의 주인공」, 『조선문학』(1978. 3).

의 건설이 가능했다는 것을 고백적으로 그려내고 있다.

1) 과거와 현재의 찰나적 조우 – 「전선길」, 「소원」

「전선길」, 「소원」은 전쟁에 대한 기억을 담은 단편 소설이다. 두 작품은 모두 현재의 일상을 배경으로 과거를 상기한다. 현재의 시간 속에서 과거를 회상하게 되는 것은 특별한 계기가 있을 때다. 현재의 의미 있는 결과가 과거로부터 이어졌거나 지난 시간의 흐름을 발견할 때 과거는 의미를 갖는다. 그래서 기억되는 과거는 늘 특별한 의미가 된다.

「전선길」, 「소원」은 특별한 과거의 기억이지만 과거로 돌아가는 길은 특별하지 않다. 책상을 정리하다 문득 낡은 사진을 들여다보듯 일상의 시간 속에 잠시 과거로 돌아간다. 일상이라는 삶의 공간, 시간의 공간을 스냅 사진처럼 찰나적으로 멈추었던 기억을 불러내고, 현재는 끊임없이 과거와 연결되어 있음을 확인한다.

(1) 기억의 저편 혹은 현재의 이면 – 「전선길」

「전선길」(『조선문학』, 1980. 6)은 한웅빈의 단편적 특성을 잘 보여 주는 작품이다. 「전선길」은 어느 날 매일 아침 지나가던 건설장의 길을 보면서 오늘의 출근길과 어제의 전선길이 하나의 길이라는 것을 문득 깨닫게 된다는 내용이다.

주인공인 나는 새로운 건설장이 생기면서 매일 아침 건설장을 지나가게 된다. 매일같이 지나가던 건설장에서 어느 날 문득 새로 세워진 기중기가 눈에 들어온다. 기중기는 건물 높은 곳으로 물건을 옮기고 있었다.

기중기를 통해 물건들이 올라가고 옮겨지는 것을 보면서 나는 '에너지 보존의 법칙'을 떠올린다. 에너지는 소멸하는 것이 아니라 형태를 달리하여 보존한다는 에너지 보존 법칙을 보면서, "물건을 우에로 끌어올릴 때 운동 에네르기는 감소되며 반대로 잠재 에네르기는 그만큼 증대" 되는 것처럼 지금 자재들이 높이 올라가면 잠재 에너지는 커지게 된다는 것을 생각한다.

문득 쳐다본 기중기에서 에너지 보존 법칙을 떠올리는 순간 확성기에서 "남조선 전역에서 최대 규모의 '팀 스피리트' 합동 군사 연습을 진행한다고 한다"는 '조선중앙통신사 성명'이 들려온다.

이 순간 주인공은 갑자기 주위가 어두워지면서 구름이 드리워진 것을 느끼며 30년 전 전장을 떠올린다. 기중기의 잠재 에너지와 운동 에너지의 상관 관계가 전쟁과 일상으로 치환된다. 오늘 내가 살고 있는 평온의 순간은 전쟁의 운동 에너지가 소멸된 것이 아니라 '전쟁'의 에너지가 잠재되어 있는 것이다. 기중기에 실린 자재의 운동 에너지는 감소해도 잠재 에너지는 증가하듯이 겉으로 보이는 것은 평온이 깊어가도 '전쟁의 잠재 에너지'는 없어진 것이 아니라 전쟁의 운동 에너지를 간직하고 있는 것이다.

30년 전 전장에서 나는 기관총 부사수였다. 기관총 사수와 함께 총을 메고 고지로 가다가 한 처녀가 모는 달구지를 타고 가게 되었다. 후방 원호를 나왔던 처녀는 두말없이 태워 주었고, 고지로 가는 도중 다시 떡함지를 이고 가던 한 노파를 만나 함께 태운다. 노파는 아들 부대가 가까이 왔다는 말을 듣고는 아들에게 주려고 떡을 해서 이고 가는 중이었다. 사수는 아들의 이름을 물어보고는 잘 있다고 말한다.

이야기를 나누면서 가는 도중 적 비행기가 나타나 달구지를 공격한다. 나는 비행기 기총 소사로 구멍난 총열을 맨손으로 막다가 부상을 당하면서도 사수와 함께 맞선다. 비행기 공격이 끝난 다음 노파는 달구지에 떡함지를 내려놓고 왔던 길을 되돌아간다. 위험을 무릅쓰고 아들이 좋아하는 떡함지를 이고 왔던 노파는 왜 길을 돌렸을까? 노파는 아들이 건강하게 잘 있다고 말한 사수의 말이 거짓이었음을 알고 있었던 것이다.

사수는 아들을 걱정하는 노파를 위해서 거짓으로 안부를 전하고, 노파는 그런 마음을 알고 사수를 실망시키지 않기 위해서 진짜로 믿는 것처럼 했던 것이다. 거짓임을 알면서도 혹시나 하는 마음에 걸음을 계속했던 것인데, 비행기에 맞서 싸우는 것을 보고는 생각을 바꾸었던 것이다. 내 아들 남의 아들 할 것 없이 이렇게 용감하게 싸우는 것을 보면서 아무나 잘 싸우면 내 아들이라고 말한다. 누구나 할 것 없이 한 가정의 울타리에 있다는 사회주의 대가정론이 구현되는 현장이다.

잠시 옛 생각에 빠졌던 나는 문득 정신을 차린다. 돌아온 일상은 모든 것이 그대로였다. 걸어온 길거리도 그대로였고, 길거리를 오가는 사람들은 여전히 아무 일 없다는 듯이 길을 가고 있었다. 그러나 나는 그 평온의 일상 속에 전쟁의 위험이 잠재된 에너지로 존재하고 있음을 생각한다. "높은 곳에서 움직임이 멎는다고 하여 힘이 없어지는 것은 아니다. 그것은 곧 축적된 잠재 에네르기를 의미하는 것"처럼 언제 다시 시작될지 모를 전쟁의 에너지가 잠재되어 있는 일상인 것이다.

"오늘의 이 길이 그 날의 전선길이 끝난 곳에서 시작되였다는 것은 명백했다. 이 출근길과 그 날의 전선길은 하나의 길이다. 전쟁의 포성이 멎은 때로부터 30여 년의 긴 세월을 걸어온 먼 길"이었고, 오늘 가고 있는 "이 길의 시작이 전선길과 잇닿아 있다는 것을 망각할 만큼 먼 길" 이었지만 전쟁의 날과 평온의 날은 하나로 묶여져 있는 것이었다.

(2) 잊어야 할 것과 기억해야 할 것 – 「소원」

「소원」(단편집 『우리 세대』 수록 작품, 문학예술출판사, 2006)은 전쟁 주제 그림으로 널리 알려진 화가에 관한 이야기다. 서영민은 전쟁 주제 그림으로 이름을 떨치는 화가인데, 그림을 그리는 젊은 화가들에게 언제나 "이 그림을 왜 그렸느냐?" 고 묻곤 했다. 젊은 화가들은 별다른 생각 없이 대답하면서도 왜 그런 질문을 하는지 알지 못하고 그저 일상적으로 묻는 말로 생각했다.

그러던 어느 날 젊은 화가들은 서영민의 집으로 찾아오게 되었다. 마침 집안 거실이 정리되지 않아 작업실에서 화가들과 이야기를 나누게 되었다. 서영민의 작업실에는 병사를 그린 유치한 수준의 그림이 하나 있었다. 무슨 그림인지 궁금해 하는 젊은 화가들에게 서영민은 자신이 소학교 때 그린 그림이라면서 그림에 얽힌 사연을 이야기해 준다.

어릴 시절 서영민이 다니던 학교 뒤편 동산에는 '무명 전사의 묘'가 하나 있었다. 어느 날 담임선생님으로부터 이 무명 전사의 묘에 대한 이야기를 듣게 되었다. 무명 전사 묘는 전쟁 시절 사람들이 폭격을 피해 숨어 있던 방공호 앞에 떨어진 폭탄을 몸으로 막고 죽은 무명 용사의 무덤이었다. 그 날 저녁 선생님의 이야기가 떠오른 서영민은 선생님이 내준 숙제도 잊고 학습장에다 낮에 선생님이 들려 준 무명 용사의 얼굴을 그려서 제출했다. 서영민이 학습장에 무명 용사의 그림을 그리게 된 사연을 들은 담임선생님은 앞으로도 '무명 용사를 잊지 말아야 한다'고 말했다. 그 날 밤 꿈에서 무명 전사를 만난 서영민은 이후로 학습장에 그렸던 무명 용사의 그림을 생각하면서 전쟁 주제 그림을 그리기 시작했던 것이다.

짧고 단순한 이야기지만 오늘날 인민들이 살아 있고, 생활을 누리는 것은 인민들을 대신해 목숨을 바친 젊은 무명 용사가 있었기 때문임이 환기된다. 늘 누리는 생활 속에서 인민을 대신해 죽어간 무명 용사를 잊지 않고 그려내는 화가와 같이 작가의 몫이 있음을 비유적으로 보여 준 단편이다.

2) 생활 속의 진정한 영웅 –「딸의 고민」

한웅빈의 작품에서 과거와 현재, 그리고 생활을 연결하는 주인공은 늘 소박하다. 그리고 자신을 잘 드러내려 하지 않는다. 생활 속에서 묵묵히 자신의 일을 찾아내며 드러나기를 꺼린다. 주인공들은 일상적이지만 이들의 일이나 노력은 결코 가볍지 않다. 인간은 평범하고, 한 일이 빛나기에 이들이 위대해 보인다. 한웅빈의 작품이 독자들의 사랑을 받는 이유도 여기에 있다.

> 인간은 평범하고 해놓은 일은 빛나는 여기에 독자들이 주인공을 사랑하게 되는 원인이 있다.[10]

2006년 단편집 『우리 세대』에 수록된 「딸의 고민」은 일상 속에 숨어 있는 영웅, 진정한 노동자로서 영웅은 어떤 인물이어야 하는지를 성찰적으로 제시한다. 누구나 영웅이 되고 싶어하고 위훈을 세우고 싶어한다. 그러나 영웅이나 위훈은 만들어지거나 세우는 것이 아니라 묵묵히 일상을 지켜 가는 것임을 보여 준다.

「딸의 고민」은 안천복이라는 노동자 아버지를 둔 영순이가 아버지로부터 진정한 노동자가 무엇인지를 깨닫는 이야기다. 영순의 아버지 안천복은 보일러 수리공인데, 어느 날 보일러가 터져서 큰 사고가 날 뻔했었는데, 몸으로 막아 큰 사고를 방지한다. 안천복의 영웅적 행동은 금방 알려지고 안천복은 하루아침에 영웅이 되었다. 주위 사람들은 안천복의 행동을 추켜세우기에 바쁜데, 정작 본인은 시큰둥하다. 오히려 영웅이기보다는 그 일은 사고라고 말하면서 스스로를 비판한다.

> "지난 밤의 일은 잘된 일이 아니다. 사고다."
>
> "사고를 막았는데 왜 사고예요? 아버지 말처럼 하면 위훈이란 건 있을

10 한웅빈, 「독자와 소설의 주인공」, 『조선문학』(1978. 3).

수 없겠구만요?"

"위훈?"

안천복은 입술을 뿌주름히 내밀었다. 마음에 들지 않는 말을 들었을 때의 습관인 것 같았다.

"위훈! 위훈!"

그는 화가 난 듯 곱씹었다.

"잘못 될 뻔한 걸 막은게 무슨 위훈이냐? 그렇게 생각하면 위훈이란 건 사고와 비슷한 게 아니냐?"

그런 아버지를 보면서 영순은 처음 이해하지 못한다. 다른 사람들은 아버지가 위훈을 세웠다고 높이 추켜세우는데, 아버지는 왜 스스로 깎아 내리려 할까. 영순은 이런 아버지가 선뜻 이해되지 않는다.

다른 사람들은 모두 간밤의 큰 사고를 막은 것을 칭찬하면서 위훈을 세웠다고 하는데, 혼자 사고라고 말하는 안천복은 자신을 이해하지 못하는 딸 영순에게 "터진 배관을 소문내며 막을 게 아니라 아무 탈 없는 배관에 걸터앉아 담배를 피워야 일 잘하는 수리공"이라고 말한다.

안천복은 잘 이해하지 못하는 영순을 위해 지난 날 자신이 얼마나 형편없는 노동자였는지를 들려 준다. 안천복은 오늘날까지 살아오면서 가슴에 품고 있는 잊지 못할 은인이 있었다. 안천복의 은인은 전쟁 때 목숨까지 살려 주었던 소대장이었다. 소대장은 전장에서 위기에 처한 안천복을 구했을 뿐만 아니라 입당할 때 입당 보증까지 서 주었다.

소대장의 도움으로 입당한 안천복은 전후복구건설 시기를 비롯해 사회주의 건설 과정에서 힘든 줄 모르고 일을 했다. 작업장에서 안천복은 작업 성과의 250프로까지 달성하면서 열심히 일했고, 스스로도 그런 자신을 자랑스럽게 생각하고 있었다.

그러나 막상 총화 시간이 되자, 그렇게도 믿고 의지했던 소대장으로부터 호된 비난을 받는다. 소대장은 안천복이 작업하다 버려둔 용접봉과 용접봉 꽁다리를 들고 나와서는 물자를 아끼지 않는다고 비판했다. 250프로까지 열심히 일한 것은 나 몰라라 하면서 다른 사람들 앞에서 용접봉 꽁다리를 가지고 비판하는 소대장을 보면서 섭섭한 마음을 갖는다. 결국 열심히 일한 성과는 몰라 주고, 용접봉을 갖고 나무라는 소대장과 맞서게 된다.

소대장을 원망했지만 소대장이 병원에 입원하자 찾아가지 않을 수 없었다. 병원을 찾아간 안천복에게 소대장은 총화 시간에 안천복을 비판한 것을 말하면서 "우리가 쓰는 것 하나라도 공짜가 있는 줄 아느냐. 공짜는 하나도 없어. 국가 재산이 내 이름을 내는 밑천인 줄 아는가. 작은 용접봉에도 전우의 피가 스며 있고, 아이들의 배고픔이 스며 있다"고 말한다. 소대장의 진심을 알게 된 안천복은 개인의 성과를 중요시하면서 국가의 귀중한 물자를 함부로 한 자신을 돌아보고 반성한다. 중요한 것은 개인이 아니라 공장이고 나라임을 깨닫는다.

그 후로 안천복은 또 하나의 소대장이 되었다. 많은 사람들은 사업에서 뛰어난 성과를 올린 사람을 보면서 그 사람이 올린 성과를 칭찬했지만 안천복은 성과를 올리기 위해서 작은 것, 사소한 것을 소홀히 하는 것을 보면서 잔소리를 늘어놓게 되었던 것이다. 그래서 안천복은 과거 자신이 소대장에게 불평했던 것과 똑같은 불평을 다른 노동자들에게 듣게 된다.

> "아버진 왜 늘쌍 일을 많이 하는 사람들의 결함을 말씀하세요? 아버진 공장에서도 칭찬을 받는 사람들에 대해서 비난하고 있어요. 일을 제대로 못하는 사람들에 대해서는 말을 안 하면서 말이예요. 그러니 사람들이 아버지를 좋아할 수 있어요?"
>
> "일을 제대로 못하는 사람에 대해서는 누구나 다 말하고 있다. 아버지

가 아니래도."

영순은 이런 아버지가 늘 불만이었다. 나서지 않아도 될 일을 공연히 나서서 다른 사람을 비판해 미움을 사는 것을 이해할 수 없었다. 안천복은 순영에게 사람들은 일을 잘 못하는 사람에 대해서는 누구나 잘못한다고 말하지만 일을 잘하는 사람을 보면 그 사람이 하는 작은 잘못은 말하지 않는다는 것이다. 그저 성과에 우쭐대느라 작은 것을 아끼지 않고 함부로 해서는 안 된다고 말한다.

보일러 사고를 막은 일도 그랬다. 진정한 수리공이라면 고장이 나기 전에 미리 막아야 하는데, 그런 노동자에게는 아무 관심이 없고, 오히려 관리를 잘못해서 난 사고를 막은 자신이 칭찬을 듣는 것은 말도 안 된다고 말한다. 위기를 구하는 영웅보다는 위기가 생기지 않도록 대비하는 것이 중요하다는 것이다. 진정한 영웅은 보이지 않는 곳에서 아무 일 없이 돌아가게 하는 것, 그래서 아무 일 없이 일상이 돌아가게 해야 한다는 것이다. 한웅빈이 바라는 진정한 영웅상은 생활 속에서 자신의 일을 묵묵히 수행하면서 국가를 움직이는 영웅들, 바로 평범한 소시민들이었다.

3) 세상을 바꾸는 작은 불만 – 「새로운 기슭에서」, 「고백」

생활을 묵묵히 지켜나가는 영웅과 함께 한웅빈이 주목한 영웅은 주어진 현실에 안주하지 않고 더 나은 사회를 지향하는 인물들이다. 남이 나를 알아 주지 않아도 생활 속에서 묵묵히 자신의 일을 해 나가는 것이 생활 속의 숨은 영웅이라면 자신의 현재적 삶에 만족하지 않고 더 나은 사회를 향해서 개척해 나가는 인물은 개척적 영웅인 셈이다.

한웅빈의 작품에서 주요 배경이 된 간석지는 이런 상징적인 내포를 담고 있는 공간으로 한웅빈의 작품에서 어렵지 않게 찾아낼 수 있는 소재다. 간석지는 새롭게 개척되는 땅에 대한 기대이며, 새롭게 뿌리내려야 할 땅에 대한 의미를 담고 있다.[11]

「새로운 기슭에서」, 「고백」은 주어진 현실에 만족하지 않고 새로운 삶을 만들어 가는 인물에 초점을 맞추고 있다.

(1) 간석지에서 뿌리내리기 - 「새로운 기슭에서」

「새로운 기슭에서」(『조선문학』, 1990. 5)는 간석지로 배정받았던 내가 간석지를 고향으로 생각하고 뿌리내리는 이야기다.

주인공인 제대 군인 나는 이제까지 사람의 입에 오르내린 적이 없는 씩씩하고 모범적인 군인이었지만 어쩐 일인지, 제대 군인으로 간석지 채석장으로 배치될 때부터 문제아로 낙인찍힌다. 간석지로 배치된 첫날 간석지를 돌아본 소감을 묻는 대답에 "마음에 들지 않습니다"라고 대답한 것이 문제의 시발이었다.

'마음에 들지 않는다'는 대답은 '30만 정보의 간석지를 건설하는 일터'가 마음에 들지 않는 것으로 받아들여졌던 것이다. 그러나 나의 불만은 간석지 건설장이라는 직장으로 배치된 데에 있지 않았다.

나의 불만은 다른 곳에 있었다. 가로수 하나 없는 거리며 손을 쳐들면 처마가 잡히는 '난쟁이 가설 건물들의 거리'가 마음에 들지 않았던 것이다. 식당밥도 마음에 들지 않았다. 반찬으로 나온 다시마국은 제대로 끓일 줄도 모르는 것같이 맛이 없었고, 밥에서는 탄내가 났다. 옆에는 바닷물이 넘쳐나도 먹을 물이 부족해 실어오는 상황이었다. 잠자리도 불편했다. 숙소는 여관방 같았고, 거리는 진창길이어서 뜨락또르(=트랙터)

11 실화 문학 「가장 즐거운 이야기는……」(『조선문학』, 1985. 2)는 룡매도 간석지 마감 공사를 소재로 했고, 「첫새벽」(『조선문학』, 1986. 7)은 간석지 건설장에서 굴착기 운전공인 학준과 광차 운반공인 딸이 불철주야로 작업한 끝에 물막이 작업을 완수한다는 이야기며, 「첫 위훈」(『푸른 잎사귀』, 문예출판사, 1987년 수록작)은 영웅만의 간석지 측량공으로 첫출발한 성희가 정확한 측량을 위해 거센 밀물 파도와 싸우는 이야기다.

도 제대로 다니기 힘들다.

작업장에는 굴착기도 보장되지 않았고, 기중기도 없어서 간석지 매립에 쓰일 돌도 방통으로 운반할 수 있을 정도로 쪼개야 했다. 좀더 큰 돌을 이용하면 효과가 있을 터인데, 누구도 나서서 방통을 크게 하거나 기중기를 이용하려고 하지 않는다. 그저 일해 오던 대로 돌을 쪼개는 일이 반복되고 있었다. 이런 건설장 환경이 마음에 들지 않았던 것이다.

이런 나의 불만을 불만스럽게 여긴 직장장은 모범적인 노동자인 리신철 동무와 같은 조에 배치한다. 모범 노동자 옆에서 일을 배우도록 한 것이다. 그러나 직장장이 모범적인 노동자로 치켜세운 리신철은 모범적으로 일하는 노동자는 아니었다. 리신철은 환경을 개선하기보다는 그저 주어진 환경을 별다른 저항 없이 '간석지' 건설장이 다 그렇다고 생각하면서 체념적으로 받아들이는 노동자였다.

> 그는 사실 감탄할 만한 친구였다. 어떤 불편이 생겨도 미리 준비하고 있었던듯 흔연스러웠다. 누가 투덜거릴라치면 "그만하라구, 우리가 뭐 간석지로 올 때 호사하길 바란 것이 아니잖아?" 하고 말하곤 했다. 그는 모든 것에 준비되여 있었다.

나로서는 왜 이런 허름한 숙소에서 자야 하고, 영화관도 없어 영사기를 돌리는 것을 구경해야 하고, 왜 돌을 실어 나르는 운반 차량의 크기를 크게 하여 효율적으로 처리하지 않는지 궁금할 뿐이다. 내가 제기한 모든 불만은 그저 '간석지'의 삶으로 되돌아온다. 간석지에 호강하러 온 것이 아니라는 말로 정착 뿌리내리지 못하고 겉도는 삶을 살아가는 사람들은 고생도 당연하게 여긴다. 얼마간 고생하다 다른 곳으로 가면 그만이라는 생각이 새로운 일터, 새로운 삶터로서 간석지를 만들지 못한 것이다. 간석지 사람들에 대한 나의 일상적이면서 당연한 저항 아닌 저항이 시작된다.

저항의 출발은 맛없는 식당밥을 개선하는 것으로 시작되었다. 식사에 대한 불만은 급기야 취사원과 맛 대결을 벌이게 된다. 나는 그저 끓는 물에 준비한 재료들을 한꺼번에 몽땅 넣기만 하던 취사원과 달리 재료의 특성에 맞추어 저녁을 차린다. 취사원과의 대결에서 내가 준비한 식사가 더 맛있다는 평가를 받는다.

두 번째 저항은 비바람조차 제대로 가리지 못하는 숙소를 고치는 것이었다. 빗발이 치면서 흙벽이 무너진 숙소에 비바람이 새어들었지만 사람들은 고칠 생각은 않고 비가 안 새는 호실로 바꿀 생각이나 한다. 보다 못한 내가 나서서는 군대에서 배운 미장 실력으로 흙벽을 메운다. 그리고는 문남이 구해 온 판자로 배낭고를 만들고, 신발장을 새롭게 하여 만들어 숙소 분위기를 바꾸어 놓는다.

다른 숙소의 노동자들도 구경 와서는 감탄하지만 온전히 성공한 것은 아니었다. 문남이 구해 온 판자가 자재 창고에서 가져온 것이 들통나면서 창고장에게 크게 혼이 난다.

세 번째 저항은 돌을 실어 나르는 광차를 고장낸 것이었다. 작은 돌들이 거센 물살에 떠내려가는 것을 보고는 큰 돌로 막아야겠다고 생각한다. 큰 돌로 물살을 막겠다는 생각에 반 입방짜리 광차에 한 입방이나 되는 돌을 내려 보냈다가 광차가 부서지고 탈선하는 사고를 친다. 이런 나를 본 직장장은 넌더리를 낸다.

> "이게 무슨 꼴이요? 종합사업소 지배인 동지가 오늘 나올지 래일 나올지 모르는데, 이런 망신이 어데 있소? 정신을 차려야겠소, 정신을!"……
>
> 그 때 나는 잠자코 머리를 숙여야 했다. 그저 "예." 하거나……
>
> 그런데 나는 경망스럽게도 생각나는 것을 그대로 말해 버리고 말았다.
>
> "광차를 한 립방 이상짜리로 교체하면 좋을 것 같습니다. 그리고 상차

대를 합리적으로 만들면 장석 기중기 없이도……"

잘못을 문책하는 직장장에게 채석장의 불합리한 환경을 개선하자고 말해 보지만 돌아오는 것은 짜증뿐이었다. 같은 생각을 하고 있을 것이라고 믿었던 문희 동무마저도 너무 나서서 불평을 말하지 말라고 부탁한다. 내 마음은 이해하지만 동생 문남이가 나에게 물들어 불평을 늘어놓을까 걱정되었던 것이다. 문희의 말을 들은 나는 간석지 사람들의 진정성을 의심하게 된다. 간석지 사람들의 진짜 문제는 간석지를 뿌리내릴 곳으로 생각하지 않고 그저 지나가는 곳이라는 '뜨내기 의식'이라고 말한다. 간석지에서 제대로 뿌리내리기 위해서는 간석지 사람들의 이런 뜨내기 의식을 없애야 한다며 진정을 호소한다.

> 알만 하오. 나도 그 사람처럼 반 년이나 1년, 아니 4~5년 있다가라도 떠날 사람이라면 잠자코 참으며 일하고 살겠소. 그렇지만 나는 간석지에서 오래도록 살아야 할 사람이오. 요구된다면 일생이라도 말이요. 그런데 왜 일생을 살아야 할 내가 자기가 살아야 할 곳에 대해서 말하면 안 되오? 어느 때든 떠나갈 사람들은 참고 살아갈 수도 있을 거요. 훗날에 가서 추억으로 위안하면 되니까. 그러나 나에게는 이 간석지가 언제라도 추억이 아니라 영원한 오늘이란 말이요!

간석지를 뜨내기로 생각하지 않고, 뿌리내릴 생각을 가진 나로서는 '간석지식(式)'이라고 말하면서 어렵고 힘든 것을 참아가는 것은 이해할 수 없는 것이 당연했다.

나의 불만은 종합사업소 지배인 앞에서도 거침없이 쏟아진다. 내가 제기한 불만에 대해 종합사업소 지배인은 직장장과 다르게 생각해 보는 계기가 되었다. 마침내 휴가를 받고 온 간석지는 많은 것이 달라져 있었다. 영화관을 지을 말뚝도 박혀 있고, 광차도 큰 것으로 교체되었고 굴착기도 곧 도착한다는 것이었다.

개선된 환경에 모두들 놀라는데, 같이 일하던 신철이 보이지 않는다. 직장장이 그토록 모범이라고 추켜세웠던 신철은 학교 추천을 받기 위해서 힘든 직장인 간석지에서 눈을 꾹 감고 몇 년을 일했던 것이다. 신철이 간척지 생활을 참고 견딜 수 있었던 것은 간석지에 대한 사랑이 아니라 간석지에서 고생하면 추천을 받아 학교로 갈 수 있다는 희망이었다.

신철의 행동을 보면서 나는 말한다. 신철이 간석지에서 고생하면서 얻은 학교 추천도 신철에게는 안정적인 정착지는 안 될 것이다. 학교는 간석지에서 빠져나오기 위한 수단일 뿐이었다.

> 학교에 이제 가서 뭘해? 평생 공부만 하다 말게? 간석지에서 뛸려니까 학교 추천을 받은 거지. 오라는 데가 얼마나 많다구? 어데 가나 간석지보다야 호화판이지!

이런 신철에게서 느낄 수 있는 것은 어디에서나 뿌리내리지 못할 영원한 유랑객이 되리라는 것이다. 척박한 땅을 개척하면서 그곳에 뿌리를 내리려는 나와 좋은 곳을 찾아다니는 뿌리 없는 신철의 삶은 대조적으로 비춰진다.

> 신철이 간석지를 떠난 '류랑객'으로서의 길에 올랐을 때 나는 식당 근무로 추천을 받고 눈같이 하얀 취사복을 입은 간석지의 '정착민'으로 되었다. 이렇게 나의 간석지 생활은 시작되였다.

(2) 현실과 이상의 거리 -「고백」

「고백」(단편집 『우리 세대』 수록 작품, 문학예술출판사, 2006)은 공장 노동자들의 기술 혁신 문제를 제기한 단편 소설이다. 새로운 직장으로 가게 된 버스에서 우연히 알게 된 방직공 처녀의 이야기와 공장 이야기를 병행시키고 있다. 방직공 처녀는 방직 공장에서 열심히 일하면서 능력을 인정받은 기술자였지만 자신이 짠 옷감에 만족하지 못하는 시민을 본 이후로는 새로운 옷감을 짜기 위해 노력한다.

이런 방직공 처녀의 친구는 그녀를 격려하기보다는 오히려 쓸데없는 일을 한다고 나무란다. 새로운 일을 해서 얻는 이익도 없을 것인데, 구태여 새로운 옷감짜기를 시도하는 이유가 무엇이냐는 것이다. 그냥 지금까지 해오던 것만으로도 공로를 받을 수 있는데, 섣불리 새로운 시험을 하다가 지금까지 쌓아 온 공로까지 까먹을 수 있다는 것이다.

내가 다니는 공장도 사정은 비슷하다. 연구사들이 공장 굴뚝으로 나가는 먼지를 잡아 그 속에서 산업 재료가 될 화학 물질을 얻는 기술을 개발했지만 공장에서는 크게 달가워하지 않는다. 공장 굴뚝에 새로운 기계를 설치하기 위해서는 며칠 동안 공장 가동을 중단해야 하기 때문이다. 게다가 실험의 성공도 자신할 수 없다. 검증되지도 않은 새로운 시도를 하다가 괜히 낭패를 보면 오히려 더 손해라는 것이다. 공장으로서는 새로운 일을 하지 않아도 크게 손해 볼 일이 없다. 오히려 쓰다 남은 용접봉 꽁다리나 녹슨 쇠줄 토막을 모으는 것을 열심히 하는 것이 더 이익이 된다. 이렇게 되면 공장은 그렇다 쳐도 나라는 어떻겠느냐면서 상부를 찾아가려고 하지만 주위에서는 그렇게 해서 이익이 날 것이 별로 없다면서 말린다.

두 사람의 이야기는 국가와 인민을 위한 기술 혁신을 시도하지만 당장 실적이 나지 않는 일을 하기보다는 현실에 안주하라는 목소리가 더 크다.

공장에서 일이 있은 다음 마음을 달래려 유보도(=산책길)에 나왔다가 우연히 옆 벤치에서 두 처녀가 나누는 이야기를 듣게 된다. 한 처녀는 매일 아침 출근길 버스에서 만났던 직포공 처녀였고, 다른 한 처녀는 그녀의 직장 동료였다.

동료는 "잠자코 있으면 혁신자로 인정받고 상금도 탔을 터인데, 왜 나서느냐"면서 직포공 처녀를 나무란다. 사연인즉슨 직포공 처녀는 평직으로 옷감을 짰는데, 어느 날 우연히 백화점에서 자기가 짠 평직이 마음에 들지 않는다면서 능직(綾織)을 찾는 손님을 보았다. 이후 처녀는 평직 대신 어려운 능직을 짜려고 시도하다가 불량이 났고, 실적도 떨어졌던 것이다. 직포공 처녀는 노동자의 진정이 무엇이냐면서 호소도 해보지만 동료의 반응은 냉랭했다. "공장에서 간부들도 하지 않는 일을 중뿔나게 나섰다가 어떻게 되었는지 아느냐"면서 "자기 일이나 잘하라는 소리밖에 들은게 없다"고 말한다. "일이 잘 될 때는 누구나 다 좋아해 받들어 주고, 그러나 일이 잘못되면 욕밖에 차려질 게 없"다면서 공연히 나서지 말라고 말한다.

내가 다니는 공장이나 직포공 처녀의 공장인 새로운 기술 개발에 대한 두려움과 귀찮음이 존재한다. 국가적 차원이나 인민들의 입장에서 도움이 되지만 나에게 혜택이 돌아오지 않는 일은 우선 순위에서 밀려난다. 우선 눈앞에 이익이 되고 도움이 되는 현실은 생활 영웅들이 깨쳐야 할 과제인 동시에 북한이 당면한 시대적인 벽(壁)인 것이다.

4) 계획되지 않았던 계획 경제의 행운 – 「행운에 대한 기대」, 「행복한 결말」

「행운에 대한 기대」와 「행복한 결말」은 처갓집 근처의 공장으로 출장가게 된 내가 처갓집과 공장을 들르면서 그렇게 고민하던 주택 배정 문제와 공장에 필요한 추가 자재 문제를 운좋게 해결한다는 이야기로 2006년 문학예술출판사에서 발간한 단편 소설집 『우리 세대』에 수록된

작품이다.[12]

「행운에 대한 기대」와 '「행운에 대한 기대」의 속편'이라는 부제가 붙은 「행복한 결말」은 공장의 추가 자재 공급을 위해 처가 근처의 공장으로 출장을 다녀오면서 겪는 이야기다. 추가 자재를 확보하기 위해 갔던 출장길에서 주택 배정 문제를 해결하고, 추가 자재 문제도 해결한다는 이야기로 두 편이 서로 이어져 있다.

(1) 「행운에 대한 기대」

「행운에 대한 기대」는 추가 자재 문제를 해결하기 위해 출장가는 것으로부터 시작한다. 평소 집과 회사밖에 모르던 '금붕어'인 내가 수완 좋은 다른 사람들을 제치고 추가 자재 공급 문제를 해결하기 위해서 출장까지 가게 된 것은 오로지 친구를 잘 두었기 때문이다. 공장에서 추가 자재를 공급받아 올 사람을 물색하던 중 자재 공장 판매 과장과 친구인 내가 선발되었던 것이다. 출장지도 마침 처가와 멀지 않은 곳이어서 모처럼 처가에도 들를 수 있는 행운까지 잡았다.

나는 주택 배정 문제로 집사람에게 잔소리를 듣고 있었다. 주택을 배정받을 시기가 지났지만 나는 제대로 문제 제기도 못하고 있었다. 사회생활은 숙맥이었던 내가 추가 자재 공급을 받으러 가는 기차 안에서 우연히 주택 배정처 사람과 마주 앉는 행운이 찾아온다.

어렵게 찾아온 행운을 등에 업고 인연을 맺어 볼 요량으로 호기 있게 배낭에서 술 한 병을 꺼낸다. 배낭 속에는 두 병의 술병이 들어 있었는데, 하나는 장인 어른 주라고 집사람이 챙겨 준 '고려인삼술'이었고, 다

12 『우리 세대』에는 「전선길」, 「행운에 대한 기대」, 「행복한 결말」, 「고백」, 「딸의 고민」, 「소원」, 「새로운 기슭에서」, 「분노」 등 8편의 작품이 들어 있다. 이 가운데 「전선길」(『조선문학』, 1987. 3), 「새로운 기슭에서」(『조선문학』, 1990. 5), 「딸의 고민」은 『신념의 대오』(리명호 편, 문예출판사, 1992)에 수록된 작품이다.

른 한 병은 용무에 쓸 '대평술'이었다. 대평술로도 충분히 안면을 틀 수 있겠다고 생각하면서 술을 꺼내지만 막상 꺼낸 술은 장인에게 줄 '고려인삼술'이다. 아쉽지만 그래도 주택 배정이 우선이라 생각하면서 술병을 따려 하는데, 주택배정처 사람은 술을 별로 좋아하지 않는다. 술을 아끼고 대신 사이다로 건배하는 행운까지 이어진다. 이런저런 이야기에 정신이 팔려 있다가 급히 내리느라 술병을 챙기지도 못하고 내린다. 아까운 술을 두고 내렸지만 이 또한 나에게는 원치 않던 행운이었다. 주택배정처 사람에게 술 한 병 줄 재주도 없었던 나였지만 기차에서 내리면서 호기 있게 "거기서 쓰십시오, 후에 한번 가겠습니다"는 말을 하면서 기차에서 내린다. 그리고는 이런 자신을 스스로 대견스러워 한다.

역에서 내려 처갓집에 이르는데, 거기서 뜻밖의 전보를 받는다. 내가 출발해서 처가로 오는 사이에 집이 배정되었다면서 아내가 보낸 전보였다. 아내의 전보를 보면서 '부지중에' 주택배정처 사람을 떠올리며 '그것이 벌써 은(=효과)을 낸 것인가' 생각하면서 기뻐하며 행운이라고 생각한다. 나는 이런 일들이 일어나는 것을 당연하게 생각하며 행운이라고 느낀다. 그러나 생각해 보면 행운이라는 것은 없고, 당연하게도 노력의 결과로 받는 것, 사회주의 제도를 유지하고 있고, 그 제도 안에서 살고 있기 때문이라고 생각한다.

(2) 「행복한 결말: 행운에 대한 기대의 속편」

「행복한 결말」은 공장에서 주어진 추가 자재 확보 문제를 해결하고 돌아온다는 내용이다. 「행복한 결말」은 제목처럼 '행복한 결말'로 끝난다. 그러나 그 행복한 결말은 안정적이지 못하고, 천만다행에 가까운 행운이다.

공장으로 갔다가 출장 떠난 친구를 만나지 못하고 처가부터 들르게 된 나는 운좋게 주택 배정 문제를 해결하고 좋은 기분으로 친구의 공장으로 찾아간다. 듬직한 친구를 두었지만 추가 자재를 받는 것은 쉬운 일이 아니었다. 모처럼 찾아간 철강 공장의 친구는 급한 출장을 떠나고 없었다.

> 내가 이번에 왜 긴급 출장을 갔다 왔는지 아나? 바로 우리 공장으로 오기로 되여 있던 고열탄을 다른 공장으로 빼돌렸기 때문이였네. 그 탄을 받아간 인수원은 일을 잘했다고 평가받았더구만. 그러나 우리 공장의 가열로는 멎을 형편이 되였으니 이걸 누가 책임져야 하나?……내가 출장갔던 그 탄광의 판매 과장은 탄을 뽑아 주고는 남새 온실에 쓸 비닐박막을 해결했더구만. 비닐박막을! 나라에서는 강판을 요구하는데 그 자에게는 탄광의 남새 온실에 쓸 비닐박막이 더 중요했단 말이야.

철강 공장에 공급된 고열탄이 들어오지 않아 문제 해결을 위해 탄광을 찾아갔더니 탄광사업소에는 철강 공장으로 가야 할 고열탄을 빼내 남새 온실에 쓸 비닐박막 문제를 해결했다는 것이다. 국가에 쓸 고열탄으로 비닐박막을 구해 왔지만 비판받기는커녕 탄광 사람들로부터 영웅 대접을 받고 있었다는 것이다. 탄광사업소 판매 과장에 대한 비판이 담겨 있지만 현실은 그와 다르다. 현실에서 중요한 것은 국가에서 필요한 철강보다 탄광에서 쓸 남새(=채소) 온실의 박막(=비닐)이었던 것이다.

국가 경제를 생각하지 않은 탄광 사람들의 처신에 불만을 늘어놓는 친구에게 나는 추가 자재 공급 문제를 꺼낸다. 쉽게 해결될 것이라고 생각했던 것과 달리 친구는 추가 공급이 어렵다면서 한마디로 거절한다. 이 일로 친구와 나는 뜻하지 않게 추가 자재 공급 문제를 놓고 계획 경제에 대한 논쟁을 벌이게 된다.

친구의 대답은 강경하다. 계획 경제는 모든 사업소나 단위마다 계획이 있고, 그 계획에 맞추어 생산을 하는데, 추가 자재가 어떻게 생기냐는 것이다. 내 입장도 단호하다. 추가 자재의 공급이 필요한 것은 노동자들이

'기술 혁신'을 통해 생산을 초과 달성했기 때문인데, 추가 자재가 없다면 초과 생산한 것이 메워질 때까지 손을 놓고 있어야 하겠느냐는 것이다. 그렇다면 기술 혁신이 무슨 소용이 있으며, 생산성을 높인 노동자들을 나무라야 하겠느냐고 말한다.

나의 설득에도 친구는 계획 경제의 원칙만을 강조한다. 계획 경제는 모든 사업소나 단위마다 계획이 있고, 그 계획에 맞추어 생산해야 하는데, 추가 자재가 어떻게 생기냐는 것이다. 나와 친구의 이야기는 다람쥐 쳇바퀴마냥 겉돌고 있다.

> "아, 자재라는 거야 계획에 물릴 때 다 예견해서 물려야지 갑자기 추가 자재라니, 그런 주먹치기로 일하는 법이 어데 있나?"……"계획은 다 제대로 세웠네. 옳게 말이야. 그런데 현장에서 로동자들이 기술 혁신을 하는 바람에 생산이 120프로로 늘어났지. 그러니 그만큼 자재가 더 요구되는 게 아니겠나? 그렇다고 해서……기술 혁신한 사람들을 탓해야 하겠나? 엉? 그리고 기술 혁신을 해서 생산을 높인 탓으로 우리는 생산을 중단해야 하는가 말이야?"

추가 자재 이야기가 제자리에 머물면서 나는 추자 자재가 어렵다고 생각하고는 잠이 든다. 다음 날 늦게 일어난 나는 친구를 원망하면서 공장으로 돌아가려고 친구의 공장에 들른다. 여기서 나는 뜻하지 않게 '추가 자재가 확보되었다'는 말을 듣는다. 밤새 추가 자재 공급이 가능해진 것은 자재 공장에서도 똑같이 120프로의 추가 달성을 실현했고, 그로 인해 다소 여유분이 생겼던 것이다.

하룻밤 사이에 달라진 이 상황은 한 치의 오차도 없이 돌아가야 하는 계획 경제 시스템만큼 정확하게 두 공장의 기술자들이 120%의 기술 혁신으로 가능한 일이었다. 과연 이런 일이 생활에서 가능한 것일까?

개성공단의 북한 근로자

그럴 수는 없다. 공장의 규모도 다르고, 복잡한 공정을 거쳐 이루어지는 제품의 생산 과정에서 어느 한 부분이 기술 혁신을 이루었다고 해도 다른 부분이 뒷받침되어야 한다. 더욱이 생산 공장에서 이루어 낸 기술 혁신을 뒷받침할 만한 원료 문제는 또 어떻게 해결할 수 있을까? 원료 공장도 우리 공장이나 자재 공장에서 이루었던 것과 같이 120%의 기술 혁신을 이루어 내야 한다.

친구의 말처럼 철저한 계획으로 움직이는 경제 체제에서 기술 혁신이 효과를 보려면 연쇄적인 기술 혁신으로 이어질 때나 가능한 일이다. 작가는 이를 '행운'으로 결론짓는다. 추가 자재를 공급받으러 왔던 나로서는 집 문제에 이어 자재 공급 문제까지 해결한 참으로 행복한 하루였음을 생각한다. 작품은 '행운'이라는 말로 결론을 맺고 있지만 행운을 기대하기에는 현실이 너무나 먼 이야기로 보인다.

3. 단편이라는 다양한 형식

한웅빈은 다양한 형식의 단편 작품을 시험한 작가이기도 하다. 단편 소설 외 수필, 실화 문학을 포함해 벽소설, 유년 소설, 동물 소설 등의 작품을 창작했다. 한웅빈과 같이 시대의 변화와 흐름에 맞추어 변화된 생활상을 담을 수 있는 다양한 글쓰기는 『주체문학론』 이후 강조된 다양한 글쓰기의 실천적 측면에서 이해할 수 있다.

> 위대한 령도자 김정일 동지께서는 다음과 같이 지적하시였습니다.
>
> "오늘 우리의 소설은 온갖 낡은 것에 도전하는 새 형의 문학으로 되어야 한다. 당은 인민 대중의 자주적 요구와 높은 문화 수준에 맞게 소설 문학에서 혁명을 일으킬 것을 요구하고 있다."
>
> 소설 문학에서의 혁명! 그것은 소설 문학 분야에 남아 있는 온갖 낡은 요소와 도식적인 틀을 바스고 주체의 요구에 맞는 우리 식 소설을 많이 창작하는 것이 아니겠습니다.
>
> 짧지 않은 세월을 두고 소설을 써왔으나 량적으로도 많지 않았고 그나마 도식적인 틀에서 벗어나지 못했다는 자책이 깊어집니다.
>
> 낡은 틀에서 벗어나 다양한 내용과 형식의 새로운 소설을 많이 창작하자! 이것이 저의 새해 결심입니다.[13]

(1) 수필

수필이라는 장르명이 있지만 한웅빈의 수필은 자유롭게 글 가는 대로 쓰는 우리의 수필과는 거리가 있다. 수필보다는 현장 르포적 성격이 강하다. 한웅빈의 수필 「옛 속담에 대한 생각」(『조선문학』, 1980. 1)의 주

13 한웅빈, 「다양한 내용과 형식의 소설을!」, 『조선문학』(1975. 1).

제는 '인민에 대한 수령의 사랑'이 주제다. 「옛 속담에 대한 생각」은 "우리 나라에는 도회지 소식은 시골에 가서 들으라는 속담이 있다"는 글로 시작하는데, 동해안을 지나는 열차 안에서 옆에 앉은 70객의 할머니와 손자가 텔레비전을 통해서 평양 소식을 잘 알고 있는 것을 보고 새삼 놀란다. 그런데, 이 모든 소식은 텔레비전을 통해서 알게 된 것이었다. 텔레비전이 일반화되면서 어디를 가서 누구를 만나든 간에 나라에서 벌어지는 소식을 잘 알고 있게 되었다는 사실을 새삼 떠올린다.

"우리의 텔레비죤은 우리 인민들에게 돌려 주시는 어버이 수령님의 크나큰 사랑과 보살피심 속에서 태어"나 짧은 시간에 그 많은 사람들에게 텔레비전이 보급되었고, 그 결과 "평양과 같은 시간에 같은 말을 듣고 같은 하늘을 보며 모든 사변을 한시에 알고 들으며 살"게 되는 생활을 하게 되었다는 것이다.

수필 「만경대로 간다」(『조선문학』, 1982. 6)는 어느 날 버스 안에서 만난 한 어린애를 보면서 느낀 생각을 적은 글이다. 버스 안에서 만난 그 아이는 엄마의 무릎에 앉아 참으로 끈질기게 질문을 던지곤 했다. 이런 아이의 끈질긴 질문보다 놀란 것은 엄마의 인내력이었다. 엄마는 아이의 모든 질문에 대답해 주었다. 그 때 버스 옆으로 외국인이 탄 버스가 지나가자 아이는 다시 묻기를 시작한다. "그런데 그 사람들은 어데로 가나?"라는 질문에 이르렀을 때 엄마는 "만경대로 간다"고 대답한다.

이 이야기를 듣고 있던 나는 아이에게 충분한 대답이 되지 못했을 것으로 생각한다. 노동자들이 공장으로 왜 가는지에 대해서조차 이해하지 못했던 아이였기 때문이다. 그러나 나의 생각은 잘못된 것이었다. 아이는 "응―만경대!" 하고는 감탄할 뿐 더 이상 질문을 하지 않는다. 어린 아이를 보면서 새삼 '나라의 모든 길"뿐만 아니라 '세계 사람의 마음'이 만경대로 통하고 있다는 사실을 깨닫게 된다는 내용이다.

(2) 실화 문학

실화 문학은 실화를 바탕으로 한 실화 소설과는 구분되는 개념이다. 실화가 바탕이 된 소설에 대해서는 단편 실화 소설 「영원한 5년」(『조선문학』, 1995. 4)이나 장편 실화 소설 『결승선』과 같이 소설임을 분명히 한다.

실화 문학은 "현실에 실재하는 인물들의 생활과 투쟁을 사실에 기초하여 그대로 진실하게 묘사하는 서사 문학의 한 형태"로서 일정한 사건을 줄거리로 한다는 점에서는 소설과 공통점이 있지만 실재한 인물이나 사건 가운데서 가장 핵심적인 이야기를 골라 사실대로 그리는 것을 원칙으로 한다는 점에서 차이가 있다. 북한에서는 실화 문학을 선전적인 측면에서 높이 평가한다. 즉 인민들에게 아직 "널리 알려지지 않은 사건을 소개할 목적으로 창작되기에 시기성과 기동성을 특징" 으로 한다.

실화 문학 「다락밭」(『조선문학』, 1980. 2)은 장항리 다락밭 만들기 운동을, 「새벽길에서」(『조선문학』, 1981. 7)는 리석천 리당 비서를, 「가장 즐거운 이야기는……」(『조선문학』, 1985. 2)은 룡매도 간석지 마감 공사 이야기를 보도 형식으로 쓴 글이다. 반면 '당 창건 50돐 기념 전국문학축전 작품' 으로 '두 세계의 경계선에서' 라는 부제가 붙은 단편 실화 소설 「영원의 5년」(『조선문학』, 1995. 4)은 비전향 장기수 이인모 노인에 대한 이야기로 제목이 의미하는 '영원의 5년' 은 79세가 되었지만 행복을 느꼈던 '인간다운 생활 5년' 을 의미한다. 한웅빈은 1995년 3월 17일부터 24일까지 『문학신문』에 비전향 장기수 이인모의 이야기를 바탕으로 한 소설 「93년 3월 19월」을 연재했다.

실화 문학 「다락밭」은 장항리에서 벌어진 '다락밭 만들기 운동' 에 참가한 사람들의 작업 풍경을 담은 짧은 글이다. '다락밭 만들기 운동' 에 참여한 사람들이 힘써 서로 도우면서 작업하는 것을 보면서, '다락밭 만들기 운동' 에 참여한 사람들은 서로를 알지 못하는 사이였지만 "합쳐서야 든든한 돌뚝을 이루듯이 다락밭 건설에서 서로 떨어질 수 없는 사이"로 "서로 이끌고 보충해 주며 함께 있어야만 웃음이 있고 사는 보람을 느끼는 다정한 경쟁자"로 새로운 인간 관계, 새로운 결의를 다지게 된다는 것이다. 이러한 결의와 인간애가 있기에 장항리의 차가운 겨울도 혹한으로 느끼지 못하고, 모닥불도 솜동복도 없이 이겨낼 수 있었다는 것이다.

실화 문학 「새벽길에서」는 니망지리(里)의 리당 비석인 리석천의 이야기다. 부지런하고 솔선수범하는 리당 비서 리석천은 모든 것을 몸소 실천하는 리당 비서의 이상적인 인물이었다. 그러던 어느 날 산비탈 다락밭에 뿌려진 퇴비가 '맨웃 포전'까지 뿌려지지 않는 것을 본다. '뜨락또르(=트랙터) 운전수와 작업반장, 분조장'이 며칠 앞당겨 끝냈다고 큰소리치고 싶었기에 맨 윗포전 "50메타나 백 메터를 채 못가서 멎어 있었"던 것이다. 맨 위까지는 지고 올라가야 하는데, 그러려면 아무래도 맨 위에는 적게 올라갈 것이기에 직접 나르기로 결심하고는 질통을 지고 나서서 퇴비를 날랐던 것이다.

(3) 벽소설

한웅빈의 벽소설로는 『청년문학』(1998. 8)에 실렸던 「두 번째 편지」가 있다. 벽소설의 사전적 의미는 "벽보에 낼 목적으로 창작된 아주 짧은 소설. 잡지, 신문 등 출판물에도 실린다. 벽소설은 인간 생활의 특징적인 한 측면을 매우 간결하게 묘사한다. 벽소설은 사건이 극히 단순하고 등장 인물의 수가 아주 적다"는 특징이 있다.

북한에서 벽소설은 "현실에서 제기되는 절박한 문제들을 제때에 포착하여 밝혀 냄으로써 그 해결에로 사람들을 불러일으키는 호소성과 정론성이 강한 것"을 특징으로 꼽으면서 "오늘 우리 나라에서 벽소설은 현실 속에서 벌어지는 의의 있는 문제들을 제때에 반영하고 모범적인 사실들을 신속히 소개, 일반화함으로써 근로자들의 교양에 이바지"하고 있다고 의미를 평가한다.

「두 번째 편지」는 자기 편집부 기자인 주인공 나에게 어느 날 한 군부대로부터 '우리 학교'를 소개해 달라는 내용의 편지를 받고는 잠시 어리둥절해 한다. 군부대에서 오는 편지는 통상 '우리 부대'가 와야 하는데, '우리 학교'를 소개해 달라고 온 것이었다. 편지에는 어느 날 부대원들이 야간 훈련을 나가다가 학교 선생님과 학생들이 돌멩이를 줍고 있는 것을 본다. 선생님과 학생들은 야간 훈련을 나가는 군인들을 위해 돌멩이를 치우고 있었던 것이다. 감동적인 소식을 전하기로 결론났는데 부장은 머지않아 '우리 초소를 소개해 달라'는 두 번째 편지가 올 것이라면서 두 번째 편지를 제목으로 올린다.

(4) 유년 소설

한웅빈의 유년 소설로는 『아동문학』 1999년 1호와 2호에 연재했던 「철이의 발견」이 있다. '유년 소설'이라는 타이틀이 붙은 「철이의 발견」은 할아버지의 집에 있으면서 인생과 동물에 대해서 하나씩 배워 간다는 토막글이다.

「철이의 발견(1)」은 어느 날 할아버지 대신 염소를 데리고 풀을 먹이러 나간 철이가 고집부리는 염소를 다루는 법을 배우게 된다는 내용의 짧은 글이다. 철이는 처음 염소가 고집을 부리자 힘으로 끌고 오려고 하다가 실패했지만 금세 염소가 좋아하는 풀로 염소를 다루는 법을 배운다.

「철이의 발견(2)」는 앞집에 사는 네 살짜리 말썽꾸러기 돌이를 돌보는 이야기다. 철이는 탁아소가 쉬면서 어쩔 수 없이 돌이를 돌보며 돌이의 말썽에 재미없고 힘든 하루를 보낸다. 철이는 돌이 엄마가 돌아오자 돌이를 돌보지 않아도 된다는 생각에 하늘로 뛰어오를 것처럼 기뻐한다. 그러나 웬일인지 얼마 지나지 않아서 적적해서 견디지 못한다. 마침내 돌이 집으로 가서 돌이가 잘 크고 있는지 지켜보면서 어른 구실을 하는 것은 싫증나지 않는 재미있는 일이었음을 깨닫게 된다.

(5) 동물 소설

동물 소설이라는 타이틀이 붙은 「달과 들판」은 『조선문학』(2003. 12)에 실려 있다. 황둥이라는 잡종개를 주인공으로 등장시킨 「달과 들판」은 북한 소설로는 흔하지 않은 의인 소설이다.

주인 양반의 쇠사슬에 묶여 있는 황둥이의 발 밑에는 주인 양반이 숨겨놓은 곰팡이 나는 '궤통'이 있다. 무엇인지 모르지만 주인 영감이 하루도 빼놓지 않고 열어 보는 궤통 안에는 황둥이가 알 수 없는 종이가 담겨져 있었다. 황둥이는 곰팡이 나는 궤통을 보면서 주인 영감이 "황새벌이 이 안에 들어 있다"고 말하는 뜻을 이해하지 못한다.

그렇지만 일 년 농사를 모두 자기 곳간으로 거두어들이고, 소작인이 삼 년 석 달 걸려 만든 논을 하루아침에 자기 것으로 만드는 것을 보면 그 넓은 황새벌을 작은 궤통 안에 넣는 일이 불가능한 일은 아니라고 생각한다. 다만 그 넓은 황새벌도 작은 궤통에 들어가게 되면 풀냄새, 흙냄새는 나지 않고, 대신 곰팡이 냄새만 나는 것으로 생각한다.

그러다 해방이 되자, 영감의 아들들은 영감이 아끼던 돈과 토지 문서를 찾느라고 온 집안을 쑥대밭으로 만들고는 급기야 아버지를 죽게 만들고야 만다.

4. 북한 문단과 한웅빈

한웅빈은 북한의 현역 작가 가운데 가장 왕성한 창작 활동을 벌이고 있는 작가다. 특히 '단편 소설의 왕', '북한의 체홉'이라는 별명이 말해 주듯이 단편 소설을 중심으로 100여 편의 작품을 발표하면서 주목받는 작가로서 위상을 높여 가고 있다.

한웅빈의 작품에서 주목되는 것은 생활에 대한 날카로운 포착이다. 한웅빈의 작품은 생활을 떠나지 않는다. 작가의 시선은 언제나 생활 속에 있고, 그 속에서 과거와 현재의 흐름을 찾아내고, 영웅을 찾아낸다.

일상의 시간은 늘 과거의 그림자와 닿아 있고, 그 과거와 현재를 연결하는 찰나의 시간 속에서 과거와 현재는 대화를 주고받는다. 현실의 눈에는 보이지 않지만 전쟁의 에너지는 잠재되어 있고, 이름 없이 죽어간 용사의 희생이 오늘날 인민의 삶을 지탱하고 있다. 그러기에 현재는 과거의 결과이며, 오늘의 결과가 다음 날의 원인이 되는 것이다.

한웅빈이 생활 속에서 영웅을 그리는 것은 자신이 말처럼 "인물이 평범하고 한 일이 빛날 때" 독자들은 인물을 사랑하게 되기 때문이다. 생활 속에서 영웅을 찾는 방법은 현실을 더 날카롭게 파고들어 현실의 비일상성을 드러내는 것이다. 가장 일상적인 현장에서 비일상적인 영웅을 찾는다는 모순적인 상황을 찾아내는 것이 한웅빈이 갖는 문학적 매력이다. 억지스러운 인물들의 생각을 한번 돌이켜보고 곰곰이 생각해 보면서 그 인간의 매력에 빠지게 된다.

「딸의 고민」에서 고장난 보일러를 긴급 수리한 위훈을 세우고도 사고였다고 생각하는 안천복이나 「새로운 기슭」에서 불만스러운 간석지의 작업 환경을 바꾸어 가는 주인공, 「고백」에서 인민들이 좋아하는 고급 옷감을 만들기 위해 기술 개발을 시작한 직포공 처녀들이 바로 이런 영웅들이다. 다른 사람들이 하는 대로, 살아왔던 대로 살아가도 무방하지만 이들은 자신의 삶에 만족하지 않고 나아간다. 이런 사람들이 사회를 바꾸는 일꾼이며, '빛나는 위훈'을 세우는 인물인 것이다.

2006년에 발간된 단편집 『우리 세대』는 한웅빈의 최근의 창작 경향을 잘 보여 준다. 이전의 단편 소설들이 생활 속에 숨어 있는 영웅의 흔적을 날카롭게 찾아내서 진정한 영웅의 문제를 제기했던 것과 달라진 모습을 보인다. 「행운에 대한 기대」와 「행복한 결말」 같은 작품에서는 조국이라는 거대한 서사를 뒷받침하고 있는 현실의 숨은 영웅의 흔적은 사라지고, 계획 경제의 문제와 모순이 일상적으로 어떻게 드러나고 있는지를 풍자적으로 보여 준다. 이 같은 변화는 제한적이기는 하지만 북한 문학의 문화 지형이 반영된 결과로 볼 수 있다.

2000년 이전 단편 작품을 주로 써왔던 한웅빈이 비전향 장기수를 소재로 한 장편 소설을 발표하면서 장편 소설을 써야 하듯이 문학과 예술에서 요구하는 사회적의 필요 조건이 생활 속의 인간적 영웅에서 실리사회주의의 현실적 문제로 옮겨가고 있음을 간접적으로 엿볼 수 있는 부분이다. 물론 이러한 작업은 아직 완성된 것은 아니다. 사회적 필요 조건에 대한 작가적 충분 조건은 여전히 진행중이기 때문이다.

:: 한웅빈의 작품 및 목록*

한웅빈, 「어느 휴식날에」, 『조선문학』, 1974. 1.

한웅빈, 「분대장과 전사」, 『조선문학』, 1974. 10.

한웅빈, 「첫 위훈」, 『조선문학』, 1975(?).

한웅빈, 「다양한 내용과 형식의 소설을!」, 『조선문학』, 1975. 1.

한웅빈, 「직선 침로」, 『조선문학』, 1975. 6.

한웅빈, 「금수강산을 수놓은 처녀」, 『조선문학』, 1975. 12.

한웅빈, 「희망은 실현되였다」, 『조선문학』, 1976. 3.

* 한웅빈의 작품 목록은 남원진의 정리를 중심으로 이선미 목록을 보충한 것이다.

한웅빈, 「분대장과 전사」, 금성청년출판사(편), 『분대장과 전사』, 금성청년출판사, 1977.

한웅빈, 「독자와 소설의 주인공: 장편 소설 『평양시간』에 대한 반향」, 『조선문학』, 1978. 3.

한웅빈, 「마지막 버럭」, 『조선문학』, 1978. 10.

한웅빈, 「옛 속담에 대한 생각」(수필), 『조선문학』, 1980. 1.

한웅빈, 「다락밭」(실화 문학), 『조선문학』, 1980. 2.

한웅빈, 「습격의 밤」, 『조선문학』, 1980. 6

한웅빈, 「건설자들」, 『조선문학』, 1981. 4.

한웅빈, 「새벽길에서」(실화문학), 『조선문학』, 1981. 7.

한웅빈, 「푸른 잎사귀」, 『조선문학』, 1982. 4.

한웅빈, 「만경대로 간다」(수필), 『조선문학』, 1982. 6.

한웅빈, 「우리소리」, 『조선문학』, 1983. 4.

한웅빈, 「령길」, 『위훈』, 금성청년출판사, 1984.

한웅빈, 「가장 즐거운 이야기는……」(실화 문학), 『조선문학』, 1985. 2.

한웅빈, 「첫새벽」, 『조선문학』, 1986. 7.

한웅빈, 「금수강산을 수놓은 처녀」, 『조선문학단편집 3』, 문예출판사, 1987.

한웅빈, 『푸른 잎사귀』(한웅빈단편집), 문예출판사, 1987.

한웅빈, 「새롭지 않은 이야기」, 『조선문학』, 1987. 1.

한웅빈, 「전선길」, 『조선문학』, 1987. 3.

한웅빈, 「나의 기관사」, 『조선문학』, 1988. 3.

한웅빈, 「명령」, 『조선문학』, 1988. 6.

한웅빈, 「그 나날에」, 『조선문학』, 1989. 1.

한웅빈, 「힘에 대한 이야기」, 『조선문학』, 1989. 8.

한웅빈, 「세월과 더불어」, 『조선문학』, 1989. 9.

한웅빈, 「고백」, 『비단파도』, 문예출판사, 1990.

한웅빈, 「명령」, 『문학작품집』, 문예출판사, 1990.
한웅빈, 「한 편의 글을 써도 시대가 담긴 글을: 당의 령도 밑에 이룩된 소설 문학의 성과를 더욱 공고 발전시키자」, 『조선문학』, 1990. 1.
한웅빈, 「새로운 기슭에서」, 『조선문학』, 1990. 5.
한웅빈, 「어느 겨울밤에」, 『조선문학』, 1990. 11.
한웅빈, 「평범한 나날에」(실화 문학), 『조선문학』, 1990. 12.
한웅빈, 『나의 창문』(한웅빈단편집), 문학예술종합출판사, 1992.
한웅빈, 「딸의 고민」, 『신념의 대오』, 문예출판사, 1992.
한웅빈, 「앞서가는 사람들」, 『청춘이 빛나는 곳』, 문학예술종합출판사, 1992.
한웅빈, 「잊혀지지 않는 밤들」, 『조선문학』, 1992. 3.
한웅빈, 「창고 앞에서」, 『조선문학』, 1993. 6.
한웅빈, 「'행운'에 대한 기대」, 『뻐국새가 노래하는 곳』, 살림터, 1994.
한웅빈, 「다양한 내용과 형식의 소설을」(새해 결의), 『조선문학』, 1995. 1.
한웅빈, 「영원의 5년」(단편 실화 소설), 『조신문학』, 1995. 4.
한웅빈, 「기다리는 계절」, 『조선문학』, 1996. 7.
한웅빈, 「두 번째 편지」(벽소설), 『청년문학』, 1998. 8.
한웅빈, 「철이의 발견」(유년 소설), 『아동문학』, 1999. 1~2.
한웅빈, 「두 번째 상봉」, 『조선문학』, 1999. 9.
한웅빈, 「스물한 발의 '포성'」(련속 단편 소설), 『조선문학』, 2001. 4~6.
김덕철 · 한웅빈, 『결승선』(장편 실화 소설), 문학예술종합출판사, 2001.
한웅빈, 「더 잘, 더 많이」(새해 결의), 『조선문학』, 2002. 1.
한웅빈, 「달과 들판」(동물 소설), 『조선문학』, 2003. 12.
한웅빈, 「아, 조국!」(장편 소설), 문학예술출판사, 2004.
한웅빈 · 로정법, 『평양 사람』(장편 소설), 문학예술출판사, 2005.
한웅빈, 「채 쏘지 못한 총탄」(련속 단편 소설), 『조선문학』, 2005. 1~3.
한웅빈, 「제1의 생명」, 『조선문학』, 2005. 9.

한웅빈, 『우리 세대』(한웅빈단편집), 문학예술출판사, 2006.
한웅빈, 「어느 일요일에」, 『조선문학』, 2006. 6.
한웅빈 · 신용선, 「소원」(장편 소설), 문학예술출판사, 2006.

:: 참고 문헌

김정일, 『주체사상에 대하여』, 조선로동당출판사, 1991.
김정일, 『주체문학론』, 조선로동당출판사, 1992.
"북한 작가의 산실, 문학통신," 「연합뉴스」, 2005. 10. 21.
안함광, 『문학의 탐구』, 조선문학예술총동맹출판사, 1966.
윤기덕, 『수령형상문학』, 문예출판사, 1991.
이선미, 「'위훈' 을 성찰하는 냉소적 시선과 근검 절약의 이데올로기: 북한작가 한웅빈 소설연구 I 」, 『현대소설연구』, 한국현대소설학회, 2003.
이선영 편, 『문예사조사』, 민음사, 1986.

최학수론: 『평양시간』

천리마 시대의 개막과 평양의 근대적 시간

오태호

1. '종자'를 상악하는 북한 소설의 대표 기수, 최학수

최학수는 '평양 속도'라는 종자를 붙잡아 "소설 문학의 기념비적 작품"[1]으로 평가받는 장편 소설 『평양시간』(1976)을 창작한 북한의 대표적인 작가다. 또한 최근에 이르기까지 '주체 문학의 본보기'[2]로 거명되는 '총서 《불멸의 력사》(이하 '총서'로 약칭)'를 창작하는 등 더욱 활발한 활동을 전개하고 있다. 특히 김일성의 일대기를 역사적 사건 중심으로 형상화하고 있는 '총서 해방 전편'에서 1936년을 배경으로 '조국광복회 창립'을 다룬 『백두산 기슭』(1978, 현승걸 공저)과 1936~37년을 배경으로 '보천보 전투'를 형상화한 『압록강』(1983)을 창작했고,[3] '총서 해방

1 최길상, 『주체문학의 새 경지』(문예출판사, 1999), 92쪽.
2 김정일, 『주체문학론』(조선로동당출판사, 1992), 140쪽.
3 윤기덕, 『수령 형상문학』(문예출판사, 1991), 297-336쪽.

후편' 에서 해방 직후를 다룬 『개선』(2002)을 창작하는 등 대표적인 '4·15문학창작단' 소속 작가다. 그에 대한 남한의 연구는 대체로 장편 소설 『평양시간』에 국한되어 있거나, '총서'를 개괄하면서 『백두산 기슭』과 『압록강』의 핵심 서사를 요약할 때 소략적으로 언급될 뿐이다. 이상의 정보들을 제외하고 자료 접근의 제한으로 인해 최학수에 대한 정보는 남한에 거의 알려진 바가 없다. 다만, 한 연구자에 따르면 최학수는 위에서 언급한 작품들을 제외하고도 단편 「무궁화」(1960), 「큰 심장」(1967), 「맑은 아침」(1967), 「해빛 밝은 나라」(1975), 장편 『그들은 함께 싸웠다』(1970, 정순봉 공동 창작), 장편 『절정』(1989) 등의 소설을 발표했다고 한다.[4]

1937년생인 최학수는 함경북도 성진시(현 김책시)에서 태어나 고중을 졸업하고 학원에 오기 전에 반 년간 중학교 교원으로 있으면서 문학과 문법 과목을 가르친 적이 있으며, 1960년 4월 작가학원을 졸업하고 작가동맹출판사 단행본 편집부 편집원으로 배치받는다. 3년 후에는 가정을 이루고 1960년대 초에 평안북도 매봉 저수지 건설장에 현장 체험을 나가서 목격했던 사실에 기초하여 습작삼아 단편 소설 「궤도를 따라」의 초고를 집필한다. 이 글은 천세봉으로부터 잘된 단편 소설이라는 칭찬과 함께 추천장을 받아 『조선문학』 편집부에 올려 보내진다. 그러나 그 작품을 석윤기에게 원고지로 보였을 때 부정확한 어휘와 문장에 대해 친필로 지적과 퇴고를 받고는 스스로의 글쓰기에 대해 새로운 다짐을 하게 된다.

이후 최학수는 '한국전쟁 때에 전사한 맏형'과 어머니에 얽힌 이야기를 1960년대 중반기의 건군절 때에 『문학신문』에 「즐거운 때마다」라는 수필로 발표한다. 그리고 장편 소설 『평양시간』으로 김일성으로부터 과

4 선우상열, 『광복 후 북한 현대문학 연구』(역락, 2002), 258쪽.

분한 치하의 교시를 받았으며, 『백두산 기슭』을 창작해 김일성과 김정일로부터 최상의 평가와 감사까지 받는다.[5]

최학수에 대한 북한 문학 내부의 평가는 주로 『평양시간』, 『백두산 기슭』, 『압록강』 등에 걸쳐 있다. 특히 『평양시간』은 북한의 여러 문예이론서에서 성과작으로 평가받고 있다. 『문학대사전』에 의하면, 이 작품은 사회주의 건설의 대고조로 들끓던 1958년을 전후해 새로운 속도인 '평양 속도'를 창조한 평양시 건설자들의 영웅적 투쟁과 위훈을 형상화하고 있는 작품이다.[6] 특히 이 작품이 당시의 "력사적 사실을 폭넓게 반영하면서 우리 나라 건설 부문에서의 위대한 전변이 일어나게 된 요인은 우리 인민을 더 좋게, 더 빛나게 살게 하시려는 위대한 수령님의 원대한 구상과 현명한 령도, 어버이 수령님의 높으신 뜻을 받들어 나아가는 우리 인민의 확고한 의지와 영웅적 투쟁에 있다는 것을 뚜렷이 보여 주었"고, "'평양 속도'를 창조하기 위한 투쟁 속에서 성장하는 상철의 전형적인 성격적 특질을 두드러지게 보여 주면서 당의 조립식 건설 방침을 철저히 관철해 나가는 문화린, 수진이와 월석 등 인물들의 개성적인 성격을 훌륭히 창조했"으며, "1958년 한 해 동안에 평양 건설에서 일어난 위대한 전변을 취급하면서 그것을 해방 직후 보통강 개수 공사와 전쟁 시기, 전후 시기의 사건들과의 련관 속에서 다양하게 그려내여 시대적 폭을 넓히고 생활을 깊이 있게 탐구하여 인물들의 성격을 여러 모로 다양하게 천명했으며 세부 묘사와 정론적이고 박력 있는 언어 문체로 개성적 특성을 뚜렷이했다"고 평가한다.

결국 수령과 인민의 적절한 관계 설정, '평양 속도'라는 종자의 포착, 인물의 전형성, 세부 묘사의 진실성, 동시대의 리얼리티, 문체적 개성 등을 획득한 작품으로 평가되고 있음을 확인할 수 있다.

5 최학수, 「영생하는 작가의 초상」, 『조선문학』(2003. 5), 35-44쪽.
6 사회과학원, 『문학대사전』 4(ㅊ~ㄸ), 주체89(2000), 224쪽.

'총서'의 한 편인 『백두산 기슭』의 경우 '수령 형상'에서 "인민적이며 혁명적인 문학이 창조하는 형상"[7]을 보여 주면서 "심오한 철학성과 높은 예술성"[8]을 보장한 작품으로 거론된다. 물론 이러한 평가는 "『백두산 기슭』의 심의본을 보아 주시고는 소설에서 위대한 수령님의 현명성이 전면에 걸쳐 감동적으로 형상되지 못한 것이 기본 결함"이기에 "반일 혁명 역량을 하나로 굳게 묶어 세워 나가시는 탁월한 령도의 력사가 잘 형상되게 하여야 한다"[9]라는 식으로 김정일이 '종자'를 틀어쥐고 '탁월한 문제 해결 방향'을 제시하여 작가가 그 방향으로 작품을 개작했기 때문에 가능했던 것이다. 특히 '수령 형상 창조의 원칙' 중에서 '인민들 속에 계시는 수령을 형상할 데 대한 원칙'과 '위대한 인간의 형상을 창조할 데 대한 원칙'의 구체적 예로 『백두산 기슭』의 장면들('대통령감'인 이동백이 김일성에게 감화되는 모습[10]과 김일성의 뜻을 따르다 전사한 이경준에게 김일성이 혁명적 의리를 보여 주는 모습[11])을 거론한다는 것은 '총서' 중에서 『백두산 기슭』이 차지하는 위치를 보여 준다.

또한 『압록강』의 경우에는 "『압록강』에 묘사된 천도교 도정 박인진이 공산주의를 적대시하다가 위대한 수령님의 독창적인 반일민족통일전선 방침과 한없는 도량에 감복하여 마침내 경애하는 수령님을 높이 우러러 모시고 진심으로 흠모하게 되는 생활 화폭은 수령 형상 작품에서 력사적 사실에 기초하여 작품의 종자를 꽃피울 수 있는 생활을 탐구하고 묘사하는 것이 작품의 철학적 깊이를 보장하며 수령의 위대성을 빛나게 형상하는 데서 얼마나 큰 역할을 하는가 하는 것을 잘 보여 준다"[12]라고

7 윤기덕, 앞의 책, 161쪽.
8 같은 책, 171쪽.
9 같은 책, 156쪽.
10 같은 책, 204-205쪽.
11 같은 책, 219쪽.
12 같은 책, 246쪽.

평가하면서 '종자의 획득'과 '철학적 깊이의 보장'의 상관성을 예증하는 작품으로 거론된다.

이렇듯 『평양시간』, 『백두산 기슭』, 『압록강』 등의 장편 소설에 대한 북한의 평가를 보았을 때, 북한에서 최학수의 작가적 비중이 상당함을 확인할 수 있다. 특히 『백두산 기슭』의 묘사력에 대해 상찬하고 있는 장희숙의 「자연 묘사에 비낀 력사적 사변의 의미」라는 단평[13]이나 김정일의 종자론을 바탕으로 『평양시간』의 제목이 지어졌음을 강조하는 글[14]에서도 알 수 있듯이, 최학수의 작품들이 지속적으로 분석과 평가의 대상이 되고 있다는 것은 그의 북한에서의 문학사적 입지를 확인케 한다. 따라서 본고는 최학수의 『평양시간』에 대한 기존의 연구 성과를 검토한 뒤에 작품의 구체적 내용과 의미에 대한 면밀한 분석을 거쳐 작품의 공과에 대한 재평가를 진행해 보고자 한다.

2. 천리마 시대의 개막을 알리는 『평양시간』의 문학사적 평가

최학수의 『평양시간』은 남북한에서 북한 사회를 들여다보는 문학적 바로미터 역할을 할 수 있는 작품이다. 이 작품의 내용을 통해 1950년대의 '반종파 투쟁'[15]을 거치며 김일성 유일 체제가 공고해지는 과정을 우회적으로 엿볼 수 있으며, 사회주의 혁명과 건설을 위해 '천리마운동'이 일어나던 1958년을 전후로 북한 사회를 실질적으로 움직이는 체제 원리

13 『조선문학』(문학예술출판사, 2003. 5), 17-18쪽.
14 '위대한 령도 불멸의 업적', 「주체적인 소설문학 발전에 이룩하신 불멸의 업적」, 『조선문학』(문학예술출판사, 2003. 12), 19쪽.
15 김재용, 「북한 문학계의 '반종파 투쟁'과 카프 및 항일혁명 문학」, 『북한 문학의 역사적 이해』(문학과지성사, 1994), 125-169쪽.

(수령-당-인민의 삼위일체)의 내면을 들여다볼 수 있고, 1970년대 중반이라는 창작 연대가 김정일의 문예 지도가 본격화되기 시작하던 시기와 맞물린다는 점에서 김정일 시대를 엿보는 단초를 제공할 수 있기 때문이다.

북한 문학사에서 『평양시간』은 "온갖 보수주의와 신비주의, 사대주의와 교조주의와의 투쟁 속에서 당이 제시한 조립식 건설이 어떻게 실현되여 가며 그 과정에서 '평양 속도'가 어떻게 창조되여 가는가 하는 것을 주인공 리상철을 비롯한 건설자들의 형상을 통하여 재현했다"[16]라는 긍정적 평가를 받는다. 특히 북한의 공식적 문학사인 『조선문학사』에서는 작가가 "사회주의 현실 주제를 다루면서도 제재의 특성에 맞게 주인공 리상철, 문화린, 이들과 건설사업소 지배인 림도식과의 갈등 관계를 전면에 끌어내고 성격과 생활의 논리에 맞게 예리화함으로써 『평양시간』이 창조된 영웅적 현실을 진실하게 재현하며 인물 성격들을 뚜렷이 부각하고 생활의 의의를 응당한 높이에서 강조했다"[17]라고 평가한다.

이렇듯 현실과 인물이 조화롭게 살아 있다는 평가를 기본으로 하여, 최길상[18]에 의하면 "위대한 수령 김일성 동지께서 1969년 12월 당중앙위원회 제4기 제20차 전원회의 확대 회의에서 공장 건설에 대해서뿐 아니라 도시 건설에 대해서도 소설을 쓸 것이 많다고 하시면서 평양시 보통벌이 건설된 것만 가지고도 얼마든지 좋은 작품을 쓸 수 있다고 하신 교시를 높이 받드시고 친애하는 지도자 동지께서는 이 생활을 반영한 장편 소설 『평양시간』을 높은 사상예술적 수준에서 창작 완성하도록 명확한 리론 실천적 방도를 제시해 주시였"던 것이 이 작품의 탄생 배경이 된다. 특히 『평양시간』이 "위대한 수령님께서 혁명과 건설에서 기준으

16 박종원 · 류만, 『조선문학 개관』(인동, 1988).
17 천재규, 『조선문학사』 14(사회과학출판사, 1996), 95-96쪽.
18 최길상, 『주체 문학의 새 경지』(문예출판사, 1999), 91-92쪽.

로 정하여 주신 주체 조선의 새로운 속도, '평양 시간' 이라는 사상적 알맹이를 심고 형상으로 꽃피움으로써 위대한 수령님의 주체적인 건설 사상과 현명한 령도, 크나큰 사랑과 배려를 감동 깊이 보여 주었으며 수령님께 충직한 우리 로동 계급과 기술자들의 영웅적 위훈을 폭넓은 생활 화폭으로 보여 주"었고, "우리 시대의 전진 운동의 본질과 주체의 기치 밑에 억세게 나아가는 우리 인민의 신념과 의지, 지향을 예술적으로 일반화한 작품으로서 당의 령도 밑에 찬란히 꽃펴나고 있는 우리 소설 문학의 기념비적 작품"이라고 평가한다. 결국 김일성의 교시와 김정일의 창작 지도 속에 『평양시간』이 '기념비적 걸작'으로 탄생할 수 있었다는 것이다.

남한에서는 『평양시간』에 대한 구체적인 분석과 평가는 아직 일천한 편이다. 초기에는 이 작품이 보통강 일대의 상철 일가와 제대 군인들을 중심으로 천리마운동에 호응하여 조국 건설에 이바지하는 노동자들의 애국심을 보여 주면서 전후 복구 건설의 마지막 시기에 새로운 공법으로 평양을 재건하는 모습을 그리고 있지만, '구성의 공식성, 김일성 우상화, 지나친 작품의 목적성' 등의 한계를 노출한다는 식의 두루뭉수리 같은 평가[19]를 시작으로, 기술 신비주의와 보수주의에 반대하며 투철한 사상성으로 사회주의 건설의 기적을 이룩한다는 내용의 천리마 기수를 형상화한 작품에 해당한다고 소략적으로 평가하는 것[20]이 일반적이었다.

그러나 이렇듯 소략적인 평가를 넘어 구체적인 분석과 평가가 신형기와 박태상에 의해 이루어지는데, 신형기[21]에 의하면 "지식인 문제를 다룬 대표적인 장편" 중의 하나인 『평양시간』의 주인공은 "제대 군인으로

19 이명재 편, 『북한문학사전』(국학자료원, 1995), 1086쪽.
20 손화숙, 「공산주의적 교양과 긍정적 인물의 변모 양상」, 최동호 편, 『남북한 현대문학사』(나남출판, 1995), 341쪽.
21 신형기, 『북한 소설의 이해』(실천문학사, 1996), 162-166쪽.

평양의 건설 노동자가 된 리상철, 상철의 옛 상관이자 노동초대소의 책임자인 탁준범, 상철의 매부이자 건축설계사인 문화린" 등 셋이며, 작품 속에서 '문화린'의 형상이 인텔리의 전형이고 상철이 노동 계급의 전형으로 그려지는데, 수령을 중심으로 한 이 둘의 결합이 인텔리와 노동 계급의 전형적인 결합 방식을 보여 준다고 평가한다.

작중 인물을 중심으로 접근한 신형기와 달리, 박태상[22]은 『평양시간』이 '평양 속도'로 북한의 역사책에 기록되어 있는 천리마운동의 '속도전'을 서사화한 것을 주목하면서, 이 소설이 수도 평양을 현대식으로 서사화함으로써 '북한 사회주의 건설의 꿈과 희망'을 제시하고 있다고 평가한다. 또한 이 작품의 특별한 의미로는 김정일에 의한 세대 교체를 의미하는 '3대 혁명 소조운동' 시기에 창작되었다는 점에 있으며, 작품의 시대적 배경은 1950년대 말이지만, 실제로는 1970년대 중반의 '사상 · 기술 · 문화의 혁명이라는 3대 혁명의 실천과 대중화 시도'를 반영했을 것이라는 점에 있다고 분석한다. 특히 박태상은 이 작품의 갈등 유형에 대해, 첫째 '반혁명 분자들과 반동 분자들의 작간(作奸)'을 분쇄하기 위한 '정치 투쟁과 계급 투쟁의 병행'을 적대적 갈등으로, 둘째 '보신주의와 관료주의의 폐단'과, 셋째 '사대주의와 민족허무주의의 근성'을 비적대적 갈등으로 나누어 서사의 갈등 요소를 분석한다. 반면에 이 작품의 서사적 한계로는 첫째 김일성의 과다한 현지 지도, 둘째 집체론적 협동의 미화, 셋째 조립식 아파트의 공정 단축만의 미화, 넷째 리상철과 안오월 간의 사랑의 후일담 부재 등을 지적한다.

이상에서 드러나듯 『평양시간』에 대한 북한과 남한의 평가는 사뭇 대조적이다. 북한에서는 이 작품에 대해 전후 복구 건설을 완성하며 새로이 사회주의 국가 건설의 도약을 준비하는 시기를 배경으로, 수령과 당

22 박태상, 「북한 소설 『평양시간』 연구」, 『북한 문학의 동향』(깊은샘, 2002), 287-320쪽.

의 적절한 지도와 인민의 자발적 노력으로 수도 평양의 복구 건설이 비약적으로 진행된 현실을 뛰어난 묘사와 인물 형상력으로 그려내고 있다고 상찬한다. 반면에 남한에서는 결국 '수령의 영도'가 지닌 문학적 허구성과 작중 인물의 과잉된 도덕윤리적 염결 의식이 주요 비판의 대상이 된다. 북한의 평가가 체제 내적 논리에 충실하다면, 남한의 평가는 문학 내적 원리에 충실한 것으로 보인다. 본고는 이러한 기존의 두 평가를 기반으로 하여 『평양시간』의 서사를 따라가며 '문학 텍스트'로서의 다양한 자질에 대해 재검토해 보고자 한다.

3. 『평양시간』의 서사 따라잡기

『평양시간』은 전체가 총 7장과 후일담 「끝맺을 수 없는 이야기」에 이르기까지 분량상으로 400여 쪽에 이르는 장편 소설이다. 이 작품은 한국전쟁 이후 천리마 대고조 시기의 노동 계급과 인민들의 건설 투쟁과 생활을 반영하고 있다. 구체적으로는 1958년에 제대 군인들을 비롯한 평양의 수도 건설자들이 7천 세대분의 노력과 자금, 자재로 2만 세대의 조립식 주택을 건설함으로써 '평양 속도'를 창조하고, 평양 건설에서 일대 전환을 일으킨 역사적 사실을 소재로 하고 있다. 1957~58년에 이르는 1년 여의 시기를 시간적 흐름에 따라 추보식으로 구성한 이 작품은 제대군인 리상철의 귀향으로부터 출발해 '2만 세대의 조립식 주택 건설'이 완공된 후 상철과 오월의 만남을 끝으로 마무리된다.

제1장에서는 제대 군인 상철의 귀향과 첫 출근, 매부인 문화린의 죄의식이 다루어진다. '리상철'은 사회주의 건설의 노동 전선으로 떠나온 8만 명의 제대 병사들 중 한 사람으로, 전우이자 기혼자인 박수진, 남쪽이 고향인 손월석 등과 함께 평양 토성랑으로 돌아온다. 상철은 전쟁 기간

3년에다가 군사분계선 4년 등 7년의 군생활을 마치고 "전등 불빛의 바다!"[23]인 '평양'으로 귀향한 이튿날 '노동초대소'로 찾아가 '기계 공장'으로 배치된다. 공병이었던 손월석이 '교통성 교량 건설'에 배치받아 떠나고, 상철은 김일성종합대학에 새 학년으로 입학하기 전까지 10개월간 '임시 정류장'에서 여유롭게 일하며 자습하려고 한다. 하지만 아직도 많은 사람들이 반토굴집에서 생활하는 것을 본 상철은 배치지를 건설장으로 바꾼다. 보통강변의 빈민촌에서 태어나 병마와 수마가 상존하던 토성랑의 움집에서 생활하던 상철에게는 1942년 8월 보통강의 범람으로 큰누나와 막내동생을 잃은 외상(trauma)이 자리하고 있기 때문이다. 상철은 자신의 첫 분대장이었던 노동초대소 책임자 탁준범을 만나 김일성의 '10월 전원회의 정신(건설 방법을 조립식으로 전환하자)'을 들으면서 건설자로서의 임무와 역할을 자각하게 된다.

제2장에서는 상철과 수진의 건설장 적응기, 상철과 오월의 만남과 헤어짐, '림도식' 지배인과 '박쥐 같은 곽나봉'에 대한 거부감과 적대감 등이 표면화된다. 상철은 건설장에 출근해 벽돌 운반 일을 맡게 되지만 단순 노동에 싫증을 느끼게 되고, 벽돌공 처녀인 안오월이 율동적이면서 규칙적으로 벽돌 쌓는 일을 보면서 벽돌공 일을 배우고 싶어한다. 결국 일과 후에 옛 친구의 여동생인 안오월로부터 벽돌공 일을 배우게 되고, 점차 벽돌공 일에 익숙해진다. 하지만 지배인의 억지와 작업반장의 호통 속에 둘은 오해를 사게 되고 오월은 건설장을 떠나게 된다.

제3장에서는 1958년이 사회·경제적 변혁과 비약의 절정으로 치닫던 해이며, 인민의 힘과 지혜를 믿고 불가능한 것을 가능케 하는 김일성의 현지 지도가 잦았음을 피력하는 것으로 시작된다. 건설 사업에 흥미를 잃은 상철은 '노동초대소'로 찾아가 본래대로 배치지를 바꿔달라고 이

23 최학수, 『평양시간』(문예출판사, 1976), 5쪽(5만 부 발행). (이하 인용문은 모두 이 책을 참조).

야기하지만, 탁준범으로부터 자신도 팔만 건사했다면 건설자가 되고 싶었다는 이야기와 평양시 재건을 위해 한국전쟁 중에도 나무를 베지 못하게 했던 김일성의 이야기 등을 들으면서 결정을 재고해 볼 것을 권유받는다. 돌아오는 길에 매부로부터 김일성이 '제대 군인들'과 '반토굴에서 나오지 못한 사람들'을 걱정하고 있으며, 1958년을 '건설에서의 일대 전환의 해, 대비약의 해'로 만들자는 교시를 했다는 이야기를 들은 상철은 성실하게 건설 노동자가 될 것을 다짐한다.

제4장에서는 김일성의 교시와 문화린의 조립식 주택 설계 완성, 청년 조립조 조직, 상철과 오월의 재회 등이 이어지면서 조립식 주택 건설이 시범적으로 시작되는 내용이 담겨 있나. 문화린은 김일성이 다층 주택의 천장 높이를 현지 교시한 내용을 들으면서 그것이 가장 경제적이기에 확고한 지침으로 삼아야 하며, '대담하고 혁신적인 층고 설정'이라고 판단한다. 매부 문화린 앞에서 김일성의 교시를 들은 상철은 굽기 쉽고 가벼우며 열전도도를 낮출 수 있는 '구멍 난 벽돌'을 개발한다.

제5장에서는 상철의 아버지인 맹인 성준과 김일성의 우연한 만남을 계기로 '보통강 유원지화'가 결정되고, 조립식 주택 건설이 본격적으로 진행되면서 상철과 오월의 연애가 깊어지는 이야기가 담겨 있다. 실명노인인 상철의 아버지 성준은 보통강에서 낚시를 하다 손님(김일성)에게 보통강이 평양의 자랑이자 조선의 자랑임을 강변한다. 일제 강점기에 왜놈들이 9년 동안 못한 일을 해방 뒤 55일 만에 해치운 '보통강 개수공사' 이후 지금은 고기가 사는 강으로 바뀐 것이 성준에게는 모두 '김일성 장군'의 덕인 것이다.

제6장에서는 1958년 4월 들어 더욱 활기를 띠고 본격화되는 수도 건설을 묘사하는 것으로부터 시작된다. "피로 지킨 우리 평양 땅으로 건설하자!"[24]라는 구호 아래 대학생들과 고등 전문학생들, 청년 군인들 등이 총동원되어 건설 사업에 나서면서, 온 평양과 온 수도가 완전히 하나의 대

건설장이 된 것이다. 그러나 상철이네 건설소는 신형의 조립식 주택 설계가 익숙지 않아서 두 달 동안 계획량을 달성하지 못한다. 그러던 중 '다공판층막 부재'가 떨어져 내리고 벽체가 넘어지는 심각한 사고가 발생하자, 지배인은 설계의 잘못임을 지적하며 조립식 주택 건설 작업을 중지시킨다. 사고 현장에 도착한 문화린은 아무리 검증된 설계라 해도 '부주의나 무책임성, 의식적인 파괴 암해 행위' 등에 의해 사고가 발생할 수도 있음을 직감한다.

김일성은 설계나 시공의 문제가 아니라 '반혁명 분자들과 반동 분자들의 작간'이 건설을 방해하고 있음을 지적한다. "당에 충성으로 바친 설계가 잘못됐을수 없"으며, "소극 분자들, 보수주의자들, 신비주의자들, 보신주의자들의 잡소리를 들어선 안 되"고, "건설은 심각한 계급 투쟁이며 심각한 사상 투쟁"이기에 "온갖 원쑤들과 방해자들의 저항을 짓부시고 전쟁에서 이긴 것처럼 건설 전선에서도 승리자가 되여야"[25] 함을 강조한다. 결국 김일성은 다른 사람들보다 빠른 시간 안에 혁명과 건설을 진척시키는 '평양 시간'을 강조함으로써 사회주의 혁명과 건설에서의 '천리마 정신'과 '속도 제일주의'를 강조하게 된다. 이러한 김일성의 역설에 감화된 청년 조립조원들은 충성의 결의를 이어가며 사회주의 조국의 미래를 위해 '천리마'를 타고 2만 세대 건설의 돌파구를 마련할 것을 다짐하게 된다.

제7장에서는 청년 조립조원들이 1958년 5·1절 직전에 첫 조립식 아파트를 마감한 내용과 1958년의 의미를 정리하는 내용이 담겨 있다. 1958년 봄과 여름에 청년대행군이 시작되어 청년 건설자들과 청년 개발자들이 다양한 곳으로 일하러 떠나게 되는 것으로 기록된다. 「끝맺을 수 없는 이야기」에서는 1958년의 일이 최종적으로 정리된다. 그리하여

24 최학수, 앞의 책, 264쪽.
25 같은 책, 324-325쪽.

1958년 12월 15일 '2만 세대 주택 건설'이 2만 839세대로 완공되어 10만 이상의 수도 시민들이 현대적 주택에 들어가 살게 되고, 반토굴집들은 완전히 사라졌음을 기록한다. 이 작품의 말미는 눈을 맞으며 상철과 오월이 만나 새해가 오기 전에 서로의 마음에 대해 확인하면서 더 바쁘게 새로운 시대를 살아가야 함을 다짐하는 것으로 종결된다.

4. '수령의 영도'와 연애담의 조화 혹은 부조화 – 『평양시간』론

『평양시간』은 제대 군인 리상철의 귀향으로부터 출발해 '2만 세대의 조립식 주택 건설'이 완공된 후 상철과 오월의 만남을 끝으로 마무리되는 전체 얼개에서 확인할 수 있듯, 상철과 오월의 연애 관계가 작품을 끝까지 읽어나가게 만드는 서사적 추동력이 된다. 따라서 작품의 '종자'에 해당하는 '수령-당-인민'의 삼위일체적 '평양시간'의 논리 이면에서는 이 소설이 제대 군인의 연애 이야기로 읽힐 수도 있다.

제1장에서 제대 인사차 누이를 찾아간 상철은 '매부'인 도시계획설계실장 '문화린'이 서구 부르주아의 낡은 유미주의적 건축 사상과 자기 만족에 빠져서 수령님의 교시를 위반했다는 자책감에 시달리고 있음을 알게 된다. 문화린은 한때 당의 조립식 건설 방침에 대해 우유부단한 태도를 보였고, 사대주의와 민족허무주의의 영향으로 당의 의도대로 일하지 못했으며, 고학 시절의 동창생이었던 관료주의자이자 보신주의자인 건설사업소 지배인 림도식의 모함과 음해로 인해 정신적 번민 속에서 지내고 있었던 것이다.

수령과 당에 대한 죄의식 속에 문화린이 느끼는 자책감과 아내 이상금에게 전이되는 죄의식의 강도는 수령이 이미 내면 깊숙이 신앙화된 존재임을 보여 준다.

수령님께서는 당의 결정을 집행하지 않는 자들, 조립식 건설을 신비화하는 자들, 낡은 것을 고집하는 보수주의자들을 쓸어버릴 것을 호소하시면서 그런 자들은 스스로 물러서라고 경고하시였다.

문화린은 펄쩍 정신이 들었다. 자기야말로 쓰레기통 안에 쓸어넣어야 할 사람이 아니겠는가? 어쩌면 당 앞에 엄중한 과오를 범하는 줄을 모르고 지내왔던 것인가? …… 조립식 건물이 지나치게 모양이 단순하고 변화가 다양치 못하여 미적 가치가 적다고 생각되였다. 어찌하면 보다 예술적 가치가 있는 건축 설계를 창작함으로써 그 설계에 의한 건축물이 건축가 문화린이라는 존재의 가치를 보다 높여 주고 후세의 건축가들 속에서도 명망이 높게 하겠는가 하는 남모르는 건축가적 야심을 그 뒤만 못잖게 지닌 그에게는 그 낡은 건축 미학관이 거의 절대적인 영향력을 행사했다. …… 유미주의적, 형식주의적 낡은 건축 미학관보다 몇 갑절 더 무섭고 파멸적인 공명주의의 독소에 중독되여 어느덧 당의 건설 정책도, 현실의 절박한 요구도, 혁명의 리익도 배신한 허잡쓰레기로 돼버렸다는 죄악감 때문이였다. …… 분에 넘치는 믿음과 사랑과 배려를 거듭거듭 받아온 내가…… 여느 사람들과도 다른 내가 그이의 뜻을 어기구 딴 짓을 했다는걸 아신다면 얼마나 가슴 아파하시겠소? 이런 배은망덕이 어디 있겠소? 이 죄된 문화린이처럼 그이를 모신다면 도대체 누굴 믿고 그이께서 건설 혁명을 해나가시며 사회주의를 건설해 나가시겠소? 더러운 명예심 때문에 난 어버이 수령님 앞에 죄를 지었소. 그이의 심려를 덜어드릴 대신 심려를 끼쳐드렸으니……" ……

"당신은 자기 비판을 했어요?"

"했소. 벌써 몇 차례나. 그렇지만 괴롬은 덜리지 않소."

"그렇더라도 자기의 잘못을 남김없이 털어놓구 검토하세요. 그래도

괴롬은 당해야 해요. 당신이 죄진 이상 당신도, 그리구 저도 마음의 고통을 당해야 해요. 모질게 당할수록 다시는 죄를 짓지 않으려는 결심도 굳을 거예요. 어쩌면 당신은…… 그렇게 크나큰 믿음과 배려를 받으시구두…… 그러셨어요?!"

상금은 그만 흐느끼며 울었다.[26]

문화린은 해방 이후 '보통강 개수 공사 설계, 평양시 복구 건설 설계' 등의 각종 설계 사업과 국제건축가회의 참석 등 수령과 당의 배려와 신임을 두터이 받아 왔다. 그러나 그는 인용문에서 보이듯 낡은 유미주의적 건축 미학관에 젖어 당의 방침을 기부하는 '죄악'을 저지르게 된다.

인용문의 이야기 흐름을 검토하자면 '수령의 보수주의자들에 대한 경고 → 당 앞에 엄중한 과오 반성 → 부르주아적 건축가의 야심 반성 → 공명주의에 대한 자괴감 → 죄악감 → 배은망덕한 존재로서의 죄의식 → 수 차례에 걸친 자기 비판 → 내면의 괴로움 지속' 등이 문화린의 내면에서 일어난 감정의 표정들이다. 즉 낡은 부르주아적 미학관과 개인주의적 공명심을 고집한 나머지, 그 동안 보살펴 준 수령의 사랑과 믿음과 배려를 저버린 채 배신자처럼 당의 건설 방침과 혁명의 기대를 외면해 왔음을 깊이 반성하고 있는 것이다. 인용문 끝부분에서 아내 이상금의 이야기는 '잘못을 모조리 털어놓고 검토할 것 → 괴로움을 당해야 함 → 당신의 죄는 내 마음의 고통 → 모질게 당해야 죄를 짓지 않을 결심 → 남편에 대한 원망 → 울음'으로 이어진다. 아내로서 남편을 위무하는 것이 아니라, 남편의 잘못을 '죄'로 추인하는 상금의 모습은 수령의 교시에 대한 무조건적 수용과 헌신적 실천이 모든 개인과 사회적 윤리에 앞서는 절대 명제임을 보여 준다.

26 최학수, 앞의 책, 53–55쪽.

상철은 건설장에 출근해 벽돌 운반 일을 맡게 되지만 단순 노동에 싫증을 느끼게 되고, 일과가 끝난 후에 옛 친구의 여동생이자 벽돌공 처녀인 안오월로부터 벽돌공 일을 배우게 되면서, 점차 벽돌공 일이 익숙해진다. 하지만 전날 밤 공사장 건물에서 처녀 총각끼리 불이 번지는 것도 모른 채 달콤한 이야기를 나누는 것을 목격한 지배인이 화재 사고를 가까스로 예방했다는 말을 곧이들은 작업반장은 상철 등에게 조회 시간에 호통을 친다.

① "처녀 총각끼리 머사니하는 건 반대 안 해. 젊은 사람들끼리 련애두 해야지. 그렇지만 이게 정신들 있는 짓이요? 뭘 배웁네 하구 낮두 익히기 전에 처녀 꼬리나 붙잡구 으슥한데 숨어서 이게 무슨 망신스런 짓이요? 내 더 긴 말을 않겠소. 시키는 일을 똑똑히 할 궁리를 못할망정 좀 망신스럽구 위태하기 짝 없는 이따위 수작질을 싹 걷어치워 달라는거요."[27]

② "반장 동지나 지배인 동진…… 청년 남녀가 한자리에만 있으면 그렇게밖에 보이지 않아요? 성실하게 사람 볼 줄은 모르는가요? 이건 정말…… 너무 심해요."

마지막 말을 울음과 함께 삼켜버린 오월은 휙 돌아서더니 출입문 쪽으로 달려나갔다.[28]

③ (어째서 그 인간에게는 다른 사람의 성실성이 보이지 않았던 것인가?)

상철은 자기가 성실하게 자기 사업을 대했다고 굳게 믿고 있었다. 오월이 또한 성실하고 티없이 깨끗한 마음으로 자기에게 일을 배워 주려

27 최학수, 앞의 책, 93-94쪽.
28 같은 책, 94쪽.

했고 배워 주었다는 것을 알고 있었다.

만일 지배인이라는 사람이 밤늦도록 건설장에 청년 남녀가 남아 있은 리유를 련애 이외에 다른 것이 없으리라고만 생각했다면 이것은 사업을 위해서나 사람을 위해서 얼마나 쓸쓸한 일인가? 성실치 못한 사람만이 다른 사람의 성실성도 믿지 않는다.

귀중한 어릴 적 벗이였고 지난 전쟁에서 희생당한 용사였던 한 사람을 두고 그 누이동생되는 처녀와 같이 마주앉아 전사한 사람을 추억하는 자리가 어찌하여 림도식에게는 사랑을 속삭이는, 그것도 며칠 사이에 싹터 버리는 눅거리 사랑을 주고받는 자리로밖에 보이지 않았던 것인가?[29]

④ 그 때 림도식은 그를 나무라면서 부디 자네가 레벨이 맞지 않는 여자를 골라잡을건 뭔가, 그것이 일시적인 련애란다면 몰라도 영원한 반려자로서야 보다 지성이 높고 고상한 인테리 녀성이 마땅할게 아니냐고 했었다. 이에 대하여 문화린은, 자기는 고른 것이 아니라 마음이 이끌렸었다고, 그리고 또 자기는 련애 대상과 결혼 대상을 갈라놓고 생각한 적은 한번도 없었다고 대꾸했다.

화린은 도식이가 로동 녀성들을, 구체적으로는 상금이를 모욕하고 있다고 느꼈으나 그 말만은 하지 않았다. 왜냐하면 도식이처럼 생각할 사람이 적지 않으리라는 것을 알고 있었기 때문이였다.

해방된 지 한두 해밖에 되지 않은 당시에는 인테리 청년이 로동 녀성을 사랑하고 결혼까지 하려 한다는 사실이 여전히 비정상적인 것으로 간주되였었다.[30]

인용문 ①은 작업반장의 호통 내용이고, ②는 그에 반응하여 분을 참

29 최학수, 앞의 책, 95쪽.
30 같은 책, 103쪽.

지 못하고 뛰쳐나간 오월의 대답이며, ③은 그에 반응하는 상철의 독백이다. 이 세 사람의 대화는 하나의 사건에 대한 세 가지 혹은 두 가지 시선을 보여 줌으로써 북한에서의 연애를 바라보는 시각을 보여 준다는 점에서 남한 독자들에게 흥미로운 대목으로 여겨진다. 즉 첫째로 작업반장의 호통은 구세대의 관료주의적 감각을 보여 준다. 그리하여 시키는 일이나 제대로 하고 난 뒤에 서로 오랜 시간 낮이나 익히고 대낮에 해도 될 연애질을 왜 그렇게 밤에 남몰래 하다가 망신살을 얻게 되었느냐고 추궁하는 것이다. 둘째로 오월은 구세대의 관료들이 청년 남녀의 진실한 대화를 심하게 오해하고 있는 현실에 자신의 울분을 토한다. 셋째로 상철은 말을 옮긴 지배인의 불성실한 태도와 관점에 대해 논리적으로 거부감을 표시한다. 그리하여 오월과 함께한 자리가 종한(오월의 오빠)에 대한 추모의 자리였지 '눅거리 사랑'의 자리가 아니었음을 개인적으로 항변한다.

그리고 이어진 인용문 ④는 '보통강 개수 공사장'에서 문화린이 이상금을 만나 결혼하게 되었을 때 '림도식'이 했던 이야기를 문화린이 회상하는 내용인데, 인텔리 청년과 노동 여성의 결합이 해방 직후에는 비정상적이었음을 보여 준다. 이것은 지식인 남성과 여성 노동자에 대한 인식이 계층적 차이가 아니라 계급적 차별로 당대에 유포되어 있었음을 보여 줌과 동시에 '림도식'이 지닌 '연애와 결혼의 분리'라는 자유 연애적 관점과 문화린의 연애와 결혼을 통합하려는 낭만적 윤리관을 통해 당시의 지식인들의 이중화된 욕망을 보여 준다.

죄의식과 자책감에 젖어 살던 문화린은 설계 일꾼들을 면담한 자리에서 김일성이 당의 품 속에서 자라고 성장한 설계 일꾼들에 대한 믿음과 애정, 관심을 보이자, 새로운 삶을 얻었다며 감격해 한다. 특히 직접 대면하여 김일성의 교시를 들은 문화린이 오늘 다시 태어난 것 같다며 상금에게 그 뜻을 전하는 모습은 이들이 수령을 전율적 희열의 우상으로 떠받들고 있음을 보여 준다.

> 상금은 남편의 손이 자기의 볼을 더듬고 이마를 더듬으며 머리수건 밖으로 삐여져 나온 머리칼을 쓸어 올려 주는 것을 감촉하였다. 그 손은 상금의 눈가에 잡힌 잔주름살들을 펴주련 듯 살틀히 쓰다듬었다. 비록 그 손은 차거웠지만 그들이 서로 가장 열렬히 사랑하던 청춘 시절에조차 상금이에게 베푼 적 없는 정겹고 따뜻한 애무를 주고 있었다. …… "그이께서는 우리를 믿는다고 그러셨소!"
>
> 북받쳐 오르는 감격을 걷잡을 수 없어 상금은 남편의 가슴에 얼굴을 묻으며 흐느끼기 시작하였다. 감격의 진 파도가 그의 어깨와 잔등에 물결쳤다. 그는 남편의 옷자락을 뜨거운 눈물로 적시며 남편의 가슴에서 툭툭 뛰는 힘차고 격동적인 심장의 고동소리를 들었다. …… "삶이란 무엇인지 나는 오늘 처음 깨달았소. 나는 오늘 다시 태여난 것 같소. 우리가 어버이 수령님의 은혜에 보답 못한다면…… 그것이 무슨 삶이겠소? 상금이, 우리 해와 달이 다하도록 그이를 모시고 그이를 위해 일생을 바치자구." ……
>
> 이 밤은 상금이에게 있어서 이전에도 그 후에도 두 번 다시 없을 가장 행복한 밤이였다. 이 밤처럼 삶의 환희를 느끼고 이 밤처럼 희열에 넘치는 남편을 본 적이 그 언제 있었으랴![31]

수령과 당에 큰 죄를 지었다며 심하게 울어대던 상금이 믿음을 회복했다는 문화린의 모습을 보면서 감격의 눈물을 흘린다. 더구나 그러한 소식을 가져온 남편의 손길에서 '정겹고 따뜻한 애무'를 느끼며, 나아가서는 수령을 위해 일생을 바치자는 결심 속에 난생 처음 느껴본 밤의 환희

31 최학수, 앞의 책, 126-128쪽.

와 희열 속에 젖어든다. 이것은 이들에게 이미 수령이 신처럼 떠받들려 내면의 우상으로 받아들여짐으로써 정신적 오르가즘을 느끼는 대상이 되었음을 보여 준다.

김일성의 교시를 들은 상철은 제대 군인에 대한 '수령'의 심려와 관심을 깨닫고, 건설장에서 혁신을 가져올 각오를 새로이 다진다. 더구나 상철은 1946년 봄날 친구 종한(오월의 오빠, 한국전쟁 시기 사망)과 함께 김일성을 만났던 기억을 떠올리며, '수도 건설자'가 되고 싶어하던 종한이의 '숭고한 이념과 현실적 지향'을 이어갈 것을 다짐한다.

한편 문화린은 "건설에서 우리의 최대의 목적은 적은 건설 자금을 가지고 값싸고 쓸모있고 아담하고 아름답고 튼튼한 집을 많이 건설하자는 데 있다"[32]는 김일성의 교시를 반복해서 연구하면서, '설계의 표준화, 부재(자재)의 규격화, 시공의 조립화'를 통해 주택 건설에서의 허식과 낭비를 줄이려고 노력한다. 특히 이 부분에서 북한 사회의 건축 미학적 기준이 드러난다는 점은 눈여겨 볼 만한 대목이다.

> 그이께서는 허식적인 미를 위하여 설계에서 방대한 자금 랑비를 하게 만드는 사실을 지적하시면서 우리에게는 허식이 필요없다, 우리의 건설에서는 허식적인 미가 요구되는 것이 아니라 질과 량이 요구된다고 찍어 말씀하시였다. …… 필요 이상의 허식이 멋이 될 수도 없다. 더욱이 도시의 건축미가 어느 개별적 건축 구조물에 의해서가 아니라 여러 건축물들의 조화에 의하여 이루어진다는 것을 고려할 때 개별적 건축물에서의 허식을 장려한다는 것은 얼마나 무의미하고 어리석은 짓인가? …… 겉보기에는 소박하고 수수할지 모르나 살기 편리하고 실속 있고 보기 좋은 현대적 주택을 하루빨리 모든 사람이 쓰고 살기를 지향하는 것이 사회주의

32 최학수, 앞의 책, 156쪽.

적 인민설계가의 립장일 것이며, 허식적인 미가 아니라 참다운 미를 추구하는 것이 인민적인 건축가의 올바른 건축 미학관일 것이다.[33]

인용문의 논리는 허식미가 자금의 낭비를 초래하므로 수도의 건설에서는 허식이 필요한 것이 아니라 질과 양이 우선시된다는 논리다. 특히 개별적 아름다움을 내포한 건축물보다는 전체적인 조화로 표현되는 아름다움이 우선시된다. 그리하여 '하나는 전체를 위하여, 전체는 하나를 위하여'라는 구호에서처럼 전일적으로 형성된 주체사실주의 미학은 매스 게임처럼 집단적 조화를 강조하게 된다. 특히 사회주의의 '인민적 건축가'는 편리성과 함께 신속성을 통해 '참다운 미'를 추구해야 한다는 판단은 '미'의 심미적 기능에 초점을 맞춘 것이 아니라 건축의 사용 가치를 극대화하여 경제성과 효율성만을 강조한다는 점에서 문제가 있다고 할 수 있다.

문화린은 김일성이 현지 교시에서 "다층 주택의 천장 높이를 2메터 40센치 정도로 하는 것이 적당할 것 같다"[34]고 말한 내용을 들으면서, 그것이 "가장 경제성 있는 새 형의 조립식 주택설계에서 확고한 지침으로 삼아야 할 층고 설정"이자 "참으로 대담하고 혁신적인 층고 설정"이라고 판단한다. 그러한 판단에는 지금까지 건축설계가들이 주택 설계를 할 때에는 거의 예외없이 적어도 3m를 최소의 천정 높이로 설정해 왔던 경험이 내재되어 있다. 일제 때 목수였던 장인을 찾아 자문을 구하러 온 매부 앞에서 상철은 김일성의 교시를 듣고 "쉽게 구울 수 있고 다루기에도 가볍고 같은 량의 진흙을 가지고 더 많은 벽돌을 만들 수 있을 뿐 아니라 외기의 열전도도를 낮추므로 여러 모로 좋을 것 같더라"[35]고 이야기하면

33 최학수, 앞의 책, 157쪽.
34 같은 책, 162쪽.
35 같은 책, 163–164쪽.

서 '구멍 난 벽돌'을 개발하고 있음을 이야기한다.

상철의 건설장에 처녀 기중기 운전공으로 오월이 다시 오게 되어 상철과 오월은 재회하게 된다. 그러면서 상철은 자신이 오월에 대한 연정을 품고 있었음을 확인하게 된다. 오월이의 모습이 나타나면 "알 수 없는 희열이 온몸을 휩싸아 자기 몸을 금시 가볍게 만드는 것 같"고, "마음 속으로부터 솟아나오는 그 어떤 기쁨이 얼굴을 홧홧하게 달구면서 자꾸만 웃음을 내비치려 하였"으며, 상철이 "비로소 스스로 의식하지 못한 사이에 자기가 오월이를 몹시 기다려 왔었다는 것을, 그가 자기들 곁에서 다시 일하게 되였으면……하고 은근히 바라왔다는 것을, 그가 건설장에 없는 동안 자기의 마음 한구석이 늘 허전했었다는 것을 깨달았"[36]기 때문이다. 이렇듯 오월이가 오면서 드디어 첫 기중기가 세워지고 오월이 '민청호' 깃발을 매달면서 건설장도 활기를 찾는다.

상철이네 건설사업소 당위원장으로 발령받은 탁준범은 '건설자'가 "시대의 기념비를 세우는 보람찬 일을 하는 사람들"이며 이 시대가 "위대한 수령님의 영광찬란한 시대, 김일성 시대를 대대손손 전하게 될 만년대계의 기념비들을 세우는 보람차고 위대한 시대"[37]라고 말하면서, 제대 군인 청년들을 중심으로 청년조립조 같은 걸 조직해서 조립식 건설에 앞장서 볼 것을 제안한다. 그리하여 상철을 중심으로 휴일임에도 불구하고 '청년조립조'가 조직되고 그들은 그 날 바로 동평양 조립식 건설장으로 견학을 간다.

한편 문화린의 설계는 "내용과 형식에서 기존 관념과 상식을 깨뜨리고 대담하게 처리한 데다가 경제성과 미적 가치를 가능한대로 최대한 도모한 점"[38]에서 완전히 독창적이라는 평판을 받지만, 몇몇의 구조전문

36 최학수, 앞의 책, 165-166쪽.
37 같은 책, 179쪽.
38 같은 책, 187쪽.

가들로부터 '벽체의 두께가 얇은 점, 다공판 층막, 건물의 폭이 좁은 점, 함지식 블록을 만들어 써야 한다는 점, 복도를 바깥에 내놓은 점, 층고와 방배치' 등에서 여러 의혹과 불만과 비난을 받게 된다. 그런 가운데 시건설위원장인 최태훈의 관심 속에 시험 건설 단위로 '림도식'의 기업소가 선정된다. 그러나 시공 중에 잘못되면 설계가와 더불어 법적 책임을 지게 될 것을 두려워한 '림도식'은 처음에는 거부하다가 마지못해 승인하게 되고, 당위원장인 탁준범은 청년조립조를 주동으로 제2종합작업반에 시공을 맡긴다. 새로운 설계를 위해 기초 구덩이를 파던 청년조립조는 1톤짜리 불발 폭탄을 발견하고 폭탄처리반에 연락하지만, 시공 기일이 늦어지는 것을 염려한 상철 등이 위험을 무릅쓴 채 폭탄을 끌어내고 오월이 기중기로 폭탄을 운반해 제거하게 된다. 그리고 폭탄을 파낸 자리에 '첫 조립식 기초 밑판 블록'이 자리를 잡으면서 청년조립조의 조립 작업이 시작된다. 이러한 작업 속에서 상철은 오월에 대한 연정에 덧붙여 동지적 연대감을 느끼게 된다. 그것은 결국 혁명적 동지애와 다른 것이 아니다.

> 오월은 대피선 바깥의 어느 모퉁이에 숨어서 여태 가슴 조이며 그들을 지켜보고 있다가 가장 필요한 순간에 나타났던 것이다.
>
> 기특한 처녀, 사랑스러운 처녀, 용감한 처녀였다. 고마운 처녀였다. 그야말로 자기들의 심정을 알아 주고 뜻과 마음을 함께 나눠 주는 처녀였다. 저 처녀와 함께라면 생사를 판가리하는 그 어떤 격전장에서도 마음이 든든하고 힘이 솟을 것 같았다.
>
> 상철은 재빨리 사닥다리를 밟아올라가는 오월이를 쳐다보면서 기중기가 폭탄을 들어올려 주기를 비랐던 것과는 달리 오히려 그를 내려달라고 소리치고 싶은 생각이 불같이 일었다. 저렇게 스스로 위험을 찾아오르는 처녀를 오히려 아끼고 싶었다. …… 저녁 하늘가에 비낀 붉은 노을의 빛

발을 받은 오월은 비록 그 얼굴의 생김새가 뚜렷하게 보이진 않았으나 상철이에게는 그 어느 때보다도 아름답고 황홀하게 보였다.[39]

인용문은 오월에 대한 동지적 고마움과 연정의 대상에 대한 개인적 애정이 동시에 묻어난다. 사적 욕망과 공적 애정이 오월의 모습에서 드러나기에 상철은 "아름답고 황홀한" 감정에 젖어들 수 있는 것이다.

상철의 시공 건설장에서는 다공판이 벽체의 하중을 견디지 못해 벽체가 넘어질 뻔한 사건이 발생하지만 부재 제작에서의 오산임이 판명되고, 문화린의 설계대로 짓는다면 7천 세대의 자금과 자재로 1만 3,4천 세대의 살림집을 지을 수 있다면서 탁준범은 청년조립조원들을 독려한다. 김일성은 문화린과 최태훈에게 보통강변 일대를 세계적 대유원지로 만들자면서 유원지 건설 방향에 대해 구체적으로 이야기하고 평양을 찬란한 낙원으로 공원도시화하려는 교시를 내린다. 그러한 교시를 들으면서 문화린은 "자애로운 어버이!"의 "다함없는 사랑!"[40]에 깊이 매료되고 감동 · 감화를 받는다. 그러면서 문화린은 1946년 연인원 700만 명이 최소 7년 정도 걸려야 달성할 '보통강 개수 공사'가 인민의 힘을 믿고 두세 달 안에 마치자고 했던 김일성에 의해 성공적으로 끝났던 일을 떠올린다. 문화린으로부터 보통강을 세계적인 대유원지로 만드는 것에 대한 수령의 교시를 자세히 전해 들은 상철은 감동에 젖어 자신의 임무를 완수할 것을 다짐한다. 수령이 결정하고 당이 결심하면 인민이 능동적으로 따라오기 때문에 북한 사회에서 불가능은 없는 것이다.

상철은 오월을 향한 자신의 마음이 깊은 연애 감정으로 변화하고 있음을 깨닫는다.

39 최학수, 앞의 책, 207쪽.
40 같은 책, 243쪽.

① 모란봉의 벚나무, 살구나무들에 어느새 움이 트고 꽃망울이 지고 꽃이 피였는지 여겨보지 않아 모르고 지나오다가 활짝 핀 꽃구름을 보고 놀라듯이 상철은 자기가 가는 곳마다 눈앞에 피여나군 하는 많기도 한 오월이의 얼굴을 보게 된 이즈음에야 그렇게 된 줄 알고 놀란 것이다.

이즈음에는 매일같이 보는 오월이를 어쩌다 하루만 보지 못해도 몹시 보고 싶어지고 아침에 보았던 날에도 보지 못했던듯 싶어 슬그머니 찾아 보게 되는 상철이였다. 그러다가 그의 모습을 보거나 그의 맑은 목소리, 그의 발자국 소리를 듣게 되면 까닭 모를 불안은 사라지고 마음이 편안해질 뿐만 아니라 공연히 즐거워지고 기분이 좋아지는 것이였다. 그런 때에는 그 누구에 대해서나, 지어 그가 좋아하지 않는 림도식에 대하여서도 너그러워지고 웃어 주고 싶어지는 상철이였다. …… 강철덩이처럼 강하다고 스스로 믿어 마지 않은 자기가 어찌된 셈인지, 꽃잎처럼 연하고 부드럽고 나긋나긋한 처녀 앞에서는 맥을 못춘다는 것을 발견하였을 때마다 상철은 자기 자신에게 화가 나서 마음과 달리 랭정하고 투박스럽고 매정스럽게 오월이를 대하려고 애썼으며 그를 꼭 만나야 할 때에도 일부러 피하려고 애썼다. 만나야 할 일도 그는 다른 사람에게 시키군 하였다. 가련해진 상철이였다.[41]

② 상철이를 만나기 이전에는 그 어떤 사람에 대해서도 련정이라는 것을 품어보지 못하였던 이 순결한 처녀, 처음으로 자기도 아직 그 이름을 모르는 사랑의 감정을 체험하고 있는 티없이 깨끗한 오월은 상철이의 외면상 변화를 곧이곧대로 받아들이고 순진하게 해석하였다. …… 그 여자는 통째로 련정의 마술 같은 힘과 오묘한 둔갑술을 알지 못했다. 그러면서도 그 자신은 또한 자기 내부에서 움트고 있는 사랑의 오묘한 둔갑술

41 최학수, 앞의 책, 258-259쪽.

에 의해 본의 아니게 거짓말쟁이로도 교활한 사람으로도 되는 것을 어쩌지 못하였다.[42]

인용문 ①은 상철이 어느덧 오월이 뿜어내는 향기에 매료되어 즐거운 감정을 느끼는 모습과 서투른 감정 표현으로 인해 오히려 서먹해지는 관계에 대한 안타까운 마음을 묘사한 부분이고, 인용문 ②는 깊은 사랑의 감정에 빠진 오월이 순결한 사람에게 거짓을 꾸며내게 만드는 등의 '사랑의 오묘한 둔갑술'을 감당하지 못하고 있음을 묘사한 부분이다. 이렇게 서로가 서로를 느끼면서도 '주택 건설'이라는 대의명분으로 인해 둘은 서로에게 솔직한 감정을 드러내지 못한다. 결국 두 사람은 서로를 향한 사랑의 감정을 내면에 가두어 놓은 채 잠시라도 함께 있을 때면 오히려 지나가는 사람들의 이목을 두려워하는 숙맥들로 형상화된다.

상철이네 건설소는 신형의 조립식 주택 설계가 익숙지 않아서 두 달 동안 계획량을 달성하지 못한다. 그리하여 작업반장과 지배인은 '유리문 달기(비싼 자재를 미리 써서 계획량을 맞추려는 방법)'를 통해 '자재와 노력과 시간'을 낭비하는 대신 월간 계획량을 채우고자 한다. 하지만 상철은 그것이 국가의 자금을 횡령하여 자기들의 주머니에만 채우려는 허울 좋은 술책이라며 반발한다. 결국 사후적 낭비를 초래하는 '문 달기'는 당위원장 탁준범으로부터 지배인이 동지적인 충고와 비판(주인답지 못한 태도와 요령주의적인 사업 방법)을 받고나서야 중지된다. 그러던 중 '다공판 층막 부재'가 떨어져 내리고 벽체가 넘어지는 심각한 사고가 발생하자, 지배인은 설계의 잘못임을 지적하며 조립식 주택 건설 작업을 중지시킨다.

사고 현장에 도착한 문화린은 아무리 검증된 설계라 해도 '부주의나

42 최학수, 앞의 책, 260쪽.

무책임성, 의식적인 파괴 암해 행위' 등에 의해 사고가 발생할 수도 있음을 직감한다. 하지만 문화린은 지난 달 중순의 '2만 세대 건설 예비 탐구'에 의해 7천 세대의 자금과 자재로 2만 세대를 짓기 위한 수도 건설의 대전략이 새로 작성되었음을 상기하면서, '최대의 경제성과 시공의 신속성' 등을 중시해서 만든 자신의 주택 설계가 '당의 지향과 현실의 요구에 부합된다'는 확신을 갖는다. 물론 그러한 확신의 저변에는 "동무같이 유능한 설계사가 당에 이바지하자는 일념으루 따져보고 또 따져보고 만든 설계겠는데 그 설계가 잘못될 리 없소!"[43]라고 강변하는 김일성의 신뢰가 있기에 가능하며, 그러한 김일성의 담화는 곧이어 문화린이 "가장 고귀한 사랑, 가장 숭고한 믿음, 가상 넓은 품 을 이름지을 수 있는 말"이 '어버이 수령님!'밖에 없다고 추앙하는 것에서 신앙처럼 내면화된다.

김일성은 설계나 시공의 문제가 아니라 '반혁명 분자들과 반동 분자들의 작간'이 건설을 방해하고 있음을 지적한다. 김일성의 '명석한 규명'은 상철 등의 건설 노동자들을 짓누르던 머리를 가볍게 해 주고 흐리멍텅하게 가로막혀 있던 눈앞을 밝아지게 해 주는 역할을 한다. 계속해서 김일성은 "당에 충성으로 바친 설계가 잘못됐을 수 없"다며, "비겁한 보수주의자들"과 "소극 분자들, 보수주의자들, 신비주의자들, 보신주의자들의 잡소리를 들어선 안 되"고, "건설은 심각한 계급 투쟁이며 심각한 사상 투쟁"이기에 건설 혁명이 "사상 분야에서의 계급 투쟁, 다시 말해서 사상 혁명을 앞세워야 승리적으로 진행될 수 있"[44]을 것임을 강조한다. 그리하여 "온갖 원쑤들과 방해자들의 저항을 짓부시고 전쟁에서 이긴 것처럼 건설 전선에서도 승리자가 되여야"[45] 함을 강조한다. 김일성에게 사회주의 혁명과 건설의 과정에서 모든 것은 전투이자 전쟁의

43 최학수, 앞의 책, 315쪽.
44 같은 책, 324쪽.
45 같은 책, 325쪽.

일환으로 비유될 수밖에 없는 절체절명의 중요한 순간들인 것이다.

"우리는 남의 기준을 가지고 일할 수 없소. 남들이 열 시간 하는 일을 우리는 한 시간, 반 시간에 해야 하오. 다른 나라 시간을 가지고 우리의 시간을 계산해서는 안 되오. 우리는 우리의 시간, 평양 시간으로 살고 평양 시간에 준해서 계산해야 하오!" ……

"건설 부문에서 혁명이 일어나자면 무엇보다 먼저 평양 건설에서 혁명이 일어나야 하구 온 나라 건설자들이 대고조를 일으키자면 먼저 수도 건설자들이 천리마를 타야 하오. 그래서 나는 동무들에게 우리에게 맞는 속도를 창조할 것을 호소하고 싶소. 전설에 우리 나라의 말은 날개가 달려 하루에 천 리씩 날아갔다고 하는데 동무들이 그런 말을 타고 기적적인 속도를 창조해 보오." ……

"2만 세대를 지어놓고 동무들과 다시 만납시다!"[46]

인용문에서 김일성의 담화는 다른 사람들보다 빠른 시간 안에 혁명과 건설을 진척시키는 '평양 시간'을 강조한다. 그리하여 사회주의 혁명과 건설에서의 '천리마 정신'과 '속도 제일주의'를 강조하게 된다. 이러한 김일성의 역설에 감화된 청년조립조원들은 "수령님을 위하여 복무함!"[47] 이라는 구호를 힘차게 외치고 너나 할 것 없이 충성의 결의를 이어가며 사회주의 조국의 미래를 위해 '천리마'를 타고 2만 세대 건설의 돌파구를 마련할 것을 다짐하게 된다.

새로운 주택의 조립 속도를 높일 궁리로 가득한 상철은 아버지의 착상과 자기의 구상을 합쳐 매우 간편하고 능률적인 걸대를 만들어 내어 속도를 높여 내고, 청년조립조원들은 쉬는 날까지도 일터에 나와 적극적으

46 최학수, 앞의 책, 328-330쪽.
47 같은 책, 330쪽.

로 일을 한다. 일에 매진하는 가운데에도 상철과 오월은 서로의 거리를 유지하면서 더욱 가까이 다가서지는 못한다. 오월은 상철의 아버지가 쑥보자기를 수진에게 맡기자 자신이 수진이와 처지를 바꾸어 "그 고수머리에게 쑥붙임을 해 줄 수 있다면……!"[48]이라며 연민 어린 내적 갈망을 독백해 볼 뿐이다. 급기야 당위원장인 탁준범이 상철에게 오월과의 연애 관계에 대해 조언을 해 준다.

> 상철이가 그렇게 하고 있는건 사업을 방해하구 장비공과 기중기공, 기중기공과 조립공들의 호흡을 일치시키는 데 지장을 줘. 집단이 천리마를 타는 데 방해거리로 된다는거야. 상철이가 지기의 사랑을 숨김없이 내놓고 진정하고 열렬하게 그 처녀를 사랑해 주는 것이 혁명에 리롭구 조립속도를 더 빠르게 해 주네. 혁명하는 사람이 비혁명적인 인간 속물들처럼 쓸데없는 잡생각에 억제돼서 소시민들처럼 그렇게 하는건 안 될 일이야."
>
> "제가 그렇게 미물같이 굴었단 말입니까?"
>
> "그래 미물이지! 사랑하면 열렬하게 온 심장을 다해서 사랑하구 사랑하는 사람과 같이 손잡구 혁명에 전심해야지 그렇지 못하는거야 미물 아니구 뭔가. 훼방군이지.[49]

탁준범의 이야기는 혁명과 사랑을 함께 달성하라는 말이지만, 뒤집어 읽어보면 동요하는 내면의 감정적 떨림이 천리마의 비상과 조립 속도의 가속화를 가로막는 방해물에 불과할 수도 있음을 지적한 것이다. 결국 대의명분 속에 자신의 욕망을 녹아들게 하거나 개인의 사적 욕망을 제거하는 것이 혁명적 동지애의 표상인 것이다. 사랑 앞에서도 혁명가가

48 최학수, 앞의 책, 353쪽.
49 같은 책, 378쪽.

되거나 '속물(소시민, 미물, 훼방꾼)'이 될 것을 강요받는 이분법적 세계관은 북한 사회의 낭만이 '혁명적 낭만'일 수밖에 없음을 보여 준다. 이때의 '혁명적 낭만'이란 공적 담론에 사적 욕망이 녹아들어가는 구조를 취하는 것이다.

둘의 어설픈 연애 감정 속에서도 조립식 건설 속도는 벽돌 축조의 61배에 달할 정도가 되었으며 조립공들이 처음에는 25분에 한 세대씩을 조립하던 속도가 16분에 한 세대분씩으로 줄어들게 된다. 결국 이렇듯 기적적인 평양 건설장들에서의 조립 속도, 건설 속도를 '평양 속도'라고 이름짓게 되고, 폐허로부터 현대적 새 도시를 건설한 '천리마 속도'를 가리켜 '평양 속도'라고 부르게 된다.

「끝맺을 수 없는 이야기」에서는 1958년의 일이 최종적으로 정리된다. 그리하여 1958년 12월 15일 '2만 세대 주택 건설'이 2만 839세대로 완공되어 10만 이상의 수도 시민들이 현대적 주택에 들어가 살게 되고, 반토굴집들은 완전히 사라졌음을 기록한다. 그야말로 "한 시간을 남들의 열 시간, 백 시간, 천 시간 맞잡이로 여기는 우리의 평양 시간에 맞추어 세월을 주름잡아 빨리도 멀리도 내달아온 1958년!"[50]이 된 것이다. 이 작품의 말미는 눈을 맞으며 상철과 오월이 만나 새해가 오기 전에 서로의 마음에 대해 확인하면서 더 바쁘게 새로운 시대를 살아가야 함을 다짐하는 것으로 종결된다.

> ① 그들의 세대는 거창하고 드바쁜 대건설 시대, 달리고 날으며 세기를 주름잡아 나가는 비약의 시대에 청춘 시절을 바쳐가고 있었다. 고요한 밤길에서 가슴들을 설레이며 나란히 산보한다거나 으슥한 모퉁이에서 조용히 만나 달콤한 이야기를 속삭일 만한 여유를 가진다면 그것을

50 최학수, 앞의 책, 398쪽.

아껴 장엄한 건설 위업에 바쳐 왔었다. 달빛 아래의 산보에서 정이 깊어진 것이 아니라 목숨을 걸고 불발탄을 해체해야 했던 기초 굴착장에서, 온 정력을 다하여 다그쳐야 했던 조립장에서 정을 키워온 그들이였다.[51]

② "그래, 더 달리구 더 바쁘구…… 그렇겠지. 우리는 남들을 따라 앞서기 위해서 한가로이 살고 한가로이 일할 수 없는 시대에 사니까."

그들은 마주보며 웃고 다리를 건너갔다. 눈이 내렸다. 이 해에 마지막일지 모르는 함박눈이였다. (보통강 개수 공사 착공 서른 돐을 기념하여)[52]

인용문 ①은 상철과 오월을 비롯한 천리마 시대의 청춘들의 초상을 요약하는 내용이다. 그들은 사적 욕망을 배제한 채 집단적 목표 달성을 위해 거침없이 내달려 왔던 존재들인 것이다. 인용문 ②는 두 사람이 여유롭게 숨 돌리며 일하면서 살아갈 수는 없는, 한가로움을 박탈당한 시대의 청춘들임을 보여 준다. 그들에게는 올해보다 더욱 빠르고 바쁘게 돌아쳐야 할 내년이 자리하고 있는지도 모른다. 그리고 그들은 아마도 그것이 시대와 함께 체제를 살아내는 당연한 태도일 것이라고 생각할지도 모른다. 그렇다면 두 사람의 연애 관계는 어떻게 될까? 둘의 감정은 아마도 유지되겠지만 그 감정이 현실화되기 위해서는 공적 담론을 위해 사적 욕망을 희생하기보다는 공과 사를 구분하여 풀어가는 그들의 태도가 필요하지 않을까? 현실적으로 탁준범처럼 혁명과 사랑을 등가의 수준에 놓고 함께 풀어가기는 어렵기 때문이다.

51 최학수, 앞의 책, 400쪽.
52 같은 책, 406쪽.

5. 이면적 독해의 필요성

최학수의 『평양시간』은 북한 소설의 전형을 보여 준다는 점에서 남북한 문학의 공통 관심을 받을 만한 문학 텍스트다. 지금까지 살펴보았듯 작품의 서사를 따라가다 보면 김일성의 영도가 실현되는 부분에서는 적지 않은 거부감이 일어나는 것을 확인할 수 있으며, 이상철과 안오월의 연애담을 중심으로 이야기가 전개되는 부분에서는 애틋한 연민의 정이 싹틈을 확인할 수 있다.

북한 소설을 독해할 때 '종자'의 해명에만 매달릴 경우, 이질화된 체제에 대한 이성적 거부와 감정적 외면의 몸짓을 보일 공산이 크다. 그러나 북한 나름의 역사적 체험을 인정하면서 그 이념적 지향과 표현된 내용 사이의 괴리를 찾아 비판적 안목으로 투시한다면 분명히 북한 문학과 체제 지배 담론 사이의 균열적 틈을 확인할 수가 있다. 그리고 그것이 북한 문학을 전일적 텍스트가 아니라 다의적 텍스트로 읽어낼 수 있게 만드는 힘이 될 것이다. 결국 이면적 독해야말로 이념과 현실, 사회와 욕망 사이에서 길항하는 북한 문학의 내면에 접근하는 지혜로운 방법일지도 모른다.

『평양시간』에서 김일성, 문화린, 탁준범, 리상철 등이 표방하는 굳건한 신념보다는 신념의 언저리에서 흔들리고 있는 감정의 편린들을 주워 모은다면 남북한 문학의 공유 지대를 확보하는 밑거름이 될 수 있을 것이다. 특히 리상철과 안오월의 연애담에서 드러나는 독백과 감정의 밀고 당김이 보는 이로 하여금 결말에 대한 궁금증으로 인도하는 서사적 추동력으로 자리하고 있다는 점은 이면적 독해의 필요성을 여실히 보여 준다.

:: 참고 문헌

ㅁ 기초 자료

최학수, 『평양시간』, 문예출판사, 1976.

ㅁ 참고 자료

강의근, 「장편 소설 『평양시간』의 지배인과 나」, 『조선문학』, 1978. 3.

김명익, 「주체적 건설 력사에 바쳐진 빛나는 화폭」, 『조선문학』, 1978. 3.

김재용, 『북한 문학의 역사적 이해』, 문학과지성사, 1994.

김정일, 『주체문학론』, 조선로동당출판사, 1992.

김창락, 「또 한번 '평양 속도'의 주인이 되고 싶다」, 『조선문학』, 1978. 3.

류 승, 「위대한 수령님의 현명한 령도 밑에 평양 건설에서 일어난 새로운 전변에 대한 생동한 예술적 형상: 장편 소설 『평양시간』에 대하여」, 『조선문학』, 1978. 3.

박종원 · 류만, 『조선문학 개관 II』, 인동, 1988.

박태상, 「북한 소설 『평양시간』 연구」, 『북한 문학의 동향』, 깊은샘, 2002.

사회과학원, 『문학대사전』 4(ㅊ~ㄸ), 사회과학출판사, 2000.

선우상열, 『광복 후 북한 현대문학 연구』, 역락, 2002.

손화숙, 「공산주의적 교양과 긍정적 인물의 변모 양상」, 최동호 편, 『남북한 현대문학사』, 나남출판, 1995.

신형기, 『북한 소설의 이해』, 실천문학사, 1996.

윤기덕, 『수령 형상문학』, 문예출판사, 1991.

이명재 편, 『북한문학사전』, 국학자료원, 1995.

장효흡, 「특색 있는 언어 표현 『평양시간』을 읽고」, 『조선문학』, 1978. 6.

정연진, 「주체형의 참신한 새 인간의 형상: 장편 소설 『평양시간』을 읽고」, 『조선문학』, 1978. 4.

천재규, 『조선문학사』 14, 사회과학출판사, 1996.

최길상, 『주체문학의 새 경지』, 문예출판사, 1999.

최학수, 「『평양시간』을 쓰던 때를 더듬으며」, 『조선문학』, 1980. 7.

최학수, 「영생하는 작가의 초상」, 『조선문학』, 2003. 5.

한웅빈, 「독자와 소설의 주인공」, 『조선문학』, 1978. 3.

남대현론: 『청춘송가』 외

남대현, 코리아 문학 통합의 시금석

김성수

1. 민족작가대회와 남대헌과의 만남

필자는 2005년 7월 말 '6 · 15공동선언 실천을 위한 민족작가대회' 남측 대표단의 한 사람으로 평양, 백두산, 묘향산에 다녀왔다. 평양에서 열린 작가대회 개폐막 연회와 백두산, 묘향산 행사를 통해 그 동안 문학 작품으로만 만났던 홍석중, 오영재, 남대현, 김병훈, 장혜명, 김정, 박세옥, 송찬웅, 백하, 김청남, 박경심 등 북측 시인, 소설가들과 인사하고 사진과 동영상을 찍을 수 있었다. 북한 문학, 통일 문학을 전공한 북한 학도로서 그 동안 공부했던 북한 사회와 작동 시스템에 대한 걱정과 우려, 아무것도 결정된 것 없이 시시각각 결정 사항이 달라지는 기왕의 남북 교류 사업 실행 과정의 예민함에 대한 온갖 기우는 작가대회에서 상당 부분 해소되었다. 6 · 15 5주년 행사 이후 양측 간에 화해 원칙이 공유된 탓인지 양쪽의 경직성이 많이 풀렸던 것이다.

평양에서 개최된 남북작가대회의 모습(2005. 7)

핵 위기와 미사일 위기, 교착 상태에 빠진 6자회담, 적대 관계로 돌아간 듯한 남북 관계 등 1년이 지난 2006년 여름의 현 상황에서 보면 어떻게 그런 일이 가능했나 싶을 정도로 파격적인 화해가 이루어졌던 셈이다. 특히 작가들과의 만남만큼은 격식에 다소 어긋나도 널리 양해가 된다는 김 위원장의 특별 배려가 있다는 북측 신문 기사도 흥미로웠다. 남한을 대표하는 다양한 성향의 작가들이 솔직하게 복잡다단한 느낌을 쏟아낸다면 그 동안 단절 상태에서의 무시와 무관심보다는 화해 교류에 긍정적인 구실을 할 것이라 여겼으리라.

무엇보다도 2005년 7월 23일 새벽 백두산 천지에서 남과 북 해외의 시인, 소설가, 평론가, 극작가 150여 명이 손에 손을 잡고 서녘으로 지는 보름달과 동녘에 뜨는 일출을 맞이하며 만세를 불렀던 감격을 잊을 수가 없다. 백낙청, 고은, 황석영 등 남측 대표와 홍석중, 오영재, 남대현, 김병훈 등 북측 문인, 김학렬(재일 동포), 이언호(미주 대표) 등이 천지가 내려다보이는 장군봉 중턱에서 민족작가대회의 성과를 재확인하고 '통일문학의 새벽' 축제를 벌였던 것이다. 한 하늘 이쪽에선 달이 지고 저쪽에선 해가 뜨는 멋진 풍경 가운데 북 시인 리호근과 남 소설가 은희경의 공동 사회로 행사가 이루어졌다. 남에서 고은, 신경림, 백낙청, 황석영 씨 등 100여 명, 북에서 홍석중, 오영재, 남대현, 김병훈 등 20여 명과 미국의 이언호와 일본의 김학렬, 김정수 등이 참가하여 공동선언문 낭독과 남북 시인의 시 낭송, 대표진 인사, 만세 삼창 등이 이어졌다.

북한 문인들조차 한자리에 이렇게 다 모이긴 힘들다던데 백두산에서 그들 모습을 카메라에 담을 수 있었던 것은 행운이었다. 그 과정에서 전남 진도 출신으로 월북하여 이북의 원로 시인으로 정착한 시인 오영재가 자신의 시 「잡은 손 더 굳게 잡읍시다」를 읊는 대목이 인상적이었다.

열다섯 살에 다도해 기슭을 떠나
평양에서 일흔이 된 이 몸
그대들의 손을 잡으며
통일을 애타게 부르며 부르며 떠난
수천수만의 피 더운 손도 함께 잡은 듯
조종의 산 백두산에 맹세하며
잡은 손입니다
더 굳게 잡읍시다
온 민족이 이렇게 손 잡고 갑시다

이는 아마도 남북 문인 간에 진정한 '내면의 교류'가 시작되는 순간이라 할 것이다. 이 자리에서 20년 간 고생스레 북한 문학을 공부했던 필자는 나름대로 그 고단한 학문 여정의 보답을 일부나마 얻었다는 감격에 스르르 몸을 떨기도 했다.

오영재 시인처럼 남한 출신으로 이북에서 성공한 문인이 바로 소설가 남대현이다. 7월 22일 아침, 백두산행 비행기를 타기 위해 고려호텔 앞에서 버스에 대기하고 있는데, 어떤 거구의 수려한 용모를 지닌 분이 필자 옆자리에 같이 앉자고 해서 불감청이언정 고소원이라고 얼른 응했다. 수인사를 하는데 바로 남대현 선생이었다. 『청춘송가』같이 남한에 널리 알려진 작품만 읽고 존명만 들었는데 이렇게 모시게 되어 영광이라고 하고 내 소개를 했는데, 마침 같은 학교에 재직 중인 은사 김시업 교수가 남 선생의 친척 형님뻘되는 분이라 초면에 말이 쉽게 통했다. 그도 감격에 겨워했다. 이 순간 남대현의 단편 소설 「상봉」(『조선문학』, 1992. 7)의 한 대목이 떠오른다.

> 남조선에서 온 사람들을 대할 때면 무작정 가슴부터 울렁거리는 그였다. 아무리 침착하려고 해도 마음은 자꾸만 조급해지기만 했다. 얼마나 보고 싶은 사람들인가!

마침맞게 고향 안동의 친척 형님 제자라는 남한 평론가가 불쑥 나타났으니 어찌 아니 감격하랴 싶다. 평양 고려호텔에서 삼지연공항까지 이르는 도정 동안 우연히 버스와 비행기 같은 자리에 나란히 타고 오며 어느새 친해진 그와 함께, 온몸에 백두산 천지의 일출 햇살을 흠뻑 받으며 기념 촬영을 하면서 가슴이 벅차 올랐다.

민주화 이후 한창 '북한 바로 알기' 운동의 열기가 불던 1988년인가 우연히 『청춘송가』를 읽었던 기억이 난다. 북한 소설이 다 사회주의 체제 자랑이나 김일성 · 김정일 찬사만 늘어놓는 게 아니라 이렇게 재미난 풋풋한 로맨스도 있구나 하고 호기심에 들떠 손에 잡은 채로 그 자리에서 책 한 권을 다 읽었던 게 어느새 17년 전이었다. 그런데 시나브로 세월이 흘러 남한에 널리 알려진 『청춘송가』의 작가와 함께 백두산 천지에 설 수 있었으니 감격하지 않을 수 없었던 것이다.

그와 함께한 몇 시간 동안 그의 생애와 문학 세계를 이것저것 들을 수 있었다. 난 그를 만날 줄 꿈에도 생각하지 못했기에 질문도 제대로 준비하지 못한 터라 약간 흥분한 채로 중구난방 떠들었고 헤어질 때는 그를 위한 선물을 아무것도 준비하지 못해 참으로 속상했다. 그나마 작가대회 마지막 날 준비한 선물조차 그에게 직접 전하지 못하고 민화협(북측의 관계자들) 편에 합동으로 보냈기에 개인 선물과 내 마음이 조금이라도 제대로 전해졌는지 알 수 없어 지금도 맘 한 구석이 찜찜하다.

1947년생인 남대현은 현재 4 · 15문학창작단에 소속된 1급 작가다. 북한 문단 원로급 작가들 중 유일하게 컴퓨터로 글을 쓸 수 있다고 내게 자랑했다. 2000년부터 문단 원로 중 제일 먼저 컴퓨터를 만졌고 곧 익숙해졌다는 것이다. 『문학신문』, 『조선문학』 등을 꾸준히 봐왔던 북한 학도로선 그의 명성에 비해 작품을 많이 보지 못해 왜 그토록 과작인지 그것부터 물어보았다. 한마디로 창작의 고통 때문에 작품이 많지 않다는 답을 들을 수 있었다.

남대현이 느끼는 창작의 고통은 이루 말할 수 없을 정도라는데, 그 때문인지 늘상 줄담배를 피운다고 했다. 사실 그와 만났던 몇몇 짧았던 시간마다 손에서 담배가 떠난 적이 없는 것 같았다. 글쓰기는 주로 집에서 하는데, 줄담배를 피우는데다 '부잡스럽게' 글을 쓰는 스타일이라 식구들이 썩 좋아하지 않는다고 했다. 그래도 창작의 고통 때문인지 줄담배와 정신없이 어지럽게 글을 쓰는 습관은 고쳐지지 않는다며 허허 웃었다.

2005년 당시에는 부인 리정숙과의 사이에서 2남 2녀를 둔 가장으로, 평양특별시 동대원구역 운신 1동에 살고 있다면서 북에서 성공한 작가로서의 면모를 잃지 않았다. 그가 보여 준 가족 사진에는 화목한 중산층 가정의 모습이 잘 드러나 있었다.

2. 남대현의 생애와 소설 세계

남대현은 1947년 6월 21일 경상북도 안동군 일직면 망호리 안망실이라는 산골에서 태어났다. 훗날 회상기 「꿈과 현실」(『조선문학』, 1998.10)에서 '남조선의 궁벽한 산골'이라 표현한 지독한 가난의 상징이자 '머리에 뿔난 빨갱이'로 동네 친구들에게 놀림받았던 그곳 '안망실'이다. 그곳은 가난과 연좌제뿐만 아니라 자전적 단편 소설 「상봉」(『조선문학』, 1992. 7)에서 영옥이라 지칭한 첫사랑의 아련한 추억이 배어 있는 곳이기도 하다. 안동 산골에서 가난하게 성장하면서도 남을 가르치는 교사, 선생님의 꿈을 키웠다고 한다.[1]

그러다가 고향에선 도저히 학교를 더 이상 다닐 형편이 되지 못해 서울로 올라가 돈암동 친척집에 '얹혀 살게' 되었다. 돈암초등학교를 졸업할 무렵 아버지 남시우가 일본 도쿄(東京)에 있다는 사실을 알게 된다. 경복중학교에 진학할 무렵 밀항을 시도하려 부산까지 가지만 1차 실패하고 재차 시도한 끝에 1960년 아버지가 있는 일본 도쿄로 밀항선을 타고 건너가 조총련 산하 도쿄조선중고급학교(중학교 과정)에서 수학하게 된다. 남시우는 조총련 산하 조선대학 부학장을 거쳐 총장까지 지낸 시인으로 그의 교육관에 따라 남대현은 거기서 북한 식의 민족 교육을 받게 되었다. 그러다가 17세 되던 1964년 북송선을 타고 단신으로 북한으로 들어간다.

남대현은 남시우 학장의 하나뿐인 자제로서 자진 입북했다 하여 좋은 대접을 받았다고 한다. 당의 배려로 김일성종합대학 어문학부 창작과에서 공부하던 중, 일설에 의하면 당 간부의 자제와 연분이 나는 등 '일련

1 "남조선의 궁벽한 산골에서 태여난 저는 어릴 적부터 선생님이 되여 봤으면 하는 것이, 교단에서 학생을 가르치는 선생님이 한번 되여 봤으면 하는 것이 유일한 소원이었습니다." 남대현, 「꿈과 현실」 『조선문학』(1998. 10), 43쪽.

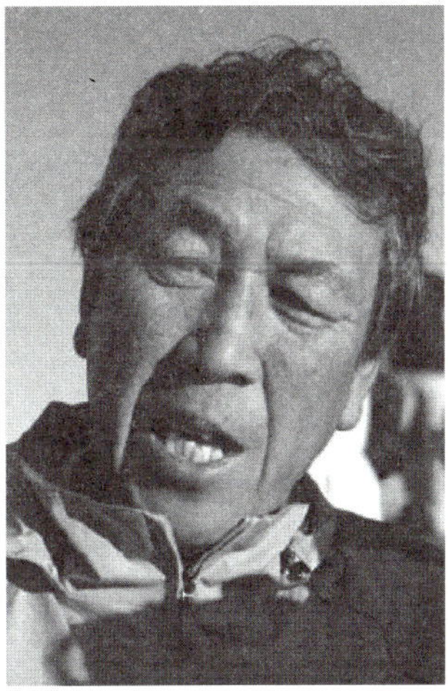

남대현의 젊은 시절(좌)과
최근 모습(우)

의 과오로 하여' 황해제철소 용해공으로 하방(下方)되어 현지 노동 체험을 하게 되었다. 그러다가 김일성이 조총련 조선대학 학장인 남시우의 아들이 제철소 공장에서 고생한다는 소식을 듣고 작가 양성으로 인생의 방향을 돌리라면서 도와 주었다고 한다. “내가 대현이를 안다고, 아버지가 하나밖에 없는 아들을 귀국시켰는데 우리가 잘 돌봐 주어야 한다고, 글을 쓴다니 로동 계급 속에 있는 것이 잘되었다고, 생활 속에 좋은 글감이 있고 걸작은 생활의 진미를 눈물로 맛본 사람만이 쓸 수 있다”고 하면서 작가로 키울 구체적인 대책까지 세워 주었다는 것이다(『통일련가』, 242-3쪽).

남대현은 1971년 김일성종합대학 어문학부 창작과를 졸업하고 작가 양성반을 거쳐 조선문학예술총동맹 산하 문예출판사(후일의 문학예술출판사) 기자로 활동했다. 1973년 단편 「지학선생」을 발표하여 문단에 나왔다. 출판사 기자 및 조선작가동맹 작가로 재직하던 중, 1980년 조선로동당 제6차 대회 기념 '전국 문학예술작품 현상 모집'에 광주 민주화 운동을 다룬 소설 「광주의 새벽」을 응모하여 단편 부문 2등으로 당선되었다. 『광주의 새벽』은 1985년 조선미술출판사에서 화가 리철의 그림이 덧붙여져 그림책으로 간행된 바 있다.

1987년, 황해제철연합기업소 근무 때의 현장 체험을 바탕으로 하여 첫 장편 소설 『청춘송가』를 쓰게 된다. 『청춘송가』는 1987년 문예출판사에서 초판이 나왔고 1994년 문학예술종합출판사에서 재판이 나왔다. 이 작품은 1970년대 말부터 두 차례에 걸쳐 김정일의 지도로 이루어진 장중편소설 창작 계획에 따라 쓰여진 소설로서 1994년 2판이 4만 부나 간행될 정도로 북한 독자들에게 인기가 있었다. 남한에서도 '북한 바로 알기 운동'의 일환으로 북한 문학 작품이 비합법적으로 쏟아져 나왔던 1988년에 공동체출판사에서 상 · 하권으로 출간되어 널리 읽혔다. 심지어는 『레이디 경향』 같은 상업 여성 잡지까지 이 작품의 다이제스트를 실을 정도로 인기가 있었다. 이렇게 남북에서 비슷한 시기에 동시적으로 대중 독자의 사랑을 받고 대단한 인기를 누린 작품이 또 있을까 싶다. 거꾸로 북한에서는 이 작품이 서울에서 출판되어 남한 독자까지 널리 그 존재를 알리게 되었다는 이유로 북한 문학의 위상을 높이고 통일에 기여했다고 하여 남대현의 작가적 위상도 덩달아 높이 평가받는 계기가 되었다. 그 때문에 이후 남북작가회담(1989)을 시작으로 국제문학토론회, 민족작가대회(2005), 6 · 15민족문학인협회(2006) 등의 단골 북측 대표로 활동할 수 있게 되었다.

『청춘송가』는 북한의 제련 공업을 발전시키기 위한 청년 지식인, 과학자, 기술자들의 노력을 통해 모험을 두려워하지 않는 신세대의 애정과 새로운 시도를 형상화한 것이다. 주인공 이진호는 대학에서 열공학을 전공한 제철소 강철직장 기사다. 대학 시절부터 중유가 아닌 대체 연료에 의한 새로운 제강법을 연구하다가 연구부에서 시도했던 실험이 실패하자 이 기회에 아예 현장에 나갈 것을 결심하고 제철소로 간다. 1980년대의 새로운 문학이 꿈꾸는 이상형인 그는 하키 선수 출신답게 매사에 적극적이고 진취적이며 패기 넘치는 젊은이의 형상으로 묘사된다.

주인공 진호에게는 대학 동창이며 잡지 『금속』의 편집자로 있는 애인인 현옥이 있다. 그녀는 그의 꿈을 존중하고 현장에 함께 나가려고 했으나 오빠 현명식의 집요한 설득으로 주저앉고 만다. 현명식은 냉철하고 현실 지향적인 금속공업부 심사실장으로서 그가 보기에 진호란 인물은 공명심에 사로잡혀 허황된 실험이나 하고 그것이 실패하자 현장 지원을 통해 문책을 모면하려는 이중인격자에 불과해 보였기 때문이다. 진호는 현옥마저 자기를 의심하자 그녀를 못마땅하게 여기고 그리하여 그들의 사랑은 어긋나고 만다.

진호는 제철소 강철직장의 열 담당 공정 기사로 있으면서 잊을 수 없는 사랑에 대한 고민과 편협한 인간들의 몰이해로 인한 고통을 말없이 이겨내면서 대체연료 연구를 계속한다. 그는 생명의 위험을 무릅쓰고 비공식적인 실험을 하다가 부상을 입고 현옥의 값싼 동정과 기계를 파괴시켰다는 비난, 무모한 기술이라는 판결을 받으면서도 마침내 새 연료를 얻는 데 성공한다. 그리고는 현옥을 찾아가는 것으로 결말지어진다. 그 과정에서 현옥의 오빠인 금속공업부 심사실장 명식, 초급 당비서 상범, 동료들인 책임 기사 류기철과 윤정아, 친구 태수와 은심이 부부 등은 다양한 선악 군상을 연출한다.

기철을 사모하면서도 대의를 위해 진호를 옹호하는 윤정아 캐릭터에서 잘 보여 주듯이 이 작품의 표면적 주제는 개인 간의 애정보다는 당의 요구와 주체 경제의 실현에 있다는 메시지의 전달처럼 보인다. 하지만 실상 그 과정에서 진정으로 공감되는 것은 개인의 애정 성공담이 주체 경제의 모험적 혁신 끝에 나온다는 부분이다. 즉 이 작품의 진정한 공감대는 애정이든 당 정책이든 구태나 출세에 연연하지 않고 실패와 좌절을 두려워하지 않는 혁신적 사업 방식을 지속적으로 실험하는 데서 나온다는 생활의 진리를 깨닫는 데서 생긴다는 사실이다.

이 작품은 젊음의 패기와 열정을 창조적으로 발휘하여 국가와 사회에 대한 봉사와 사랑의 성공으로 귀결지어 청춘의 바람직한 모델을 제시했으며 북한 체제의 관료주의에 대한 비판 의식을 담은 작품으로 평가된다. 당시의 시대적 배경은 1970년대 말부터 이루어진 3대 혁명소조운동에 따라 최신 과학 기술을 보유하고 주체형 교육을 받은 청년 인텔리의 전형, 청년 전위의 형상이 절실하게 요구되던 때였다. 이에 혁명 3세대를 전위에 내세운 사상 개조와 생산독려운동이 벌어지고 『청춘송가』가 이에 화답한 셈이다. 이러한 전형은 이후 1980년대 문학의 '숨은 영웅 찾기'로 이어진다고 할 수 있다.

하지만 『청춘송가』는 북한에서의 시대적 요구보다 남한 독자에게 남북 통합의 정서적 실마리를 제공했다는 점이 훨씬 더 중요하다고 할 수 있다. 즉, 북한에서 이 소설을 두고 "과학 기술적 요새 점령에서 비상히 높은 목표를 내걸고 청춘도 사랑도 깡그리 바치며 끊임없는 투쟁을 벌이는 주인공의 형상을 통하여 청년 지식인들의 참된 삶, 청춘의 자랑은 바로 과학 기술적 공로와 위훈을 세워 조국의 번영에 이바지하는 데 있다는 심오한 사상을 천명하고 있다"고 하지만, 1980년대 말 남한 독자로서 필자가 인상 깊게 읽은 대목은 하나같이 애정 행각 부분이었다.

주인공 및 조연급인 진호와 현옥, 기철과 정아, 태수와 은심의 관계 묘사에서 인상적인 것은 남한 문학에서 이미 신파로 매도되어 사라져 버린 청춘 남녀의 진지한 애정 심리와 헌신적인 희생이었다. 사랑을 기성의 열매로 생각하지 말고 신세대가 자신의 손으로 그것을 가꾸고 창조할 수 있다는 단순한 문제 의식이, 단지 촌스럽다는 이유로 진정성을 상실한 남한 풍토에서 북한 젊은이들의 사랑 행태가 그 자체만으로도 신선하게 다가왔다는 것이다. 더욱이 '직장에서의 고난 끝 성공과 동시에 사랑의 시련 끝 성공'이라는 동서고금의 오랜 서사 구조를 '보수 관료주의 대 신세대의 개척 정신'이라는 1980년대 북한 사회의 갈등 구조에 절묘하게 접목한 것은 탁월한 성과라고 생각된다. 북한 문학에 흔한 상투적 갈등 유형과 이념적 도식에 사로잡힘이 없이 서사적 갈등을 생활의 진실에 맞게 설정했으며 스토리를 심리 묘사 중심으로 전개한 것 등은 나름대로 예술적 완성도를 보여 주었다.

『청춘송가』 이후 남대현은 일본 조총련의 결성 과정을 다룬 장편 『태양찬가』를 《불멸의 력사》 총서로 창작했고, 1994~5년 조총련의 와해 위기 극복 과정을 다룬 장편 《불멸의 향도》 총서 『조국 찬가』를 썼으며, 2003년에는 북송된 비전향 장기수를 주인공으로 삼은 장편 『통일련가』를 내놓았다. '노래 3부작'으로 일컬어지는 세 장편은 각각 북과 일본, 남의 역사와 현실을 다루고 있는데, 이런 구도는 세 지역을 두루 겪은 작가 자신의 이력과 무관하지 않아 보인다.

남대현은 1990년대 초까지 '조선문학창작사'에 소속되어 있다가 재일동포의 생활과 조총련 결성 과정을 그린 《불멸의 력사》 총서 시리즈 『태양찬가』를 상재한 이후 그 공 때문인지 1992년부터 '4·15문학창작단'으로 옮겨 현재까지 활동하고 있다. 그 사이에 1987년 인도 뉴델리에서 열린 아시아-아프리카 청년작가회의에 대표로 파견된 적이 있고 1989년 남북작가회담이 추진되었을 때에는 북측 작가 대표로 참석했으나 행사 자체가 남측 공안 당국의 원천 봉쇄로 무산된 바 있다.

남대현의 삶은 남한에서의 유년기, 일본에서의 청소년기를 거쳐 북한에서의 청년기 이후라는 드문 경우를 보여 준다. 이러한 특이한 삶의 궤적 덕에 분단 시대 남북한 및 재일 동포 사회의 삶을 아우를 수 있는 터전이 마련되었다고 본다. 실제 『통일련가』의 '편집 후기'에는 다음과 같이 기록되어 있다.

> 남조선과 일본, 공화국 북반부에서 살아온 그의 생활이 말해 주는 것처럼 『청춘송가』는 공화국 북반부 생활을, 『태양찬가』는 일본에 있는 재일 동포 생활을, 그리고 이번에 쓴 『통일련가』는 남조선 생활을 무대로 하고 있다.(『통일련가』, 242-3쪽)

남대현의 문단 경력은 이 때문에 대남 대외 활동에 모아진다. 1989년 3월 남북작가회담 예비회담 대표로 판문점 행사에 참석했다. 남한에선 노태우 정권 당시 한창 공안 정국에 휩싸일 무렵이었다. 1989년 3월 27일 고은 · 백낙청 · 신경림 등 남측 민족문학작가회의 대표 다섯 명이 판문점에서 남북작가회담을 개최하기 위해 서울을 출발했으나 통일로에서 남측 사법 당국에 전원 체포되어 작가회담이 무산된 바 있었다.

남대현은 1989년의 남북작가회담 무산 때 판문점에서 남측 대표단을 기다리면서 이 때의 심정을 담아 통일 운동에 앞장서는 학생 운동가 순호와 기태 이야기를 단편 소설 「대장부」(『조선문학』, 1989. 6)로 써서 발표한다. 이 단편은 1980년대 후반의 통일 운동에 앞장서는 학생들의 군상을 그리고 있는데, 평소에 얌전하고 이기적이던 기태가 학생 운동을 하다 잡혀들어가 추궁당한 끝에 북한 학생 대표에게 보내는 편지를 들고 판문점에 파견되기로 한 밀사 순호의 존재를 실토하고 만다는 내용이다. 하지만 "통일을 위해 싸우면 누구나 다 형제가 되는 기 아니겠노" 하는 순호의 외침을 통해 작은 허물을 벗고 대의를 위해 싸우는 통일 학생 운동가의 단편적 형상을 잘 보여 주고 있다.

그 후에도 남대현의 통일을 향한 문학적 노력은 계속된다. 1997년 12월에는 실로 강산이 세 번이나 바뀐 33년 만에 일본을 방문한다. 한 달간 일정으로 취재 여행을 간 셈인데 그 전말은 「조국과 함께 있는 사람들」(『조선문학』, 1999. 1)에 잘 드러나 있다. 조선대 총장을 역임하고 은퇴한 아버지 남시우와의 감격적인 만남도 있었고 조선중학교 시절의 기숙사 동창생들과의 30년 만의 해후도 자세하게 묘사되어 있다. 무엇보다 주목되는 것은 조총련 문예동 김정수 사무국장, 조선대 문학부장 김학렬과 교원 오향숙 · 리상민, 조선신보사 강태성 부장 등과의 만남인데, 환영 일변도의 축제 분위기에도 불구하고, 그 과정에서 1세대 이후 2,3세대에서 맥이 끊긴 총련 작가의 후속 세대 사업에 대한 조언과 지시가 있었다는 점이 주목된다. 문예총 작가동맹의 과업이라며 리상민, 강태성에게 창작결의서를 받는 해프닝까지 벌이는 것을 보면, 그들 같은 2,3세대 작가들의 발군의 노력이 없으면 아예 총련 작가의 대가 끊긴다는 위기 의식이 잘 드러나고 있다. 하지만 남대현의 속내, 그 핵심은 다음과 같은 대목에서 이면적이나마 드러난다고 하겠다.

> 확실히 총련 작가들의 조국에 대한 표상은 결코 조국의 어떤 풍경이나 건물이 아니라 구체적인 인간들, 그것도 바로 조국의 작가들이였으며 작가 자신의 생활로부터 시작되고 그로부터 받아 안게 되는 그런 것들이였다.[2]

남대현은 1994년 9월부터 1995년 1월까지 김일성의 사망 이후 '고난의 행군' 시기 초에 와해 위기에 빠진 조총련의 위기 극복 과정을 다룬 장편《불멸의 향도》총서『조국찬가』를 통해 조총련과 조국 북한의 심정적 연대를 그려낸다.[3] 그 내용은 "구름 위에는 태양이 있다"는 종자라고 한다. 즉 구름으로 상징되는 일본에서의 반북, 반총련 탄압 위기에도 불구하고 '태양'으로 상징되는 조국과 수령에 대한 충성을 다하는 한 장군님의 은덕으로 총련이 살아남을 수 있다는 메시지를 담고 있다고 한다.

2 남대현, 「조국과 함께 있는 사람들」, 『조선문학』(1999. 1), 38쪽.

3 고철훈, 「태양의 밝은 빛은 이국땅 멀리에도 – 총서《불멸의 향도》중 장편 소설『조국찬가』를 읽고」, 『조선문학』(2006. 2).

그 내용을 보면 일본 당국과 우익의 집요한 총련 와해 책동에도 불구하고 평생 조국과 수령에 대한 충성에 몸 바친 한덕수 의장이나 부의장 현영민, 그리고 일본인으로 귀화한 상공인의 아들임에도 불구하고 국적을 지키고 조국 처녀와 관계를 맺음으로써 사랑의 윤리와 충성의 논리를 함께하는 리진수 같은 인간형을 제시하고 있다.

텍스트 분석이 선행되지 않아 매우 조심스러운 판단이긴 하겠지만, 조총련 결성을 다룬《불멸의 력사》총서 『태양찬가』나 조총련 와해 위기 극복 과정을 형상화한《불멸의 향도》총서 『조국찬가』는 그 내용의 문학적 진정성 여부보다는 당 정책의 논리에 일방적으로 휘둘렸을 가능성이 없지 않다고 예상된다. 하지만 통일을 다룬 그의 본격적인 작업은 장편소설 『통일련가』(문학예술출판사, 2003)에서 어느 정도 이루어졌다고 할 수 있다.

이 작품은 2000년에 동료 62명과 함께 북송된 비전향 장기수 고광인을 주인공으로 삼은 소설이다. 전북 고창 출신인 고씨가 빨치산 투쟁을 하다가 체포된 뒤 전향을 거부한 채 33년간 옥살이를 하고 풀려났다가 북송되는 과정을 담았다. 소설은 작가 자신으로 짐작되는 작가 '현'이 잡지사 기자 '은옥경'과 함께 '고 선생'을 인터뷰하는 현재 이야기와 고 선생이 들려 주는 지난 시절이 교차되면서 서술된다. '고광'은 비전향 장기수 고광인을 모델로 했는데, 소설은 그와 전북 빨치산 여대원 윤희애와의 사랑을 축으로 하여 시작되어 30년이 넘는 수형 생활과 신학대학 교수 류인석과의 교류, 그리고 이북 송환 이후 청년출판사 여기자 은옥경과의 만남으로 정리된다. 소설 속에서 은옥경은 고 선생의 인품과 이념적 순결성에 매료되어 그와 결혼하기에 이르는데 실제로 고광인 씨는 자신을 취재했던 여성 소설가 정은옥(42) 씨와 결혼해서 현재 평양에 살고 있다.

이 작품은 소설가 남대현이 남쪽 출신의 장기수 고광인의 삶을 취재한 실화 소설인 셈이다. 그의 증언에 따르면, 북한으로 송환된 장기수 중 고광인이 전북 고창 출신이라 이북에 아무런 연고가 없어 말년을 적적하게 보내기에 일곱 명이나 중간에서 중매를 섰다고 한다. 마침내 가사 시인 정은옥과 인연이 맺어져 결혼하여 제2의 삶을 구가하고 있다는 것이다. 이에 남 작가는 그들 부부를 취재하여 『통일련가』를 쓰게 된 것이다.

『통일련가』의 주인공 '고광'은 1935년 전북 고창에서 태어나 6·25전쟁 때 열여섯 살의 나이로 유격대에 입대한다. 1956년 체포되어 33년 동안 비전향 장기수로 복역한 후 출감되었다가 북한으로 송환되어 행복하게 말년을 보내게 된다는 파란만장한 생애를 보낸다. 마침 평양 고려호텔 구내 서점에서 산 시집에 고광의 실제 모델인 고광인의 시가 한 편 있어 여기에 일부를 소개한다.

꿈 같던 휴양 생활
두고는 올 수 없어
바다를 담아온 송도원의 조가비
오늘도 나는 정겹게 만져보네
가슴에 바다가 출렁이네

어떻게 잊고 살랴
17살에 총을 메고 산으로 오르며
고향의 바다를 하직했던 이 몸이
백발을 얹고 뛰여든 바다
장군님 사랑에 울며 안긴 그 푸른 바다

온몸을 어루 쓸던 맑은 물은
옥살이 상처를 씻어 주던 손길이였네

베개머리에 울리던
밤파도 소리는
목메여 잠 못들던 이 몸에
정깊게 불러 주던 자장가였네. (하략)[4]

정은옥은 현재 시인이자 기자 생활을 하고 있다. 필자는 운좋게도 민족작가대회 폐막 연회식장에서 분홍빛 한복을 곱게 차려 입은 정은옥을 직접 만나 인사를 나누고 함께 기념 촬영을 할 수 있었다.

3. 코리아의 통합을 노래하는 소설가

해방 이후 북한 문학은 항일 혁명문학의 혁명적 전통을 계승 · 발전시키는 것을 가장 중요한 과제로 내세웠으며, 당의 문예 정책 또한 혁명 사상의 구현을 중요한 지표로 내세워 문학의 창작과 연구에서 혁명성의 이념이 최고의 가치로 인정받게 되었다. 그러나 이러한 혁명성과 사상성의 강조, 문학 예술의 선전적 · 선동적 기능을 강조하는 특성으로 인해 북한의 문학 작품은 특히 1967년 이후 구성과 인물 성격의 형상화에서 하나의 고정된 틀을 되풀이하는 부정적 결과를 가져왔다. 혁명적 영웅이 주인공으로 등장하는 점, 비노동자 계급의 인물 형상화가 천편일률적인 점, 선악의 도식적 대립, 김일성과 주체 사상에 대한 무조건적 찬양, 행복한 결말 등이 그 정형성의 주요 요소들이다.

1980년대 중반 이후가 되면 1967년에 이루어진 주체 사상의 유일 사상 체계화 작업이 어느 정도 완성된다. 이후 주체 사상에 기초한 문예 이

4 고광인, 「바다」(서정시), 통일문학 편집부 편, 『통일이 보인다』(평양출판사, 2005).

론의 확립에 따른 항일 혁명문학의 정통성 확립과 그에 기초한 수령 형상문학만으로는 설명되지 않는 북한 사회 전반의 문제점을 형상화하는 이른바 '사회주의 현실 주제'로 소재를 넓혀야 할 필요성이 커졌다. 이념적 유연함에 따라 문학에서는 소재의 확대와 주제 의식의 다양화, 그리고 개성적 형식이 다각도로 모색되었다. 1980년대 중반 이후 남북의 문화적 교류가 어느 정도 이루어지면서 남한 진보 진영의 '북한 바로 알기 운동'의 일환으로 나타난 북한 문예물 유행 현상도 이 때 최고조에 이른다.

이 시기에 남한에 소개된 북한 소설 중 가장 인기 있던 것이 백남룡의 『벗』과 함께 남대현의 『청춘송가』였다. 특히 두 작품이 인기가 있었던 것은 북한 문학 대부분이 김일성 우상화의 산물이란 편견에 사로잡혀 있다가 우리네와 비슷한 일상사를 보여 주어 호기심을 충족시켰기 때문이다. 즉, 청춘 남녀의 사랑이란 매력적인 스토리를 통해 북한 주민의 일상적인 삶과 애환, 그들 사회의 속실을 어느 정도 짐작할 수 있었던 것이다. 남대현의 대표작 『청춘송가』는 나름대로 지지고 볶는 청춘 남녀의 사랑 이야기와 그 속에서도 과학 기술자로서의 자긍심을 잃지 않는 새로운 인간상을 통해 북한 문학사 전체 흐름에서도 이념적 유연함이 유독 도드라져 보인다.

남대현의 생애와 소설계를 일별할 때 그를 규정하는 한마디로 '코리아의 통합을 노래하는 소설가'로 상징화하면 어떨까 생각해 보았다. '코리아'란 말은 비록 외국인의 시선에 비친 우리를 지칭하는 말이지만 서로 '한국/조선'으로 해석할 수 있는 공통항이다. 이러한 맥락에서 북한 문학을 바라보는 시각을 좀더 진전시키기 위해서 단계론적 인식을 설정할 수 있다. 북한 문학과 한 하늘을 이고 살 수 없다는 식의 자기 중심적 냉전 체제 사고에서 벗어나 남한 문학의 일부 내지 부록으로 인식하는 포용 단계를 거쳐 '북한 문학' 대신 '제2기 남북국 시대의 조선 문학'을 사용할 정도로 용어 개념까지 상대 입장을 배려하는 전향적 자세가 필요하다. '한국 문학 · 조선 문학'의 공존을 인정해야 그 기반 위에서 '남측 문학/북측 문학'의 상호 교류와 협력을 늘려 나가는 현 단계가 진정성을 획득할 수 있다. 나아가 코리아반도의 이북 지역 문학을 하나로 보고 '이북의 지역 문학'으로 동거함으로써 통일을 구체화하는 단계까지 상정할 수 있는 것이다. 그런 점에서 모든 북한 문학은 그 자체로 근대 문학 혹은 현대 문학이며 코리아반도 문학의 일부인 지역 문학, 지방 문학이기도 하다.[5]

코리아 문학에 대한 새로운 인식이 가능하다면 '통일 문학'도 구체성을 띨 수 있다. 막연한 남북 문학의 통일이 아니라 화학적 통합이 가능한 정서적 · 미적 교감을 찾는 일이다. 남북 코리아 문학에서 '통합'이란 남한 출신으로 일본의 조총련 산하 재외 동포 생활을 겪고 다시 북한에서 성공적인 작가 생활을 하고 있는 남대현 같은 희귀한 사례에 기대할 수 있는 남북 통일의 희망을 담은 말이다. 『통일련가』의 편집 후기에서 보듯이 그의 대표작은 남북한과 해외 동포를 아우르고 있다. 『청춘송가』는 북한 주민의 1970년대 생활을, 『태양찬가』는 일본 재일동포의 초기 생활을, 『통일련가』는 남한의 1950년대 생활을 담고 있다. 이들 작품의 세계관을 살펴볼 때 비록 북한에 많이 치우치는 이념적 경사를 보이지만, 우리 쪽에서 이북의 주체 사상, 수령론을 일종의 레토릭, 심지어 클리셰로 치부하여 '소 닭 보듯' 할 수만 있다면 정서적 교감에 치명적인 걸림돌이 되지 않을 수도 있을 것이다.

'노래하는 소설가'란 표현은 남대현의 문학 세계 어딘가에 시적 정서가 있다는 뜻도 없지 않지만 그보다는 대표 장편들이 하나같이 '송가, 찬가, 연가'란 가요 제목처럼 붙여 있기에 그에 근거한 규정이다. 또한

5 김성수, 「북한 현대문학 연구의 쟁점과 통일 문학의 도정」, 『어문학』 91집(한국어문학회, 2006. 3), 73쪽.

남대현 소설의 찬가, 연가적 특징은 북한 소설에선 보기 드문 남녀 사랑에 대한 진솔한 묘사를 통해 남북의 차세대 청춘 남녀가 공감할 수 있는 토대가 가능하다는 판단이다. 애정 묘사를 통한 신세대의 공감대, 이 부분이야말로 남북 문학의 통합에 밑거름이 되리라 판단된다.

남대현 소설의 문학사적 의미도 결국 여기서 찾을 수 있다. 무엇보다도 북한 문학사에서 주체 문학의 형성과 발전 과정에서 빚어진 도식주의와 경직된 이념으로만 설명할 수 없는 사회주의 현실 주제에 대한 미학적 보완이라는 의미 말이다. 거기에 더해 남북 문학의 정서적 통합의 실마리 찾기에 일정하게 기여하리란 것도 예상할 수 있겠다. 앞에서도 말했지만 『청춘송가』(1987)처럼 남북에서 비슷한 시기에 동시적으로 대중 독자의 사랑을 받고 대단한 인기를 누린 작품이 많아져야 할 것이다. 이들이 앞으로 닥쳐올 정치 군사적 통일 이후 남북의 사회문화적 통합에 결정적으로 기여할 수 있는 중요한 '영혼의 교류를 통한 정서적 · 미적 통합'의 근거로 작용할 수 있기 때문에 더욱 그렇다고 하겠다.

:: 참고 문헌

고광인, 「바다」, 통일문학편집부, 『통일문학』, 평양출판사, 2005.

고철훈, 「태양의 밝은 빛은 이국땅 멀리에도 - 총서 〈불멸의 향도〉 중 장편소설 「조국찬가를 읽고」, 『조선문학』 2006. 2.

김성수, 「북한 현대문학 연구의 쟁점과 통일문학의 도정」, 『어문학』 91집, 한국어문학회, 2006. 3.

남대현, 『청춘송가』(초판), 문예출판사, 1987.

남대현, 「상봉」 『조선문학』, 1992. 7.

남대현, 『청춘송가』, 문학예술종합출판사, 1994.

남대현, 「꿈과 현실」 『조선문학』, 1998. 10.

남대현, 「조국과 함께 있는 사람들」, 『조선문학』 1999. 1.

남대현, 『통일련가』, 문학예술출판사, 2003.

박영근, 「혁명적 대작 구성문제 몇가지」, 『조선문학』, 1965. 5.

안함광, 『문학의 탐구』, 조선문학예술총동맹출판사, 1966.

윤기덕, 『수령형상문학』, 문예출판사, 1991.

백남룡론: 『60년 후』와 『벗』

주체의 균열과 욕망

고인환

1. 문제 제기: 북한 문학, 미세한 균열의 징후

북한 문학은 남한에 비해 독자적인 지위를 갖지 못하는데, 이는 북한 문학을 이해하는 데 적지 않은 어려움을 야기한다. '북한'에 악센트를 두었을 때 문학은 북한 사회의 이해 수단으로 전락함으로써 심도 깊은 논의를 가로막고 있으며, 한편 '문학'에 강조점을 주었을 때 민족 문학, 통일 문학의 하위 범주로 논의를 진행할 수는 있으나 문학의 자율성을 강조하는 남한의 문학과 접점을 찾기가 쉽지 않다.

따라서 북한 문학을 이해하기 위해서는 북한 사회(총체성)와 문학의 특수성(구체성)을 동시에 고려하는 유연한 사고가 요구된다. 북한 사회에 대한 전체적인 밑그림을 그리는 작업과 텍스트에 대한 구체적 이해가 적절한 균형 감각을 유지함으로써, 상대편에 대한 짝사랑의 방식으로 전개되는 이해나 혹은 상대에 대한 편견으로 인해 객관적인 현실을 보지 못하는 어리석음을 범하지 말아야 한다.

초기의 북한 문학 연구는 당의 문예 정책에 기초하여 작품을 이해함으로써, 북한의 자체 평가를 그대로 수용하는 방식이었다. 이는 북한 체제의 특성(사회주의적 성격)을 작품 분석의 절대적 기준으로 적용하는 방식에 머물러 있었다. 그러나 연구가 심화되면서, 구체적인 텍스트 분석을 통해 북한 문학과 문예 정책의 상관 관계를 탐색하고 그 허와 실을 비판하는 관점이 제기되었다. 이는 남한의 문학을 염두에 두고 북한 문학을 이해하려는 태도에서 비롯된 것이다.[1]

주지하듯, 1980년대 후반 동구 사회주의권의 붕괴는 한반도에 미묘한 파장을 일으켰다. 남한의 문학에서는 자본주의의 전 지구적 승리에 따른 개인의 욕망이 화려하게 개화했다. 북한의 경우는 사정이 좀 복잡하다. 자본주의 시장 경제의 점차적 침투에 따른 개인의 세속적 욕망이 미세하게 반영되는 '사회주의 현실' 주제의 작품들이 발표되었으며, 이와 대비적으로 체제에 대한 위기감의 발현으로 '주체'를 강조한 '우리 식' 사회주의 건설의 작품들이 재평가되고 제작되었다.

우리의 관심은 전자에 있다. 문학이 존재와 세계의 팽팽한 긴장을 통해 독자에게 감동을 준다는 사실을 인정한다면, 주체 소설은 우리에게 감동을 주기 어렵다. 존재의 내면과 욕망이 의식적으로 거세된 작품들이 주체 소설의 주류를 이루어 왔기 때문이다. 따라서 1980년대 이후 개

1 북한 문학 연구가 시작된 것은 월북 작가들에 대한 해금 조치가 내려진 1980년대 후반부터다. 1990년대에 이르면서 사회적·경제적 우위를 바탕으로 체제 경쟁적 차원에서 벗어나 북한을 객관적 차원에서 접근하려는 분위기가 형성되었다. 북한 사회의 특수성을 인정하고 북한의 입장에서 접근하려는 논의가 시작된 것이다. 북한 문학을 분단의 상황에서 벗어나 남한이나 북한 중심이 아닌 태도로 이해하려는 시도는 2000년 이후 북한 문학 연구에서 발견할 수 있는 가장 큰 특징이다. 특히 김정일 시대 혹은 선군 혁명문학에 대한 연구가 진행되면서 북한 사회의 변화와 북한 문학 연구의 시차가 해소되었다는 점은, 북한 문학에 대한 종합적 평가를 가능하게 하는 바탕이 되고 있다. 자세한 북한 문학 연구 현황에 대해서는 전영선, 「북한문학 연구의 현황과 쟁점: 북한 문학 연구의 비판적 고찰과 문제 제기를 중심으로」, 『현대북한연구』(7권 3호), 경남대학교 북한대학원, 2005를 참고할 것.

인의 욕망이 북한의 소설 속에 등장했다는 사실은 중요하다. 이는 주체 소설의 미세한 균열을 드러내는 징후로도 볼 수 있다.

2. 백남룡의 문학 세계

백남룡은 '사회주의 현실'을 다룬 대표적인 1980년대 작가라 할 수 있다. 그의 대표작 『60년 후』(1985), 「생명」(1985), 『벗』(1988) 등이 이 시기에 발표되었고 또한 그의 작품들은 1980년대 북한 문학의 새로운 특성을 표출하고 있기 때문이다.

백남룡은 1949년 10월 19일 함경남도 함흥시에서 태어났다. 1964년에 고등학교를 졸업하고, 열여덟 살이 되던 1966년부터 10년 동안 장자강 기계공장에서 노동자 생활을 한 후 김일성종합대학을 졸업했다. 1979년 『조선문학』에 단편 「복무자들」을 발표한 이후 20여 편의 중 · 단편을 발표했다. 대표적인 작품으로 『벗』, 『60년 후』, 「생명」 등이 꼽히고 있다. 그 중 「생명」은 1985년 한 해 동안 북에서 창작된 작품들 가운데서 우수한 단편 소설 다섯 편 중의 하나로 선정되어 '1985년도 성과작'이라는 표창을 받기도 했다.

한편, 『60년 후』는 "혁명 승리의 관건적 문제의 하나인 세계의 계승성 문제를 제기하고 후대들이 당에 바치는 로세대의 깨끗한 충성심을 이어받을 때 참된 계승으로 된다는 사상을 밝혀 주고 있다"[2]는 평가를 받았으며, 『벗』은 "법무 일군으로서의 높은 자각과 책임성, 풍부한 인간애를 지닌 정진우의 시점에서 심리 분석적 묘사를 통하여 가정 윤리 문제를 깊이 있게 해명했으며 인물 성격들을 인상 깊게 개성화했다"[3]는 논평을

2 『문학대사전 2』(사회과학원, 2000), 101-102쪽 참조.

3 같은 책, 451쪽 참조.

얻었다. 백남룡은 등단 이후 '자강도창작실'에서 창작을 하다가, 현재는 평양에 있는 '4·15문학창작단'에서 창작 활동을 하고 있다.

백남룡의 대표작 『60년 후』와 『벗』은 주체 소설의 미묘한 변화와 흐름을 반영한 작품이다. 1980년대 북한 문학을 이해하는 데 중요한 점은 표면적으로 드러나지 않는, 아니 드러날 수 없는 개인의 무의식적 '욕망'을 밝히는 일이다. 북한 소설이 소외시켜 온 개인의 욕망을 포착하는 일이야말로 주체 소설이 가진 경직성(한계)을 완화시킬 수 있다는 판단에서다. 따라서 『60년 후』와 『벗』에 드러난 실제 북한 주민들의 삶을 통해 그들의 미세한 '욕망'을 밝히는 일은 주체 소설의 한계와 가능성을 동시에 보여 주는 것이기도 하다.

1) 분석 텍스트의 줄거리: 『60년 후』

환갑이 훨씬 지난 나이까지 사업을 해 오던 곡산공장 지배인 최현필은 연로한 관계로 퇴임 담화를 하고 무거운 마음으로 공장에 돌아온다. 설상가상으로 공장에는 '저열탄 보이라 사고'로 아들인 정민이가 병원에 실려 갔다는 소식이 그를 기다리고 있었다. 최현필의 적극적인 후원 아래 그 지방에 흔한 '저열탄'으로 생산을 정상화하기 위해 진행해 오던 '보이라 개조'가 또 실패한 것이다.

최현필의 친구 아들이며 부기사장인 마진호는 이러한 '보이라 개조' 사업을 늙은 지배인의 쓸데없는 고집으로, 나아가 공명심의 발로로 생각하면서 오히려 공장 생산품을 담보로 고열탄을 더 많이 끌어오는 데만 신경을 쓴다. 게다가 병원에서 퇴원한 정민이까지 아버지의 말년의 생활에 흠집이 남을까봐 동요를 일으킨다. 최현필은 후대들의 마음 속에 당을 받드는 깨끗한 마음을 심어 주지 못한 자신을 자책하면서 마진호가 계획분을 초과하여 고열탄을 들여왔을 때 엄격히 비판하면서 그것을 돌려보낸다. 그리고 진호의 아버지가 돌아간 날을 잊지 않고 찾아가 아버지처럼 당에 충실하도록 교양한다. 최현필의 깨끗한 충성심에 머리를 숙인 진호는 정민과 기관장 주성칠 등과 함께 돌격대를 조직하여 '보이라 개조'를 다그친다. 마침내 '보이라 개조'가 성공해 최현필은 당의 배려로 명예지배인으로 사업하게 된다.

여기에 진옥과 정민의 사랑이 겹쳐진다. 이들은 어린 시절 고향에서 함께 오누이처럼 자란 친구 사이였다. 학창 시절이 끝나고 정민은 북방의 새 탄광 개발지로 떠났다. 그리고 대학에 추천되어 열공학부를 졸업하고 '보이라' 기사로 배치되어 유치원 선생이 된 진옥과 다시 만난다. 이들의 사랑을 이어 주는 끈은 '어린 시절의 추억 속에 있는' 소중한 우정이다.

'보이라 개조' 공사를 하던 중 사고로 다쳐 누워 있는 정민을 떠올리며 진옥은 동정과 연민, 공포의 감정에 휩싸인다. 불구가 될지도 모르는 청년과 한평생을 살지도 모른다는 불안감의 다른 표현인 것이다. 오빠인 마진호의 만류에도 불구하고 진옥은 정민의 병문안을 간다. '아버지의 친구에 대한 의리로서, 동무로서 찾아간다'고 스스로에게 위안을 한다. 이러한 진옥의 감정은 투약 봉투를 모아 풀로 붙여 도면을 만들며 '보이라' 공사 일을 계속하는 정민의 열의를 통해 고쳐진다. 진옥은 자신의 잘못을 뉘우치고 진정한 사랑의 감정을 느낀다.

이처럼 진옥의 내면적 갈등은 과거의 아름다운 추억과 정민의 당에 대한 헌신적 노력을 통해 극복된다. 결국 진옥은 사랑하기 때문에 한 남성을 선택하는 것이 아니라, 충성스럽고 믿음직하기에 어쩔 수 없이 받아들이는 수동적인 태도를 보여 준다.

2) 분석 텍스트의 줄거리: 『벗』

서로 이혼하려고 하던 한 가정에 다시 행복을 꽃피워 준 한 '법무 일군'의 이야기를 통해서 가족 관계는 동지적 관계로 되어야 한다는 것을 보여 준 작품이다. 시인민재판소 판사 정진우는 어느 날 도예술단의 이름난 성악 배우인 채순희로부터 이혼 신청을 받게 된다. 이혼 조건은 고목과도 같이 생활이 메마른 남편과는 도저히 '생활 리듬'이 맞지 않는다는 것이었다. 채순희는 뭇사람들의 선망 어린 눈길과 박수갈채 속에 사는 인기 배우였고 그의 남편은 선반공이었다. 이들의 이혼 문제에 도공업기술위원회 위원장 채림이까지 끼어들어 정진우에게 이혼을 성사시켜 줄 것을 당부한다.

정진우는 이들의 가정을 구체적으로 이해하는 과정에서 가정 불화의 원인이, 선반공이었던 자기의 과거를 잊고 음악가가 된 후 허영에 들뜬 채순희의 이기적인 불만과 더불어, 과학과 기술 그리고 예술이 발전했고 사회가 변했는데 여전히 시대에 뒤떨어진 목가적 사랑을 붙들고 있는 남편 석춘에게도 있다는 사실을 발견한다. 또한 직권을 남용해 석춘의 다섯 해에 걸친 노력의 산물인 '다축라사 가공기' 창안까지 묵살시켜 버린 채림의 옳지 못한 처사에 있었다는 것을 알게 된다.

석춘의 심리적 고충을 덜어 주기 위해 정진우는 살얼음이 진 강물에 들어가 '조종연결대를 만드는 주물'에 쓸 모래를 채취해 오는 한편, 집단의 방조로 채순희가 자기의 결함을 고치도록 하여 채림을 엄하게 비판한다. 그리하여 불협화음으로 얼었던 마음이 풀리어 아량과 용서, 희망의 기대 속에 그들 부부는 다시 결합된다. 소설은 사회의 기초인 가정의 행복은 이기적인 사랑이 아니라 조국과 인민을 위해 성실히 복무하는 한길에서 동지적 사랑을 꽃피우는 데 있다는 것을 보여 주고 있다.

3. 『60년 후』와 『벗』을 통해 본 균열과 욕망

1) '대가정'에서 '소가정'으로

북한은 수령을 중심으로 하는 '대가정' 사회다. 주체 시대 이후 김일성, 김정일은 당 그 자체이거나 당에 앞서는 절대 존재로 군림하게 된다. 수령은 '어버이'이며, 당은 '어머니'로 표현된다. 따라서 수령의 혁명 역사를 발굴, 복원하는 작업은 중요한 문학적 전범이 된다. 수령과 인민의 관계는 '부모-자식'의 관계와 같이 직접적이다. 수령-당-인민의 관계는 정치 도덕적 윤리에 기초한 유기체적 생명체(혁명적 가족)로 비유된다. 《불멸의 력사》 총서 계열의 작품들이 보여 주는 거대한 서사적 화폭은 이를 잘 보여 준다.

그러나 1980년대 이후, 지금까지 주체 소설이 보여 준 수령의 대가족사 복원과 사회주의 선설을 추동하는 내용은 생활에 밀착된 개인들의 삶을 다룬 이야기에 조금씩 자리를 비켜 주고 있다. 이는 주체 소설의 요구와 소설의 본질 사이의 미세한 균열을 보여 주는 예라 할 수 있다.

여기에서는 이러한 미묘한 변화를 염두해 두고 백남룡의 『60년 후』와 『벗』을 살펴보고자 한다. 『60년 후』는 퇴직을 앞둔 공장의 지배인 최현필이 겪는 삶의 문제를 다루고 있다. 이 작품에는 가정 생활과 직장 생활 사이의 갈등이 드러난다. 주인공 최현필은 가정보다는 사업(직장 생활)을 중요시하는 인물이다. 아들이 '보이라' 사고로 목숨이 위태로울 지경인데도 그는 '보이라' 개조 공사를 미처 끝내지 못한 사실을 더 안타까워하는 인물이다. 이러한 최현필의 태도는 수령을 중심으로 뭉친 대가정인 국가의 사업을 개인의 가정 생활보다 우위에 두는 신념의 발현이다.

세월의 흐름과 자신의 늙음을 뚜렷이 인식하고서 마음의 준비를 갖추고 있던 일이였건만 정작 당하고 보니 갑자기 보람차던 생이 끝나버린 듯 서글퍼졌다. 사람이 공기 속에서 살듯이 공장에 관한 크고작은 일들의 련쇄 속에서 살던 그의 머리는 텅 비고 외롭고 쓸쓸한 감정이 가슴을 채웠다. 인제는 공장과 수백 명 로동자들 대신 늙은 안해와 아들만을 거느린 단출하고 적적한 생활이 앞에 있는 것이다.[4]

그에게 공장은 생의 전부였다. 최현필은 '늙은 안해와 아들'이 있는 가정의 울타리를 벗어나, '수백 명의 로동자들'이 일하는 공장인 더 큰 가정에서 삶의 보람을 느낀다. 이러한 최현필의 사고는 비록 수령의 가족사를 복원하는《불멸의 력사》총서 계열의 작품과는 다소 거리가 있지만, 수령과 당을 중심으로 한 대가정인 국가의 사업을 중시한다는 점에서 총서 계열의 연장이라 할 수 있다.

그런데 『벗』의 주인공 정진우 판사는 가정과 사업을 각기 독립적인 영역으로 설정하고, 순희 부부의 갈등을 중개하고 있다. 특히, 그가 리석춘을 비판하는 대목은 주목을 요한다.

그러나 정진우는 채순희의 결함을 허영심이라고 박아놓고 싶지 않았다. 예술인 가수는 로동자와는 달리 직업적 특성으로부터 정신 생활에서 허영심이 있을 수 있다. ……

그렇다면 순희의 허영심이 과연 질적으로 나쁜 것인가?…… 그 녀자는 남편이 선반공이여서 불평하는 것이 아닌 것 같다. 남편이 십 년 전이나 오늘이나 정신 생활에서 변화가 없이 따분하고 구태의연한 생활을 하기 때문이 아니겠는가…… 석춘이의 지성 정도나 리상은 신혼 생활 때와 수

4 백남룡, 『60년 후』(한웅출판, 1992), 18쪽.

> 평이거나 침체되는 것 같다. 그러면서도 생활에 대한 자기 만족에 차서 자존심을 세우고 있다. 거기에다 성실성이라는 울타리를 든든히 둘러치고 안해를 타매한다.…… 바로 이런 마찰에서 순희의 우월감과 절망적인 결심이 생긴 게 아닐까? 분쟁의 초점은 거기 있는 것 같다. ……
>
> 공장에서의 성실성은 가정에서 화목의 바탕으로 될 수는 있어도 전부로 되지는 못한다. 애정관은 사업 말고도 정신 생활 영역의 많은 부분에 기초를 두고 있는 것이다.[5]

정진우 판사는 십 년 전 선반공 때의 지향과 현재의 지향 사이에 아무런 변화도 없는 석춘을 실타한다. 석춘은 십 년 전 프레스공 처녀에 대한 사랑을 그대로 유지하고 있는 인물이다. 그러나 순희는 이제 프레스공이 아니라 이름 있는 '중음 가수'로 정신문화적 면에서 크게 발전했다. 과학과 기술, 예술이 발전했고 사회가 변했는데, 석춘은 시대에 뒤떨어진 목가적 사랑을 붙들고 있나. 이러한 석춘의 지향, 정신 생활의 침체가 순희의 허영을 가져왔다는 것이다. 순희와 같은 젊은 여성의 이러한 요구는 높은 정신 문명에 대한 갈망에서 나온 필연적인 것이다.

이러한 정진우 판사의 생각은 지금까지의 북한 소설과는 다른 관점이다. 대가정이라는 국가의 이념에 개인의 가정이 종속되는 과거의 주체 소설을 넘어, 『벗』에서는 가정이 국가의 개별적 생활 단위로 독자적인 영역을 지닌다. 사회의 세포인 가정의 운명과 사회라는 대가정의 공고성은 긴밀한 연관을 갖는다. 이 작품에서는 가정과 사업이 거의 대등한 입장에서 제시되고 있다. 이는 채순희(가정)와 리석춘(사업, 국가)의 갈등이 어느 한쪽으로 투항하는 방식으로 화해하는 것이 아니라, 상호의 문제점을 인정하고 더 나은 미래를 설정하는 방향으로 해소된다는 점에

5 백남룡, 『벗』(살림터, 1992), 133-134쪽.

국가 정책의 본보기 부부로 그려진 미술 작품

서 드러난다.

『벗』의 채순희는 주체 소설의 변화를 보여 주는 문제적 인물이다. 그녀의 "낡은 과거가 여기에 무슨 상관이 있어요. 생활은 오늘이고 앞에 있어요"라는 발언은 북한 체제의 현실적인 어려움을 잘 드러내 준다. 이는 『60년 후』와도 사뭇 다른 관점이다. 이러한 순희 부부의 고민은 현실적인 생활에서 부딪치는 살아 있는 갈등이다. 이들의 갈등은 구체적 삶의 터전인 가정의 소중함을 새삼 일깨워 준다는 점에서 기존의 주체 소설과는 다른 지점에 서 있다.

2) '과거'에서 '현재'로

주체 소설에서 항일 무장 투쟁이나 전쟁시의 영웅적 투쟁 그리고 전후 복구 사업 등 과거의 역사는 현재진행형으로 그려진다. 이러한 절대적 과거는 현실의 어려움을 극복하는 내부적 힘이 되었으며, 북한 사회를 유지하는 원동력이기도 하다.

그러나 주체형 인간상과 주체형 사회는 인공적으로 새롭게 창조되어야 할 미래형 과제다. 이러한 새로운 과제는 절대적 과거의 전통을 바탕으로 제기되었다. 새로운 인간상과 새 사회의 이상은 그것에 위배되는 낡은 것 위에 세워진 것이다. 이러한 상황은 절대적 과거와 사회주의적 미래 사이에 현실의 문제가 소외된 형국이다. 따라서 주체 소설에서 바람직한 현실의 모습은 수사의 공간에 존재할 뿐, 구체적 실제성으로부터 이탈되어 있다. 주체 소설에서 과거의 규정력이 지닌 한계는 바로 여기에 있다.[6]

주체 소설을 추동하던 과거의 절대적 규정력은 1980년대 이후 미묘한 변화를 보인다. 이제 일본 제국주의나 전후의 피폐한 현실, 그리고 미 제국주의가 인민의 삶을 위협하고 있지 않다. 오히려 일상적 삶에서 발원하는 세속적 욕망이 북한의 체제에 미세한 균열을 내고 있는 것이다. 여기에서는 주체 소설에 드러나는 과거의 규정력이 현실의 문제로 전화(轉化)해 가는 과정을 『60년 후』와 『벗』을 통해 추적해 보기로 한다.

먼저 『60년 후』를 살펴보도록 하자. 이 작품에 드러나는 세대 갈등, 관료주의, 사랑 등의 현실적 모순은 과거의 소중했던 추억, 자연의 아름다

6 신형기는 북한 사회에서 과거가 답습될 수 있었던 물질적 · 역사적 토대를 다음의 두 가지로 들고 있다. 첫째, 사회 변화의 동력이 될, 계급 · 집단 간의 이해 관계가 미분화된 상황에서 전개된 북한의 사회주의 혁명은 과거에 대한 반성적 기회를 차단하는 결과를 낳았다는 것이다. 둘째, 전쟁과 미국의 위협은 내부적 단결을 요구하게 되었고, 이는 내부적 변화를 제약하는 요인으로 작용했다는 것이다(신형기, 『북한 소설의 이해』, 실천문학사, 1996, 21쪽).

움, 어린이의 순수한 동심 등의 계기를 통해 해소된다.

최현필은 나이가 들어 지배인 자리를 은퇴하게 된 자신의 처지를 '푸른 싹이 고목으로 바뀌는 것'에 비유하면서, 이를 '세월과 자연의 법칙'으로 생각한다.

> 쏴—쏴—아—
>
> 여울물은 거품을 튕겨올리며 줄기차게 흐른다. 머나먼 산골짜기에서 시작된 간고하고도 환희로운 생의 영원한 노래를 부른다. 60년 후! 누구나 맞이하게 되는 인생 말년의 노래를!
>
> 강변에는 어린 버드나무들이 서 있다. 등이 굽고 껍질이 꺼멓게 터 갈라진 늙은 버드나무한테서 말큰한 잎새와 단단한 줄기, 탄력 있는 가지를 물려받은 어린 버드나무들이다. 그것들은 푸르고 싱싱한 모습으로 태양을 향해 서 있다. (『60년 후』, 263쪽)

위의 인용문은 노세대와 후대의 조화를 '늙은 버드나무'에게서 잎새와 줄기, 그리고 가지를 물려받은 '어린 버드나무'로 비유함으로써 세대 갈등을 해소하고 세대 교체의 필연성을 드러낸다. 이러한 자연에 동화된 삶은 순수한 어린이의 모습에 대한 동경으로 변주된다. 아버지의 건강을 염려해서 '제1호 보이라 공사'를 포기하려는 아들에게 모질게 질책하고 공장으로 돌아오는 최현필의 복잡한 마음은 부기사장의 아들 은철이와 기관장의 딸 순애를 만나며 맑아진다. '아이들의 티없이 천진한 웃음소리'는 그의 머리를 괴롭히던 잡념을 씻은 듯이 사라지게 한다.

이러한 자연의 순수함과 어린이의 천진난만함은 세대 갈등, 사업과 가족의 문제 등 현실적 어려움을 극복하는 계기로 그려진다. 또한 자연 친화적이고 과거 지향적인 태도는 작품 속에서 아름다운 서정성을 표출하는 데 기여하고 있다. 하지만, 현실의 구체적 갈등을 해소하기에는 미흡

하다. 이러한 서정성은 미래 지향적인 듯이 보이는 주체 소설이 실제로는 과거에 고착되어 있음을 보여 준다.

과거 지향적인 태도나 자연 친화적인 태도가 『벗』에서도 드러난다. 그러나 이 작품에서는 고통스럽지만 이러한 절대적 과거로부터 벗어나려는 인물들의 무의식적 욕망이 표출된다. 이는 주체 소설이 소외시킨 고통스러운 현실을 직시하려는 의지로 이해할 수 있다.

남편과의 이혼을 결심한 순희는 '천진한 유년 시절, 꿈 많은 소녀 시절, 수줍음과 청초함이 꽃처럼 피던 처녀 시절'의 고향집 '락수물 소리'를 회상한다. 어린 순희에게 락수물은 우주를 담은 조그만 물방울들의 생명체로 여겨졌다. 그러나 현새의 락수물 소리는 '번뇌와 절망에 싸여 있는 순희에게 어떤 가혹한 운명의 예고'를 하는 듯 느껴진다. 사람에게 차별을 모르는 자연도 지금에 와선 순희를 불행에서 헤어나오지 못하게 위협하는 듯 느껴지는 것이다.

"어머니……"

어데선가 울리는 귀익은 부름소리는 머나먼 어린 시절의 공상 세계에서 헤매는 순희의 옷자락을 끌어당긴다.

"어머니?……"

순희는 모지름을 쓰면서 소꿉놀이 친구들과 헤여져 추억의 안개를 헤치고 현실 세계로 내려온다.

"자나?"

"응?……"

순희는 몸을 부르르 떨었다. 아들 호남이다. 어린 아들은 웃방과 아랫방 사이의 반씀 열어놓은 미닫이 옆에 앉아 있다. 어슴푸레한 방 안의 어둠 속에서 베개를 안고 웅크리고 앉은 아들애의 모습이 보인다. 륜곽으로서보다 어머니의 육감으로 본다. 아들애는 이 밤 웃방에 누운 제 아버지한테 갈지…… 어머니한테 갈지…… 결정을 내리지 못하고 망설이며 중간에 앉아 있다. 불을 끈 지도 시간이 퍽 흘렀겠는데 그냥 앉아 있은 것을 보면 어덴가 제 아버지의 성미를 적지 않게 닮았다. 그것을 느끼면서도 순희는 어머니로서의 강렬한 애정을 누를 수 없었다.(『벗』, 110-1쪽)

순희의 회상 자체는 이제 더 이상 현실의 문제를 해결해 주지 못한다. 머나먼 어린 시절의 공상에서 그를 부르는 아들의 목소리(현실)에 그녀는 고통스럽게 몸을 부르르 떨며 깨어난다. 순희의 심정을 대변하는 현재의 거친 빗줄기는 "추억의 세계에서 소중하고 아름다운 모든 것을 먼지처럼 씻어버리려고 끈덕지게 흘러 내"린다.

이러한 과거와 현재의 길항은 정진우 판사의 삶에서도 드러난다. 그는 리석춘과 채순희의 가정 불화를 중개하면서 자신의 삶을 반성적으로 사유하는 열린 인물로 설정되어 있다.

좀 힘들긴 하지만…… 그리고 가끔 불만스럽고 짜증나는 적도 있었지만…… 보람 있는 생활이였소. 결혼 생활의 리상이…… 지향과 목표가 한 걸음, 한 걸음 이루어지는 것이 난 기쁘오. 연약한 당신이 그 참다운 연구 생활에서…… 기나긴 탐구의 길에서 머리에 서리가 내리면서도 물러서지 않는 걸 보는 게 내게는 행복이요. 솔직히 말해서 지난 날에는 이런 진실하고 깨끗한 동지적 감정을 품지 못했더랬소. 젊었을 땐 당신이 사랑스러워서 뒤바라지를 했고 다음엔 그저 남편이니 안해를 도와 주어야 한다는 의무감이 앞섰더랬소. 그러다보니 남들의 아늑한 정상적인 가정 생활을 부러워했고 목가적인 순수한 가정적 행복을 바란 적도 있었소.(『벗』, 208쪽)

정진우는 당의 법률 사상을 옹호 관철하는 사업과 아파트 3층에 꾸린 온실 관리와 주부의 몫인 가사일까지 하면서, '가정 생활의 리상으로써가 아니라 현실적인 몸'으로 늙어 온 자신의 삶을 되돌아본다. 고향 연수덕에 '남새'를 재배하려는 아내 은옥의 열정에 적극적으로 동조한 정진우의 결혼 시절 언약과 의리는 생활의 현실적인 모습을 미처 고려하지 못한 태도였다. 오히려 그는 이러한 현실적인 어려움은 과거의 언약과 의리를 회상하고 되새기는 차원에서 해소되는 것이 아니라, 결혼 시절의 지향과 목표를 현실 속에서 '한 걸음, 한 걸음' 실현하는 과정에서 해결된다는 점을 깨닫게 된다. 이는 과거의 절대적 원칙이 현실의 구체적 생활 속에서 실현되고 있다는 점에서 주체 소설의 관심이 '절대적 과거'에서 '일상적 현실'로 옮아가고 있음을 보여 준다. 여기에서는 과거의 추억과 자연의 순수함이 현실 속에서 능동적으로 기능하고 있다.

3) '혁명적 사랑'에서 '개인적 사랑'으로

사랑은 인간의 생물학적 · 유희적 본능을 규정하는 중요한 요소로, 누구도 침범할 수 없는 개인의 가장 내밀한 욕망이다. 따라서 주체 소설에 드러난 사랑을 통해 우리는 지금까지 북한의 문학이 소홀히 해 온 '욕망'의 한 단면을 살펴볼 수 있을 것이다.

1970년대 이후 주체 소설이 추구해 온 '주체형 공산주의자'는 정치적 생명(이성)을 육체적 생명(감성, 본능)보다 중시하는 새 인간형이다. 이들의 사랑은 '우리 식 사회주의 건설'이라는 대의(정치적 과제)를 개인의 욕망보다 우위에 두고 형상화되어 왔다는 점에서 '혁명적 사랑'이라 지칭할 수 있다. 혁명적 사랑은 구체적인 개인의 욕망을 억압한다.

따라서 1980년대 이후 주체 소설에서 애정의 문제가 중심 소재로 채택되기 시작했다는 점은 중요한 의미를 지닌다. 이는 억압된 개인의 내밀한 욕망을 표면화하고 있다는 점에서 주체 소설의 변화를 보여 주는 징후다.

여기에서는 『60년 후』에 나타나는 정민과 진옥의 사랑, 『벗』에서의 석춘과 순희의 사랑을 비교, 고찰해 보고자 한다. 이들 작품에는 북한 젊은 이들의 사랑 방식과 그들이 겪고 있는 사회 현실의 미묘한 변화 과정이 좀더 구체적으로 드러나 있다.

진옥과 정민은 어린 시절 고향에서 함께 오누이처럼 자란 친구 사이였다. 학창 시절이 끝나고 정민은 북방의 새 탄광 개발지로 떠났다. 그리고 대학에 추천되어 열공학부를 졸업하고 '보이라' 기사로 배치되어 유치원 선생이 된 진옥과 다시 만난다. 이들의 사랑을 이어 주는 끈은 '어린 시절의 추억 속에 있는' 소중한 우정이다. '다정다감한 고향 도시의 잊지 못할 추억을 품에 안고 있는 진옥'을 정민은 사랑하는 것이다.

'보이라' 개조 공사를 하던 중 사고로 다쳐 누워 있는 정민을 떠올리며 진옥은 동정과 연민, 공포의 감정에 휩싸인다. 목숨을 잃지 않은 것을 다행으로 여긴 첫 감정은 정민의 상처가 던지는 그늘로 하여 야릇한 공포를 불러일으킨 것이다. 이 공포의 감정은 진옥의 내면적 욕망을 진솔하게 드러낸 것이다. 불구가 될지도 모르는 청년과 한평생을 살지도 모른다는 불안감의 다른 표현인 것이다.

오빠인 마진호가 정민과의 결혼을 반대하자 진옥은 거기에 적극적으로 대응하지 못한다. 정민에 대한 미지근한 사랑과 이기적인 순종감 때문이었다. 진옥은 오빠인 마진호가 가지 못하게 하는 병문안을 가면서 '아버지의 친구에 대한 의리로서, 동무로서 찾아간다'고 스스로에게 위안을 한다. 이러한 진옥의 감정은 '머나먼 산골짜기에서 시작된 애린 물줄기'라는 정민의 말을 떠올리며 고쳐진다.

> 자기 몸의 상처를 두려워하지 않는 사람, 당에서 바라는 것을 위해서라면 목숨을 바쳐서라도 해낼 각오가 있는 사람!…… 얼마나 훌륭하고

고상한 정신 세계를 소유한 청년인가. 육체적 불구는 되어도 정신적 불구가 되지 않으려는 그 깨끗하고 충성스런 마음을 보지 않고 나는 무엇을 고민했던가. 진정한 사랑이 무엇인지도 모르고 사랑을 했었지.

진옥은 부끄러웠다. 어서 정민을 만나 동정과 의리심으로 찾아오던 속된 자기를 까밝히고 사죄하고 싶었다.(『60년 후』, 123쪽)

병원에서 정민은 투약 봉투를 모아 풀로 붙여서 도면을 만들어 '보이라' 공사 일을 계속하는 열의를 보여 준다. 이러한 소식을 간호원 처녀에게 듣고 진옥은 자신의 잘못을 뉘우치고 진정한 사랑의 감정을 느낀다.

이처럼 진옥의 내면적 갈등은 과거의 아름다운 추억과 정민의 당에 대한 헌신적 노력을 통해 극복된다. 결국 진옥은 사랑하기 때문에 한 남성을 선택하는 것이 아니라, 충성스럽고 믿음직하기에 어쩔 수 없이 받아들이는 수동적인 태도를 보여 준다.

『벗』에서 드러나는 리석춘과 채순희의 사랑은, 『60년 후』의 정민과 진옥의 사랑이 결실을 맺은 후 겪게 되는 좀더 현실적인 갈등으로 볼 수 있다.

도예술단의 성악 배우이자 중음 가수인 채순희는 시인민재판소에 찾아와 이혼을 청구한다. 이유는 남편과 '생활 리듬'이 맞지 않는다는 것이다. 강안기계공장 선반공인 남편 리석춘이 십 년 전이나 오늘이나 정신 생활면에서 변화가 없이 따분하고 구태의연한 생활을 하기 때문이다. 채순희는 진옥과는 달리 진취적이고 적극적으로 자신의 주장을 펼친다.

"저는 남편에 대한 의무엔 충실했어요. 선반기 돌리는 걸 지구덩이를 돌리는 것만치 큰 일로 아는 그 사람의 뒤바라지를 고분고분 했고…… 5년씩이나 걸린 창안을 위해서 모든 걸 바쳤어요. 그 사람이 로임을 못 들여오건, 집을 돌보지 않건…… 다 참고 생활을 했어요. 하지만 남은 건 모욕과 허무감이고 고통뿐이예요. 제가 더 참고 견디면서 산다면 재판소에 안 올 수도 있을 거예요…… 아니, 아니…… 그럴 수 없어요! 인젠 더는 못 견디겠어요. 저는 가수예요. 노래를 사랑하고 관중을 사랑해요. 남편의 고통스러운 생활 때문에…… 저의 리상을…… 앞날을 희생할 수는 없어요."

"로임은 왜 제대로 들여오지 못했소?"

"창안을 하면서 숱한 오작(잘못 만든 물건)을 내고 공장 재산에 손해를 끼쳤지요. 정직한 남편이니 변상을 한 거예요."

녀인은 씁쓸히 웃었다. 태연하고 어딘가 경멸에 가까운 표정이였다. 리혼 소송의 본질적 주장이 금액상 문제가 있기나 한 것처럼 이야기가 번져진 것을 부정한다는 속대사가 충분히 짐작되였다.(『벗』, 20쪽)

파경 직전까지 간 순희 부부의 갈등을 좀더 살펴보자. 순희는 남들보다 더 번듯이 남편을 내세우고 싶어한다. 그녀는 과거에 머물기보다는 새로운 감정, 정서와 이상을 펼치면서 변화 발전하는 세계를 지향한다. 이는 '문화정서적' 욕구로 표출된다. 순희의 사고 방식은 남편인 석춘에 의해 비판받는다. 석춘이 보기에 이러한 순희의 지향은 순박하지 못한 여성적 자존심, 직업에서 생긴 허영심에서 발원한 것이다.

이러한 순희와 석춘의 갈등은 세속적 욕망과 혁명적 지향 사이의 갈등이며, 신세대와 구세대의 갈등이기도 하다. 특히, 세대 갈등이 부부 사이의 갈등(수평적 관계)으로 제시되고 있다는 점은, 새로운 세대의 생활적 요구가 '혁명적 사랑'의 이상과 대등할 정도로 심각하게 부각되고 있음을 보여 준다.

이들의 갈등은 부부 간의 의리를 처음 맺어 주던 깨끗하고 순박한 사랑을 보존하면서, 그 위에 현실의 정신 생활이 낳은 새로운 감정들로 사랑의 탑을 쌓아가야 한다는 점을 인식하면서 해소된다. 하지만 이러한 순희 부부의 재결합은 '혁명적 사랑'에서 '개인적 사랑'으로 변모해 가는 주체 소설의 변화까지를 숨기지는 못하고 있다.

4. 나가는 말: 주체 소설의 변화와 남북 문학의 소통

지금까지 백남룡의 『60년 후』와 『벗』을 주체 소설의 변모 양상과 관련해서 살펴보았다. 이 작품들에 드러나는 가족 문제, 현실과 생활의 문제, 남녀간의 애정 문제 등은 주체 소설의 미세한 균열을 드러내는 하나의 징후로 이해할 수 있다. 물론 이를 주체 소설 전반의 변화라고 단정하기는 어렵다. 그러나 개인의 욕망을 억압한 주체 소설이 어느덧 스스로를 되돌아보는 자리에 서게 되었다는 사실은 부인할 수 없다. 이러한 욕망의 다양한 표출은 개인과 집단의 새로운 관계 정립이라는 과제를 주체 소설에 던진다.[5]

1980년대 북한 문학은 크게 두 경향으로 나뉜다. 먼저, 《불멸의 력사》 총서로 대표되는, 과거의 역사를 재구성하는 작품들을 들 수 있다. 이 계열의 작품은 항일 혁명 투쟁의 복원과 사회주의 건설의 당위성을 형상

5 김재용은 1980년대 북한 문학을 주제별로 구분했다. 첫째 해방 후 혁명 투쟁을 형상화한 문학, 둘째, 역사 주제의 문학, 셋째, 조국 통일 주제의 작품, 넷째, 사회주의 현실 주제의 작품 등이 그것이다. 그가 주목한 사회주의 현실 주제의 북한 소설로는, 최상순의 「나의 교단」(1982), 김봉철의 「나의 동무들」(1982), 백남룡의 「60년 후」(1985)와 「벗」(1988), 김동욱의 「병사의 고향」(1982), 김삼복의 「세대」(1985)와 「향토」(1988), 조의철의 「정든 고향」(1984), 허춘식의 「야금 기지」(1986), 김교섭의 「생활의 언덕」(1984), 남대현의 「청춘송가」(1987), 이희남의 「여덟 시간」(1986) 등이 있다(김재용, 「80년대 북한 소설문학의 특징과 문제점」, 『창작과 비평』, 1992년 겨울 참조). 본고에서는 김재용의 분류를 수용하면서, 이전의 작품 경향과 뚜렷하게 구분되지 않는 첫째, 둘째, 셋째 작품군과 80년대 문학의 새로움을 보여 주는 넷째 작품군으로 나누어, 후자를 중심으로 논의를 전개했다. 백남룡은 사회주의 현실 주제의 작품 성향을 가장 잘 보여 주는 작가 중의 한 사람이기 때문이다.

화하는 데 주력하며, 사회주의 국가인 북한 정책의 일환으로 제작된 것이다.

다음으로 '사회주의 현실'을 다룬 작품들이다. 주체 문예 이론에 입각해 제작된 작품들이 대중성 확보에 실패하자, 절대적 과거에서 벗어나 실제 현실에서 인민들이 느끼는 애환이나 생활을 다룬 작품들이 등장하게 된다. 이러한 작품들은 기존의 이념적인 작품 경향에서 완전히 벗어난 내용을 담고 있는 것은 아니지만, 서민들의 실제 삶을 다룬다는 점에서 주체 문예 이론에 입각한 기존의 작품들과는 미세한 차이를 보인다.

북한의 1980년대 문학은 비적대적 모순에 바탕한 사회주의 건설의 문학이 주류를 이룬다. 이 시기는 문학 예술의 자율성이 표출되어 주체 문예 이론의 한계점이 드러나는 시기이기도 하다. 따라서 1980년대 북한 문학은 주체 사상에 순응하는 문학과 개인의 욕망이 표출되는 균열의 문학으로 양분할 수 있다. 직접적이지는 않지만 개인의 세속적 욕망이 표출된다는 점에서 후자는 주체 사상과 미묘하게 갈등하는 문학이라 할 수 있다.

1967년 이후 등장한 주체 문학은 '과거의 영광'을 되돌아보는 회고적인 문학이다. 이러한 경향은 1980년대 들어 조금씩 변모하기 시작한다. 가장 두드러진 점은 '과거의 영광'에서 '현실 생활의 문제'로 소설의 창작 공간이 이동하고 있다는 점이다. 백남룡은 이를 대표적으로 보여 주는 작가라 할 수 있다. 그의 작품 『벗』은 남 · 북의 독자들에게 함께 사랑받았다. 북에서는 인민들의 실제적인 관심과 현실적인 욕망을 표현했다는 점에서, 남에서는 주체 소설의 경직성을 탈피한 사랑(이혼)의 문제를 본격적으로 다루었다는 점에서다.

개인의 욕망과 집단의 이익이 일치될 때 가장 행복한 문학이 탄생한다. 그러나 남한의 문학과 북한의 문학은 모두 그렇지 못하다. 남한은 개인의 욕망이 중시되고, 북한은 집단의 이익이 강조된다. 남 · 북한 문학의 의사 소통 가능성은 서로의 '타자'인 개인과 집단에 대한 새로운 인식에서 열릴 수 있을 것이다.

:: 참고 문헌

고인환, 「남북 문학의 이질성과 문학 교류의 방향」, 『문학과 경계』, 2005년 겨울.

김재용, 『북한 문학의 역사적 이해』, 문학과지성사, 1994.

김재용, 「김일성 사후의 북한 문학」, 『문예중앙』, 1996년 여름.

노귀남, 「'인민성' 의 문제로 읽은 북한 문학의 변화와 전망」, 『경희어문학』 17집, 1997. 2.

『문학대사전 2』, 사회과학원, 2000.

백남룡, 『60년 후』, 한웅출판, 1992.

백남룡, 『벗』, 살림터, 1992.

신형기, 「90년대 북한문학의 동향」, 『문예중앙』, 1995년 봄.

신형기, 『북한 소설의 이해』, 실천문학사, 1996.

전영선, 「북한 문학 연구의 현황과 쟁점」, 『현대북한연구』(7권 3호), 경남대학교 북한대학원, 2005.

최동호 편, 『남북한 현대문학사』, 나남출판, 1995.

리원우론: 『행복의 집』

팬터지 동화의 씨앗

이재복

1. 동화와 주제의 현대성

틈나는 대로 북한자료센터에 들른다. 『조선문학』(1955. 9)을 살펴보았다. 리원우 자료를 찾다가 맨 앞에 나온 「주제의 현대성과 농촌 문제」란 글을 잠깐 읽었다. 당시 잡지를 내면서 여는 글 형식으로 쓴 내용이었다. 내용을 쭉 읽어가다가 정신이 번쩍 들었다. 무언가 가슴을 탁 치는, 그래서 마음에 시원한 어떤 생각의 물결을 일게 하고, 그래서 또 내 굳어진 무의식의 문을 열어 새롭고 홍겨운 생각을 전해 주는 그런 문장을 보았다.

북한의 일반 문학을 연구하는 연구자들이 공부하는 자리에 요즘 시간이 나는 대로 참여하고 있다. 북한 아동 문학 공부를 어떻게든 해보긴 해야겠는데, 이쪽 분야도 워낙 가야 할 길이 멀어서 엄두를 못 내고 있었다. 그러던 차에 남북문학예술연구회 분들이 6월에 북쪽의 아동문학 작가 가운데 한 사람을 정해서 발표를 해보라 했다. 아무런 준비도 되어 있지 않았지만, 이런 기회가 어쩌면 북쪽 아동문학 공부를 시작하는 하나의 계기가 되겠단 생각이 들었다. 그래서 무작정 발표를 하겠다고 했는데, 막상 하고나니 역시 막막하기 그지없다. 어느 작가든지, 내가 미리 염두에 둔 작가가 있었던 것도 아니니, 남북문학예술연구회 회원들에게 자문을 구했다. 리원우를 추천해 주었다. 리원우에 대한 자료를 찾고, 글을 읽으면서 내 마음에 오는 이야기들을 쭉 적어 보려는데 좀처럼 이야기가 떠오르지 않는다. 일단 무언가 마음에 생각의 문을 열어 주는 씨앗이 되는 말이라도 찾아와 주면 좋겠는데 하는 간절한 바람을 갖고, 1955년 당시 『조선문학』에서 여는 글을 읽어 보았다.

이미 지나간 시대의 문학을 지금 왜 돌아보는가? 언제든지, 이 한 가지 물음 앞에선 일단 몸이 움츠러든다. 그래도 이런 물음 앞에서는 늘 한 가지 대답이 준비되어 있다. 오늘을 비추는 거울이 되는 정신이건 형식이건 생각이건 하여튼 예전의 문학은 단지 지나간 후일담 문학만이 아니다. 삶은 단순히 되풀이되는 것이 아니라, 지나간 삶의 여행 속에서 아직 끝나지 않고 계속되는, 오늘 우리의 무의식을 지배하는 삶의 흔적들, 뿌리들이 살아 남아 있다. 새로운 것에 대한 발견은 의외로 지난 시대 우리가 정신없이 휩쓸려 지나가면서 흘린 것들에서 아주 많은 생생한 상상력을 얻을 수도 있는 것이다.

'북쪽의 문학 속에서 뭐 그리 얻을 게 있을라구, 그거야 시간만 낭비하는 거지' 하는 조금은 조소에 가까운 그런 생각을 가진 사람도 남쪽에는 없지 않아 있을 것이다. 그러나 결코 그렇지 않다. 북쪽의 체제가 어떻든지 간에, 거기도 사람 사는 세상이고, 그 세상 사람들이 이루어 내는 삶 속에도 인간의 보편적인 삶이 들어 있을 것이다. 그러니 문학은 인간성에 대한 탐구라 할 때, 체제야 어찌 되었든지 간에, 하나의 체제 속에서 살아가는 사람들의 삶은 우리의 진실한 탐구 대상이 되는 것이다. 문학을 하는 사람들은 자기 자신의 삶 전체를 대중 앞에 탐구 대상으로 내놓은 목숨들이다. 이들이 써내는 문학의 옷을 입고 있는 글 속에서 그들의 내면 무의식을 보고, 체제를 보고, 이 모든 삶의 다양한 양태를 통해서 오늘 우리의 삶을 되돌아보는 거울을 얻을 수만 있다면 이 작업이 결코 헛되지는 않을 것이다.

『조선문학』 이야기를 하다가 잠깐 이야기의 초점이 샛길로 빠졌다. 다시 내가 『조선문학』에서 흥미롭게 읽은 구절을 여기 옮겨 본다.

> 주제의 현대성은 잡다하고 피상적인 현실적 소재의 라렬, 생활 자료들에 대한 객관주의적 · 평균주의적 취급, 문제의 선후차와 긴요성을 가릴 줄 모르는 정치적 · 시대적 둔감 및 추미주의 등과는 아무런 인연도 없다. 우리가 여기서 주제의 현대성에 대한 문제를 날카롭게 제기하는 것은, 오늘 우리 작가들이 현대적 주제에 전혀 등한한다는 데 있는 것이 아니라, 전후 우리 당과 국가가 긴급하게 해결을 요구하는 문제들, 정책의 기본 정신들, 전진하는 생활의 속도들에서 멀리 뒤떨어지고 있다는 데 기인한다. 이러한 문제 중의 하나로서 우리는 먼저 농촌 문제를 들려고 한다.(『조선문학』, 1955. 9, 5쪽)

이 글에서 '주제의 현대성'이란 말이 우선 가슴에 와 닿았다. 요즘 남쪽에서 나오는 아동 문학 작품들을 읽어본다. 비평도 읽어본다. 과연 우리들은 요즘 얼마나 절실하게 주제의 현대성을 놓고 고민하고 있는가. 일단 저 주제의 현대성을 어렵게 생각할 건 없을 것이다. 요즘 우리 아이들의 내면 문제를 드러내는 주제가 무엇인가에 대한 깊은 문제 의식으로 이해하면 될 것이다.

위 글에서 또 하나 오늘 남쪽에서 아동 문학을 공부하는 사람들에게도 참고가 될 만한 문장이, '전진하는 생활의 속도'란 말이다. 요즘 아이들이 전진해 가는 생활의 속도를 작가들은 얼마나 따라가고 있는가. 이 역시 아이들이 겉으로 보이는 삶을 작가들이 다 따라가며 같이 경험을 해야 한다는 그런 의미로 말하는 건 아니다. 아이들의 내면에 들어 있는 전진하는 생활의 속도가 가져다 주는 내면 무의식의 변화, 상상력의 변화, 정신의 변화가 있다. 그 생활의 변화에 따라 변화무쌍하게 전진해 가는 상상력의 속도, 언어의 심층이 가져다 주는 상징의 무수한 징후들을 작가들은 얼마나 잡아내서 작품에 담아내고 있는가. 이런저런 생각이 든다.

무언가 요즘 아이들의 전진하는 삶의 속도에 따라 일어나는, 전진해 가는 상상력의 변화를 상상력의 물꼬를 하나의 시대 정신으로 이끌어 가는 그런 아동 문학 작품을 기대하기가 점점 힘들어지고 있다. 물에 물 탄 듯한 객관을 가장한 무감각, 감정의 높낮이가 없는 평균의 문장, 절실한 제도와 자본의 문제를 뒤로한 시대 문제에 대한 둔감, 제도와 인간에 대한 탐구가 결여된 맹목적이고 허황된 낭만을 가장한 미의 추구, 이런 말들이 저 위에 『조선문학』을 읽으면서도 새삼 오늘 우리 문학판을 돌아보게 한다. 이야기가 길어졌다. 리원우 이야기로 돌아가자.

2. 리원우의 문학 세계

리원우(1914. 2. 28~1985. 1. 14)는 일제 시대부터 작품 활동을 시작했다. 조선프롤레타리아 예술가동맹(카프) 맹원으로 활동하다가 1934년 제2차 검거 사건 때 일본 경찰에 체포되어 감옥 생활을 했다. 1930년대 전반부터 『별나라』, 『신소년』 같은 잡지에 「애보는 법」(1933), 「세발 달린 황소」(1934), 「엄마 기다리는 날」(1935)과 같은 동시들과 「간난철의 어느 날」(1933), 「가난한 집 얼룩이」(1934) 같은 아동 소설을 발표했다(김성수, 브리태니커사전 참고).

북한의 아동 도서들

리원우 작품 세계의 큰 흐름은 『보물고간』(금성청년출판사, 1986)과 『행복의 집』(금성청년출판사, 1985)을 살펴보면 어느 정도 알 수가 있다.

리원우는 1985년에 세상을 떠났다. 『행복의 집』은 세상을 떠나기 전 병상에서 생애 마지막 창작 열정을 불태우며 쓴 장편 동화다. 그리고 『보물고간』은 리원우가 일제 시대부터 발표한 동요와 동화들을 모아 놓은 선집 형태의 작품집이다. 해방 전편과 해방 후편으로 나뉘어 리원우가 발표한 동요, 동시, 동화들을 모두 감상할 수 있다.[1]

1 ◆ 해방 전편
동시–「세발 달린 황소」, 「엄마 기다리는 밤」, 「애보는 법」.
서정시–「이사」, 「광성벌의 8월」.
아동 소설–「간난철의 어느 날」, 「가난한 집 얼룩이」.
◆ 해방 후편
헌시– 「김일성 장군님께 드리다」.

리원우가 남긴 작품을 쭉 읽어보면서, 오늘 아동 문학을 공부하는 사람들하고도 한번 토론이 될 만한 작품을 먼저 선정하고, 이왕이면 그 작품 이야기를 하는 게 좋겠단 생각이 들었다. 『행복의 집』은 리원우가 생애 마지막 남긴 작품인데, 상당히 흥미롭게 읽힌다.

역시 작품이 중요하다. 남쪽에서 아동 문학 공부를 하는 사람들도 한번 읽어보면 무언가 빛이 되는 상상력을 많이 얻을 수 있단 생각이 들어, 이번 리원우 관련 글에서는 이 작품 이야기를 주로 다루기로 하겠다.

3. 『행복의 집』 줄거리

영남이는 그림이 잘 그려지지 않아, 화가인 할아버지에게 도움을 청하러 간다. 할아버지는 영남이와 똑같이 생긴 아이를 하나 그려 준다. 그림 속 아이는 허름한 옷을 입고 마당을 쓸고 있다. 그림을 벽에 붙여 놓고 자다가 울음소리를 들었다. 그림 속 아이가 우는 소리였다. 그림 속 아이는 머슴살이를 하는데, 집에 두고 온 동생이 보고 싶어서 운다고 했다. 이래서 영남이는 그림을 내려 주었다. 그림 속 아이는 그림에서 나와 집을 찾아간다.

영남이는 할아버지가 준 요술 지팡이를 갖고 그림 속 아이를 따라간

서정시-「조선 말」, 「아침저녁 부르는 합창시」, 「눈오는 3월」, 「녀성의 노래」, 「마을회의에서 온 편지」, 「빛나는 이름」, 「구국 투쟁가」, 「영웅에게 드리는 노래」.
동시-「귀틀집 앞을 지나시며」, 「백두산을 우러러」, 「떠돌던 귀속노래」, 「나도 두드려 본다 너 이깔나무야」, 「당대회 박수소리」, 「아이쿠 총」, 「휘파람새」, 「꾀꼴새」, 「남녘새들」, 「앵무새」, 「내 고향 자랑」, 「고운새 노래」.
동요-「만경봉의 무지개」, 「설맞이노래」, 「남녘땅의 만경화」, 「6 · 1절노래」, 「노래불러라 춤을 추어라」, 「풍년벌의 잠자리」.
유희 동요-「하얀 토끼야」.
서사시- 「심장에 떨어진 밀알」.
우화-「큰 주머니와 작은 주머니」.
동화-「큰 고간 속에 생긴 일」, 「작아지지 않는 연필」, 「열두 가지 과일이 열리는 나무」.

다. 이 요술 지팡이는 세 번밖에는 쓸 수 없는 마법의 지팡이였다. 영남이를 닮은 그림 속 아이 이름은 움막동이였다.

영남이는 다 해어진 옷을 입고 동생을 찾아가는 움막동이가 가여워 자기 옷을 벗어 주었다. 옷을 바꿔 입은 영남이는 움막동이로 오해를 받고, 지주 집에 잡혀간다. 지주 집에서 영남이는 갖은 고생을 다 한다.

영남이가 일을 하는데 소쩍새가 날아든다. 소쩍새는 움막동이의 동생이 죽어서 된 새다. 소쩍새를 보고 지주 집 아들은 총을 쏴 죽이려 한다. 소쩍새는 영남이가 돌을 던져 피해 달아났다. 이걸 보고 지주 집 아들은 영남이를 죽이려 한다. 영남이는 화가 나 지주 집 아들을 마구 패 준다. 이래서 영남이는 고간(=곳간)에 갇히었다. 요술 지팡이는 옷을 바꿔 입을 때 움막동이에게 주어 버렸다. 힘을 쓸 수 없었다.

영남이는 호미 날로 고간의 바람벽을 뚫고 겨우 탈출한다. 탈출을 한 영남이는 산 속을 헤매다가 쓰러져 있는 움막동이를 만난다. 움막동이 옷 안에서 요술 지팡이를 찾았다. 요술 지팡이로 일단 움막동이를 살려낸다.

영남이는 이번에는 움막동이의 동생인, 소쩍새가 된 고랑녀를 찾아나선다. 소쩍새를 찾아 요술 지팡이로 주문을 외웠다. 소쩍새는 다시 고랑녀로 변했다. 그런데 이 때 영남이와 고랑녀는 다시 지주 집 사람들에게 붙잡혀 갔다. 고생을 하던 영남이와 고랑녀는 다시 지주 집을 탈출하여 도망을 간다. 나중에 고랑녀는 움막동이 오빠를 만나, 이 세상에서는 너무 살기가 힘드니 차라리 소쩍새가 되게 해달란다. 영남이는 고랑녀에게 그러지 말고, 자기 집으로 가서 살자고 한다. 영남이와 움막동이는 옷을 다시 갈아입고 고랑녀와 함께 길을 떠난다.

이래서 셋은 영남이가 살고 있는 집으로 가는데, 다시 지주 집 사람들이 쫓아온다. 쫓기는 몸이 되어 나중에는 요술 지팡이로 이들을 물리치려 하나, 이미 요술 지팡이는 세 번의 힘을 다 쓰고 말았다. 요술 지팡이는 힘이 없었다. 지주 집 사람들에게 움막동이는 다시 잡혀가게 되었다. 영남이는 이들에게 돌을 던지다 발을 헛디뎌 천 길 벼랑 아래로 떨어진다. 이래서 영남이는 현실로 돌아왔다.

영남이는 책상 위에 그림종이를 놓고 어떻게 멋진 그림을 그릴까 생각하고 있다. 생각이 잘 안 나서 화가인 할아버지에게 도움을 받으러 간다.

이런 시작 부분만을 보면 이야기가 새로운 맛이 느껴지지는 않는다. 이야기 속도도 아주 느리고, 문장도 무언가 아이들 내면에 발랄한 흥을 돋우는 그런 언어가 주는 상상력의 힘이 덜 느껴진다.

영남이에게 할아버지는 행복의 집을 한번 그려보라 그러고, 행복이란 게 뭐냐 묻는다. 그러면서 행복이 뭔지 알려면 불행이 어떤 건지를 알아야 한단다. 영남이를 데리고 밖으로 나가 할아버지는 그림을 한 장 그린다. 영남이가 빗자루를 들고 마당 쓰는 모습을 그린다. 그런데 이 그림 속 영남이는 노닥노닥 해어진 누더기 옷을 입고 있다. 영남이는 이 그림을 방에 걸어놓았다. 영남이는 이 그림 속 아이가 왜 울고 있는지 궁금해서 그림판 앞으로 바싹 다가가 물어봐도 아이는 대답이 없다. 그러다 잠이 들었는데, 어디선가 흑흑 흐느껴 우는 소리가 들렸다.

꿈 속에서 그림 속 아이를 만났다. 꿈이 팬터지 세계로 들어가는 통로가 되었다. 이 작품의 시공간에는 두 사람의 영남이가 존재한다. 현실의 아이와 그림 속 아이. 저 그림 속 아이는 영남이의 내면에 살고 있는 또 하나의 분신이라 할 수도 있겠다. 그림 속 영남이는 할아버지가 창조한 인물이다. 할아버지가 그림을 그려서 만들어 냈다. 할아버지가 영남이도 모르는 영남이의 내면에 살고 있는 분신인 또 다른 인간을 발견하여 그림으로 보여 주었다고도 할 수 있다. 이래서 할아버지는 영남이에게 일종의 마법사와 같은 존재가 되는 것이다.

이야기가 시작되는 부분부터 읽었을 때, 이야기 속도가 너무 느리고,

전개되는 발상이 조금 진부한 감을 주긴 하지만, 이 작품이 팬터지 형식의 옷을 입어가는 과정은 나름대로 흥미롭다.

4. 『행복의 집』과 리원우 동화의 특성과 한계

1) 『행복의 집』의 특성

그림 속 아이가 울고 있어서, 영남이는 왜 우는지 궁금했다. 그림 속 아이는 머슴살이를 하는데, 집에 혼자 남겨두고 온 동생이 걱정되어서 그런단다. 지주 놈이 보내 주지 않아 집엘 못 간다는 것이다. 이러면서 나를 좀 내려달라 그런다. 영남이는 그림을 내려 놓았더니, 아이가 그림에서 빠져 나와 쏜살같이 지주 집 대문 밖으로 빠져나갔다.

리원우는 현실의 영남이와 똑같이 생긴 아이를 그림 장치를 통해 발견해 냈다. 이런 점에서는 작가의 풍부한 상상력이 돋보인다. 그런데 이 영남이란 아이의 내면 인격인 그림 속 아이가 과연 어떤 길을 향해 달려가는지 작품을 좀더 따라가 보자.

영남이는 그림 속에서 나온 아이가 집을 향해 뛰어가는데 같이 가서 도와 주고 싶어한다. 그러나 아이가 너무 빨리 달려 같이 갈 수가 없었다. 이걸 알고 할아버지가 영남이에게 요술 지팡이를 전해 준다. 이래서 이 기적의 선물인 요술 지팡이를 들고, 영혼의 아이라 할 수 있는 그림 속 아이를 따라갈 수 있게 되었다. 그런데 이 요술 지팡이는 세 번밖에는 쓸 수가 없다고 한다. 일종의 세 번이라는 금기를 주었다.

영남이는 요술 지팡이를 써서 "산 너머로 사라진 아이네 집으로 나를 제꺽 가게 해다오"란 주문을 걸었다. 영남이는 발이 둥둥 떠올라 단숨에 버섯동네 어구에 이르렀다. 가까이 가 보니 초가집 동네였다.

이 초가집 동네는 동화 속 팬터지 공간이다. 그렇기 때문에 이 팬터지 공간은 다층의 의미로 읽힌다. 이 팬터지 공간은 당시 북쪽의 시대 현실을 반영하는 공간이면서, 작품 속 주인공 아이의 내면 현실이면서, 또한 작가의 내면 현실을 반영하는 공간이기도 하다.

감동을 주는 팬터지 동화는 시대 현실을 반영하면서, 가능한 사실의 공간에만 갇혀 있지 않다. 좀더 풍부한 인간의 내면이 그려내는 간절한 바람의 세계를 드러내고 있다. 이래서 팬터지는 내면과 외면을 넘나드는 일차원의 시공간을 지향하고 있다. 과연 이 팬터지 동화가 이런 다층의 의미, 그러니까 한 시대의 제도를 탐구하는 문학이면서, 또한 다양한 인간성에 대한 탐구도 가능한 작품이 되느냐가 관심사인데, 이렇게만 읽힌다면 이 『행복의 집』은 상당한 문제작이 되겠다.

한 작가가 시간의 무게를 견뎌내는 팬터지 작품을 쓰려면 제도에 대한 탐구뿐만 아니라, 인간 내면에 대한 치열한 탐구 또한 필요하다. 팬터지 동화는 내면 무의식을 의식화시키는 과정에서 나오는 이야기이기 때문이다.

『행복의 집』을 지금 관심 깊게 살펴보는 이유는, 이 작품이 북쪽 문단에서 지배 권력의 편에서 살다 일생을 마친 한 사람이 필생의 힘을 다해 쓴 마지막 작품이기 때문이다. 아마도 마지막이라 생각하고 병상에서 쓴 작품이니, 자신이 평생 살아오며 생각한, 가장 절실한 문제를 이 작품에 토해내지 않았을까 싶다.

영남이는 그림 속 아이하고 이야기를 나눈다. 이것도 흥미로운 팬터지 동화 요소의 하나다. 그림 속 아이는 동화에서는 살아 있는 목숨으로 본다. 원하기만 하면 스스로 '스피리트'(정령)의 형태로 그림 밖으로 나올 수 있다. 또는 마법의 능력을 가진 사람이 불러낼 수도 있다. 이렇게 해서 동화 속 시공간은 눈에 보이는 자연을 포함해서 눈에는 보이지 않지만 느낄 수는 있는 더 넓은 마음 속 세계까지 보여 준다. 현실의 아이와 그림 속 아이가 관계를 맺으며 새로운 삶의 시공간을 창조해 낸다. 이게 동화의 세계다. 사람과 스피리트가 하나의 시공간에서 살아가는 이야기가 동화의 세계다.

『행복의 집』은 기적의 선물을 사용하기도 하고, 금기를 주기도 하고, 이런저런 옛 이야기에서 보이는 팬터지 동화의 요소를 잘 살려내고 있다.

영남이란 이름을 가진 현실의 아이와 그림 속 스피리트로 변신한 아이는 서로의 존재를 비추어 주는 거울과 같은 인물이다. 서로가 서로의 분신이라 할 수도 있을 것이다. 이런 점에서 『행복의 집』은 신화적인 인물의 한 요소라 할 수 있는 쌍둥이 영웅의 이미지도 가지고 있다.

현실의 영남이는 그림 속 아이가 사는 마을로 쫓아갔다. 그림 속 아이의 이름은 움막동이였다. 아버지는 머슴살이를 하다가 일찍 돌아가시고, 어머니마저 시름시름 앓다가 봄에 돌아가셨다. 현실의 아이 영남이는 그림 속 아이가 살고 있는 지주가 머슴을 착취하는 과거 시공간으로 여행을 하고 있다. 이 형식도 재미가 있다.

한 사람이 그림을 감상하며 그림과 대화를 나눈다. 그림 속 인물들은 그 인물들이 살던 시대가 있을 것이다. 그 시대가 미래가 되었든, 과거가 되었든 그림을 보는 사람은 그 시대로 시간을 거슬러 올라가 여행을 할 수가 있다. 이 시간 여행을 가능하게 하는 동화적인 요소가 바로 그림 속 아이에게 생명을 부여해서 스스로 움직이게 하는 길이다. 앞에서도 말했지만, 그림 속 아이는 살아 있는 스피리트가 되어 그 시대를 살게 하고, 현실의 아이는 마법의 힘(기적의 선물)을 빌어 과거 아이가 살던 시공간으로 여행을 떠난다. 여기서 요술 지팡이와 같은 마법은 달리 말하면, 현실의 아이를 과거 어느 시공간으로 여행을 하게 하는 힘이다. 인간을 정령의 형태, 영혼의 형태로 만들어 과거나 미래로 여행을 하게 만들어 주는 주술적인 힘을 말한다.

움막동이와 현실의 영남이는 동화 속 시공간에서 서로 만나 관계의 그물망을 맺으며 살아간다. 먼저 옷을 바꾸어 입는다. 영남이는 누더기 옷을 입고, 그림 속 아이는 교복을 입는다.

현실의 아이 영남이가 완전히 누더기 옷을 입고 있을 때 마름이 와서 움막동이를 데려가려 한다. 지주 집에서 도망쳐 온 움막동이를 데려가려는 것이다. 그런데 이 움막동이는 현실의 아이 영남이였다. 흥미롭게도 옷을 바꾸어 입게 해서 현실의 아이 영남이는 자연스럽게 점점 과거 시공간 속에서 그 시대 현실을 겪게 되었다. 현실의 아이가 역사 속의 시공간으로 들어가, 그 시대 문제 인물의 자리에 서서 영웅의 캐릭터로 자리잡을 수 있다면, 이런 동화는 아이들에게도 매우 흥미롭게 읽힐 수 있을 것이다.

『행복의 집』은 여러 면에서 아이들이 읽어도 흥미로울 수 있겠다. 움막동이의 동생인 고랑녀 이야기도 흥미롭다. 최지주 놈은 소쩍새를 미워한다. 거기에는 사연이 있었다. 최지주의 할애비 때 이 집에는 머슴살이하는 불쌍한 처녀애가 있었다. 부모를 여읜 처녀애에게는 철없는 두 오랍 동생이 있었다. 지주 집에서는 아무 일도 못하고 밥만 먹는다고 두 동생을 몹시 미워했다. 그러면서 누이보고 동생들 몫까지 일해야 한다고 밤낮없이 들볶아댔다.

지주 집에서 어찌나 고된 일을 시키던지 누이는 그만 일에 지쳐 쓰러지고 말았다. 그 후 소쩍새가 되어 밤마다 울었는데, 사람들은 누이가 죽어 그 소쩍새가 되었다고 말했다.

이후 최지주는 사람들을 시켜 이 소쩍새만 보면 미워하며 잡아오라 했다. 소쩍새를 잡아오라고 산 속으로 내몰린 움막동이의 동생 고랑녀는 이런 말을 한다.

> "아저씨, 나는 소쩍새가 될 수 없나요. 나도 소쩍새가 되고파요."

"아니 그게 무슨 소리냐. 고랑녀야, 기운을 내거라. 넌 죽어서는 안 돼."

"아저씨, 난 죽지 않아요. 난 소쩍새가 되여 우리 오빠를 만나보고 싶어요."

하고 말하고나서 고랑녀는 맥없이 눈을 감았습니다. 그러나 고랑녀는 죽지 않았습니다.

고랑녀는 제 소원대로 정말 소쩍새가 되었습니다.

소쩍새가 된 고랑녀는 날개를 푸득거리며 산전막 아저씨의 머리 우를 날아돌았습니다. 그러다가 오빠를 찾아가려는 듯 그 어디론가 먼 하늘로 날아가며 "소쩍 소쩍……" 하고 울어댔습니다.(『행복의 집』, 69-70쪽)

이 동화 속 팬터지 공간은 가능한 사실의 공간이라기보다는, 간절한 바람의 공간을 상징한다. 고랑녀가 죽지 않고 소쩍새가 되는 일은 마음 속 현실에서는 얼마든지 가능한 일이다. 팬터지는 사실의 세계와는 또 다른 간절한 진실의 세계를 추구한다. 인간과 동물(소쩍새)이 서로 모습을 공유한다. 동물과 인간이 몸을 바꿔 변신을 하는데, 이 때의 변신 또한 흥미롭다. 인간과 동물이 영혼의 형제로 결혼을 하곤 하던 신화적인 상상력이 이 작품에서도 그대로 쓰이고 있다. 옛 이야기 화소(話素)를 역시 직접 창작 동화로 끌어들인 점 또한 흥미롭다. 소쩍새는 할아버지가 준 요술 지팡이의 힘으로 다시 오빠 움막동이를 만나 고랑녀가 되었다.

2) 『행복의 집』의 한계

이번에는 이 동화가 갖고 있는 한계도 살펴보자. 북쪽의 동화가 갖고 있는 적대적 갈등 구조의 배경은 어떤 작품이든지 비슷한 관계로 이루어져 있다. 『행복의 집』은 지주와 소작인의 관계에서 비롯된 계급 간의 갈등을 주로 다루고 있다.

영남이와 고랑녀는 다시 지주 집으로 끌려가 갖은 고초를 당한다. 나중에 고랑녀는 생활이 너무 힘들어 아예 다시 소쩍새가 되게 해달란다. 그러나 이미 요술 지팡이도 세 번의 마법을 다 써 버렸다. 영남이와 움막동이와 고랑녀는 지주로부터 도망쳐 현실 고향집으로 돌아오려 한다. 뒤에서 최지주네 사람들이 쫓아오고, 영남이 일행은 산 위로 도망을 치다가 끝내는 천 길 낭떠러지를 만났다. 결국 움막동이는 최지주네 집으로 다시 끌려가고 말았다. 영남이는 자기를 잡으려고 몰려드는 최지주네 사람들과 싸움을 하다 천 길 낭떠러지로 떨어지고 말았다. 떨어지면서 꿈에서 깨어났다. 꿈이 팬터지 공간에서 현실로 돌아오는 통로가 되었다.

이 『행복의 집』은 뒤로 가면서 급격하게 흥미가 반감되고 말았다. 팬터지 공간이 결국 꿈이었다는 식의 허탈감을 준다. 그렇다고 꿈 속에서라도 낮은 자리에 서 있는 움막동이나 고랑녀가 그들 삶의 영웅으로 다시 태어난 것도 아니다. 팬터지 동화에서, 특히 계급 계층 간의 갈등이나, 아니면 선과 악의 대립에서 고립된 주인공은 온갖 고난 극복의 과정을 거쳐 빛이 되는 삶의 중심에 서게 된다. 다시 말해서 뒤집기(전복)의 상상력이 작품의 바탕을 이루고 있는 것이다. 팬터지 공간은 작가의 내면 무의식의 공간이기도 하고, 이 작품을 읽는 어린 독자들의 마음 속 현실을 반영하는 공간이기도 하다.

그런데 『행복의 집』이 그려낸 팬터지 공간에서는 낮은 자리의 사람이 높은 삶의 중심에 서지 못했다. 그만 불행한 현실에 조금도 변화가 오지 않는 그야말로 갑갑한 현실에 예속된 팬터지 공간이 되고 말았다. 어떠한 심리적인 위안이나, 치유나 내면 성장의 계기를 주지 못했다.

이 작품의 결말은 할아버지가 다시 끝 부분에서 작품 속에 등장해 자신의 가치관(세계관)을 그대로 해설하는 장면을 보여 준다. 이 할아버지는 아마도 작가 자신의 분신이라 할 수 있을 것이다. 작품 스스로 말하게 하지 못하고, 작가가 작품 안에 들어와 훈화하는 형식을 취하고 있다.

> "옛날 머슴군들은 다 그렇게 살았단다. 네가 꿈나라에 가서 만나보고 온 그 불쌍한 아이들을 그저 옛날 아이들로만 생각지 말아라. 저 멀지 않은 남녘 땅에서는 지금도 그런 아이들이 많단다. 영남아, 다시 한 번 곰곰이 생각해 보아라.
>
> 우리가 살고 있는 이 세상은 얼마나 좋은 세상이냐. 너는 이 좋은 우리 세상을 굳게 지키고 더욱 빛내여 나가야 한다."(『행복의 집』, 109-110쪽)

팬터지 시공간이 급격하게 교훈을 내세운 알레고리에 갇힌 작품이 되고 말았다. 다양한 제도나 인간성에 대한 탐구가 가능한 상징의 공간으로 열려 있지 못하다. 남과 북의 체제 경쟁을 내세우는 이데올로기를 그대로 반영하고 있다.

한 사람의 작가가 죽음을 앞두고 혼신의 힘을 다해 쓴 작품이 담고 있는 세계관의 깊이가 그렇게 깊지 못하다. 남과 북의 분단을 뛰어넘는 참회와 용서를 향해 가는 상상력의 깊이를 기대하기가 힘들다.

아주 다양한 옛 이야기 요소를 가져와 흥미로운 팬터지 공간을 만들어 낸 점은 높이 살 만하다. 그러나 팬터지 시공간이 담고 있는 세계관의 깊이는 남쪽의 아이들이 읽어도 눈물날 정도로 그런 정신 놀이가 되는 작품이 되지는 못했다.

5. 동화 작가 리원우의 세계관

『행복의 집』을 살펴보면서 리원우란 작가는 어떤 세계관을 가진 사람일까? 그 동안 북쪽의 문단에서 살면서 어떤 글을 남겼을까? 이런저런 일이 궁금했다. 가능한 한 자료를 찾아 읽어보았는데, 「아동들의 교양과 문학」(『조선문학』, 1955. 9)이란 비평글 이야기를 잠깐만 해 보겠다.

이 글에서 우선 한 가지 흥미로운 사실을 알 수 있었다.

> 당과 정부는 아동 문학의 발전을 위하여 항상 그 조건을 지어 주고 있다. 특히 당의 발의에 의하여 소집되었던 '아동 문학을 일층 강화 발전시키기 위한 아동 문학 관계자 연석 회의'는 우리 아동 문학 발전을 위하여 력사적 의의를 갖는다. 1955년 7월 12일에 소집되었던 동 회의에서는 공화국 아동들에게 긍정적 영향을 준 모범적 작품들을 분석 총화함과 함께 아동 문학의 발전을 저해하고 있는 일체 부르죠아적 창작 방법의 잔재들을 근절하고 시급히 사실주의적 아동 문학을 수립할 데 대한 일련의 문제들이 토의되면서 남조선 반동 아동 문학의 악질적 정체를 폭로 규탄했다. 그리고 동 회의에서는 전체 작가들이 아동 문학에 참가할 것을 호소하였다.(『조선문학』, 1955. 9, 132쪽)

리원우의 이 말을 놓고도 우리는 몇 가지 흥미로운 토론 문제를 생각해 볼 수 있다.

첫째, 아동 문학이 지배 권력의 이데올로기를 전달하는 정치적 목적의 도구로 이용되고 있다.

둘째, 어린이들에게 긍정적 영향을 준 모범적 작품들을 분석 총화하는 작업을 했다면 이 때부터 북쪽에서는 아동문학사에 대한 어떤 담론이나 작품 정리가 시작되었음을 의미한다. 그렇다면 이런 성과가 어떻게 드러나고 있는지도 검토해 볼 필요가 있다. 동시간대에 남쪽에서는 어떤 움직임이 있었는지도 검토해 보면 좋을 것이다.

셋째, 아동 문학의 발전을 저해하고, 일체 부르주아적 창작 방법의 잔

북한의 아동 도서들

재들을 근절하고 시급히 사실주의적 아동 문학을 수립하기 위한 문제들을 토론했다고 했다.

여기에서 우리는 아주 흥미로운 한 가지 토론 문제를 생각해 볼 수 있다. 한 예로 백석과 같은 작가들의 작품이 이 당시에 북쪽에서 어떻게 받아들여졌는지에 대한 의문이다.[2]

2 백석은 이 당시 쓴 「동화 문학의 발전을 위하여」(『조선문학』, 1956. 5)에서 리원우의 글에 대해 비판과 옹호를 함께 하고 있다. 그 가운데서 비판적인 부분을 옮겨 본다.

"우리는 소재에 대한 지나친 호기심이 작품에 화를 가져오는 좋은 예를 이 작가에게서도 발견하게 된다.

동화 문학의 세계에서 사말적이며 왜소한 소재는 실패를 말하는 것밖에는 되지 않는다. 이 작가의 「작아지지 않는 연필」이 바로 이런 것이다.

물론 이 작품은 그 선량한 해학성을 기조로 한 일면의 교양적 의의, 또는 아동 생활의 내면으로 향하는 예리한 투시를 고려에 넣을 때, 우리 동화 문학에서 무시될 수 없는 작품이다. 그러나 연필 꽁다리들과 절약 호소의 소재에서는 벌써 본격적인 작품의 성공을 예견하기는 힘들다. 우리는 무 뽑는 이야기에서 보는 그 커다란 집채만한 무와 할아버지, 할머니, 개, 고양이들과 결부되는 협력, 단합, 호소의 소재를 이 작품의 소재와 비교해 볼 때, 벌써 현격한 감흥의 차이를 느끼게 된다. 여기서 우리는 소재의 빈약에서 오는 시의 빈약을 느끼는 것이다."

백석은 이 당시 아동 문학에 관한 세 편의 비평글을 『조선문학』에 발표했다. 「동화 문학의 발전을 위하여」(『조선문학』, 1956. 5), 「나의 항의, 나의 제의: 아동시와 관련하여, 아동 문학의 새 분야와 관련하여」(『조선문학』, 1956. 9), 「큰 문제 작은 고찰」(『조선문학』, 1957. 6), 이런 글이다. 이 밖에도 「아동 문학의 협소화를 반대하는 위치에서」(『문학신문』, 1957. 6. 20)와 같은 글도 발표하고 있다.

백석이 북쪽에서 활동하면서 쓴 평론이나 작품들이 바로 이 아동 문학을 일층 강화 발전시키기 위한 아동 문학 관계자 연석 회의가 열린 시점에서 쓰여졌다.

사실주의적 아동 문학을 창작하는 방법론을 둘러싸고 당시 북쪽에서 벌어진 토론에서 백석은 상당한 상처와 비판을 받지 않았을까 싶다. 이 부분에 대한 검토가 또한 필요하다.

넷째, 남쪽 아동 문학에 대한 치열한 대결 의식, 적대적 갈등 관계를 형성해 가는 시기 북쪽과 남쪽 아동 문학이 갖고 있는 빛과 그림자를 객관적으로 보고, 이 두 체제가 드러내고 있는 가능성과 한계를 통일 아동 문학사를 새로 쓴다는 관점에서 아우르는 건강한 아동문학사적인 관점 또한 필요하다. 이런저런 토론 문제가 많이 드러난다.

아동 문학은, 특히 북쪽 아동 문학에 대한 담론 토론은 거의 없는 지경이라 이제 이런 토론은 시작이라 할 수 있을 것이다. 하여튼 쉽지 않은 문제다. 일단 일차 자료에 대한 꼼꼼한 정리와, 그 정리된 자료를 어느 한 사람이 독점할 것이 아니라, 활발한 토론을 위해서 그 자료를 공유하면서 북쪽 아동 문학에 연구자들이 쉽게 관심을 갖고 토론에 임할 수 있도록 연구 환경을 만들어 가는 것도 중요하리라 본다.

남과 북의 아동 문학은 과연 전진하는 아이들의 생활 속도를 얼마나 담아내고 있는가? 리원우의 작품을 읽어보면서도 결국 아동 문학의 주인은 어린이이며, 어린이들이 간절히 바라는 한 가지 요구는 재미라는 걸 새삼 생각해 본다. 전진해 가는 아이들 삶의 속도에 맞추어 진지한 재미, 익살스런 재미를 추구하는 어린이 문학의 길을 어떻게 찾아야 하는가? 리원우의 『행복의 집』에서도 한계는 물론 있었지만, 이 문제에 대한 해답의 실마리를 조금이나마 찾아볼 수 있었다.

:: 참고 문헌

리원우, 「아동들의 교양과 문학」, 『조선문학』. 1955. 9.

리원우, 『행복의 집』, 금성청년출판사, 1985.

리원우, 『보물고간』, 금성청년출판사, 1986.

백석, 「동화 문학의 발전을 위하여」, 『조선문학』, 1956. 5.

백석, 「나의 항의, 나의 제의: 아동시와 관련하여, 아동문학의 새 분야와 관련하여」, 『조선문학』, 1956. 9.

백석, 「큰 문제 작은 고찰」, 『조선문학』, 1957. 6.

백석, 「아동문학의 협소화를 반대하는 위치에서」, 『문학신문』, 1957. 6. 20.

「주제의 현대성과 농촌문제」, 『조선문학』, 1955. 9.

김세륜론: 「유원지에서의 하루」

사회주의 원더랜드를 꿈꾸기

이명자

1. 개성 있는 스타일의 작가 김세륜

영화 문학 작가 김세륜은 북한 코미디 영화에 큰 영향을 미친 작가다. 그의 영화 문학은 정극이나 비극인 경우에도 희극적 양상과 결합되어 있다.[1] 김세륜은 특히 경희극 영화에서 재능을 발휘해 수많은 경희극 영화들을 창작했으며 그 작품들을 관통하는 독특한 창작 수법을 통해 자신의 이름을 남겼다. 그가 이룩한 창작 수법은 1990년대 부활한 경희극 영화들에서 모방 · 재생산되고 있다.

김세륜의 개인적 이력에 대해 남한에 알려진 사항은 거의 전무하다고

1 손광수가 김세륜의 영화 문학 중 정극이나 비극이라고 분류한 작품도 김영은 희극의 하위 장르로 분류하고 있다. 예컨대 김영은 「고향길」이 희극적인 것과 정극적인 것이 결합되었다고 평가한다. 손광수도 김세륜의 비극 작품의 특징이 비록 비극이더라도 "웃음도 있고 눈물도 있는 우리 식의 비극"(『조선예술』, 2003. 4)이라고 말할 만큼 희극적 특징이 강하다고 평가한다.

할 수 있다. 다만 김세륜에 대한 글을 집중적으로 발표한 북한의 연구자 손광수의 글을 통해 그가 이산을 경험했다는 사실을 알 수 있을 뿐이다.

> 김세륜은 전쟁 전 어머니를 찾아 서울에 가서 미제의 반인륜적 · 반민족적 만행과 식민지 통치의 반동성, 부패성을 직접 목격하고 체험했다. 그래서 서울이 해방되자 어머니와 리별하고 제일 먼저 인민 군대에 입대한 사람이다. 전쟁은 끝났으나 장장 수십 년 김세륜은 남쪽에 있는 어머니의 생사 여부도 모르고 한생을 살아온 작가이며 더구나 그의 안해 역시 어려서 서울에서 아버지를 잃고 어머니와 리별하여 인민 군대에 입대한 여성이다.[2]

이상의 내용에 토대해 보건대 김세륜의 본가는 서울에 있고 그는 해방 이후 미군정기 당시 남한에서 생활하다 전쟁 때 인민군에 자원했으며 그곳에서 역시 남쪽 출신인 아내를 만나 결혼했다. 인민군에 자원한 때를 10대 중후반으로 어림해도 2008년 현재 70대 후반의 노령일 것이며 1993년 「대동강에서 만난 사람들」 이후 작품이 나오지 않는 것으로 볼 때 그 작품 이후 사망했거나 노환으로 더 이상 글을 쓸 수 없는 상태인 것으로 추측할 뿐 구체적인 생몰 연대를 알려 주는 문헌을 발견하지 못했다.

김세륜을 코미디 영화의 대부라고 했는데 그의 작품 연보를 보면 코미디뿐 아니라 정극, 비극과 같은 작품들도 상당히 창작한 것을 알 수 있다. 작품의 연보만을 근거로 그의 작품 시기를 구별해 보면 1기 1960년대부터 1970년대 초반까지, 2기 1970년대 경희극 영화 창작기, 3기 신필름 활동기, 4기 1980년대 후반 이후로 나누어 볼 수 있다. 1기는 정극에

2 손광수, 「화면에 비낀 민족 분렬의 비극적 현실과 력사의 교훈」 『조선예술』(2003. 4), 77쪽.

집중한 시기다. 「사과 딸 때」가 집체작, 김세륜작으로 혼재되어 명기되는 사실에서 짐작할 수 있듯이 아직 김세륜만의 특징을 완전히 발현하지 못한 시기로 판단된다. 그러나 그의 관심이나 개성은 비교적 분명했던 것으로 보이는데 초기작이라 할 수 있는 「고향길」에서 이미 그의 경희극 영화들에 관통하는 특징들 예컨대 오해, 착각과 '상봉 극작술'이 나타나고 있기 때문이다.

1970년대 이전까지는 정극을 주로 쓴 데 비해 2기로 분류한 1970년대 동안에는 희극 작품들을 주로 쓴 것으로 보인다. 「공중무대」, 「유원지에서의 하루」 등은 긍정 인물들로만 구성된다는 경희극 영화의 전형이며 「안녕하십니까」, 「대한추위」는 풍자적 성격을 갖고 있는 코미디 영화다. 이 영화들이 모두 1970년대 제작되었다. 그의 코미디 영화는 풍자적 성격을 지닌 작품이 있긴 해도 대부분 가벼운 경희극적 양상을 보여 준다. 동시대에 활동한 『우리 집 문제』 시리즈의 리희찬과 비교해 봐도 김세륜의 코미디에는 부정 인물이 거의 등장하지 않아 무갈등과 같은 문예 정책에 좀더 잘 적응한 작가였음을 알 수 있다.

1970년대 후반과 1980년대에는 신상옥 감독의 '신필름'과 관계해 활동했었던 듯 신필름 작품인 「조선아 달려라」, 「홍길동」, 「림꺽정」의 작가로 이름이 올라 있다.[3] 그리고 신필름에서의 활동이 작가 자신의 이산 경험을 촉발시킨듯 1970년대 후반 이래 「혈육」, 「새」[4]와 같이 분단 문제를 다룬 작품을 창작 혹은 각색한다. 김세륜의 개인적인 분단 경험은 이들 작품 속에서 분단을 정서적으로 접근해 이산 가족의 아픔에 집중하도록 한 밑거름이 된 것으로 여겨진다.

1990년대에 들어서 김세륜은 북한을 대표하는 다부작인 「민족과 운

3 「홍길동」, 「림꺽정」은 공식적으로는 조선예술영화촬영소 작품이라고 되어 있지만 신상옥 감독의 회고록을 보면 이 작품들이 신상옥 감독의 건의에 의해 만들어졌다고 한다.

4 작품 「새」는 소설 『쇠찌르레기』를 각색한 작품이다.

명」 시리즈에 참여했는데 북한 변화의 신호탄으로 해석되곤 하는 「민족과 운명」 2~4부 '최현덕 편'(1992)과 6~7부 '차홍기 편'(1992)의 영화 문학 작가로 이름이 올라 있다. 또한 2003년 부산 국제영화제에서 상영되어 호평을 받았던 코미디 영화 「대동강에서 만난 사람들」(1993)의 1부도 그의 영화 문학이다. 원래 이 작품은 '사랑의 서사시'란 제목으로 10부작으로 예정되었으나 1부 김세륜, 2부 리희찬 등 유명한 코미디 전문 영화 문학 작가들이 동원된 1, 2부가 제작된 이후 아직까지 속편에 대한 소식을 알 수 없다. 이미 김세륜이 노령이고 더 이상 그의 이름이 올라간 영화 문학이 없는 것으로 볼 때 이 작품 이후 김세륜은 더 이상 현역에서 작품 활동을 할 수 없게 된 것으로 보인다.

백인준, 리춘구, 리덕윤 등 수령 형상 영화에 참여한 영화 문학 작가들의 경우 북한의 잡지나 서적에서 작가론을 찾아볼 수 있지만 이들 잡지에서 그 밖의 영화 문학 작가들의 작가론을 다룬 경우는 거의 없다. 그런데 비하면 김세륜은 작가론적인 글들을 몇 편 발견할 수 있는 예외적인 경우다. 특히 손광수라는 연구자에 의해 집중적으로 김세륜의 영화 문학의 특징이 다뤄지고 있다. 손광수의 글에 따르면, 김세륜 영화 문학의 특징은 장르와 상관 없이 관통하는 창작 수법이 있는데 그것은 '오해, 착각, 뒤집기'와 같은 코미디적인 수법과 '상봉 극작술'이라 이름붙여진 방식, 그리고 북한에서 유행하는 가요의 적절한 사용이라고 정리할 수 있다.

북한의 대표적 코미디 영화 전문서인 『희극 영화와 웃음』(문학예술종합출판사, 1993)의 저자 김영이 코미디 영화의 형상화 수법 가운데 가장 먼저 '오해와 착각'을 거론할 만큼 북한 코미디에서 오해와 착각이 차지하는 위상은 엄청나다. '오해나 착각'은 모두 "생활을 정반대로 파악하는 인식 활동"[5]이라는 점에서는 같지만 오해가 좀더 본질적이고 사상적인 것과 연결되는 데 비해 착각은 일시적이고 순간적인 모순이다.

북한 경희극 영화에는 '오해와 착각'이 많을 수밖에 없는데 그것은 모든 인물들이 긍정 인물들인 관계로 부정적인 것으로 재현된 사실도 알고 보니 오해였다는 해명을 해야 하기 때문이다. 김세륜이 특히 '오해'를 많이 사용하는 것은 '김일성상' 계관인으로서 그의 친체제적 면모를 다시 확인시켜 주는 사실이다.

'뒤집기' 수법은 "끌고오던 오해와 착각에 기초한 사건들과 갈등선 등을 장면이나 단락 혹은 전반적인 구성 체계 내에서 관객이나 극중 인물들의 예상과는 달리 반대로 뒤집어 놓음으로써 커다란 정서적 효과"[6]를 내는 것이라고 규정된다. 인물에 대한 오해와 착각이 극중 인물들 사이에서만이 아니라 관객마저도 오해하게 했다가 그것을 풀어 주기 위해 '뒤집기'가 필요하다.

그런데 김세륜의 수법은 전통적 오해와 달리 오해와 착각이 연속적으로 유발되는 "련속적인 오해"[7]다. 코미디 영화인 「안녕하십니까」에서 하동의 영숙과 상동의 명기는 애인 사이인데 그 사실을 안 하동 지배인은 자신의 마을에서 이미 아파트를 지어 주었으니 명기가 영숙을 따라 하동에 와야 한다고 생각하고 그들의 혼사 문제를 의논하기 위해 상동에 올라온다. 그러나 노래를 잘하는 영숙이가 명기를 따라 상동으로 오길 바라는 상동 부지배인은 자기네 작업반으로 자원 나온 리명기를 하동에 뺏기지 않으려고 홍철을 리명기라고 소개한다. 이 때부터 하동 부지배인의 오해가 시작되어 연속적인 오해가 덧쌓이게 된다.

> 홍철: 저 박명기라고 합니다.
>
> 하동 부지배인: 난 리명기로 알고 있는데……

5 김영, 『희극 영화와 웃음』(문학예술종합출판사, 1993), 200쪽.
6 손광수, 「작가 김세륜의 독특한 창작 수법과 그 특징」, 『예술교육』(2003. 3), 25쪽.
7 같은 글, 25쪽.

홍철: 박명기라고도 하고 리명기라고도 하고 이랬다 저랬다 합니다.

하동 부지배인: 이제 결혼도 해야지?

홍철: 전 장가를 안 가겠습니다. 장가는 가서 뭐 합니까. 혼자 사는게 제일 좋지요.

하동 부지배인: 약속했다며?

홍철: 그 땐 약속했지요.

(…… 홍철과 헤어져 나오는데 먼저 나간 홍철이 자신의 부인을 부르는 것을 본다.)

홍철: 여보!

하동 부지배인: (지나가는 진짜 명기를 붙잡고) 동무, 저 두 사람들 사이가 어떻게 되오?

리명기: 다정한 부부 간이지요.

하동 부지배인은 명기가 결혼까지 해놓고 영숙을 배신했다고 오해해 영숙이 충격받을까봐 걱정하며 영숙의 어머니에게 몰래 전보를 친다. 한편 부지배인의 전보를 받은 영숙 어머니와 결혼 문제로 내려오라는 아들의 전보를 받은 명기 어머니는 기차간에서 다투고 탄광마을에 내려온다. 이 사실을 나중에야 알게 된 홍철이 상동 부지배인이 시켜서 거짓말을 했다는 사실을 밝히려고 하동에 내려오지만 하동 부지배인은 홍철의 말을 믿으려 하지 않는다.

하동 부지배인: (뛰어드는 홍철을 보고) 명기 동무가 어떻게?

홍철: (영숙의 어머니를 향해) 어머니 안녕하십니까?

하동 부지배인: 안녕하십니까 인사가 나오나. 자넨 이미 장가를 들었다며?

영숙 어머니: 이미 장가를 들었다는게 사실인가?

북한의 실내 영화 촬영 세트장

홍철: 예. 장가들고 애도 있습니다.

(절망하는 어머니와 부지배인)

홍철을 명기로 오해한 결과 이제 명기를 결혼하고 아이까지 달린 사람으로 오해하는 지경에 이른다. 이러한 오해와 착각을 김세영은 코미디가 아닌 정극, 비극의 경우에도 두루 쓴다. 정극에 속하는 「안해의 일터」에서 명희와 근수가 부부라는 사실을 모르는 사람들에 의해 오해가 연속적으로 일어나며, 「홍길동」에서 뇌물을 받던 군수가 자기의 아들이 부는 피리 소리를 홍길동의 피리 소리로 착각해 도망가 숨는 소동을 벌인다.

그런데 긍정 인물들로 이루어진 김세륜의 영화에서 대부분 오해와 착각은 '뒤집기'에 의해 해소된다. 「고향길」에서 경수는 천재적인 피아니스트임에도 트랙터 운전사를 자원해서 이미 작고한 아버지의 고향마을에 내려온다. 처음에 사람들은 경수를 반겼으나 서툰 경수의 일솜씨에 이내 실망한다. 게다가 경수는 마을에서 버려두다시피 한 수렁논을 갈아서 농사를 지을 수 있도록 수렁논에서도 작동되는 트랙터를 발명하겠다고 큰소리쳐 마을 사람들의 기대를 한껏 부풀려 놓았지만 실패만 거듭한다. 영화는 경수의 원대한 이상과 초라한 현실의 대조를 통해 웃음을 발생시킨다. 이제 사람들은 경수를 '공상가'로 취급하기 시작한다. 그런데 알고보니 경수가 이 마을의 전설적 영웅의 아들이었다는 뒤집기를 통해 경수가 공상가가 아니고 오히려 돌아가신 아버지가 못다한 일을 하기 위해 피아니스트로서 자기의 직업적 성과와 개인적 안락함을 버리고 농촌에 자원한 성실한 청년이었음이 드러난다. 이와같이 '뒤집기'가 인물의 긍정성을 재확인해 주고 있다.

다음 '상봉 극작술'이란 만나야 할 사람을 곁에 두고도 못 만나거나 찾아 헤매다 겨우 만나지만 다시 헤어질 수밖에 없는 상황에 놓이게 하는 수법이다. 이 과정에 오해나 착각이 결합하여 전혀 다른 사람을 만나거나 만나야 할 사람으로 착각하는 경우도 있다. 김세륜의 영화는 정극, 비극, 희극 모두에서 상봉 극작술을 활용하는데 우선 이별을 전제로 한 상봉이 이루어진 후 다시 이별-상봉-이별로 이어져 안타까움을 증폭시킨다.[8]

비극 영화 「혈육」에서 명진은 아내와 아이들을 잃고 남한에서 막내딸과 단 둘이 사는데 어느 날 고기잡이를 나갔다가 풍랑을 만나 북쪽으로 가게 된다. 그런데 그곳에서 죽은 줄로만 알았던 큰아들과 딸이 너무나 훌륭하게 성장해 살고 있음을 알게 된다. 애틋한 상봉이 이어지지만 남한에서 혼자 어렵게 살고 있는 막내딸을 생각해 명진은 큰아들, 딸을 남겨두고 남한으로 돌아간다. 북의 자식들과도 살고 싶지만 남한의 자식도 버릴 수 없는 명진의 딜레마와 이별을 받아들일 수밖에 없는 상황이

8 손광수, 「작가 김세륜이 개척한 특색 있는 상봉 극작술」, 『조선예술』(2002. 9), 55쪽.

관객들의 감정선을 자극하도록 고안된 것이다.

꼭 만나야 할 사람들이 곁에 있음에도 알지 못하고 찾아 헤매 관객들의 안타까움을 배가시키는 것도 김세륜 영화 문학의 특징이다. 「고향길」에서 치삼은 친구의 아들인 경수를 곁에 두고도 오히려 경수를 공상가로 오해한다. 「세상에 부럼없어라」에서 용칠과 옥경은 전쟁 때 자기 아들딸을 예술가로 키워 줄 것을 유언으로 남기고 죽은 전우의 아들, 딸인 정수, 정희를 찾아다닌다. 정수와 정희도 아버지의 전우를 백방으로 수소문하며 찾아다닌다. 그러던 중 똑같은 사연을 가진 남매가 기계 공장에 있다는 사실을 안 옥경이 찾아가지만 아버지의 이름이 다르다는 것을 발견하고 실망한다. 그런데 알고 보니 이미 알고 지내던 정수, 정희가 그토록 애타게 찾던 그들이었다. 이런 방식은 정보를 많이 알고 있는 관객과 사실을 모르는 등장 인물 사이의 정보의 차이를 이용해 관객들의 안타까운 심정을 증폭시키는 장치다.

'겹구조'도 김세륜 영화 문학의 특징인데 그것이 상봉 극작술에 적용되면 하나의 만남이 다른 만남으로 이어져 기쁜 일이 겹치게 된다. 「화선에서 부르던 노래」에서 은주는 어릴 적 생명의 은인인 학수를 열차 안에서 우연히 만나게 된다. 그런데 알고 보니 죽은 줄 알았던 은주의 남동생 은식을 학수가 데리고 있었다. 은주-학수의 만남이 은주-은식 남매의 만남으로 이어지며 감정의 절정을 증폭시키는 방식이 '겹상봉'인 것이다. 정극이나 비극에서는 겹상봉이 카타르시스를 증대시키는 방법이지만 이 방식을 코미디에 이용하면 오해가 겹구조로 쌓이다가 오해받은 인물들이 모두 만나 오해를 푸는 식으로 변주된다.

끝으로 김세륜 영화 문학의 특징을 대중 가요의 적절한 이용에서도 찾을 수 있다. 김세륜은 적당한 때에 적절한 가사와 곡조의 노래를 배치시켜 경쾌한 느낌을 살리고 영화의 속도를 조절해 주며 입체성을 영화에 부여해 준다.[9] 영화 「세상에 부럼없어라」에서는 가요 「세상에 부럼없어라」, 「내 나라」, 「결전의 길로」, 「그네뛰는 처녀」 등의 가요를 적절히 배치함으로써 "사회주의 하에서 꽃피는 주체 예술의 면모를 시위하며 사람들에게 커다란 감동을 준다"[10]는 평가를 받았다. 그 밖에도 「고향길」, 「공중무대」, 「유원지에서의 하루」, 「대한추위」에서도 음악을 적절하게 구사하고 있으며 『대동강에서 만난 사람들』에서 강선달 역을 맡은 배우 김룡린이 부르는 가요 「휘파람」은 선달 노인의 들뜬 심정과 노인들의 애정이라는 소주제 그리고 '사회주의 대가정'이라는 영화 전체 주제를 흥겹게 환기시키고 있다.

이상에서 보듯이 김세륜의 영화 문학은 주제나 내용의 특징보다는 창작 수법을 개성 있게 활용하는 데서 그 특징을 찾을 수 있다. 그의 창작 수법은 정극, 비극, 희극 모두에 관통하고 있지만 특히 코미디에서 그 진가를 발휘한다. 오해를 기본축으로 하는 김세륜의 창작 수법이 코미디의 형상화 수법과 가장 잘 맞아떨어지기 때문이다. 김세륜 코미디의 특징은 "송영의 따뜻하고 사랑스런 충고, 리동춘의 통쾌하고 익살 강한 조롱, 리희찬의 심각하면서도 배포유한 조소, 박호일의 죽음을 모르는 불패의 웃음"[11]과 달리 "락천적인 웃음으로 사회주의 현실을 아름답게 구가하고 희망찬 미래를 찬미"[12]하는 경희극 영화의 방식과 맞닿아 있다.

2. 경희극 영화 「유원지에서의 하루」

경희극 작품인 「유원지에서의 하루」(1975)를 김세륜 영화 문학의 대

9 손광수, 앞의 글(2003), 27쪽.
10 『문예상식』(문학예술종합출판사, 1994), 293쪽.
11 손광수, 「작가 김세륜의 희극 영화 문학의 예술적 특징」, 『조선예술』(2002. 7), 46쪽.
12 같은 글, 46쪽.

표작으로 뽑은 이유는 그가 정극이나 비극도 썼지만 희극 그 가운데 경희극에서 특히 재능을 보인 작가라는 사실과 이 작품이 나온 1970년대가 김세륜이 가장 정력적으로 작품 활동을 한 때라는 사실에 있다. 더불어 이 작품이 최근 북한에서 많이 제작되는 경희극 영화에 영향을 미친 김세륜의 다양한 창작 수법을 보여 주기 때문이다. 이 작품을 평가하는데 경희극은 건너뛸 수 없는 배경이 된다. 따라서 북한에서 경희극의 등장 과정에 대해 살펴본 후 경희극 영화라는 장르 안에서 북한 연구자들이 이 작품을 어떻게 설명하고 있는지 보도록 하겠다.

경희극 영화는 북한에서 사회주의가 완성된 후 모든 부정이 소멸되었다고 선언한 결과 풍자 희극이 소멸된 지리를 대신해 등장한 코미디의 하위 장르다. 김영은 그의 저서에서 희극적인 것을 풍자극과 경희극으로 나누고 있다. 그는 "전면적으로 거부되어야 할 부정에 대해서는 풍자적 웃음으로 폭로 규탄하여야 한다"[13]고 풍자를 규정한 후 풍자는 착취사회의 특징이라고 말한다.

> 착취 사회에서 희극적인 것은 단순히 낡은 것이 아니라 새것으로 변색하려는 낡은 것, 단순히 사멸하여 가는 것이 아니라 장성 발전하는 것으로 자기를 가장하는 그러한 사멸하여 가는 것이며 단순히 추악한 것이 아니라 아름다운 것으로 가장하는 추악한 것, 단순히 저렬한 것이 아니라 고상한 것으로 위엄을 뽐내는 그런 저렬한 것이다.[14]

그런데 착취 사회의 반동 계급에 고유한 희극을 풍자적이라고 정의함으로써 이런 반동 세력이 소멸된 사회주의 사회인 북한에서 풍자는 더 이상 존재할 수 없게 된다.

13 김영, 『희극 영화와 웃음』(문학예술종합출판사, 1993), 15쪽.
14 북한의 대표적 풍자 영화로는 「성황당」, 「보충병」이 있다.

이에 대해 김정일 역시 "위대한 청산리 정신, 청산리 방법이 실생활에서 훌륭히 구현되고 긍정 감화 교양 방법이 큰 은(=큰 효과)을 나타내고 있는 오늘의 현실은 문학에서 풍자라는 말 자체가 맞지 않습니다"[15]고 하여 북한에서 풍자 영화의 제작을 원천 봉쇄했다. 이러한 김정일의 선언은 풍자의 본래 정신에 대한 오해에서 비롯된 것으로 보인다. 본래 풍자의 사회 비판의 토대는 사회에 대한 깊은 애정이기 때문이다. 사랑에 기반을 두되 타협하지 않는 비판이 풍자의 정신인 것이다. 그러나 북한에서 풍자는 부정적인 대상에 대한 웃음, 즉 풍자의 방법 중 하나인 조소나 냉소의 경우만 적용한 결과 자기 자신과 자신이 속한 사회의 결점에 대한 폭로와 비판이라는 풍자의 다른 정신을 간과했다. 풍자의 소멸에 대한 선언으로 아쉽게도 북한 사회가 솔직하게 자신을 들여다볼 거울을 잃었다고 할 수 있다. 자기 만족적인 웃음과 친체제적인 화해와 뻔한 결말이라는 북한 영화에 제기되는 비판은 이렇게 스스로를 비판할 기능을 잃은 데에서 비롯된 것이 아닐까.

이렇게 풍자 영화가 소멸된 후 경희극이 코미디의 대표적 하위 장르로 떠올랐다. 경희극은 1962년 연극 「산울림」을 영화화한 데에서 시작했는데 북한은 이 영화를 통해 "긍정적 사실만 가지고도 락천적인 생활과 웃음으로 새로운 형태의 희극 영화들을 훌륭히 창작할 수 있다는 것을 창조 실천에서 뚜렷이 확증하게 되었다"[16]고 밝히고 있다. 「산울림」 이래 만들어진 경희극은 1960~1970년대 초반에 걸쳐 발전해 지금의 형태를 갖춘 것으로 보인다.

> 사회주의 현실을 반영한 경희극 예술에서 진보적이며 혁명적인 력량의 강대성과 그의 끊임없는 승승장구를 뚜렷이 부각시켜야 아름답고 고

15 김영, 앞의 책, 36쪽.
16 같은 책, 13쪽.

상한 것이 사회의 지배적인 현상으로 되어 있는 사회주의 현실을 진실하게 반영할 수 있을 뿐 아니라 사람들에게 사회주의 건설에서 부닥치는 애로와 난관을 맞받아 언제나 신심과 락관에 넘쳐살며 투쟁하도록 커다란 힘과 용기를 줄 수 있다.[17]

달리 말해 경희극은 해학을 기본으로 하는 극의 한 형태로 "묘사 대상 인물을 전면적으로 부정하는 것이 아니라 그 인물에게 있는 낡고 부정적인 요소들로 가벼운 웃음을 통해 동지적으로 비판하는 영화"[18]다. 이와 같은 경희극은 다시 두 종류로 나뉜다. 하나는 해학으로서 "전반적으로는 아름답거나 숭고한 것인데 부분적으로 나타나는 결함과 부족점에 대하여" 교양하는 코미디 영화로 정의된다. 다시 말해 사회주의 현실에서 있을 수 있는 부정적 측면들을 명랑하고 가벼운 웃음으로 비판하고 새것을 긍정하는 형태의 코미디가 해학적 경희극이다.

다른 하나는 긍정 인물만 등장시킨 경희극이다. 이것은 전면적으로 아름답고 숭고한 것에 대해 낙천적 웃음으로 사람들을 긍정적으로 감화 교양하는 영화다. 요컨대 이 영화들은 사회주의 현실의 긍정적인 사실만 가지고 웃음 속에서 사람들을 감동시키는 영화다.[19]

김세륜의 「유원지에서의 하루」는 북한에서 긍정 인물만 등장시킨 경희극의 대표적 작품으로 꼽히고 있다.

은혜로운 사랑 속에 행복이 넘치는 대성산 유원지에 어린이나 늙은이나 할 것 없이 누구나 찾아가 기쁨을 나누고 행복을 즐기는 모습을 통하여 인민의 유원지야말로 늙은이는 청춘을 되찾고 혁신자들은 래일의 결

17 김순영, 앞의 책, 46쪽.
18 박건천, 「우리 식의 극문학 형태로서의 경희극의 새로운 발전」, 『청년문학』(1998. 10), 62쪽.
19 김영, 앞의 책, 37쪽.

> 의에 충만되고 앓아뭉개던 사람들도 새로운 열정에 넘쳐나게 한다는 것을 실감 있게 보여 주고 있으며 이것을 통하여 어버이 수령님께서 마련하여 주신 우리 나라 사회주의 제도의 우월성을 훌륭히 형상화하고 있다.[20]

따라서 이 영화의 주제를 '사회주의 제도의 요구에 맞는 생활 양식 확립' 정도로 오해해 억지 갈등을 만들어 이해하면 안 된다는 것이 북한의 연구자 김영의 평가다. 손광수 역시 이 점을 포착해 이 작품은 "창작 동기 자체가 사회 문제를 해결하는 데 있는 것이 아니라 락천적인 웃음으로 시대를 구가하고 우리 인민들의 행복에 넘친 아름다운 모습을 보여주자는 데 있다"[21]고 말한다. 이런 이유로 김세륜의 코미디들이 밋밋하다는 인상을 풍기며 그의 작품에 대한 연구도 창작 수법에 모아지고 있는지 모르겠다.

그런데 모든 코미디의 정신에는 현실 비판과 현실 인정 혹은 회복이라는 상반된 지향이 들어 있다. 정도의 차이는 있지만 아무리 긍정적 인물만 등장시킨 코미디일지라도 사회에 대한 발언을 보여 주고 있는 것이다. 다음 절에서는 「유원지의 하루」를 의도적 오독(誤讀)을 통해 1970년대 북한이 당면한 문제를 해결하기 위해 전통적 요소를 복권하는 과정에서 등장한 텍스트로서 읽어보도록 하겠다.

3. 「유원지에서의 하루」를 의도적으로 오독하기: 전통과 근대의 충돌

북한의 연구자 김영이 경희극 영화인 이 작품을 잘못 이해할 경우 빗

20 김영, 앞의 책, 42-43쪽.
21 손광수, 「작가 김세륜의 희극 영화 문학의 예술적 특징」, 『조선예술』(2002. 7), 47쪽.

어질 수 있는 혼란까지 친절하게 예를 들면서 그 오독을 경계했지만 어떠한 텍스트도 결코 순진하지 않으며 독자/관객은 작가의 편지를 받지 못하거나 받더라도 작가의 의도와 다르게 읽을 수 있다. 주지하다시피 이 작품이 나온 1970년대 중반은 북한이 사회주의가 완성되었다고 선언한 때이자 한편으로 북한의 사회주의 근대화가 또 다른 위기에 도달한 시점이다. 1960년대 중반 시작된 위기를 정리하고 유일 체제를 지향해 '사회주의 신헌법'을 발표했을 뿐 아니라 북한 문학 예술의 새로운 출발을 알리는 김정일의 『영화예술론』이 출간된 때가 1970년대다. 분단 이래 북한이 추구한 사회주의 근대화의 결과 정치, 경제와 같은 외형적인 면에서는 근대화가 수신되었고 사람들의 삶의 양식도 상당 부문 근대화되었다.

그러나 근대화 이후 남한에서도 그랬지만 사람들의 일상 생활과 사고 방식 속에는 여전히 전통적 잔재가 남아 있어 전통과 근대가 혼재된 문화 양식이 만들어졌다. 노시 인텔리와 중산층, 북한이 그렇게도 경계했던 자본주의식의 사고 방식도 산업화의 부산물이었다. 이 작품은 이와 같은 사회문화적 혼란을 담아내며 웃음을 통해 체제의 안정적 회복을 꾀하고 있다.

우선 영화 문학의 내러티브를 에피소드에 따라 다음과 같이 구분해 볼 수 있다.

1. 영길이 아버지 성민에게 자신이 사귀는 처녀(기옥)가 있음을 알리며 어머니가 강제로 주선하는 맞선을 보지 않겠다고 하고 기옥도 맞선을 피해 오빠 몰래 도망나감.

2. 모든 인물이 유원지로 옴: 영길과 기옥이 강제 맞선을 피해 집에서 몰래 나와 만나기로 한 유원지로 오고 어머니와 기철은 맞선 문제로 유원지에 오며 성민과 기철의 부인 봉실은 각자의 배우자를 말리러 유원

지에 옴.

3. 성민과 봉실: 순녀를 찾으러 간 영애를 기다리다 성민은 봉실에게 봉변을 당함. 봉실을 기가 센 여자로 오해

4. 성민과 기철: 성민은 기철을 예의 없는 사람으로, 기철은 성민을 싱거운 아바이로 오해

5. 성민과 기옥: 놀이기구를 타다 쓰러진 성민을 기옥이 간호해 줌. "이런 처녀가 며느리로 들어왔으면 얼마나 좋을까."

6. 성민과 봉실 재회: 기옥이 봉실에게 성민의 간호를 부탁하고 영길을 찾으러 가자 성민은 봉실처럼 드센 여자와 기옥이 관계 있다는 사실을 못마땅해 함.

7. 순녀와 기옥: 엄마는 성민과 비슷한 사람을 남편으로 착각해 무안을 당하고 도망가다 기옥과 우연히 마주침.

8. 성민과 기옥: 성민은 순녀와 기옥이 함께 있는 것을 멀리서 보고 기옥을 맞선 보이려는 처녀로 오해. "나두 처녀가 마음에 드오만 내 아들 영길에게는 좋아하는 처녀가 있소." 기옥의 영길에 대한 오해 발생

9. 기철과 영길: 영길이 기옥을 찾으러 다니던 중 길을 잃은 기철의 아들을 찾아 줌. 봉실이 두 사람이 함께 있는 걸 보고 영길을 선보이려는 남자로 착각

10. 성민 내외와 기철 내외: 영길과 기옥만 없는 가운데 놀이기구를 타다 싸움이 붙어 맞선 얘기를 없던 걸로 하기로 함.

11.기철과 봉실: 기옥의 애인이 영길임을 알게 됨.

12. 성민 내외와 기철 내외: 기철 내외가 사과하러 성민 내외를 찾아오나 성민 내외는 이들이 자신들을 따라다닌다고 오해하고 더욱 빨리 도망감.

13. 두 가족이 모두 만나고 그 동안 오해가 모두 풀림.

「유원지에서의 하루」는 대성산 유원지에서 맞선 보기로 한 성민의 아들 영길과 기철의 여동생 기옥의 맞선을 둘러싸고 벌어지는 일들을 김세륜 식의 코미디 방식 즉 연속적 오해, 착각, 상봉과 이별의 수법으로 보여 주는 경희극 영화다. 이 작품에서 가장 큰 단위의 오해와 착각은 서로의 정체를 정확히 알지 못한다는 사실에서 비롯된다. 여기에 유원지에서 만난 가족들이 서로 찾아 헤매며 만나고 헤어지는 가운데 '드센 여자', '버릇 없는 사람', '싱거운 아바이'로 작은 단위의 오해가 배치되어 있고 이 사람을 저 사람으로 저 사람을 이 사람으로 착각하는 내용이 곁들여 있다. 오해는 오해를 낳아 성민 내외와 기철 내외는 맞선을 없던 일로 하자는 데 합의하는 등 갈등이 고소되고 기옥은 영길에게 다른 여자가 있다고 오해하게 된다. 이것이 김세륜 식의 경희극 수법이라고 불려지는 '연속적 오해'다.

한편 김세륜 표로 불리는 상봉 극작술의 '상봉과 이별' 역시 이 작품에서 코미디 방식으로 변용되어 나타난다. 성민이 부인을 기다리다 잠깐 자리를 비운 사이 부인이 성민을 기다리고, 기철이 봉실을 발견하지만 놓치고, 봉실이 놀이기구를 타다 남편을 발견해 부르지만 만나지 못하는 식으로 만나야 할 사람들이 계속 엇갈리는 가운데 성민과 봉실, 성민과 기철은 우연히 만나 서로에 대한 나쁜 감정만 갖게 된다. 그러나 영길과 기옥이 이미 애인 사이라는 것을 알게 되자 오해와 갈등은 쉽게 풀어진다. 북에서 말하듯이 '노인을 젊은이로, 어른을 아이'와 같은 심정으로 만드는 유원지에서 벌어지는 사소한 오해와 갈등이었던 것이다.

그래서 작품의 의도대로 읽으면 「유원지에서의 하루」는 유원지에 모인 두 가정의 식구들이 서로를 찾아 헤매는 가운데 유원지의 홍에 취해 어린아이처럼 되어 버린다는 것으로 사회주의 조국이 베푼 은혜 곧 모든 인민을 아이와 같은 심성으로 되돌려 놓는 은혜를 반영적으로 재현한 작품이다. 모두가 평등하고 아이처럼 천진난만할 수 있는 사회주의 원더랜드가 갈등이 배제된 김세륜 식의 경희극인 것이다.

그러나 이 작품은 에피소드 구분이 보여 주듯 아버지 성민이 주인공이라고 여겨질만큼 성민을 따라 전개되고 있다. 성민이 보여 주는 모순들이 웃음을 일으키고 있으며, 그것이 대부분 성역할에 대한 편견과 결합되어 있어 젠더 지향적 텍스트임을 알 수 있다.

성민의 부인인 순녀는 남편과 상의도 없이 아들이 극구 사양하는 맞선을 주선하기 위해 유원지로 떠난다. 이 사실을 알리러 딸 영애가 아버지 성민의 사무실을 찾아온 장면을 보면,

장면 인용 (1)[22]

영애가 사무실로 아버지를 찾아온다.

영애: 아버지도 지금 유원지에 가시자요. 야, 정말 어머닌 지금 오빠 선보러 거기 가셨는데 아버진 여기서 공식만 풀고 계시겠어요.

성민: 뭐라고? 그게 정말이냐?

영애: 아버진 집안일에 대해선 너무도……

성민: 애, 이를 어쩌면 좋으냐. 네 오빠에게는 이미 보아 둔 처녀가 있는데……

영애: 네? 어머나 아휴, 큰일났네.

성민: 이런 대사만이야 사전에 토론을 해야지, 정말 네 어머니는 너무하구나.

22 「유원지에서의 하루」는 영화 문학을 보지 못하고 영화만 본 관계로 장면 인용 1, 2, 3의 대사는 임효수의 논문 「북한 경희극 영화의 희극성과 웃음 유발 연구」(2000, 동국대학교 연극영화과 석사학위 논문)에서 인용했다. 인용 4는 필자가 영화에서 인용한 장면임.

영애: 아버지가 집안일에 대를 안 세우니까 그렇죠.

성민: 뭐, 대를? 좋아, 이번 일만은 대를 세우자꾸나.

성민은 공처가로 설정되어 있다. 그러나 딸 영애가 아버지 성민이 집안에서 세대주로서 권위를 세우지 못했기 때문에 오빠의 혼사 문제에서도 제외되었다고 비난하자 성민도 그런 지적에 동감하며 화를 내고 있다. 세대주로서 권위를 제대로 세우지 못하는 남자는 조롱의 대상이 된다. 이렇게 해서 유원지에 간 성민은 영애가 부인을 찾아올 때까지 기다리기로 하는데 여기서 다시 한 번 여성들에게 수난을 당한다.

장면 인용 (2)

전기 자동차를 구경하던 기철의 아내 봉실과 그녀의 친구가 뒤에 서 있던 성민을 무의식중에 팔로 친다. 놀란 성민이 물러서나 모자를 떨어뜨리고 지나가던 사람들에 의해 성민의 모자가 짓밟힌다. 성민이 화가 나서 봉실을 제지하고 상황을 알게 된 봉실은 성민의 모자를 연못에서 빨아 준다. 성민이 주머니의 안경을 꺼내보지만 그것마저 부러져 있다.

성민: (부서진 안경을 보며) 아니, 여자의 주먹이 이렇게 드셀 수 있나……

(봉실의 아이를 돌아보며) 얘, 너희 어머니 혹시 체육단에 있지 않았니?

아이: 아니요.

봉실: 뭐라구요?

이 장면에서도 '남자다움'과 '여자다움'에 대한 전통적 사고 방식이

조선예술영화촬영소

작동한다. 독자/관객은 성민이 '남자답지 못한' 공처가에다 여자에게 얻어맞아 안경까지 깨지는 상황과 봉실이 '여성스럽지 못하게' 우악스럽다는 이유로 웃을 수 있게 고안되어 있다.

이 작품은 성민의 부인 순녀 역시 부정적 상황에 놓는다.

장면 인용 (3)

순녀와 기철이 아이스크림을 먹으며 영길과 기옥의 혼사를 결정한다.

순녀: 저 본인들은 나중에 대면시키기로 하고 우리끼리 결정하지 않겠나요?

기철: 그래도 아버님이랑 다른 가족들도……

순녀: 아 일 없어요. 우리 영감은 그저 내 말이라면 무조건 따르니까.

기철: 우리 집에서도 내 말이면 단데.

순녀: 아휴, 그렇다면 결정합시다. 예?

장면 인용 (4)

성민이 드디어 부인 순녀와 만나 맞선을 취소하라고 말한다.

성민: 기다릴 테니 취소하고 오오.

순녀: 당장이야 어떻게……

성민: (강하게) 세대주가 하는 말에 뭘 그리 말이 많소. 당장 취소하고 오오.

순녀: (기가 죽은 목소리로) 알았어요.

순녀는 가부장제가 규정해 놓은 성역할의 전도를 보여 주지만 그것이 전도되었음을 확인한 관객이 웃을 수 있다는 것은 사실상 성역할을 본래 위치로 돌려놓으려는 의도가 내재되어 있는 것이라고 할 수 있다. 게다가 장면 인용 (4)에서 보듯 그 전도된 양상조차 오래가지 않는다. 나중에 만난 성민이 결혼을 반대하며 '세대주'를 운운하자 순녀는 급작스럽게 기가 죽을 뿐 아니라 세대주를 핑계삼아 기철과의 약속을 물러버리기 때문이다. 또한 순녀는 근대적 연애 결혼을 무시하고 부모가 자식의 결혼을 결정내린다는 전통적 방식에 기대고 있어 웃음거리가 된다.

이와같이 「유원지에서의 하루」는 성역할에 대한 편견을 이용해 웃음을 발생시키고 있다. 코미디는 웃음을 통해 기성 권위와 현실을 비판하고 전복하기도 한다. 그러나 코미디 장르의 궁극적 목표는 현실의 회복과 안정을 되찾는 데 있다. 이 작품은 성역할에 대한 고정 관념을 충분히 인지하고 있는 독자/관객이 웃도록 되어 있으며 '드센 여자'나 세대주의 권위에 도전하는 여자는 조롱을 통해 처벌하고 있다. 반면 성민과 같이 나약해진 남성성은 '세대주'로서의 권위를 회복한다. 결국 이 작품이 웃음을 통해 복권시킨 것은 유교적 가부장제와 남녀 관계다.

사회주의와 사회주의식의 근대화를 지향한 북한이었지만 1970년대 권위주의 체제를 형성하는 과정에서 유교적 가부장제 이데올로기는 더 이상 근대화와 대립하는 양식이 아니었다. 그것은 오히려 '북한식 근대화'에 유용한 수단이 되었다. 혁명과 산업화를 겪으면 전통이 파괴되고 단절될 것이라는 보편적 인식과 달리 소련, 중국 그리고 북한 역시 근대화 과정에서 전통이 지속되었고 사회적으로 중요한 역할을 했다.[23] 북한의 사회문화 담론을 이끄는 김일성의 연설을 보면 집권 초기에는 전통문화에 대해 그다지 강조하지 않다가 1960년대 후반부터 전통적 요소나 가족에 대해 긍정적 태도로 전환하는 것을 볼 수 있다. 특히 이 영화가 나온 1970년대 중반은 북한에서 '충성', '효성', '인덕' 등 전통적 요소들이 강조되던 때다.[24] 그 이유는 1974년 2월 당중앙위원회 제5기 제8차 전원회의에서 김정일을 당중앙위원회 정치국 위원으로 추대하고 유일한 후계자, 계승자로 정했기 때문이다. 권력 세습을 합리화하는 과정에 전통적 요소가 적극적으로 활용된 것이다.

이와 더불어 수령을 정점으로 배치한 유일 체제의 '사회주의 대가정'에 대한 상상은 남녀 평등을 가장 손쉽게 배반하고 친숙한 유교적 가부장제를 허용한다. 유일 수령제는 수령의 혁명 전통과 혁명 가계를 강조하면서 여성 정책에서도 후퇴적인 모습을 보였다. 일례로 도쿄에서 번안되어 나온 『공산주의 례의 도덕 교양』이란 북한의 책을 보면 가정에서 여성의 역할을 다음과 같이 규정하고 있다. 이 책에서는 "부모를 극진히 공대하고 남편을 잘 섬기는 것은 우리 나라 녀성들의 아름다운 덕성의

23 박광호, 『전통: 북한 사회 이해의 열쇠』(한국학술정보, 2004), 27쪽.

24 북한의 잡지 『근로자』에 실린 논문 중 '충성', '효성', '인덕'이 들어간 횟수를 비교해 보면 다음 표와 같다

연도	62	63	64	65	66	67	68	69	70	71	72	73	74	75	76	77	78	79	80
횟수	0	0	0	0	0	0	0	1	1	0	0	1	5	0	3	3	1	1	2

위표는 박광호, 앞의 책, 352쪽에서 부분 인용.

하나"이며 "남편이 자기나 가정의 사사로운 일 때문에 머리를 쓰지 않고 마음껏 일하며 보다 큰 성과를 달성할 수 있도록 힘써야"[25] 하는 것이 여성의 역할이라고 해 유교적 여성의 역할에서 크게 벗어나지 않음을 볼 수 있다. 전통적 요소를 근대화에 활용하며 근대화의 속도를 높이고 권력 세습이라는 체제 정당화를 마련하는 과정에서 특히 여성을 소외시키고 보수적 가족 관계를 복권시키고 있는 것으로 보인다.

이런 분위기에서 창작된 영화 문학「유원지에서의 하루」는 근대의 속도를 따라가지 못하는 문화를 재현하는 한편 웃음의 교정적 기능을 수단삼아 체제가 허용한 유교적 가부장제를 복권시키는 현실을 충돌적으로 반영한 작품으로 탄생했다. 김세륜이 꿈꾼 사회주의 원더랜드는 평등한 듯 보였지만 남녀 평등과 진보적 여성 정책을 희생시킨 자리에 세워진 유원지였다.

4. 북한 영화 속 김세륜의 영향과 흔적

전쟁 시기 인민군에 자원함으로써 자연스럽게 월북한 김세륜은 북한의 경희극의 전범(典範)을 만든 작가 가운데 하나다. 김세륜은 정극, 비극, 희극이라는 장르를 불문하고 연속적 오해, 뒤집기, 상봉 극작술과 같은 수법들을 자유롭게 구사함으로써 자신의 영화 문학에 작가적 낙인을 찍었다. 이와 같은 수법들은 특히 경희극 장르에서 빛을 발하며 북한 경희극의 하나의 틀이 되어 최근의 북한 경희극에서도 유사한 수법이 반복 재생되는 것을 확인할 수 있다.

'고난의 행군'으로 침체된 분위기에서 북한은 '가는 길 힘들어도 웃으

25 학우서방, 『공산주의 례의도덕 교양』(1965), 88-93쪽; 박광호, 앞의 책, 370쪽에서 재인용.

며 가자'는 구호를 내걸고 어두운 사회 현실과 반대로 밝고 낙관적인 문학 예술의 창조를 문화계에 요구했는데 그에 화답한 것이 경희극 영화의 장르적 부활이었다. 2000년 이후 제작된 경희극 영화들은 보편적 장르 개념으로 보면 남녀의 다툼과 성적 긴장감을 주제로 하는 '로맨틱 코미디'로 가닥을 잡아가고 있지만 그 영화들에서도 김세륜의 영향이 쉽게 발견된다. 예컨대 「사랑의 거리」(2003)는 아버지를 희화화시키며 구세대에 대한 부드러운 공격을 하고 있는 작품인데 웃음의 기본은 아버지가 운수연합 지배인 아들인 재혁의 정체를 몰라 연속적인 오해를 파생시키는 데 있다. 운수연합 지배인과 친구 사이인 아버지는 자신의 딸 미선과 지배인의 아들을 맺어 주자고 구두 약속한다. 그러나 그는 자신의 기업소에 자원해 온 운전수 재혁이 지배인의 아들이라는 사실을 알지 못한다. 그래서 아버지는 자기를 취재하러 온 기자를 지배인의 아들이라고 착각해 오해를 만들고 미선이 재혁과 사귄다는 사실을 안 이후에는 그 사실을 지배인에게 숨기기 위해 또 다른 오해가 발생한다.

영화는 이렇게 오해를 덧놓다가 결국 재혁이 지배인의 아들이며 성실한 청년이었다는 뒤집기를 통해 갈등을 해결한다. 김세륜이 만들어 놓은 연속적 오해와 뒤집기의 수법이 여기에서도 유용하게 쓰이는 것이다.

김세륜이 경희극에 공헌한 바가 많고 그렇기 때문에 리희찬 등에 비해 긍정적 웃음을 주로 만들었다고 본문에서 언급했지만 웃음이 생래적으로 갖고 있는 모순적 성격, 사회 비판과 현실 회복을 김세륜 영화 문학에서도 찾을 수 있다.

김세륜의 작품 가운데 「대한추위」, 「처남이 오는 날」 등과 같은 작품은 북한에서도 반풍자 영화로 평가할 만큼 풍자적 코미디의 성격이 강하다고 할 수 있으며, 분단을 소재로 한 비극 영화 「새」와 같은 작품에서는 남북의 분단을 가족의 문제로 풀려는 고민도 엿볼 수 있다. 이 작품들은 사회주의 원더랜드와 이면적 갈등을 일으키는 문제들 예컨대 관료주의, 내부적 차이와 같은 문제를 언급하고 있는 것이다. 비록 '사회주의 원더랜드'를 김세륜이 꿈꾸었다고 할지라도 현실에 대한 지성적 거리를 기본으로 하는 코미디 작품에 주력한 작가로서 문예 정책을 갈등 없이 작품에 투영할 수 없었음을 이 작품들을 통해 짐작해 볼 수 있다. 이런 견지에서 김세륜에 대한 작가적 평가는 계속 수정되어야 한다는 과제가 여전히 우리에게 남아 있다.

:: 작품 연보*

「고향길」(1966, 정극)

「안해의 일터」(1970, 정극)

「세상에 부럼없어라」(1970, 정극)

「사과 딸 때」(1971, 정극)[26]

「두 작업반장과 두 전사」(1971)

「화선에서 부르던 노래」(1972, 정극)

「공중무대」(1972, 희극)

「유원지에서의 하루」(1975, 희극)

「대한추위」(단편, 1978, 희극)

「안녕하십니까?」(1979, 희극)

* 문헌상으로 확인된 작품만 올렸으며 정극, 비극, 희극의 분류는 대체로 손광수의 분류를 따랐다.

26 이 작품은 1977년 과학백과사전출판사가 발간한 『조선문학사』와 1986년 박종원 · 류만의 『조선문학개관 II』에는 김세륜 작품으로 되어 있으나 1996년 평양사회과학출판사에서 나온 『조선문학사 14』에는 집체작으로 되어 있다.

「명랑한 무대」(희극)

「도루메기 소동」(희극)

「혈육」(1979, 비극)

「홍길동」(1984, 비극)

「조선아 달려라」(1985, 정극)

「림꺽정」(1~5부, 1987~1989, 비극)

「마음에 드는 청년」(1988, 정극)

「새」(1990, 비극)

「민족과 운명」(1992, 2~4부, 6~7부 참여, 정극)

「대동강에서 만난 사람들」(1부, 1993, 희극)

ㅁ 기타 연도 미상 작품

「보람찬 우리 생활」

「자랑 끝에 있은 일」(희극)

「아름다운 거리」

「처남이 오는 날」(희극)

「비가 멎은 뒤」(희극)

「돌잔치」(희극)

「보충병」(희극)

「약혼식과 장례식」(희극)

「리장관의 삼촌」(희극)

:: 참고 문헌

『공산주의 례의도덕 교양』, 학우서방, 1965.

『문예상식』, 문학예술종합출판사, 1994.

『조선문학사』, 과학백과사전출판사, 1977.

『조선문학사 14』, 사회과학출판사, 1996

김영, 『희극영화와 웃음』, 문학예술종합출판사, 1993.

박건천, 「우리 식의 극문학 형태로서의 경희극의 새로운 발전」, 『청년문학』, 1998. 10.

박광호, 『전통: 북한 사회 이해의 열쇠』, 한국학술정보, 2004.

박종원, 류만, 『조선문학개관 II』, 과학백과사전출판사, 1986

손광수, 「작가 김세륜의 희극영화문학의 예술적 특징」, 『조선예술』, 2002. 7.

손광수, 「작가 김세륜이 개척한 특색 있는 상봉극작술」, 『조선예술』, 2002. 9.

손광수, 「작가 김세륜의 독특한 창작수법과 그 특징」, 『예술교육』, 2003. 3.

손광수, 「웃음도 있고 눈물도 있는 우리 식의 비극」, 『조선예술』, 2003. 4.

손광수, 「화면에 비낀 민족분렬의 비극적 현실과 력사의 교훈」, 『조선예술』, 2003. 4.

임효수, 「북한 경희극 영화의 희극성과 웃음 유발 연구」, 동국대학교 연극영화과 석사학위 논문, 2000.

에필로그

북녘의 문학 대표 작가를 논의하는 첫 번째 결실

유임하

이 책은 '남북문학예술연구회'가 지난 일 년간의 준비 끝에 준비한 첫 번째 성과물이다.

북녘의 문학에 대한 관심을 공유하는 연구자들의 네트워크는, 정치학이나 사회학 일반에서 활성화된 것과는 달리, 개별 연구자들의 열정으로만 지탱되어 온 바가 없지 않았다. 1980년대 중후반에 점화된 북한 문학의 연구는 남한의 근대 문학 전공자들이 그 시야를 확장시키면서 시작되었다. 이 때까지만 해도 북한 문학에 대한 논의 수준은 상당 부분 냉전체제 하에서 수행된 관변 연구의 연장선에 놓여 있었거나 아니면 초보적인 정보를 해설하는 수준에 머물렀던 게 사실이다.

하지만 1980년대 초중반부터 시중에 유통되기 시작한 북한 서적들은 근대 문학 전공자들에게 단순한 호기심 차원을 넘어 이북 문학을 어떻게 접근해야 할 것인지에 대한 문제를 촉발시켰다. 근대 사회주의 문학을 비판적으로 계승하며 출범한 까닭에 북녘의 문학은 근대 문학의 연속선상에 놓아야 할 것인가, 아니면 그와 별개로 외국 문학으로 다루어야 할 것인가의 문제는 여전히 진행중이다. 그런 문제의 깊이 있는 검토와는 별개로 이북 문학에 대한 성과는 1980년대 후반부터 1990년대 초중반에 걸쳐 내실 있는 모양새를 갖추어 나갔다. 근대 문학 연구자가 자신들의 시야와 연구 외연을 넓혀 북녘의 문학을 탐색하기 시작한 것도 이 때에 이르러서다.

'남북문학예술연구회'는 북녘의 문학과 문화 예술 분야를 전공하는 소장 학자들을 중심으로 한 연구모임이다. 이 모임의 내력은 2004년 8월로 거슬러 올라간다. 애초 모임을 주도적으로 결성한 이들은 김성수(성균관대 교수), 김재용(원광대 교수)이다. 이들은 2004년 10월 북한대학원에서 개최된 북한연구학회 문화분과 발표 이후 한자리에 모였다. 여기에 모인 성원들은 이북 문학을 전공하는 소장 학자들을 중심으로 '기타 문학'에 머물러 있는 척박한 연구 풍토를 쇄신하기 위한 첫 행보로서 소규모 연구모임의 필요성을 절감했다. 이로부터 구체적인 모임을 갖기로 의기투합했고, 개별적으로 논의해 오던 연구의 한계를 넘어서려는 모임의 취지에 공감하는 이들이 한데 마음을 모았다. 앞서 거론한 김성수 교수와 김재용 교수 외에, 노귀남(경남대 북한대학원 초빙교수), 유임하(한국체대 교양과정부 교수), 전영선(이화여대 통일연구원 연구위원), 홍용희(경희사이버대 교수), 임영봉(중앙대 교수), 이상숙(경원대 교수), 고인환(경희대 교수), 이주미(동덕여대 강사), 오태호(경희대 강사), 오창은(중앙대 강사), 한정미(하나원 연구원), 남원진(건국대 강사) 등이 바로 그들이다.

소규모 연구모임은 그간 학술진흥재단의 콜로키움에 지원하여 최소한의 경비로 각자의 연구 성과를 일별하는 과정을 거치면서 새로운 소장 연구자를 영입해 나갔다. 「북한 영화의 근대성 연구」를 쓴 이명자 박사(동국대 연극영화학과 강사), 북한 작가론으로는 첫 성과인 「천세봉론」의 김은정 박사(한국외대 강사), 「북한 역사 소설 연구」로 학위를 받은 임옥규 박사(아주대 강사), 북한 동화에 관심을 가지고 있는 이재복(아동문학가) 등이 바로 그 주인공들이다.

이들 신예 회원의 동참으로 모임은 활력을 더하기 시작했다. 학술 연구 과제를 준비하는 일에서부터 학진의 소규모 콜로키움에 신청해 2년 연속으로 선정되면서 활동비를 해갈하는 과정까지 이들이 주도적으로 노력했던 것이다.

또한 연구회의 활동은 대책 없는 학문적 열정과 공동 관심사에 대한 활발한 토론으로 이어졌다. 북한연구학회에 문학분과를 설치 운용하는 성과를 얻었고, 북한학연구총서 6권 『북한의 언어와 문학』이 문학분과의 지반 위에서 연구모임의 성과 대부분을 담아낼 수 있었다.

그러다가 2007년 2월 21일, 만 3년간 애용해 온 경남대 북한대학원대학 세미나실에서 연구모임을 공식 출범시키기에 이르렀다. 성원들은 모임 발의자의 한 사람인 김재용 교수를 대표로, 또 다른 발의자의 한 사람인 김성수 교수를 총무이사로 추대했다.

연구회의 창립은 그 동안의 연구 성과를 발표하고 학술 정보를 서로 교환하면서 다져진 친목과 우호적인 분위기를 더욱 쇄신하기 위해서 결행된 일이었다. 요컨대, 소규모 모임의 틀을 유지하면서도 성과들을 학계에 제출하기 위한 노력을 더욱 효율적으로 만들자는 성원 모두의 일치된 마음이 하나의 굽이를 돌아 그 결실을 맺은 셈이다.

연구회의 명칭이 '남북문학예술연구회'로 결정된 까닭은 '남북의 학문적 가교 역할 수행'과 '문학과 문화 예술 관련 전공자들의 인적 구성', '기존 학회의 부정적 관행을 탈피한 연구자들의 성실한 노력'을 취지로 삼았기 때문이다. 오랜 내부 토의를 거치고 성원들의 중지를 모으면서 구체적인 연구 계획이 마련되었고, 이를 대외적으로 발표하는 기회를 적극적으로 확보하는 데 노력하자는 결의도 있었다.

이렇게 내부 논의를 거쳐 마련된 2007년도 연구회 활동은 다음과 같았다. 3월부터 매월 첫째 주 목요일과 셋째 주 금요일에 정기모임을 갖는다는 것, 매월 첫째 주 목요일에는 '북한 문학 열여섯 강좌'와 '북녘의 문학을 대표하는 작가론'을 각각 발표한다는 것, 매월 셋째 주 금요일에는 '김정일 시대의 『조선문학』 10년을 조감하기(1997~2006)' 등의 기획을 실천하는 것이었다.

특별히, 이 책이 탄생하기까지 이화여자대학교 통일학연구원의 기획과 지원이 있었음을 명시해 둘 필요가 있다. 연구회 모임에 관심을 갖고 있던 최대석 원장님의 기획으로 연구 주제와 방향을 구체화하고 본격적으로 작가 연구를 진행할 수 있었다. 2007년 3월 이후 우리 연구회는 매달 2~3명의 북한 대표 작가의 문학 세계와 대표 작품을 발표하면서 북한 문학의 지형을 탐색할 수 있었다. 최대석 원장님 이하 여러 연구원들은 늘 따스하게 배려해 주었다. 이 배려는 회원들에게 크나큰 울력이 되어 연구의 활력을 북돋우었다.

거기에다 2006년에 기획 연재되었던 『문학과 경계』의 '북한 문학 특집'은 잡지 폐간으로 애초 계획했던 결실을 모두 거두지는 못했으나 이 책을 낳게 해 준 또 다른 원천이다. 홍석중, 오영재, 김병훈의 작가론은 이 연재에 기초해 있기 때문이다. 또한 컬처뉴스와 공동 기획한 '6 · 15 시대 북한 문학'이 3월부터 11월까지 총 10회에 걸쳐 진행된 바 있고, 이 책에 수록된 오창은의 총론과 김성수의 남대현론은 이 연재에 바탕을 두고 있다. 원고를 바탕으로 수성해서 책에 게재할 수 있게 해 준 컬처뉴스에 사의를 표한다.

저녁 시간, 연구회 회원들의 발표를 늦도록 지켜보며 덕담과 비판을 함께 주신 이화여대 통일학연구원장 최대석 교수님, 늦은 시간까지 열띤 토론으로 귀앓이를 마다하지 않았던 소속 연구원들께도 심심한 사의를 표한다.

또한 토론으로 늦은 밤 시간, 각자 자신들의 거처로 발길을 돌리면서 누렸던 지난 4년간의 시간은 학맥을 넘어 공동의 관심사에 귀기울인 고귀한 인연이었다는 사실을 절감한다. 이 책의 발간을 빌미삼아 가슴 속에 깨달음의 총총한 별 하나를 품고 갈 수 있게 해 준 연구회 회원들의 노고에 감사한다. 모두의 빛나는 눈빛과 온기 가득한 숨결이 다음 저작의 쏠쏠한 성과로 이어지기를 소망한다. 이 책을 계기로 북한의 문학과 문화 예술을 전공하는 연구자들의 관심과 참여도 널리 구하면서 글을 갈음한다.

회원들을 대표하여 삼가 쓰다.

2008년 6월

유임하

:: 찾아보기

사항 및 인명 색인

작품 색인

북한 문학의 지형도

펴낸날 1판 1쇄 2008년 7월 30일
지은이 이화여자대학교 통일학연구원 편
펴낸이 최민숙 | **펴낸곳** 이화여자대학교출판부
주소 서울특별시 서대문구 대현동 11-1(우 120-750) | **등록** 1954년 7월 6일 제9-61호
전화 02) 3277-2965, 2966(편집팀) 02) 3277-3164, 362-6076(영업팀)
팩스 02) 312-4312 | **전자우편** press@ewha.ac.kr | **인터넷서점** www.ewhapress.com
디자인 정혜진 | **찍은곳** (주)영림인쇄

ISBN 978-89-7300-796-7 93800

값 18,000원